环境约束下长江经济带高质量发展研究

HUAN JING YUE SHU XIA CHANG JIANG JING JI DAI GAO ZHI LIANG FA ZHAN YAN JIU

何雄浪 王诗语 ◎ 等著

中国经济出版社
CHINA ECONOMIC PUBLISHING HOUSE
·北京·

图书在版编目（CIP）数据

环境约束下长江经济带高质量发展研究 / 何雄浪等著. -- 北京：中国经济出版社，2024.9（2025.4 重印）. -- ISBN 978-7-5136-7808-7

Ⅰ. F127.5

中国国家版本馆 CIP 数据核字第 2024VP4261 号

责任编辑　王　帅
责任印制　李　伟

出版发行　中国经济出版社
印 刷 者　北京艾普海德印刷有限公司
经 销 者　各地新华书店
开　　本　710 mm × 1000 mm　1/16
印　　张　24.75
字　　数　364 千字
版　　次　2024 年 9 月第 1 版
印　　次　2025 年 4 月第 2 次
定　　价　88.00 元
广告经营许可证　京西工商广字第 8179 号

中国经济出版社 **网址** http://epc.sinopec.com/epc/ **社址** 北京市东城区安定门外大街 58 号 **邮编** 100011
本版图书如存在印装质量问题，请与本社销售中心联系调换（联系电话：010－57512564）

本书的出版得到国家社科基金项目（环境约束下长江经济带城市群产业联动高质量发展研究，编号：21BJL045）、2022 年西南民族大学研究生教育成果奖培育项目（西南民族大学应用经济学专业人才培养教学改革探讨）、“维舟团队”专项资金项目（中国式现代化进程中新基建促进四川省区域协调发展新格局的形成研究，编号：SMUWZ202404）的资助。

摘要 Abstract

党的十九大报告明确指出，“我国经济已由高速增长阶段转向高质量发展阶段”，高质量发展由此成为区域发展的核心目标，党的二十大报告进一步强调，要“着力推动高质量发展”。高质量发展是全面建设社会主义现代化国家的首要任务，是中国式现代化的本质要求。在国内诸多经济区域中，长江经济带因区域内部优势互补性强、产业梯度明显和开发潜力巨大的独特优势以及政策支持，成为我国区域高质量发展的样板和典范。习近平总书记曾先后四次主持召开长江经济带发展座谈会，为长江经济带高质量发展掌舵护航，把脉定向。历次座谈会的主题从“推动长江经济带发展”“深入推动长江经济带发展”“全面推动长江经济带发展”演进到“进一步推动长江经济带高质量发展”，习近平总书记对长江经济带发展总体谋划、分步推进，指引长江经济带步入高质量发展的轨道。近年来，长江经济带绿色发展生机盎然、创新引领活力四射、区域协同有声有色、对外开放朝气蓬勃，成为区域高质量发展的主力军和排头兵。然而，推动长江经济带高质量发展依旧还有许多卡点和“瓶颈”，如经济发展与生态保护问题仍然突出、区域协调性不强、协同发展机制尚不健全、高质量发展后劲和韧性不足等。因此，我们要抓住推动长江经济带高质量发展过程中的主要矛盾和矛盾的主要方面，坚持“共抓大保护、不搞大开发”，以科技创新为引领，坚定不移走生态优先、绿色发展之路，统筹推进生态环境保护和经济社会发展，绘就长江经济带区域高质量协调发展的新画卷。基于此，本书立足地理空间的环境约束，将长江经济带作为推动高质量发展的研究样板，以新发展理念为指导，围绕协调融合、绿色发展、创新驱动就环境约束下长江经济带高质量发展展开研究。本书内容安排如下：

第1章，绪论：高质量发展新篇章——长江经济带高质量发展。本章基于新发展理念，从协调融合、绿色发展和创新引领三个方面介绍了本书的研究背景、研究对象和研究思路，在此基础上，总结了本书在理念创新性、视野全局性和方法综合性方面展现出的显著特点。

第2章，交通基础设施建设、联动效应与城乡融合发展。本章以长江经济带2005—2019年101个主要城市的面板数据作为研究样本，运用多期双重差分法、中介效应模型等方法实证分析高铁建设对城乡融合发展的影响及其内在机理。研究结果表明，从整个长江经济带来看，高铁的建设对城乡融合发展具有显著的促进作用，但存在异质性，即对长江中、下游地区各城市以及特大城市的促进作用明显，而对长江上游各城市、人口规模较小的城市则表现出相反的结果。从中介效应回归结果来看，高铁的修建对沿线城市的经济增长、产业结构优化以及投资增加有显著的正向促进作用，并可通过这些路径推动城乡融合发展，但存在城市异质性。

第3章，信息基础设施建设、溢出效应与城乡融合发展。本章将“宽带中国”战略试点视为准自然实验，以长江经济带2010—2019年101个城市的面板数据为样本，实证分析“新基建”对长江经济带城乡融合发展的影响。研究结果表明，“新基建”对长江经济带城乡融合发展具有显著的推动作用；异质性分析表明，“新基建”的影响效应在社会经济发展较好的城市如长江下游城市、特大城市中促进作用更为明显，而在中小城市则表现出相反的影响；机制分析发现，市场规模效应、劳动力转移效应是“新基建”影响长江经济带城乡融合发展的重要渠道；进一步研究发现，“新基建”对长江经济带城乡融合发展存在空间溢出效应，能够推动相邻城市的城乡融合发展。

第4章，交通基础设施建设、高质量发展与经济收敛。本章以长江经济带2003—2020年107个城市的面板数据为样本，实证检验长江经济带高质量发展的收敛性，以及交通基础设施建设对高质量发展收敛效应的影响。研究结果表明，长江经济带高质量发展存在显著的绝对收敛、俱乐部收敛和条件收敛效应；分地区来讲，长江经济带中游地区收敛效应最强，下游地区次之，上游地区最弱；分城市规模来讲，超大城市收敛效应最强，大城市次之，特大城市最弱。交通基础设施建设对长江经济带高质量发展的收敛效应存在一定程度的促进作用，并且高速铁路建设的作用强于公路设施建设的作用。分地区来看，高铁建设对长江经济带上游和下游地区的高质量发展收敛存在显著的促进作用，在中游地区则存在抑制作用，道路建设则对中游地区存在明显的促进收敛作用。从城市规模来看，无论是公路设施还是高速铁路的建设均存在一定程度的促进收敛效应的作用。

第5章，经济关联、空间溢出与区域经济增长。本章在长江经济带城市群2007—2016年70个主要城市面板数据的基础上，运用空间计量分析方法及广义熵值法，研究三大城市群之间的经济关联、生产要素的空间溢出效应和要素禀赋差异。实证研究结果表明：长江经济带城市群之间呈现出极强的空间相关性和空间集聚性特征；投入要素的增加对地区经济增长产生较强的推动作用，而地方政府干预市场能力的增强则会产生负面的影响；第三产业发展、外商直接投资受地域限制较小，空间溢出效应更加明显；城市间经济投入要素熵值和人均GDP分布结果基本一致。基于此，提出要进一步释放城市群间生产要素的空间溢出效应，推动整个长江流域城市的纵深融合发展、着眼全局消除地方保护主义等政策建议。

第6章，产业联动网络、要素配置与区域高质量一体化发展。本章以2007—2018年长江经济带城市群为研究对象，通过修正空间引力模型并采用社会网络分析方法探究产业联动网络与区域高质量一体化发展之间的关系。研究发现：长江经济带城市群产业联动网络和区域高质量一体化发展格局已初步形成，并具有明显的梯度特征和集聚趋势；产业联动网络对区域高质量一体化发展的效应显著为正，即产业联动网络有利于区域高质量一体化发展；产业联动网络通过改善劳动要素和资本要素的配置不平衡和促进区际技术溢出来推动区域高质量一体化发展。

第7章，城镇化、经济增长与环境污染。本章利用2009—2018年长江经济带106个城市面板数据，构建空间杜宾模型，实证分析城镇化进程给环境质量带来的影响，并利用系统GMM模型以及面板门槛回归模型验证结论的稳健性。研究结果表明：环境污染存在明显的空间相关性及空间异质性特征；城镇化发展与环境污染之间呈现显著的正“U”形关系；城市环境污染的空间溢出效应显著；不同区域的城镇化进程对环境污染呈现差异性特征，中游地区表现出明显的正“U”形关系，而上游和下游地区的正“U”形关系并不显著，且非沿江城市的正“U”形特征比沿江城市显著；城镇化对环境污染存在双重门槛效应，城镇化对环境污染的影响会随着经济发展而呈现阶段性变化。

第8章，环境约束、交通基础设施建设与城市绿色发展。本章将高铁开通视为准自然实验，在理论模型分析的基础上，聚焦长江经济带2006—2018年99个主要城市的面板数据，运用多期双重差分法、空间双重差分法等方法实证分析高铁开通对城市绿色发展的本地效应与空间溢出效应。研究结果表明，从总体上看，高铁开通对城市绿色发展具有显著促进作用，但存在城市异质性。相较于传统双重差分模型，空间双重差分法的实证结果表明高铁开通对沿线城市绿色发展的促进作用主要来源于空间溢出效应。高铁开通对长江上、下游地区以及行政级别相对较低的城市绿色发展的促进作用更为明显，距离省会城市较近的城市从高铁开通所带来的绿色发展影响中获益更大，高铁开通对于各类污染物减排均有一定的推进作用，对SO_2的减排效果最为显著。

第9章，环境规制、技术进步与区域绿色经济发展。本章以长江经济带108个城市为研究对象，运用面板固定效应模型、中介效应模型、分位数回归模型和空间计量模型等方法，实证分析环境规制、技术进步对长江经济带绿色经济发展产生的影响。研究结果显示：环境规制和技术进步能促进长江经济带绿色经济发展；环境规制通过推动技术进步从而促进长江经济带绿色经济发展；在不同绿色经济发展水平下，环境规制和技术进步对促进长江经济带绿色经济发展的影响存在差异；环境规制和技术进步存在空间溢出效应。

第10章，环境规制、创新能力与区域经济韧性。本章以2006—2019年长江经济带108个城市的面板数据作为研究样本，运用普通面板模型、中介效应模型以及门槛效应模型就环境约束、创新能力与区域经济韧性之间的内在关联进行探讨。研究结果表明：环境规制与经济发展韧性间存在显著的正“U”形关系，且环境规制对城市经济韧性的影响作用存在空间溢出效应，即环境规制会对邻近地区的经济发展韧性产生影响，但这种影响并不显著；短期内环境规制对经济发展韧性的负向影响是通过抑制创新和产业结构合理化起作用，而在长期内环境规制可通过刺激创新、推动产业结构高级化和产业结构合理化对经济发展韧性产生正向影响。

第11章，人口流动、空间溢出与区域创新能力。本章在理论分析的基础上，以2006—2020年长江经济带三大城市群70个城市的面板数据为样本，运用普通面板模型和空间杜宾模型分析人口流动对区域创新能力的影响。研究结果表明：人口流动（人口流入）对区域创新能力会产生显著的提升效应，考虑空间依赖性后，人口流动不仅会直接提高本地的区域创新能力，还存在较强的空间溢出效应；劳动力人口的空间流动对区域创新能力产生显著影响，而老年人口的流入在初期并不会发挥作用，但当其达到一定规模时，流入的老年人口会提升区域创新能力；人口流动对区域创新能力的影响效应具有显著的空间分异特征，其对长三角城市群、超特大城市及距离省会城市较近的城市作用更为显著，而对长江中游城市群、成渝城市群和大城市的创新能力影响相对较小。

第12章，人口数量红利、人口质量红利与城市经济韧性。本章以2010—2021年长江经济带107个城市的面板数据为样本，就人口数量红利、人口质量红利对城市经济韧性的影响进行了探讨。研究结果表明，人口质量红利对提升城市经济韧性有显著的促进作用，人口数量红利的影响效应则不甚明显，在处理内生性问题并进行多种稳健性检验后结论依然成立。异质性分析表明，人口数量红利对城市经济韧性的提升作用在长江中游和长江下游地区显著。人口质量利用效率能够显著增强长江下游城市、人口规模相对较小城市以及经济发展水平相对较好城市的经济韧性。人口质量水平则对长江上游城市、大城市以及经济发展水平相对较低的城市有正向影响。机制检验发现，交通基础设施建设增强了人口质量红利对城市经济韧性的提升作用，信息基础设施建设的影响作用则不显著。进一步研究表明，人口集聚是影响人口质量红利提升城市经济韧性的门槛变量，迈过门槛值以后，人口质量红利对城市经济韧性的正向影响作用减弱。

第 13 章，创新关联网络、创新能力与地区全要素生产率。本章以长江经济带 2006—2020 年 108 个城市的面板数据为样本，采用社会网络分析法、面板门槛模型和面板分位数模型实证研究创新绩效对全要素生产率的影响效应。研究发现，城市在区域网络中的影响力和控制力（度数中心性）与该城市全要素生产率间存在显著的倒“U”形关系，城市创新能力正向影响全要素生产率。异质性分析结果表明，度数中心性对全要素生产率的倒“U”形影响存在于下游地区，度数中心性促进中游地区的全要素生产率。下游地区的创新能力促进全要素生产率提高。不同节点强度城市的创新能力具有非对称性。在度数中心性排名前 10% 的城市，创新能力对全要素生产率的影响更强。进一步分析发现：当度数中心性低于门槛值时，其对全要素生产率产生积极影响；当度数中心性高于门槛值时，则会抑制全要素生产率。不同分位点上创新绩效对全要素生产率的影响呈现差异性。

第 14 章，推动长江经济带高质量发展的主要对策措施。本章根据前面章节的研究结论，从协同推动长江经济带产业联动发展、扎实推动长江经济带高质量协调发展以及深入推进长江经济带文旅融合发展三个方面提出一系列对策措施，以促进新时代长江经济带高质量发展。

第 15 章，本书的研究结论、研究不足与展望。本章进一步对本书的研究结论进行了总结，并指出了本书存在的研究不足与相应的研究展望。

目录
Contents

1　绪论：高质量发展新篇章

——长江经济带高质量发展

党的二十大报告指出，“要坚持以推动高质量发展为主题”[①]，高质量发展是全面建设社会主义现代化国家的首要任务，加快构建新发展格局是推动高质量发展的战略基点。长江是中华民族的母亲河、中华儿女的生命河，也是支撑新时代中国经济高质量发展和中华民族永续发展的重要大动脉。推动长江经济带高质量发展是党中央作出的重大决策，是关系国家发展全局的重大战略。2023 年 11 月，习近平总书记在进一步推动长江经济带高质量发展座谈会上强调指出，“谋长远之势、行长久之策、建久安之基，进一步推动长江经济带高质量发展，更好支撑和服务中国式现代化”[②]，为推动长江经济带高质量发展指明了前进方向、提供了根本遵循。面对日趋紧张的资源环境约束，探寻资源环境约束下长江经济带地区间产业有序联动和地区间协同发展的有关规律，不仅有利于进一步推动长江经济带高质量发展，也对加快形成以国内大循环为主体、国内国际双循环相互促进的新发展格局具有重要意义。为此，本书将沿着推动长江经济带高质量发展这一研究主线，立足地理空间载体的环境约束，试图找寻一条资源节约、环境友好、经济发展有效、社会秩序良好的长江经济带高质量发

---

① 习近平．高举中国特色社会主义伟大旗帜　为全面建设社会主义现代化国家而团结奋斗——在中国共产党第二十次全国代表大会上的报告［EB/OL］．(2022－10－25)．https://www.gov.cn/xinwen/2022－10/25/content_5721685.htm.

② 习近平主持召开进一步推动长江经济带高质量发展座谈会强调：进一步推动长江经济带高质量发展　更好支撑和服务中国式现代化［EB/OL］．(2023－10－12)．https://www.gov.cn/yaowen/liebiao/202310/content_6908721.htm.

展新路径，把长江经济带建设成为流通更顺畅、经济更协调、市场更统一、生态更优美的黄金经济带。

1.1 本书的研究背景

党的十八大以来，习近平总书记走遍沿江 11 省市，先后在重庆、武汉、南京、南昌主持召开四次座谈会，为长江经济带发展把脉定向。四次会议的主题从“推动”到“深入推动”“全面推动”，再到“进一步推动”，体现了习近平总书记深远的战略思维、鲜明的政治导向、强烈的历史担当、真挚的为民情怀。长江经济带发展战略实施以来，在绿色发展、区域融合、发展方式转变、对外开放等方面取得了显著成效，长江经济带成为推动我国经济高质量发展的重要引擎和中国式现代化道路的积极探索者。

在绿色发展方面，“共抓大保护、不搞大开发”成为长江经济带经济社会发展的普遍共识，生态优先、绿色发展为长江经济带高质量发展开辟了新道路。一方面，长江经济带生态环境综合治理取得长效进展，长江流域水质优良断面比例由 2015 年的 81.8% 提高到 2022 年的 98.1%①，水生态环境质量得到明显改善，筑牢了长江经济带绿色发展生态屏障；另一方面，长江经济带将高质量生态环境作为区域高质量发展的“根”与“源”。沿江省市将产业绿色转型作为经济转型的重中之重，不断发展和壮大绿色产业，充分利用绿色产品、绿色技术改造和升级传统落后产业，增强了长江经济带发展的后劲和韧性，探索出了一条经济发展的绿色高效之路。此外，长江经济带还积极探索生态产品价值实现机制和生态补偿机制，为“绿水青山”转化为“金山银山”创造了现实条件。

在区域融合方面，协同发展、联动发展、融合发展成为长江经济带高质量发展的主旋律。沿江省市将自身发展融入协同发展大局中，形成高质量发展合力，长江经济带成为有机融合的高效经济体。一是发展格局更趋

① 惠小勇，李思远，田中全．长江干流水质连续三年保持Ⅱ类［EB/OL］．（2023 -07 -06）．https://baijiahao.baidu.com/s?id=1770664913822006610&wfr=spider&for=pc.

优化，城乡融合、区域协同发展水平显著提升，“带”状联动优势逐步显现。长江经济带上、中、下游经济发展差距与城乡发展差距持续缩小，中、上游地区经济比重不断上升，城乡融合发展有序推进，“一轴、两翼、三极、多点”的发展新格局迸发出磅礴发展之势，长江经济带发展格局整体向好。二是设施联通水平不断提升，综合运输大通道加速成型。目前，长江干线航道已实现5万吨级海轮直达南京，万吨级船舶直达武汉，3000吨级船舶直达重庆，沪蓉、沪渝、沪昆、杭瑞等高速公路主通道全面建成①，沿江高速、沿江高铁加速成网，交通运输服务效能得到全面提升。三是区域融合协同机制渐成体系，区域融合长效机制加速成型。截至目前，长江经济带已逐步探索出“实施共抓大保护的协商合作”“协调区域利益的生态补偿”“构建跨界联动治理的法治机制”“推动跨区域开展‘飞地经济’合作探索”等区域协同治理长效机制，极大地减少了区域发展的短视行为，促进了长江流域的协调融合发展。

在发展方式转变方面，创新成为引领长江经济带高质量发展的新优势和新动能。近年来，沿江地区大力实施创新驱动发展战略，加速将长江经济带科研优势、人才优势转换为发展优势，推动经济发展从外延式增长向内涵式发展转变，产业综合竞争力和经济发展实力得到了显著提升。一方面，不断加强创新原始投入，培育本土创新优势。长江经济带研发经费强度由2015年的2%提高到2022年的2.25%，年均增速高于全国平均水平②。同时，长江经济带还布局了一大批国家级的科技创新中心和科学中心，如长三角科技创新共同体、G60科创走廊、皖北承接产业转移集聚区、西部科学城、成渝工业互联网一体化发展示范区等③，长江经济带成了重要的科技创新策源地和新兴产业集聚地。另一方面，战略性新兴产业强势崛起，成为长江经济带高质量发展的核心动能。以电子信息、高端装备、汽车、家电、纺织服装为代表的战略性新兴产业集群在长江经济带发展迅

① 交通运输部10月例行新闻发布会[EB/OL].(2023-10-26).https://www.mot.gov.cn/2023wangshangzhibo/2023tenth/.

② 资料来源：国家统计局网站，https://www.stats.gov.cn/。

③ 资料来源：人民网，http://opinion.people.com.cn/。

猛，区域内产学研合作越发密切，创新链与产业链深度融合，优势产业强链、新兴产业建链、弱势产业补链，不断推动产业向高级化和现代化方向转变。

在对外开放方面，高水平对外开放成为长江经济带高质量发展的重要依托。长江经济带充分利用国际国内两种资源、两个市场，在国内国际双循环中积蓄发展动能，成为我国重要的高水平对外开放高地。一是统筹沿海、沿江、沿边和内陆开放，不断提升对外开放水平。依托自身优势，长江经济带逐步形成了沿海、沿江、沿边和内陆全方位开放格局，长三角制度型对外开放取得重大突破，重庆、成都、武汉、长沙、南昌、贵阳等内陆开放新高地异军突起，自贸试验区、综合保税区成为长江经济带对外开放的重要窗口。二是与“一带一路”融合成效逐步显现。沿江各省市积极融入“一带一路”建设，将“一带一路”作为对外开放主战场和主阵地，中欧班列贸易规模持续扩大，西部陆海新通道建设加速推进，各省市对共建“一带一路”国家的贸易和投资规模逐步扩大，对外开放水平和质量得到显著提升。

总体来看，长江经济带绿色发展生机盎然、创新引领活力四射、区域协同有声有色、对外开放朝气蓬勃。然而，推动长江经济带高质量发展也存在较多的卡点和“瓶颈”，如污染防治工作处于关键阶段，经济发展与生态保护矛盾依旧突出，区域协调性不强、协同发展机制尚不健全、创新引领动力不足、高质量发展韧性不强等问题依然存在。面对日趋紧张的资源环境约束，推动长江经济带绿色低碳发展必须坚定不移地走生态优先、绿色发展之路。这一过程中，要坚持把科技创新作为主动力，推动区域协同融合发展，促进各类要素跨区域自由流动，推进高水平对外开放，保护、传承、弘扬长江文化，打造一个充满活力、生态良好、经济繁荣的长江经济带，为未来中国探索出一条绿色发展道路，以更好地支撑和服务中国式现代化建设。基于此，本书以专题形式，从协调融合发展方面探讨基础设施建设（交通基础设施建设和信息基础设施建设）对城乡融合发展、高质量发展收敛的影响，分析经济关联、产业联动对区域经济增长和高质量一体化的影响；从绿色发展方面探讨城镇化建设、经济增长与环境污染，交通基础设施建设与城市绿色经济发展以及环境规制与绿色经济发展、区域经济韧性之间的关系；从创新引领方面探讨人口流动与区域创新能力、人口红利与城市经济韧性、创新关联网络与全要素生产率之间的关系。本书通过对上述系列问题进行深入探讨和广泛分析，试图找寻一条资源节约、环境友好、经济发展有效的长江经济带高质量发展新路径。

1.2 本书的研究对象

本书立足长江经济带地理空间载体的环境约束，从协调融合、绿色发展、创新引领三大视角对长江经济带高质量发展的系列问题进行广泛探讨和深入研究。在协调融合方面，既探究基础设施建设（交通基础设施建设和信息基础设施建设）对城乡融合和高质量发展收敛的影响，明确基础设施建设在促进长江经济带高质量发展中的地位与作用，也分析长江经济带经济增长空间关联和空间溢出效应，厘清经济关联与区域经济增长之间的作用机制和影响路径，还进一步探究区域产业联动对长江经济带高质量一体化的影响效应，明确产业联动在长江经济带高质量一体化过程中的经济效应和作用机制。在绿色发展方面，既探究城镇化建设、经济增长与环境污染的内在关联，也探究交通基础设施建设对长江经济带绿色经济发展的影响及其空间溢出效应，还讨论环境规制对绿色经济发展、区域经济韧性的影响，厘清了控制型环境规制和市场型环境规制在长江经济带绿色经济发展、区域经济韧性中发挥的作用。在创新引领方面，既探究人口流动、空间溢出与长江经济带创新能力的关系，分析人口流动对长江经济带绿色创新能力提高的异质性影响和空间溢出效应的差异，也探究人口数量红利、人口质量红利与城市经济韧性之间的关系，分析人口数量红利与人口质量红利对长江经济带城市经济韧性的影响效应与作用机制，还探究创新关联网络、创新能力与地区全要素生产率之间的关系，分析创新关联网络与创新能力对长江经济带全要素生产率的影响效应。在研究方法上，本书不仅通过构建理论模型以及对现有文献回顾从理论上深入探究，而且采用地理空间统计分析、时间序列分析、面板数据模型分析、空间计量分析等实证方法，对长江经济带高质量发展的影响效应和作用机制进行量化分析与实证检验，从而基于上述理论与实证分析的研究结论，总结和归纳出实现长江经济带高质量发展的战略路径与具体对策，进而达到生态环境保护与经济发展共赢的目的。

1.3 本书的研究思路

高质量发展是一项复杂的系统工程，推动长江经济带高质量发展，应着重解决制约长江经济带高质量发展的主要矛盾和矛盾的主要方面，即自身发展与协同发展的矛盾、经济发展与生态保护的矛盾、创新发展与路径依赖的矛盾。

首先，协调发展是长江经济带高质量发展的内核。为推动长江经济带高质量发展，推动长江经济带发展领导小组办公室先后编制了《“十四五”长江经济带发展规划实施方案》及重点领域、重点行业的专项规划和实施方案，形成了支撑长江经济带高质量发展的“1 + N”规划体系。其中，《“十四五”长江经济带综合交通运输体系规划》为首个印发的配套政策，是推动长江经济带高质量发展的重要支撑，也是促进长江流域协调发展的重要举措。为此，本书从基础设施建设对长江经济带高质量发展的影响效应入手，既从城乡融合发展的角度探究交通基础设施建设、信息基础设施建设对长江经济带高质量发展的影响，也从高质量发展收敛的角度对交通基础设施建设的影响效应进行了探究，上述内容构成了本书的第 2 章、第 3 章和第 4 章。在此基础上，本书考虑到区域协调融合必须处理好自身发展与协同发展间的关系，只有将自身发展融入区域协同发展大局中，才能实现协同发展、错位发展、联动发展；因此，探究了长江经济带城市群之间的经济关联、经济增长的空间效应及要素禀赋差异，即本书的第 5 章，还进一步探究了区域产业联动对长江经济带高质量一体化的影响效应与作用机制，即本书的第 6 章。

其次，绿色发展是长江经济带高质量发展的主基调。2023 年 10 月 12 日，习近平总书记在进一步推动长江经济带高质量发展座谈会上指出，“从长远来看，推动长江经济带高质量发展，根本上依赖于长江流域高质量的生态环境”①。走生态优先、绿色发展之路，长江经济带高质量发展才能焕发出无限生机与活力，要统筹好经济发展与生态环境保护的关系，坚持在保护中发展，在发展中保护。为此，本书探究了城镇化发展与生态环境保护的辩证关系，分析了城镇化对环境污染的影响效应和作用机制，即本书的第7章。绿色交通是推进经济绿色转型的重要环节，现代交通设施需肩负起绿色环保的使命，本书分析了环境约束下交通基础设施建设对城市绿色发展产生的影响，即本书的第8章。环境规制作为绿色经济发展的重要调控手段，对经济发展方式绿色转型起到重要调控作用，因此，本书进一步讨论了环境规制、技术进步对长江经济带绿色经济发展的影响效应和作用机制，即本书的第9章。此外，韧性是城市运行的重要基础，是城市可持续发展的重要内容，是推动城市安全发展的战略选择，建设韧性城市是未来一段时期我国城市发展的重要要求，故本书进一步讨论了环境规制、创新能力与区域经济韧性之间的内在逻辑关联，即本书的第10章。

最后，创新驱动是引领长江经济带高质量发展的动力源。习近平总书记强调：“要坚持创新引领发展，把长江经济带的科研优势、人才优势转化为发展优势，积极开辟发展新领域新赛道，塑造发展新动能新优势。”②提高区域创新能力，将人才优势转化为区域发展优势，才能夯实长江经济带高质量发展基石。为此，本书探究了人口流动对长江经济带创新能力的作用机理和影响效应，即本书的第11章。提高经济综合实力，激活区域内生发展活力，提升城市经济发展韧性，才能筑牢长江经济带高质量发展底蕴，为此，本书探究了人口数量红利、人口质量红利对长江经济带城市经济韧性发展的影响，即本书的第12章。此外，推动区域经济质量变革、效率变革、动力变革，提高全要素生产率，是增强长江经济带高质量发展的内生动力，本书进一步探究了创新关联网络、创新能力对长江经济带全要素生产率的影响效应，即本书的第13章。

根据上述章节的研究结论，本书的第14章提出了推动长江经济带高质

①② 习近平主持召开进一步推动长江经济带高质量发展座谈会强调：进一步推动长江经济带高质量发展　更好支撑和服务中国式现代化[EB/OL].(2023-10-12).https://www.gov.cn/yaowen/liebiao/202310/content_6908721.

量发展的政策建议。本书不仅从协同推动长江经济带产业联动发展角度提出了大力推进区域产业共同体建设、加强制度供给和健全保障机制、正确处理好政府与市场的关系以及加强区域间技术创新合作的路径选择，还从扎实推动长江经济带高质量协调发展的角度认为要通过加强基础设施建设、全面推进乡村振兴战略、发挥城市群的“合体”效应、厚植高质量发展生态底色，把长江经济带建设成为流通更顺畅、经济更协调、市场更统一、生态更优美的黄金经济带。此外，本书高度重视挖掘长江文化的时代价值，认为要利用长江丰富的文化旅游资源，坚持宜融则融、能融尽融，推动文化和旅游工作各领域、多方位、全链条深度融合，提高长江经济带的整体竞争力，使之成为推动我国高质量发展的重要引擎，更好地满足人民群众对美好生活的新期待。

1.4　本书的研究特点

推动长江经济带高质量发展是以习近平同志为核心的党中央作出的重大决策，是关系国家发展全局的重大战略。党的十八大以来，习近平总书记高度重视长江经济带发展，多次主持召开座谈会并发表重要讲话，以“共抓大保护、不搞大开发”为导向，为长江经济带发展掌舵领航、谋篇布局。首先，长江经济带长期以来存在“硬联通”与“软联通”不足的制约，优化长江经济带基础设施结构，有利于释放内陆地区潜在需求，打通区域经济循环的卡点、堵点，推动区域高质量发展，由此，本书从理论和实证两个方面，探讨了基础设施建设（交通基础设施建设和信息基础设施建设）对城乡融合发展以及经济高质量发展收敛的影响及其内在作用机理，为基础设施建设推动长江经济带高质量发展提供了理论支撑；其次，“长江和长江经济带的地位和作用，说明推动长江经济带发展必须坚持生态优先、绿色发展的战略定位”①。保护好长江生态环境，既是维护区域生态环境安全的基本要求，也是推动流域社会经济高质量发展的重要内容。

① 习近平在推动长江经济带发展座谈会上强调　走生态优先绿色发展之路　让中华民族母亲河永葆生机活力[EB/OL].（2016－01－07）. https://www.gov.cn/xinwen/2016－01/07/content_5031289.htm.

为此，本书从城镇化、绿色交通以及环境规制视角探讨了推动长江经济带绿色发展的可能路径。基于“创新是第一动力、人才是第一资源”的理念，本书从人口流动、人口红利、全要素生产率的视角探究了推动长江经济带持续发展的重要动力源泉以及内在路径。此外，城市群和都市圈是推动我国扩大内需、高质量发展以及保持经济进一步增长、深化改革的关键，也是追求绿色低碳发展的主力军和排头兵。本书从长江经济带三大城市群的视角，围绕人口流动与区域创新之间的关系、三大城市群之间的经济关联及其空间溢出效应等问题进行了探讨。综上所述，本书具有以下三个方面的鲜明特点：

第一，理念创新性。本书基于“将长江经济带打造成世界级产业集群”“绿水青山就是金山银山”“长江经济带绿色发展”“建设长江经济带现代产业体系”等发展理念，以“共抓大保护、不搞大开发”“生态优先、绿色发展”为导向，从协调发展、绿色发展和创新驱动三个方面，提出：加强基础设施建设畅通要素流动促进区域协调融合发展；推动“人口红利”向“人才红利”转变，增强区域创新能力进而提高地区全要素生产率；提升绿色交通建设水平，合理施行环境规制，推动地区绿色高效发展。上述推动长江经济带高质量发展的具体路径具有动态的前瞻性、系统性。

第二，视野全局性。本书认为，从长江经济带全域出发，寻求把长江经济带建成流通更顺畅、经济更协调、市场更统一、生态更优美的黄金经济带的新路径。一是长江经济带是一条东、中、西部发展不均衡的经济带，区域之间的基础设施发展差距较大，需要优化长江经济带基础设施结构，打通区域经济循环的卡点、堵点；二是推动长江经济带绿色发展，需要生态共建共享，因地制宜开展生态产品价值实现机制试点，助推生态产品价值实现，并要高度重视挖掘长江文化的时代价值，提高长江经济带的整体竞争力；三是推动长江经济带产业联动发展，要着力解决区域间联动发展不足、联动效益不突出和联动机制不健全等问题，为长江流域的统筹与联动发展以及我国区域经济的整体协调提供新动能与活力。

第三，方法综合性。综合利用多学科理论，从多个维度展开对长江生态环境协同治理的理论思考，以问题为导向，通过理论分析、实证检验、路径完善、政策优化的研究线路，利用不同层次的数据，应用现代经济学的实证分析方法和计量模型分析长江经济带生态环境保护问题，研究制定环境约束下长江经济带高质量可持续发展有效的政策组合，实现生态环境保护和经济发展共赢。

2　交通基础设施建设、联动效应与城乡融合发展[①]

近年来，我国经济发展取得了举世瞩目的成就，城乡居民的生活水平得到了显著的提高，但我国城乡收入差距依然较大，“三农”问题的核心，即城乡收入差距已成为制约我国经济持续发展与社会稳定的现实性问题。我国已全面建成小康社会，踏上全面建设社会主义现代化国家新征程，并将扎实推进全体人民共同富裕取得更为明显的实质性进展作为2035年远景目标之一。党的十九届六中全会通过的《中共中央关于党的百年奋斗重大成就和历史经验的决议》中指出，“党始终把解决好‘三农’问题作为全党工作重中之重，实施乡村振兴战略，加快推进农业农村现代化”[②]。习近平总书记在党的二十大报告中进一步强调，“全面建设社会主义现代化国家，最艰巨最繁重的任务仍然在农村。坚持农业农村优先发展，坚持城乡融合发展，畅通城乡要素流动”[③]。“三农”问题的工作重心是乡村振兴，全面推进乡村振兴既是促进城乡融合发展的必由之路，也是新时代促进共同富裕取得更为实质性进展的重要抓手。

以共同富裕为目标推进城乡融合发展，近年来我国做了大量的基础性工作，最引人瞩目的就是整合区域资源优势，着力发挥中心城市作用，因

① 本章主要内容参见：何雄浪，王诗语．高铁建设能促进城乡融合发展吗——以长江经济带为例[J]．经济经纬，2023，40(3)：3－12.

② 中共中央关于党的百年奋斗重大成就和历史经验的决议[EB/OL]．(2021－11－16)．https://www.neac.gov.cn/seac/c103077/202112/1155953.shtml.

③ 习近平．高举中国特色社会主义伟大旗帜　为全面建设社会主义现代化国家而团结奋斗——在中国共产党第二十次全国代表大会上的报告[EB/OL]．(2022－10－25)．https://www.gov.cn/xinwen/2022－10/25/content_5721685.htm.

地制宜形成多个各具特色、协调发展的经济带。长江经济带是我国区域协调发展战略的重要区域，涵盖九省二市，人口总量和生产总值均超过全国的40%。长江经济带依托长江黄金水道，以长三角城市群、长江中游城市群以及成渝城市群为主体，发挥三大城市群的作用，带动长江上、中、下游地区经济协调发展。2014年9月，国务院颁布的《长江经济带综合立体交通走廊规划（2014—2020年）》强调了交通基础设施建设先行的长江经济带发展思路，认为交通基础设施的建设决定了各区域社会经济空间相互联系的广度与深度。① 2019年12月，国家发展和改革委员会等部门印发的《国家城乡融合发展试验区改革方案》中提到了全国11个城乡融合发展试验区，其中长江经济带占据5个，横跨我国东、中、西部。② 并且在“十四五”时期，长江经济带已被作为打造区域协调发展的新样板，故建设和发展好长江经济带对于促进全国城乡融合发展具有重要的示范作用和借鉴价值。

“要致富，先修路”，高铁作为现代交通基础设施的重要组成部分，在区域城乡经济发展中的助推作用正日益显现。自2008年我国第一条高速铁路建成通车以来，我国高铁建设便进入了一个迅猛发展的阶段。截至2020年底，中国铁路营业里程达到14.6万千米，其中高速铁路超过3.8万千米，占世界高铁总里程的2/3以上。③ 随着2016年沪蓉线与沪昆线的全部贯通，长江经济带逐步形成了以高铁为核心的综合立体交通走廊。2022年3月25日发布的《中共中央　国务院关于加快建设全国统一大市场的意见》明确指出：“持续推动国内市场高效畅通和规模拓展……努力形成供需互促、产销并进、畅通高效的国内大循环，扩大市场规模容量，不断培育发展强大国内市场”④，完善国家综合立体交通网，推进多层次、一体化综合交通枢纽建设则是全面推动我国市场由大向强转变的坚强支撑。其

---

① 国务院关于依托黄金水道推动长江经济带发展的指导意见[R]. 国务院公报,2014.

② 熊丽. 11个国家城乡融合发展试验区公布[N]. 经济日报,2019-12-28(3).

③ 交通运输部. 中国可持续交通发展报告[EB/OL].(2021-10-15). https://baijiahao.baidu.com/s?id=1713616229164581768&wfr=spider&for=pc.

④ 中共中央　国务院关于加快建设全国统一大市场的意见[EB/OL].(2022-04-10). https://www.gov.cn/zhengce/2022-04/10/content_5684385.htm?eqid=ec10c22c00001e4f0000000664869066.

中，高铁作为现代交通的主要代表将发挥重要作用。鉴于此，研究长江经济带高铁建设对城乡融合发展的影响，对全国实施以交通基础设施建设助推城乡一体化发展具有极为重要的参考价值。

关于交通基础设施建设与区域经济发展关系的研究，大部分学者认为交通基础设施建设能够促进当地的经济增长。Aschauer（1989）利用新古典经济增长模型研究发现，交通基础设施的修建能够显著促进当地的经济增长，并且还会对沿线区域人口的流动产生影响（Knaap and Oosterhaven，2011）。Pokharel 等（2021）研究认为，发展中国家交通基础设施的改善会加剧人口向城镇的集聚，人口的集中会提高当地居民的收入水平。Démurger（2001）指出，交通基础设施是影响中国省际经济发展差异化的重要因素。刘生龙和胡鞍钢（2010a）研究认为，交通基础设施的建设对我国经济增长存在显著的空间溢出效应。高铁修建通过经济联系产生的空间溢出效应强于简单的近邻关系产生的空间溢出效应（胡艳和朱文霞，2015）。交通基础设施的改善会导致市场竞争的加剧，从而促使资源向大都市聚集，拉大大城市与小城市的经济差距，即产生了虹吸效应（Puga，2008）。但也有学者认为交通基础设施的改善会对区域经济一体化产生显著的正向影响（Behrens，2011；刘生龙和胡鞍钢，2011）。

高铁以其安全、快捷的特点得到了迅速发展，由此，关于高铁与区域经济发展研究的内容也日益丰富，尤其随着我国高铁的快速发展，围绕高铁修建探究区域经济发展已经成为研究的热点问题。Nakamura 和 Ueda（1989）、Fujita 和 Krugman（2004）、张学良（2012）认为高铁的建设从总体上说能够在一定程度上促进沿线区域经济的发展。高铁的建设能够显著地加强各城市间的联系，但在不同区域与不同维度上存在异质性（Spiekermann and Wegener，1994）。来逢波等（2016）运用格兰杰因果检验发现高速铁路的修建不仅可以促进区域经济的增长，还可以带动产业结构的转型升级。张俊（2017）将卫星灯光数据作为衡量县域城市经济发展状况的指标，运用匹配差分法得出高铁的开通对经济的影响具有异质性的效果，即高铁的开通促进了县级市经济的发展，但对普通县城的经济影响并不显著。Chen 和 Haynes（2017）将铁路密度作为衡量铁路投资总量的指标，研究发现高铁的开通能够使我国地区经济差距显著缩小，即促进了地区的融合发展。刘佳等（2021）从新发展理念的角度评价城市的发展水平时发现，高铁建设对城市经济的促进作用长期主要体现在创新和协调两个维度。王垚和年猛（2014）研究认为，短期内高铁的开通对区域经济的影响并不显著。Xu 等（2018）关注到了高铁的开通改变了各城市的可达性，并随着我国高铁建设的不断推进，中西部城市相较于长江三角洲城市，城市可达性的改善将更加明显。孙娜和张梅青（2020）运用社会网络分析法，从中心度、网络密度、凝聚子群等角度分析了高铁的建设有助于缩小区域间的经济差距。高铁的开通对我国各城市经济的影响存在显著的异质性（倪维秋和廖茂林，2018），且高铁的开通对沿线城市的旅游客流量有显著影响（吴昊和张馨月，2020），我国区域旅游经济呈现出从高铁网络之外的城市向高铁网络之内的城市聚集的特点（Zhou et al.，2021）。卞元超等（2018）运用倾向得分匹配－双重差分法（PSM－DID）分析发现，高铁开通促进要素的流动从而对高铁沿线城市间的经济差距产生显著的正向影响，即产生了极化效应。李红昌等（2016）运用经济密度等四个指标作为经济聚集指数发现高速铁路改变城市间的可达性是影响城市聚集与均等化的重要因素。还有学者研究发现，高铁的开通可以显著地提高城市层面的创新协作水平，在欠发达地区、服务业以及国内企业合作中的影响尤为显著（Hanley et al.，2022）。在针对长江经济带的研究中，张金月和张永庆（2020）认为高铁的开通会对长江经济带的绿色全要素生产率产生显著的提升作用；邓荣荣等（2021）研究发现，高铁的开通改善了长江经济带节点城市的生态效率，并对其周边城市的生态效率存在显著的正向溢出效应。

现有文献对高铁建设影响城乡融合发展的研究较少，仅有少数学者从城乡收入差距的角度进行了分析。鲁万波和贾婧（2018）认为，高铁的修建对推动城镇化进程具有显著作用，但对各城市城乡收入差距的影响存在异质性，即大型城市会因高铁的开通缩小城乡收入差距，中小型城市则会因此拉大城乡收入差距。俞峰等（2020）研究发现，高铁的开通拉大了城乡间的收入差距，在沿海地区尤为显著。李强（2021）研究认为，高铁建设促进人口流动与资本流动是拉大城乡收入差距的重要原因。

综上所述，关于交通基础设施建设与区域经济发展关系的研究文献较多，并已形成了较为丰富的研究成果，但针对交通基础设施建设（特别是高铁）对城乡融合发展影响的研究却很薄弱。相较于现有的文献，本章可能的边际贡献主要体现在以下几个方面：第一，在研究视角上，区别于以往运用全国面板数据研究交通基础设施建设，本章以2005—2019年长江经济带101个主要城市的面板数据作为研究样本，运用多期双重差分法（DID）实证考察高铁建设对长江经济带城乡融合发展的影响；第二，在数据选取上，本章借助卫星灯光数据不受价格因素影响的优点，将卫星灯光数据作为衡量各地级市经济发展水平的代理变量；第三，在研究深度上，相较于以往大多数文献只研究交通基础设施对地区经济的直接影响，本章不仅从理论上分析经济增长效应、要素流动效应、投资效应以及产业结构调整效应在高铁建设影响城乡融合发展中发挥的间接作用，还加入中介效应模型实证探究高铁开通对城乡融合发展可能的影响路径，并利用异质性检验进一步分析高铁开通对城乡融合发展的影响及其作用路径是否存在差异。

2.1 高铁建设对城乡融合发展影响的理论机制分析

高铁是推动经济增长与转型的有力工具，能在一定程度上打破流通壁垒，加快要素流动，促进区域经济发展。另外，高铁建设属于庞大的系统投资，还能从一定程度上改变地区的投资规模及产业结构，推动经济发展。基于此，本节从经济增长效应、要素流动效应、投资效应以及产业结构调整效应四个角度来探究高铁建设对城乡融合发展的影响机制。

2.1.1 从经济增长效应角度探究高铁建设对城乡融合发展的影响

从经济增长效应的角度来看，以往研究高铁建设的大部分文献有一个基本的共识，即高铁的建设能够在一定程度上激发城市的经济活力，从而促进城市的经济发展（Ahlfeldt and Feddersen，2018），而能否促进沿线区域经济的均衡发展取决于高铁建设对该地区带来的溢出效应与集聚效应的相对大小（赵康杰和吴亚君，2020）。Krugman（1991）的核心－边缘模型指出，在城市发展初期农村的资源会向城市聚集，形成集聚效应，而随着城市经济的不断发展，在一定条件下，则会使城市的资源向农村地区流动，即产生溢出效应。并且交通基础设施建设所带来的运输成本降低，对农村资源要素流动的影响作用同样表现出先聚集后分散的特征（何雄浪，2021）。因此，关于高铁开通对城乡区域经济增长的影响，一方面，高铁网络的不断形成，导致优势资源在城镇的不断集聚，促进了城镇经济的快速增长，从而拉大了城乡之间的发展差距；另一方面，高铁建设的不断完善能够产生经济增长的涓滴效应，从而带动农村地区的经济发展，并在一定条件下缩小城乡发展差距。基于此，提出以下假设：

H1a：高铁的建设产生了溢出效应，提高了农村收入水平，促进了城乡融合发展。

H1b：高铁的建设产生了聚集效应，提高了城市收入水平，阻碍了城乡融合发展。

2.1.2 从要素流动效应角度探究高铁建设对城乡融合发展的影响

从要素流动效应的角度来看，高铁作为新兴的交通基础设施，具有快捷的特点，可以在一定程度上缩短各地区间的时空距离，带来沿线城市交通可达性的提升（贾文通等，2021）。区域经济活动是向中心聚集还是向外围扩散，主要取决于区域间要素资源的可流动性（Krugman，1980），而交通运输成本又是影响这一因素的重要原因。高铁等交通基础设施的不断完善，在一定程度上降低了交通运输成本，加快了要素资源的流动（Donaldson and Hornbeck，2016）。因此，从农村居民的角度来说，首先，随着高铁网络的不断完善，交通运输成本的降低促使农产品更易于运往城市，从而拓宽了农产品的销售渠道，促进了城乡市场的一体化（Crescenzi and Rodríguez – Pose，2008），增加了农民收入；其次，劳动力转移成本的降低可加快农村剩余劳动力向城市转移的步伐，既为农村劳动力创造了更多的就业机会，又使其有机会获得高于务农的工资性收入，相对缩小了城乡的收入差距；最后，高铁提供的旅行舒适度与高质量的服务有利于教育、专业技术及医疗人才向农村输送，以提高务农人员的劳动效率，从而达到增收的目的。

从城市居民的角度来看，尽管高铁的修建会促进大量农村剩余劳动力涌入城市，但农村劳动力在城市劳动力市场上获取就业信息相对闭塞（郑英隆，2005），同时，相较于城市居民，农村劳动力缺少优质的教育人力资本，使得通过人力资本缩小城乡收入差距的作用呈现递减趋势。此外，高铁的修建不仅促进了区域间的商品贸易发展，也加快了生产要素的流动，为企业提供了更大的市场空间和更多的资源选择，可能导致一些经营者为了追求更低的生产成本（如地租）而将企业从城市迁往农村。当城市企业迁入农村时，城市企业可能凭借其技术、资金和市场等方面的优势，对农村企业形成竞争压力。如果农村企业无法适应这种竞争环境，就可能面临生存困境。同时，由于人力资本的限制，农村劳动力可能只能从事一些简单的体力劳动，从而影响了农民的收入水平和职业发展。基于此，提出以下假设：

H2a：高铁建设为农村劳动力创造了更多的就业机会，从而促进了城乡融合发展。

H2b：高铁建设在一定程度上降低了农村劳动力的就业质量，从而阻碍了城乡融合发展。

2.1.3 从投资效应角度探究高铁建设对城乡融合发展的影响

从投资效应的角度来看，高铁建设作为一项庞大的系统工程，其本身线路的铺设及站点改造与修建需要大量的投资，并带动了当地基础产业与服务产业的快速发展。同时，高铁“新城”不断兴起，当地及其周边配套基础设施的修建将吸引大量的政府及民营企业进行投资。因此，高铁修建所带来的投资效应可通过极化效应和溢出效应间接影响城乡居民的收入差距。一方面，Myrdal（1957）提出的极化效应理论认为，一旦地区间出现发展差距，条件相对较好的地区将会不断利用自身的优势遏制落后地区的发展，从而加剧地区间发展的不平衡性。因此，高铁的开通促使大量的人力资本、物力资本向城市聚集，催化高铁带来的收益递增效应，从而拉大城乡的收入差距。另一方面，高铁的开通也引导更多的资本便捷地投入农村地区，从而为乡村行业的发展提供了良好的机遇，达到缩小城乡收入差距的目的。基于此，提出以下假设：

H3a：高铁建设所带来的投资扩散效应，促进了城乡融合发展。

H3b：高铁建设所带来的投资集聚效应，阻碍了城乡融合发展。

2.1.4 从产业结构调整效应角度探究高铁建设对城乡融合发展的影响

从产业结构调整效应的角度来看，高铁建设带来的可达性的提升会导致产业在城市聚集，而产业的聚集也会吸引城市外围的要素流向城市中心以获得更高的回报，随着要素不断地聚集使城市形成规模经济，从而深化专业分工、提高效率以达到促进产业结构优化的目的（刘生龙和胡鞍钢，2010b）。然而，由于不同产业对技术水平的吸收程度有所差异，第三产业相较于第一、第二产业对先进技术的吸收更快，且其多聚集在城镇地区，因此城镇先进产业的发展会拉大城乡收入差距；另外，高铁等交通基础设施的修建能够促进工业部门的技术溢出，引起农业部门生产技术的提升，提高农业生产效率（Teles and Mussolini，2012），从而缩小城乡收入差距。基于此，提出以下假设：

H4a：高铁建设通过技术溢出效应引起农业部门生产技术的提升，促进了城乡融合发展。

H4b：高铁建设通过专业化分工促进先进产业在城镇集聚，阻碍了城乡融合发展。

2.2 研究设计与描述性统计

根据上述的理论机制分析，我们构建计量模型实证分析高铁建设对城乡融合发展的影响及其作用路径。

2.2.1 模型设计

考虑到基本的面板 OLS 回归（普通最小二乘法回归）在研究政策类问题上存在缺陷，其无法解决被解释变量与解释变量之间相互影响的内生性问题，并且高铁逐年开通的过程使其具有一定的准自然实验的性质，为本章选择自然实验方法来探究高铁建设能否促进城乡融合发展奠定了良好的基础，基于此，本章选择多期双重差分法将某一时点已开通高铁的城市作为实验组，将未开通高铁的城市作为对照组，比较实验组与对照组高铁开通前后城乡收入比值的变化来探究高铁建设对城乡融合发展的影响。我们设立的多期双重差分模型如下：

$$inc_{it} = \alpha_0 + \alpha_1 HSR_{it} + \sum \beta_j Control_{it} + \mu_i + \varepsilon_{it} \quad (2-1)$$

其中：i 为个体数；t 为时期数；inc 为城乡收入比值；α_0 为常数项；核心解释变量 HSR 表示该城市是否开通高铁，开通取1，未开通取0；α_1 为核心解释变量 HSR 的估计系数。显然，城乡融合发展还受其他因素的影响，因此加入一系列的控制变量，包括城镇化率（urb）、产业结构（ind）、公路密度（hd）及政府投入（gov），β_j 为控制变量相应的估计系数，μ_i 为个体固定效应，ε_{it} 为随机扰动项。

基于上述的理论机制分析，本章采用 Baron 等（1986）提出的中介效应分析法来探究高铁开通影响城乡融合发展的可能路径。由此，我们再构建以下两个估计方程：

$$M_{it} = \delta_0 + \delta_1 HSR_{it} + \sum \beta'_j Control_{it} + \mu_i + \varepsilon_{it} \quad (2-2)$$

$$inc_{it} = \varphi_0 + \varphi_1 HSR_{it} + \varphi_2 M_{it} + \sum \beta''_j Control_{it} + \mu_i + \varepsilon_{it} \quad (2-3)$$

方程（2-1）、方程（2-2）、方程（2-3）组成中介效应检验模型。其中，M 为可能的中介变量，$Control$ 为控制变量，与双重差分模型一致。δ_0、φ_0 为常数项，δ_1、φ_1、φ_2 为变量对应的系数。需要说明的是，当产业结构作为中介变量时，需将其从控制变量中剔除。根据中介效应的原理，若 α_1 显著且 δ_1 与 φ_2 至少一个显著，说明可能存在中介效应。

2.2.2 变量选取

1. 被解释变量：城乡融合发展程度

城乡融合发展的主要目标是实现城乡一体化，即在一定区域内城市与其周边乡村地区的发展具有一定程度的同步性。本章采用城乡收入比值来衡量城乡融合发展的程度。

2. 核心解释变量：高铁的开通

本章将高铁的开通看作一项准自然实验，由此选取2005—2019年长江经济带101个主要城市是否开通高铁作为虚拟变量。i 城市在 t 年开通高铁或已经有高铁，则 HSR 取1，否则取0。HSR 对应的估计系数大于0表示高铁的开通会拉大城乡间的发展差距，反之会缩小城乡间的发展差距。

3. 控制变量

本章在进行双重差分回归时，借鉴何雄浪和史世姣（2021）的研究，控制了一些可能影响城乡收入差距的变量。一是公路密度。公路的建设会改变城市间的可达性，从而引起各要素的流动，改变城乡地区的发展状况。本章采用各地级市的公路里程数与其城市的栅格数比值来衡量城市的公路密度。二是城镇化水平。各城市城镇化的规模可能会影响基础设施的建设投入，从而影响城乡的融合发展。本章选用城镇化率来衡量城镇化水平。三是产业结构状况。随着我国经济进入高质量发展阶段，第三产业的投入特别是高新技术领域的发展对各地级市经济的均衡发展有着重要的影响。本章选用第三产业产值占总产值的比重来衡量产业结构状况。四是政府投入规模。政府有倾向性的投入会对城市的高铁建设、城乡融合发展产生影响，本章采用政府的一般公共性投入来对此进行衡量。

4. 中介变量

在中介变量的选取上，本章以夜间卫星灯光数据作为各地区经济状况的衡量指标。诸多研究表明，夜间卫星灯光数据与地区经济发展情况有着密切的关系（Chen and Nordhaus，2011；Henderson et al.，2012；徐康宁等，2015；王贤彬和黄亮雄，2018），并且其具有不受区间价格因素困扰的优点。考虑到DMSP卫星搭载的传感器具有不同辐射探测性能，并且未对影像进行星上标定与相互校正，造成了影像像元DN值的异常波动，导致长时间序列数据不具有连续性与可比性的问题，本章参考Liu等（2012）提出的卫星灯光数据校正方法对灯光数据进行相互校正。其他数据则分别以各地级市城镇人口数量、固定资产投资数额、第三产业占比作为要素流动效应、投资效应以及产业结构调整效应的度量指标，需要说明的是，当第三产业占比作为中介变量时，将其从控制变量中剔除。同样为减弱模型中数据的异方差性及对庞大数据进行平滑，对卫星灯光数据与固定资产投资进行了取对数处理。

2.2.3　数据来源与描述性统计分析

虽然 2008 年京津城际铁路的开通被认为是我国高铁史上的里程碑，但为了研究高铁开通前后各地区城乡发展差异变化的趋势，同时考虑到数据的可得性，本章以 2005 年为基点，选取 2005—2019 年长江经济带九省二市的 101 个主要城市数据作为研究样本。① 本章中样本的原始数据来源于各期的《中国城市统计年鉴》《中国区域经济统计年鉴》《中国农村统计年鉴》以及各省市统计年鉴。2005—2013 年卫星灯光数据与 2014—2019 年卫星灯光数据分别选自美国国家海洋和大气管理局（NOAA）所提供的 DMSP/OLS 影像数据库以及 VIIRS/DNB 影像数据库，并参考 Liu 等（2012）所提供的校正方法对卫星灯光数据进行相互校正处理而得。各地级市高速铁路开通的数据来自 12306 网站以及铁道部门公开数据。表 2 - 1 报告了上述变量的描述性统计结果。从城乡收入比值、卫星灯光数据、城镇化率等变量来看，体现了全样本城市的发展水平有高有低，符合当下的全国情况，显示了样本选取的合理性。

表 2 - 1　描述性统计结果

变量	变量名称	度量方法	观测值	标准差	均值	最大值	最小值
inc	城乡收入比值	城镇人均可支配收入/农村人均可支配收入	1515	0. 622	2. 536	6. 878	1. 027
HSR	是否开通高铁	是否开通高铁的虚拟变量	1515	0. 466	0. 318	1. 000	0. 000
ind	产业结构	第三产业总产值/国内生产总值	1515	0. 086	0. 391	0. 727	0. 209
urb	城镇化率	城镇常住人口/城市总人口	1515	0. 155	0. 488	0. 896	0. 030

① 本章长江经济带 101 个主要城市罗列如下：长江上游地区包括重庆、昆明、玉溪、保山、丽江、临沧、昭通、贵阳、六盘水、遵义、安顺、成都、自贡、攀枝花、泸州、德阳、绵阳、广元、遂宁、南充、内江、乐山、眉山、宜宾、广安、达州、雅安、巴中、资阳 29 个市；长江中游地区包括武汉、黄石、十堰、宜昌、鄂州、荆门、孝感、荆州、黄冈、随州、长沙、株洲、湘潭、衡阳、岳阳、常德、张家界、益阳、郴州、永州、怀化、娄底、南昌、景德镇、萍乡、九江、新余、鹰潭、赣州、吉安、宜春、抚州、上饶 33 个市；长江下游地区包括上海、南京、苏州、无锡、镇江、南通、泰州、扬州、盐城、淮安、连云港、宿迁、徐州、杭州、宁波、温州、嘉兴、衢州、湖州、绍兴、金华、舟山、泰州、丽水、合肥、芜湖、蚌埠、淮南、马鞍山、淮北、铜陵、安庆、黄山、宿州、滁州、六安、宣城、池州、亳州 39 个市。

续表

变量	变量名称	度量方法	观测值	标准差	均值	最大值	最小值
hd	公路密度	城市公路里程数/城市栅格数	1515	2.236	5.958	19.640	0.940
gov	政府投入	政府一般公共支出总额	1515	63.300	34.660	835.200	1.038
ln*fixed*	固定资产投资	固定资产投资总额的自然对数	1515	1.172	15.934	21.889	12.686
ln*light*	卫星灯光数据	卫星灯光数据的自然对数	1515	1.444	9.326	13.080	5.254
pop	城镇人口数量	城镇人口数量	1515	0.740	5.230	7.732	2.500

2.3 实证结果与分析

本节采用多期双重差分法对高铁建设与城乡融合发展的关系进行总体上的分析，并在此基础上采用中介效应模型进一步探究高铁建设对城乡融合发展的影响路径。

2.3.1 均值差异检验

表2-2列示了处理组与控制组各变量的均值差异检验结果。表2-2显示，高铁开通前的城乡收入差距显著大于高铁开通后的城乡收入差距，并且高铁开通后卫星灯光数据有显著的提升，表明高铁的开通促进了各城市经济的发展，并且有缩小城乡收入差距的趋势。这初步表明高铁建设能带动地区的经济发展，并且能促进城乡融合发展。

表2-2 均值差异检验结果

变量	*HSR* = 0	*HSR* = 1	均值检验
inc	2.681	2.226	0.455***
ind	0.366	0.444	-0.078***
urb	0.441	0.589	-0.148***
hd	5.390	7.175	-1.785***
gov	20.050	65.990	-45.945***
ln*fixed*	15.480	16.910	-1.427***
ln*light*	8.831	10.390	-1.554***
pop	5.002	5.648	-0.646***

注：*** 表示在1%的统计水平下显著。

2.3.2　平行趋势检验

双重差分法的估计结果只有通过了“平行趋势检验”才能保证估计结果的准确性。平行趋势检验是指在政策实施前，实验组与控制组有共同的变化趋势，即在高铁开通前，*HSR* 的系数不显著异于0，高铁开通后则显著异于0。图2－1显示了各年份虚拟变量在观测窗口期的系数以及该系数95%置信区间的取值范围。图2－1表明，在高铁开通前，*HSR* 的系数并不显著异于0，而在高铁开通后，*HSR* 的系数有显著下降的趋势，这说明了本章采用双重差分法评估高铁对城乡融合发展效应具有合理性。

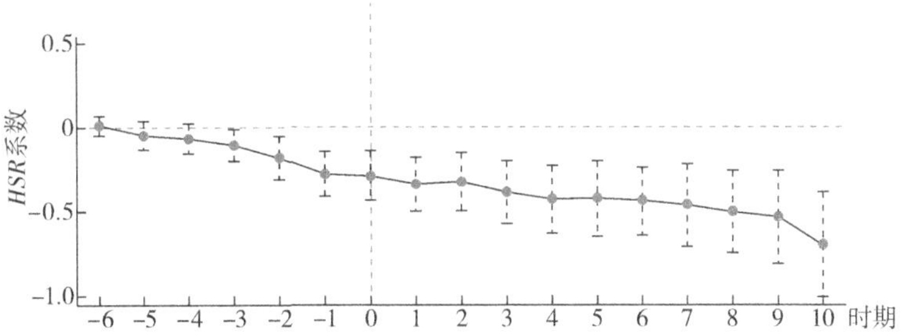

图2－1　平行趋势检验结果

2.3.3　基准回归结果

按照面板估计的一般程序，首先考虑进行简单的混合回归，在混合回归中不考虑个体和时间固定效应，回归采用稳健标准误，进而考虑是选择进行固定效应回归还是选择进行随机效应回归，利用豪斯曼检验发现拒绝原假设，所以选择固定效应模型更为合适。具体的回归结果如表2－3所示。在固定效应模型下，高铁的建设能显著地降低城乡收入比值，同时提高第三产业占比、推进城镇化、加强公路建设以及加大政府投入力度均对城乡收入差距有显著的缩小作用，说明加快农村人口向城市的转移以及加大政府的投入力度可以促进城市的各类资源向乡村输送，提高农民相较于务农时的收入水平，在一定程度上达到了推动城乡融合发展的目的。

表 2-3 双重差分基准回归模型结果

变量	被解释变量（*inc*）		
	(1)	(2)	(3)
	混合回归	随机效应	固定效应
HSR	-0.168*** (-5.20)	-0.093*** (-3.34)	-0.077** (-3.10)
urb	-2.123*** (-20.71)	-1.567*** (-12.52)	-1.522*** (-10.90)
hd	-0.063*** (-9.97)	-0.047*** (-6.34)	-0.042*** (-5.42)
ind	1.293*** (7.14)	-0.117 (-0.64)	-0.336* (-1.97)
gov	0.001*** (3.52)	-0.001* (-1.88)	-0.001*** (-3.09)
常数项	3.466*** (45.54)	3.675*** (42.77)	3.713*** (43.55)
固定效应	No	No	Yes
观测值	1515	1515	1515
R^2	0.390	0.373	0.748

注：括号内的数值为 *t* 值，下同。*、**、*** 分别表示在 10%、5%、1% 的统计水平下显著。

2.3.4 中介效应回归结果

根据表 2-4 所示的中介效应的回归结果，可以得出以下结论：

首先，从经济增长效应来看，高铁的开通对卫星灯光数据具有显著的正向作用，表明高铁建设对经济发展起到了正向的作用。将卫星灯光数据项纳入基准回归中，其 φ_1 系数不显著，而 φ_2 系数显著，说明经济增长在高铁建设对城乡融合发展的影响中存在完全中介效应。这表明高铁建设可通过促进经济增长进而推动城乡融合发展，H1a 得到了验证。

其次，从要素流动效应来看，高铁建设对农村劳动力向城市转移的影响并不显著，但是模型（3）的回归结果表明，尽管农村劳动力向城市聚集能够缩小城乡收入差距，但是高铁建设通过要素流动效应可能会给城乡融合发展带来反向影响，即起到阻碍作用。该结论符合 H2b，即高铁建设在一定程度上降低了农村劳动力的就业质量，从而阻碍了城乡融合发展。

再次，从投资效应来看，由于高铁建设本身就是一项固定资产投资，因此高铁建设与固定资产投资间有着显著的正相关关系，并且其可通过刺激投资进而促进城乡融合发展。这说明高铁建设作为一项固定资产投资为乡村行业发展提供了良好的机会，从而起到了缩小城乡收入差距的作用，H3a 得到验证。

最后，从产业结构调整效应来看，由于高铁建设本身属于第三产业，其建设投资金额巨大，故高铁建设会显著提高第三产业占比。根据实证结果，将产业结构纳入基准回归中，φ_1 与 φ_2 的回归系数均显著，说明产业结构调整在高铁建设对城乡融合发展的影响中存在部分中介效应，即高铁的修建会提升第三产业的占比，而第三产业的技术溢出又会引起农业部门生产技术的提高，从而缩小城乡收入差距，即该回归结果验证了 H4a。

综合中介效应的估计结果，我们认为高铁建设会通过带动地区经济增长、激发投资与促进产业结构优化来推动地区城乡融合发展，但是要素流动效应可能存在相反的影响。

表 2－4　中介效应回归结果

机制类型	变量	(1)	(2)	(3)
经济增长效应	因变量	*inc*	ln*light*	*inc*
	HSR	-0.077*** (-3.10)	0.203*** (4.55)	-0.038 (-1.58)
	ln*light*			-0.193*** (-11.87)
	R^2	0.748	0.880	0.773
要素流动效应	因变量	*inc*	*pop*	*inc*
	HSR	-0.077*** (-3.10)	-0.004 (-0.47)	-0.078*** (-3.15)
	pop			-0.210* (-1.71)
	R^2	0.748	0.984	0.749

续表

机制类型	变量	(1)	(2)	(3)
投资效应	因变量	*inc*	ln*fixed*	*inc*
	HSR	-0.077*** (-3.10)	0.169*** (4.52)	-0.038 (-1.43)
	ln*fixed*			-0.230*** (-5.35)
	R^2	0.748	0.884	0.770
产业结构调整效应	因变量	*inc*	*ind*	*inc*
	HSR	-0.094*** (-4.09)	0.051*** (12.87)	-0.077*** (-3.10)
	ind			-0.336** (-1.97)
	R^2	0.748	0.738	0.748
控制变量		Yes	Yes	Yes
固定效应		Yes	Yes	Yes
观测值		1515	1515	1515

注：*、**、*** 分别表示在10%、5%、1%的统计水平下显著。

2.4 异质性分析

由于各城市地理位置的差异、人口规模的不同会引起其交通基础设施的初始禀赋及经济特征的千差万别，探究不同类型城市在高铁开通以后的异质性，有助于进一步了解高铁修建对城乡融合发展的影响。

2.4.1 地理区位异质性分析

长江经济带覆盖了我国11个省市，途经东、中、西部地区。我国东、中、西部地区自然资源禀赋、人口结构、人力资本结构、国家战略政策等都具有较大的差异，因此，高铁建设对不同地区有着不同的影响。本节将长江经济带101个主要城市按照长江上、中、下游划分来进一步探究高铁建设对城乡融合发展的影响及其相应的作用机理，回归结果如表2-5、表2-6所示。

表 2－5 地理区位异质性的结果

变量	被解释变量（*inc*）		
	(1)	(2)	(3)
	长江上游	长江中游	长江下游
HSR	0.036	－0.155***	－0.062*
	(0.60)	(－3.72)	(－1.69)
hd	0.030*	－0.054***	－0.060***
	(1.93)	(－3.03)	(－5.80)
控制变量	Yes	Yes	Yes
固定效应	Yes	Yes	Yes
观测值	435	495	585
R^2	0.747	0.770	0.682

注：*、*** 分别表示在 10%、1% 的统计水平下显著。

从表 2－5 城市地理区位异质性的结果来看，高铁建设对长江中、下游地区的城乡融合发展有显著的促进作用，能分别降低 0.155、0.062 的城乡收入比值，这主要得益于其自身的地理区位条件优势。由于其相对密集的人口与较高的经济发展水平使高铁在该地区得到快速发展并逐步形成高铁网，从而有效打破市场的分割，促进要素流动，缩小城乡收入差距，最终带动城乡协调发展。长江上游地区因受其地理条件的限制，无法在短时间内建成较多的高铁基础设施，因此结果不显著，甚至还有拉大城乡收入差距的趋势。同时，表 2－5 显示，公路对城乡融合发展的影响与高铁一致。从公路密度来看，长江中游与长江下游地区回归系数为负且均显著，表明公路的修建能够缩小该地区的城乡收入差距；而长江上游地区实证结果则相反，即对城乡融合发展起到了阻碍作用。这是由于长江上游地区存在很多欠发达的中小城市，这些中小城市不管是经济发展水平还是交通设施的整体建设水平都相对落后，因此在不断增修公路及高铁等交通基础设施的情况下导致大量的要素流向大城市，形成了大城市的经济聚集效应，从而拉大了城乡收入差距。因此，以高铁为骨干完善交通基础设施建设在较大程度上能够推动经济发展水平较高地区（如长江下游与长江中游地区）各城市的城乡融合发展，而对长江上游等相对欠发达地区则会有相反的影响。

表 2－6　地理区位异质性的中介效应

效应检验		长江上游			长江中游			长江下游		
		(1)	(2)	(3)	(1)	(2)	(3)	(1)	(2)	(3)
经济增长效应	变量	*inc*	ln*light*	*inc*	*inc*	ln*light*	*inc*	*inc*	ln*light*	*inc*
	HSR	0.036	－0.068	0.028	－0.150***	0.430**	－0.058	－0.062*	0.200***	－0.030
		(0.60)	(－0.66)	(0.48)	(－3.72)	(5.56)	(－1.51)	(－1.69)	(3.84)	(－0.78)
	ln*light*			－0.110***			－0.220***			－0.160***
				(－3.42)			(－10.10)			(－6.59)
	R^2	0.747	0.848	0.754	0.770	0.823	0.808	0.682	0.922	0.700
要素流动效应	变量	*inc*	*pop*	*inc*	*inc*	*pop*	*inc*	*inc*	*pop*	*inc*
	HSR	0.036	－0.040***	－0.054	－0.150***	0.010	－0.150**	－0.062*	0.024	－0.060
		(0.60)	(－3.40)	(－1.09)	(－3.72)	(0.68)	(－3.83)	(－1.69)	(1.45)	(－1.60)
	pop			－1.890***			0.358**			－0.097
				(－3.88)			(2.57)			(－0.87)
	R^2	0.747	0.866	0.784	0.770	0.982	0.773	0.682	0.981	0.683
投资效应	变量	*inc*	ln*fixed*	*inc*	*inc*	ln*fixed*	*inc*	*inc*	ln*fixed*	*inc*
	HSR	0.036	－0.131*	－0.019	－0.150***	0.320***	－0.090**	－0.060*	0.113**	－0.056
		(0.60)	(－1.74)	(－0.33)	(－3.72)	(5.28)	(－2.25)	(－1.69)	(1.79)	(－1.49)
	ln*fixed*			－0.410***			－0.180***			－0.053*
				(－5.00)			(－3.46)			(－1.82)
	R^2	0.747	0.911	0.784	0.770	0.862	0.791	0.682	0.897	0.684
产业结构调整效应	变量	*inc*	*ind*	*inc*	*inc*	*ind*	*inc*	*inc*	*ind*	*inc*
	HSR	0.032	0.060***	0.036	－0.120***	0.040***	－0.150***	－0.054*	0.050***	－0.062*
		(0.57)	(5.97)	(0.60)	(－3.72)	(5.81)	(－3.72)	(－1.73)	(10.48)	(－1.69)
	ind			－0.065			－0.273			0.156
				(－0.17)			(－1.02)			(0.51)
	R^2	0.747	0.762	0.747	0.770	0.734	0.770	0.682	0.773	0.682
固定效应		Yes	Yes	Yes	Yes	Yes	Yes	Yes	Yes	Yes
观测值		435	435	435	495	495	495	585	585	585

注：*、**、*** 分别表示在 10%、5%、1% 的统计水平下显著。

通过对表 2－6 的分析，可以得出以下结论：

首先，从经济增长效应角度来看，高铁建设能够对长江中、下游各城市的发展起到正向的促进作用，表明了高铁的建设通过促进经济增长带动了该地区各城市城乡收入差距的缩小，长江上游地区的经济增长效应则有拉大城乡收入差距的趋势。

其次，从要素流动效应角度来看，在长江中游与长江上游，要素流动效应会显著拉大城乡收入差距，长江下游地区各城市则有缩小城乡收入差距的趋势，但不显著。这说明，高铁建设在不同地区对农村劳动力转移的作用不尽相同。主要原因可能是长江下游地区高铁建设打破了农村劳动力的流动壁垒，增加了其获得比务农收入更高的城市工作机会，从而有缩小城乡收入差距的趋势，而长江中游地区尽管打破了农村劳动力的流动壁垒，但是所引起的城市人口聚集反而会拉大城乡收入差距，从而阻碍城乡融合发展。

再次，从投资效应角度来看，长江中、下游地区的高铁建设能够显著提高地区的投资水平，并且可通过高铁建设所带来的投资效应缩小城乡收入差距，这是由于长江中、下游地区，特别是下游地区地处沿海，具有天然的地理位置优势，能够吸引大量的企业来此投资发展，并且各地区间距离较近，使得高铁建设能够快速地进入规模化投资阶段，因此高铁建设所带来的固定资产投资增加的效果显著。但在长江上游地区，投资效应会拉大城乡收入差距，从而阻碍城乡融合发展。

最后，从产业结构调整效应角度来看，尽管高铁建设能够提高长江上、中、下游地区的第三产业结构占比，但是其对城乡融合所发挥的中介效应却呈现出异质性。其在长江上游与中游地区对城乡融合发展能够起到正向的推动作用，而在长江下游地区则有反向影响。

综上所述，根据地理区位异质性的中介效应分析结果来看，高铁建设对城乡融合发展的影响机制在不同地区有所差异，其中，在长江下游地区，主要通过经济增长效应、投资效应来缩小城乡收入差距，而产业结构调整效应则可能有相反作用；长江中游地区则主要通过经济增长效应、投资效应以及产业结构调整效应来推动城乡收入差距的缩小，要素流动效应则可能产生阻碍城乡融合发展的趋势；而在长江上游地区，除了产业结构调整效应有缩小城乡收入差距的趋势，其余三种效应均会进一步拉大城乡收入差距。

2.4.2 城市规模异质性分析

就城市规模而言，不同人口规模的城市对城乡收入差距的影响不同。本章参照2014年10月国务院发布的《国务院关于调整城市规模划分标准的通知》，将长江经济带的城市分为三大类：常住人口在500万以上的城市为特大城市，人口在300万~500万的城市为大城市，人口在300万以下的城市为中小城市。[①] 我们分别使用多期双重差分模型与中介效应模型进行回归分析，其实证结果如表2-7、表2-8所示。表2-7城市规模异质性回归结果反映，在特大城市与大城市，高铁建设有缩小城乡收入差距的趋势，尤其是特大城市促进效果明显。而在中小城市回归结果则相反，其主要原因可能是中小城市的人口较多流向了大城市与特大城市，并且长江经济带的中小城市又多处于欠发达地区，当连接大城市的高铁开通后，各类经济要素向大城市聚集，便形成了二元的经济发展格局，从而拉大了城乡收入差距。从公路密度的角度来看，公路网络的完善能够显著地推动特大城市的城乡融合发展，对大城市和中小城市城乡融合发展的推动作用不显著。因此，回归结果表明交通基础设施的建设能够推动经济发展水平较高地区的城乡融合发展，而对相对欠发达地区影响作用不明显，甚至可能会有反向影响。

表2-8城市规模异质性的中介效应回归结果反映，对于特大城市与大城市来说，高铁建设可以通过投资效应、产业结构调整效应来促进城乡融合发展，要素流动效应对特大城市有相反的影响作用，而经济增长效应对大城市的城乡融合发展有阻碍作用；对于中小城市来说，经济增长效应、要素流动效应以及投资效应在高铁建设对城乡融合发展中，不仅不能起到推动作用，可能还会进一步拉大城乡收入差距，从而抑制中小城市的城乡融合发展，而产业结构调整效应则能在一定程度上缓解高铁修建对中小城

① 在本章的研究样本中，长江经济带特大城市包括安庆、常德、郴州、成都、达州、赣州、杭州、合肥、衡阳、怀化、淮安、黄冈、吉安、荆州、九江、昆明、连云港、六安、泸州、绵阳、南昌、南充、南京、南通、宁波、上海、上饶、苏州、台州、泰州、温州、武汉、孝感、宿迁、宿州、徐州、盐城、宜宾、宜春、永州、岳阳、长沙、昭通、重庆、资阳、遵义46个市；大城市包括巴中、蚌埠、滁州、德阳、抚州、广安、广元、贵阳、嘉兴、金华、荆门、乐山、六盘水、娄底、眉山、内江、十堰、遂宁、无锡、芜湖、扬州、宜昌、益阳、株洲、自贡、亳州、绍兴27个市；中小城市包括安顺、保山、池州、鄂州、湖州、淮北、淮南、黄山、黄石、景德镇、丽江、丽水、临沧、马鞍山、攀枝花、萍乡、衢州、随州、铜陵、湘潭、新余、宣城、雅安、鹰潭、玉溪、张家界、镇江、舟山28个市。

市城乡融合发展的阻碍作用。综上所述，高铁建设能够通过投资效应以及产业结构调整效应对特大城市与大城市城乡融合发展起到推动作用，而对于中小城市来说，产业结构调整效应对城乡融合发展有推动作用，其余三种效应均会拉大其城乡收入差距。

表 2－7　城市规模异质性回归结果

变量	被解释变量（*inc*）		
	(1)	(2)	(3)
	特大城市	大城市	中小城市
HSR	－0.144***	－0.072	0.290***
	(－4.30)	(－1.48)	(4.22)
hd	－0.041***	－0.021	－0.006
	(－3.73)	(－1.53)	(－0.45)
控制变量	Yes	Yes	Yes
固定效应	Yes	Yes	Yes
观测值	690	405	420
R^2	0.741	0.791	0.787

注：*** 表示在 1% 的统计水平下显著。

表 2－8　城市规模异质性的中介效应回归结果

效应检验		特大城市			大城市			中小城市		
		(1)	(2)	(3)	(1)	(2)	(3)	(1)	(2)	(3)
经济增长效应	变量	*inc*	ln*light*	*inc*	*inc*	ln*light*	*inc*	*inc*	ln*light*	*inc*
	HSR	－0.140***	0.280***	－0.090***	－0.072	－0.020	－0.074	0.290***	－0.121	0.270***
		(－4.30)	(4.60)	(－2.79)	(－1.48)	(－0.22)	(－1.57)	(4.22)	(－1.28)	(3.95)
	ln*light*			－0.180***			－0.110***			－0.150***
				(－7.67)			(－4.27)			(－3.75)
	R^2	0.741	0.908	0.764	0.791	0.865	0.800	0.787	0.824	0.795
要素流动效应	变量	*inc*	*pop*	*inc*	*inc*	*pop*	*inc*	*inc*	*pop*	*inc*
	HSR	－0.140***	－0.016	－0.140***	－0.072	－0.004	－0.072	0.290***	－0.005	0.280***
		(－4.30)	(－1.64)	(－4.47)	(－1.48)	(－0.22)	(－1.50)	(4.22)	(－0.28)	(4.19)
	pop			－0.137			－0.136			－0.460**
				(－0.64)			(－0.51)			(－2.33)
	R^2	0.741	0.986	0.741	0.791	0.937	0.791	0.787	0.963	0.790

续表

效应检验		特大城市			大城市			中小城市		
		(1)	(2)	(3)	(1)	(2)	(3)	(1)	(2)	(3)
投资效应	变量	*inc*	ln*fixed*	*inc*	*inc*	ln*fixed*	*inc*	*inc*	ln*fixed*	*inc*
	HSR	-0.140^{***}	0.230^{***}	-0.120^{***}	-0.072	0.020	-0.066	0.290^{***}	-0.140^{**}	0.220^{***}
		(-4.30)	(4.21)	(-3.64)	(-1.48)	(0.38)	(-1.48)	(4.22)	(-2.46)	(4.07)
	ln*fixed*			-0.080^{***}			-0.290^{***}			-0.450^{***}
				(-3.14)			(-6.06)			(-5.20)
	R^2	0.741	0.853	0.747	0.791	0.916	0.813	0.787	0.892	0.821
产业结构调整效应	变量	*inc*	*ind*	*inc*	*inc*	*ind*	*inc*	*inc*	*ind*	*inc*
	HSR	-0.140^{***}	0.030^{***}	-0.140^{***}	-0.071	0.030^{***}	-0.072	0.260^{***}	0.070^{***}	0.290^{***}
		(-4.51)	(5.20)	(-4.30)	(-1.57)	(3.56)	(-1.48)	(4.47)	(9.44)	(4.22)
	ind			-0.100			-0.214			-0.283
				(-0.43)			(-0.76)			(-0.69)
	R^2	0.741	0.766	0.741	0.789	0.673	0.791	0.787	0.785	0.787
固定效应		Yes	Yes	Yes	Yes	Yes	Yes	Yes	Yes	Yes
观测值		690	690	690	405	405	405	420	420	420

注：**、***分别表示在5%、1%的统计水平下显著。

2.4.3 城市规模与地理区位异质性结合分析

为进一步从城市异质性的角度探究高铁建设对城乡融合发展的影响，本章将长江经济带101个主要城市综合城市规模与地理区位异质性做进一步细分，由此得到的实证回归结果如表2-9所示。回归结果表明，高铁建设仅对长江中、下游地区的特大城市的城乡融合发展起到显著的促进作用，而对长江经济带其他城市的城乡融合发展促进作用不显著，并且在一定程度上有抑制中小城市城乡融合发展的趋势。进一步分析可发现，尽管回归结果显示高铁效应在长江上游的特大城市中不显著，但有缩小的趋势，我们又进一步将长江上游的省会城市单独进行回归，结果显示其回归系数为-0.130，并且在10%的水平下显著，说明高铁建设能够推动长江上游中心城市的城乡融合发展。其中可能的原因是成都等长江上游特大城市较长江中、下游地区，其自然地理条件相对复杂，资源要素流动不够顺畅，各城市未能形成区域一体化发展格局，高铁的开通增强了西部地区中心城市间的空间联系强度，促进了资源的有效配置和充分利用，特别是高铁的引入激活了中心城市的潜在资源，催生了城乡融合发展的新业态。长江中、下游地区特大城市，如上海、苏州、武汉等，借助地理条件的优势以及发展初期各类政策的倾斜，加之初期交通基础设施等资源优势，已成为区域一体化发展的先驱，故高铁开通后能显著缩小城乡收入差距；而长江经济带的中小城市基本处于客观条件相对较差的区域，高铁的开通使要素资源进一步向中心城市聚集，从而形成了虹吸效应，导致城乡收入差距逐步扩大。

表 2-9　城市规模与地理区位异质性结合的回归结果

变量	被解释变量（*inc*）								
	长江上游			长江中游			长江下游		
	特大城市	大城市	中小城市	特大城市	大城市	中小城市	特大城市	大城市	中小城市
	(1)	(2)	(3)	(4)	(5)	(6)	(7)	(8)	(9)
HSR	-0.100	-0.077	0.539	-0.199***	-0.118	0.033	-0.098*	0.036	0.111
	(-1.49)	(-1.47)	(1.57)	(-3.75)	(-0.95)	(0.54)	(-1.71)	(0.64)	(1.56)
控制变量	Yes	Yes	Yes	Yes	Yes	Yes	Yes	Yes	Yes
固定效应	Yes	Yes	Yes	Yes	Yes	Yes	Yes	Yes	Yes
观测值	165	165	105	255	105	135	270	135	180
R^2	0.824	0.822	0.703	0.755	0.803	0.876	0.598	0.815	0.743

注：*、*** 分别表示在10%、1%的统计水平下显著。

2.5　稳健性检验

为了确保本章实证结果的可靠性，从以下三个方面进行稳健性分析。

2.5.1　工具变量回归

在估计高铁建设对城乡融合发展的影响时，本章假设了各城市高铁的开通具有相同的概率，然而高铁站的选址会受到城市政治背景、地理位置等诸多因素的影响，故可能存在内生的选择性问题。由于高铁建设在一定程度上受地形起伏度的影响，城市地形起伏度越大，高铁建设的施工成本就越高。而且地形因素是客观自然条件，不随时间的变化而变化，满足外生性的要求。本章参考张般若和李自杰（2021）的研究方法，利用 ArcGIS 软件计算得出各城市的地理起伏度，然后将各城市地形起伏度乘以该城市所在省开通高铁的总数作为高铁是否开通的工具变量，并通过了过度识别检验，这表明本章所选用的工具变量是有效的。回归结果如表2-10所示，这与前文基本的实证检验结果相一致，同时在回归的第一阶段表明所选取的工具变量（*IV*）与高铁开通存在显著正向相关关系。因此，在控制了内生的选择性问题后，本章得出的基本结论依然成立，即高铁建设能够促进城乡融合发展，说明本章的实证结果具有一定的可靠性。

表2-10　工具变量的2SLS回归结果

变量	(1)	(2)
	第一阶段	第二阶段
	HSR	*inc*
HSR		-2.378*** (-3.09)
IV	0.011*** (3.30)	
控制变量	Yes	Yes
固定效应	Yes	Yes
观测值	1515	1515
R^2	0.459	0.004

注：***表示在1%的统计水平下显著。

2.5.2　剔除中心城市

相对于其他城市而言，直辖市、省会城市以及计划单列市的经济发展水平一般高于普通地级市，并且政府在决定是否修建高铁站的问题上也会受到城市行政级别的影响，即存在非随机选择的问题。为保证研究结果的稳健性，本章参考饶品贵等（2019）的做法，将中心城市从样本中剔除①，以保证高铁建设城市的自选择问题，进一步估计高铁修建对城乡融合发展的影响，回归结果如表2-11所示。回归结果与地理区位异质性检验结果一致，即总体上高铁建设对城乡融合发展有促进作用，分地区而言，对长江中、下游的城乡融合发展有显著促进作用，而对长江上游的城乡

① 在本章的研究样本中，长江经济带中的中心城市包括上海、重庆、成都、贵阳、杭州、合肥、昆明、南京、宁波、武汉、长沙、南昌12个城市。

融合发展有反向影响，但不显著。从公路密度来看，公路密度的提高会阻碍长江上游地区的城乡融合发展，说明本章的回归结果具有一定的稳健性。

表 2－11 剔除中心城市后的回归结果

变量	被解释变量（*inc*）			
	(1)	(2)	(3)	(4)
	长江经济带	长江下游	长江中游	长江上游
HSR	−0.065**	−0.083**	−0.120***	0.050
	(−2.21)	(−2.01)	(−2.66)	(0.68)
hd	−0.037***	−0.059***	−0.057***	0.039**
	(−4.60)	(−5.64)	(−3.06)	(2.24)
控制变量	Yes	Yes	Yes	Yes
固定效应	Yes	Yes	Yes	Yes
观测值	1335	510	450	375
R^2	0.742	0.685	0.763	0.742

注：**、*** 分别表示在5%、1%的统计水平下显著。

2.5.3 PSM－DID 回归结果

考虑到高铁选址不可避免地会受到城市地理位置、经济发展水平、行政等级等因素的影响，因此其可能并不完全满足双重差分法随机分组的假设，从而存在选择性偏误。针对单纯使用双重差分法可能存在选择偏误的问题，本章采用 PSM－DID 再次对高铁开通与城乡融合发展之间的关系进行探究。在匹配过程中，采用 Logit 模型对控制变量进行倾向匹配得分，并去掉不满足共同支撑假设的观测值，PSM－DID回归结果如表 2－12 所示。

表 2－12 PSM－DID 回归结果

变量	被解释变量（*inc*）			
	(1)	(2)	(3)	(4)
	长江下游	长江中游	长江上游	长江经济带
HSR	−0.058	−0.144***	0.045	−0.063**
	(−1.52)	(−3.47)	(0.72)	(−2.42)

续表

变量	被解释变量（*inc*）			
	(1)	(2)	(3)	(4)
	长江下游	长江中游	长江上游	长江经济带
hd	-0.060*** (-5.71)	-0.051** (-2.90)	0.034** (2.08)	-0.038*** (-4.85)
控制变量	Yes	Yes	Yes	Yes
固定效应	Yes	Yes	Yes	Yes
观测值	564	492	423	1479
R^2	0.574	0.757	0.775	0.774

注：**、*** 分别表示在5%、1%的统计水平下显著。

表2-12的PSM-DID回归结果表明，不论是从整个长江经济带来看，还是从地理区位异质性的结果来看，均与前文的多期双重差分法基准回归结果一致，即高铁的开通对长江中游的城乡收入差距有显著的负向作用，对长江上游的城乡收入差距则有拉大的趋势。而公路密度的提高，对长江下游与中游城市城乡收入差异有显著的缩小作用，对长江上游城市则有反向影响。为了检验前文中介效应回归结果的稳健性，我们在进行倾向得分匹配（PSM）的基础上，得出PSM-DID的中介效应回归估计结果，如表2-13所示。表2-13反映出，高铁建设可通过经济增长效应、投资效应、产业结构调整效应来推动城乡融合发展，而要素流动效应则会起到阻碍作用，这与前文的基准回归结论一致，进一步表明了前文的实证结果具有一定的稳健性。

表2-13　PSM-DID中介效应回归估计结果

机制类型	变量	第一步	第二步	第三步
经济增长效应	因变量	*inc*	ln*light*	*inc*
	HSR	-0.063** (-2.42)	0.155*** (3.45)	-0.033 (-1.33)
	ln*light*			-0.189*** (-11.54)
	R^2	0.749	0.869	0.772

续表

机制类型	变量	第一步	第二步	第三步
要素流动效应	因变量	*inc*	*pop*	*inc*
	HSR	−0.063** (−2.42)	−0.001 (−0.08)	−0.063** (−2.43)
	pop			−0.253** (−1.99)
	R^2	0.749	0.982	0.750
投资效应	因变量	*inc*	ln*fixed*	*inc*
	HSR	−0.063** (−2.42)	0.120** (3.20)	−0.035 (−1.30)
	ln*fixed*			−0.231*** (−5.10)
	R^2	0.749	0.879	0.770
产业结构调整效应	因变量	*inc*	*ind*	*inc*
	HSR	−0.076*** (−3.08)	4.635*** (9.80)	−0.063** (−2.42)
	ind			−0.292* (−1.67)
	R^2	0.749	0.712	0.749
控制变量		Yes	Yes	Yes
固定效应		Yes	Yes	Yes
观测值		1479	1479	1479

注：*、**、*** 分别表示在10%、5%、1%的统计水平下显著。

2.6 本章小结

本章聚焦于高铁建设对城乡融合发展的影响，在理论分析的基础上，以2005—2019年长江经济带101个主要城市的面板数据为样本，运用多期双重差分法、中介效应模型等方法实证分析了高铁建设对城乡融合发展的影响及其内在机理。研究结果表明，从总体上看，高铁的开通促进了城乡融合发展，但存在区域与城市规模差异。高铁建设对长江中、下游城市的城乡融合发展有显著的促进作用，而对长江上游的城市则存在阻碍趋势，但不显著；对于特大城市，高铁建设能够促进城乡融合发展，而在中小城市存在显著的负向影响。由中介效应回归结果发现，高铁建设总体上能够通过经济增长效应、投资效应以及产业结构调整效应促进沿线城市城乡融合发展，要素流动效应则会阻碍城乡融合发展。但在不同地区、不同规模的城市存在异质性，其中对于相对欠发达地区，如长江上游地区及中小城市，经济增长效应、要素流动效应以及投资效应在高铁修建对城乡融合发展的影响中起到阻碍作用；而相对发达地区（如长江中下游地区、特大城市等），高铁建设会通过促进经济增长、增加投资来推动城乡融合发展。最后，将地形起伏度作为高铁是否开通的工具变量及剔除中心城市的方法进行稳健性检验，其总体结果同样成立。为解决高铁建设可能存在的内生选择的问题，进行 PSM - DID 回归后，依然支持上述结论，这表明本章的实证结果具有一定的可靠性。

基于本章的研究结论，提出以下几点政策建议：第一，逐步充实并完善较发达地区高铁交通设施建设，形成高铁网络。发达地区大城市多，具有人口密度高，物流、人流及资金流规模大等特点。高铁所具有的安全、快捷及装载量大的优势，不仅可以有效促使这些生产要素快速流动，使之得到充分的利用，而且能够更好地打破地区间的阻隔，实现城乡互联互通，各得其所。为使这一作用的张力得到更大的释放，应不断充实并完善较发达地区高铁设施建设，逐步形成高铁交通网络。第二，高铁后续建设投入应考虑欠发达地区及中等城市的需要，建成高铁干线。目前我国欠发达地区高铁建设较为薄弱，为使高铁建设的综合效应在该类地区得到扩展，其后续投入应考虑弥补该类地区的短板，以提高该类地区尤其是农村地区的交通通达深度。通过交通的发展可以进一步吸引要素资源流向欠发达地区，并推动城乡要素平等交换、双向流动，促进连接城乡的相关产业链，尤其是名、优、特产业链的形成，使城乡融合发展能够走实走深。第三，高铁建设应着眼全局，更多考虑实现现代化目标的需要。高铁是一项技术性要求严、资源耗费高的战略性投资，不能仅凭经济成本与效益比较做判断，尤其是对一些相对欠发达地区来说，或许投入了大量资金建设高铁，却不一定直接带来突出或明显的经济效益。在这些地区建设高铁，除了需在技术支撑、资源利用等方面做更充分的考察论证，还应更多地考虑长远发展目标的要求，使之有利于开发潜在产业，缩小地区城乡差距，有利于这些地区的人民更好地共享现代化文明成果。

3 信息基础设施建设、溢出效应与城乡融合发展[①]

城市与乡村是有机的统一体，城乡关系贯穿经济社会发展的始终。然而，长期以来我国特殊的城乡二元经济结构阻碍了乡村地区的发展，大规模农村生产要素向城市转移，在城市形成了要素资源的聚集效应，导致我国城乡发展不平衡问题日益突出。截至 2021 年底，我国城镇居民人均可支配收入为 47412 元，农村居民人均可支配收入为 18931 元，全国城镇与农村居民人均可支配收入之比为 2.5∶1。[②] 尽管城乡居民收入和消费水平均呈现上升趋势，但是城乡差距依然显著，公共服务、基础设施等也存在明显的城乡发展差异。针对城乡发展不平衡问题，党的十九大报告中首次提出“建立健全城乡融合发展体制机制和政策体系”[③]。党的二十大报告中进一步强调要“坚持城乡融合发展，畅通城乡要素流动”[④]。如何突破城乡二元结构、着力缩小城乡收入差距、解决城乡区域发展不均衡、推动城乡融合发展等已成为学术界需要研究的重要问题。

基础设施是拉动经济增长的重要引擎，对我国稳定经济发展、调节产

---

① 本章主要内容参见：何雄浪，王诗语．“新基建”对长江经济带城乡融合发展的影响效应［J］．财经科学，2023(11)：105－118.

② 国家统计局．10 年来我国城乡居民收入相对差距持续缩小［EB/OL］．(2022－10－12)．https://www.gov.cn/xinwen/2022－10/12/content_5717752.htm.

③ 习近平．决胜全面建成小康社会　夺取新时代中国特色社会主义伟大胜利——在中国共产党第十九次全国代表大会上的报告［EB/OL］．(2017－10－27)．https://www.gov.cn/zhuanti/2017－10/27/content_5234876.htm.

④ 习近平．高举中国特色社会主义伟大旗帜　为全面建设社会主义现代化国家而团结奋斗——在中国共产党第二十次全国代表大会上的报告［EB/OL］．(2022－10－25)．https://www.gov.cn/xinwen/2022－10/25/content_5721685.htm.

业结构发挥着重要作用。随着新一轮科学技术革命在全球逐渐兴起，以及我国传统基础设施投资的边际收益不断下降，以信息技术为核心的“新基建”成了我国社会经济发展的重要抓手，宽带网络基础设施作为“新基建”的重要组成部分及核心中枢（马青山等，2021），对全要素生产率提高（Lucas，1988）、创新发展（何大安和任晓，2018）、资源优化配置（刘传明和马青山，2020）的积极作用已被证实。近年来，我国互联网和信息技术获得了迅速发展，农村基础设施建设加快，全国行政村通光纤和4G比例超过99%，城乡互联网基本实现全覆盖，截至2021年，新建5G基站总数超65万个（苏红键，2022），使以往城市与乡村存在的物理意义鸿沟，正逐步被信息时代的数字技术弥合，成为破解“城乡分治”问题的推动力。长江经济带是我国打造区域协调发展的新样板，在我国加快建设“网络强国”“数字中国”的背景下，“新基建”能否成为推动长江经济带城乡融合发展的“新动能”？其实现路径是什么？对此进行研究对于寻求推动城乡融合发展的有效路径具有重要的理论价值和现实意义。

随着信息基础设施在社会经济发展中的作用日益凸显，越来越多的学者开始关注以互联网为代表的信息基础设施建设对经济发展的影响。研究发现，互联网信息宽带正成为推动社会经济增长的重要动力（Stiroh，2002）。具体而言，宽带普及率每提高10%，人均GDP将提高约1个百分点（Czernich et al.，2011）。同时，随着网络基础设施的不断完善，“数字”逐渐成为一种新的生产要素。一方面，它所具有的网络“外部性”会促进产业分工合作的合理化，使网络信息聚合，提高资源要素的配置效率（张永林，2016），进而推动产业结构优化与调整；另一方面，网络基础设施所具有的外部性与溢出性，可以润滑要素流动渠道，减少流动摩擦，降低交易成本，增强知识的扩散与传播，进而提升创新水平，使产业结构高级化（Paunov and Rollo，2016）。还有学者从区域创新角度进行了探究，认为网络基础设施建设能够提高区域创新效率（韩先锋等，2019），并且信息技术是产业创新的物质基础条件，其通过创新信息的交换与共享，发挥创新绩效的作用进而带动区域创新（孙早和徐远华，2018）。从微观层面来看，网络基础设施可以促进信息技术在企业中的渗透，这不仅有利于公司内部的信息共享，还可以提高企业家的有限理性（石大千等，2020），进而实现资源要素的合理配置。另外，有研究表明，“新基建”对企业创新的影响作用明显强于传统基础设施建设，但存在区域异质性，东部地区获益最大（谢文栋，2022）。

此外，还有部分学者直接将我国2013年提出并于2014年实施的“宽带中国”战略试点视为一次政策冲击来考察互联网等“新基建”对经济的影响效应。从宏观层面来看，“宽带中国”战略试点不仅对城市的创新水平有正向的促进作用，还存在空间溢出效应，产业结构的合理化与高级化是重要的中间作用路径（马为彪和吴玉鸣，2022）。同时，“宽带中国”战略试点对城市减排也有积极作用，它能够通过提升城市绿色技术创新水平降低城市污染物的排放量，正成为实现“双碳”目标的重要方式，并且这一影响在东部地区更加明显（李广昊和周小亮，2021；薛飞等，2022）。数字经济已成为促进产业结构转型升级的新动能，有研究以“宽带中国”战略试点作为数字经济的代理变量进行分析，发现“宽带中国”战略试点促进了产业结构高级化，并且降低信息的不对称性及提高交易效率是其推动产业结构高级化的重要途径（袁航和朱承亮，2022）。从微观层面来看，“宽带中国”战略显著提高了企业的产能利用率，其提高效应随着时间的推移而逐渐增强。此外，“宽带中国”战略试点可以通过促进上市公司向内部子公司扩散技术知识以及与外部其他公司进行技术合作，提高全要素生产率（薛成等，2020）。它有利于促进企业的创新探索行为，进而提高企业的创新质量（邱洋冬，2022），还可以通过降低企业代理成本、促进企业间良性互动等推动企业转型升级（张翼飞，2023）。

从城乡融合发展的视角探究信息基础设施建设对经济影响效应的文献较少，仅有学者从数字经济、数字普惠金融的角度进行了分析，研究发现数字经济能推动城乡融合发展，其影响主要通过数字产业化、产业数字化以及对外开放、政府干预、数字创新、提高要素配置效率来实现（王松茂等，2023；舒季君等，2022；黄永春等，2022），并且数字经济存在空间溢出效应，其不仅能推动当地的城乡融合发展，对邻近地区也有促进作用（台德进和蔡荣，2022）。此外，数字普惠金融也能推动城乡融合发展，其主要通过推动要素流动、产业结构调整以及科技创新来实现（李红锦和张丁山，2022）。

通过对上述文献的归纳与梳理，发现目前有关互联网等信息基础设施的研究成果颇多，但研究其对城乡融合发展影响的鲜少，仅有学者利用省级面板数据，从数字经济、数字普惠金融角度进行了探究。基于此，本章的边际贡献主要体现在以下三个方面：第一，本章不仅构建了一个包含新型基础设施的城乡二元经济结构理论模型，从定性角度探讨了“新基建”对城乡收入差距、城乡消费差距的影响，还通过归纳与梳理现有研究，从空间溢出效应、市场规模效应和劳动力转移效应角度探究了“新基建”对城乡融合发展可能的作用机理。第二，目前有关城乡融合发展的研究多是运用全国的省级面板数据或者是单独某一省份地级市的数据，本章区别于以往的研究方式，在兼顾长江经济带发展特点以及数据可获得性的基础上，通过构建城乡融合发展综合指标评价体系，运用熵值法测度长江经济带各城市城乡融合发展水平。第三，相较于以往大多数文献只研究基础设施对地区经济的直接影响，本章不仅分析了“新基建”对城乡融合发展的直接影响，还从空间溢出效应、中介效应角度分析了“新基建”对城乡融合发展的间接影响。

3.1 政策背景和理论模型分析

本节首先对“新基建”提出的背景进行了说明，在此基础上，不仅构建了一个包含“新基建”的城乡二元结构模型，从定性角度分析了“新基建”对城乡融合发展可能产生的影响，还通过归纳与梳理现有研究，探讨了“新基建”对城乡融合发展的作用机理。

3.1.1 政策背景

2018 年，根据我国经济发展现状，中共中央政治局会议中正式提出了“新基建”这一概念。“新基建”一词自提出以来，引起了社会的广泛关注，经过初步探索和发展之后，2019 年 7 月，中共中央召开的政治局会议进一步指出，要“加快推进信息网络等新型基础设施建设”①，并强调了网

① 习近平主持中共中央政治局会议 分析研究当前经济形势和经济工作等[EB/OL].(2019－07－31).https://www.mem.gov.cn/xw/ztzl/xxzl/201907/t20190731_327438.shtml.

络基础设施建设是“新基建”的核心中枢。次年4月，国家发展和改革委员会首次明确了“新基建”的范围，包含信息、融合、创新三个方面的基础设施建设。[①] 2020年3月，中央政治局常务委员会会议中“新基建”被界定为“加快5G网络、数据中心等新型基础设施建设”[②]。以新发展理念为引领的“新基建”成为推动经济发展的重要抓手（刘凤芹和苏丛丛，2021），其发展不仅有助于畅通经济循环，实现“万物互联”，还成为拉动我国经济增长的重要引擎。

与传统基础设施不同，新型基础设施不仅包含了传统基础设施所具有的公共性、非排他性以及整体性特征，还涵盖了信息、融合、创新三个方面的内容，其更加注重5G、大数据、工业互联网等的发展。新型基础设施建设（以下简称“新基建”）离不开以宽带为基础的信息网络支撑，网络基础设施建设在推动创新发展（薛成等，2020）、优化产业结构（马青山等，2021）等方面均起到积极作用，因此，“宽带中国”战略的实施被认为是推动“新基建”的先导性力量。2013年8月，国务院印发了《“宽带中国”战略及实施方案》，2014—2016年先后分三次共批复了120个城市作为“宽带中国”示范城市（群），并要求在试点3年后达到相应的指标要求（见表3-1），使示范城市（群）宽带建设水平达到全国领先地位。在“宽带中国”战略与地方特色宽带发展模式的合力下，试点地区宽带信息网络等新型基础设施建设水平得到显著提升，这为本章评估“新基建”的政策效应提供了良好的机遇。

表3-1　“宽带中国”示范城市（群）建设指标

指标序号	指标内容
1	城市家庭20Mbps及以上宽带接入能力达到85%
2	农村家庭4Mbps及以上宽带接入能力达到90%

① 国家发改委首次明确“新基建”范围[EB/OL].(2020-04-20). http://www.mofcom.gov.cn/article/i/jyjl/e/202004/20200402957398.shtml.

② 新型数据中心发展三年行动计划(2021—2023年)解读[EB/OL].(2021-07-16). https://www.gov.cn/zhengce/2021-07/16/content_5625389.htm? eqid=ebfbcb500001395a00000003645baad3&wd=&eqid=95a673f8000cd7fe00000004648ce9c6.

续表

指标序号	指标内容
3	固定宽带家庭普及率达到55%
4	3G/LTE 移动电话人口普及率达到40%
5	4Mbps 及以上宽带用户渗透率达到80%
6	8Mbps 及以上宽带用户渗透率达到35%

3.1.2 理论模型分析

本章为了直观反映“新基建”对城乡关系的影响，并考虑到城乡融合发展的核心是收入问题，缩小城乡收入差距是推动我国城乡融合发展的重要任务（孙长学和刘晓萍，2021），采用经典的 C－D 生产函数和跨期消费模型，构建一个包含“新基建”的城乡二元经济结构模型，以此来分析“新基建”与城乡居民收入和消费的关系，进而探究“新基建”对城乡融合发展的影响。

1. 生产部门

基于我国城乡二元经济结构，假设经济系统仅存在农业生产部门与非农业生产部门两个部门，其中 Y_u 表示非农业生产部门，Y_r 表示农业生产部门，两个部门的劳动力投入分别为 L_u 与 L_r，我们认为经济系统的总劳动力为 $L = L_u + L_r$。本章认为“新基建”会带来技术水平的进步、城市创新水平的提升（马为彪和吴玉鸣，2022），故在借鉴刘晓光等（2015）研究方法的基础上，将农业生产部门与非农业生产部门生产函数的技术进步因素纳入考虑中，即在模型中加入全要素生产率系数，但是鉴于非农业生产部门与农业生产部门技术发展水平存在差异，故分别用 A_1 与 A_2 来表征。两个部门生产函数具体如下：

$$Y_u = A_1 K_u^{\alpha} L_u^{1-\alpha} \tag{3-1}$$

$$Y_r = A_2 T_r^{\beta} L_r^{1-\beta} \tag{3-2}$$

式（3－1）、式（3－2）中，非农业生产部门以现代经济为主，对资本依赖度较高，其通过雇用 L_u 单位的劳动力和 K_u 单位的资本进行生产；而农业生产部门则对土地的依赖度较高，其通过投入 L_r 单位的劳动力以及

T_r 单位的土地进行生产。其中 α 、β 分别表示资本与土地的产出弹性，且 $0 < \alpha < 1$ 、$0 < \beta < 1$ 。根据 $L_r = L - L_u$ ，我们可以将农业生产部门生产函数进一步表示为

$$Y_r = A_2 T_r^{\beta}(L - L_u)^{1-\beta} \tag{3-3}$$

随着非农业生产部门，特别是以互联网为代表的“新基建”的发展，推动了现代服务业的崛起，农业生产部门劳动人口获得更多了解非农业生产部门就业信息的渠道，使其不断地向非农业生产部门转移。为了便于分析，我们假设两个部门的初始劳动力分别为 L_{u0} 与 L_{r0} ，认为总劳动人口恒定不变为 L ，同时借鉴程明望和张家平（2019）的假设，我们认为农业生产部门向非农业生产部门转移的人口为

$$L_{trans} = L_{r0}g(\cdot) = (L - L_{u0})g(\cdot) \tag{3-4}$$

$$L_u = L_{u0} + L_{r0}g(\cdot) = L_{u0} + (L - L_{u0})g(\cdot) \tag{3-5}$$

$$L_r = L - L_u = L - [L_{u0} + (L - L_{u0})g(\cdot)] = (L - L_{u0})[1 - g(\cdot)] \tag{3-6}$$

其中，$g(\cdot)$ 表示农业生产部门劳动力转移程度函数，且 $0 < g(\cdot) < 1$。一般来说，劳动力转移程度受到劳动力转移成本的影响。“新基建”的不断发展，提高了劳动力获取信息的能力，改善了城乡之间信息不对称等问题，实现了城乡之间的互联互通，从而使劳动力转移的信息成本显著降低，因此，我们认为

$$g'(\cdot) = \frac{\partial g(\cdot)}{\partial broadband} > 0 \tag{3-7}$$

其中，$broadband$ 表示“新基建”的发展程度。假设是完全竞争市场，那么农业生产部门与非农业生产部门劳动力收入则等于其劳动力的边际收益：

$$income_u = \frac{\partial Y_u}{\partial L_u} = A_1(1 - \alpha)K^{\alpha}L_u^{-\alpha} \tag{3-8}$$

$$income_r = \frac{\partial Y_r}{\partial L_r} = A_2(1 - \beta)T^{\beta}L_r^{-\beta} \tag{3-9}$$

根据式（3-5）、式（3-6），可将两个部门劳动力收入进一步表示为

$$income_u = A_1(1 - \alpha)K^{\alpha}[L_{u0} + (L - L_{u0})g(\cdot)]^{-\alpha} \tag{3-10}$$

$$income_r = A_2(1-\beta)T^{\beta}\{(L-L_{u0})[1-g(\cdot)]\}^{-\beta} \tag{3-11}$$

2. 家庭部门

假设家庭在两个时期进行消费，并且只在第一个时期获得收入，第二个时期没有收入来源，且没有任何形式的遗产，同时不会遗留遗产和产生债务。将第一个时期与第二个时期的消费分别用 C_1 与 C_2 来表示，则非农业生产部门与农业生产部门家庭的跨期预算约束为

$$income_u = C_{1u} + \frac{C_{2u}}{1+r_1} \tag{3-12}$$

$$income_r = C_{1r} + \frac{C_{2r}}{1+r_2} \tag{3-13}$$

其中，r_1、r_2 分别表示两个部门的利率水平。根据生命周期理论，家庭消费等于持久性收入，则第一期消费与收入的关系为

$$C_{1i} = k(r_i)income_i(i = u \text{ 或 } r) \tag{3-14}$$

3. “新基建”与城乡融合发展关系

(1)“新基建”与城乡收入差距。

根据式（3-10）与式（3-11），城乡居民收入差距可以表示为

$$gap_{income} = \frac{income_u}{income_r} = \frac{A_1(1-\alpha)K^{\alpha}[L_{u0}+(L-L_{u0})g(\cdot)]^{-\alpha}}{A_2(1-\beta)T^{\beta}\{(L-L_{u0})[1-g(\cdot)]\}^{-\beta}} \tag{3-15}$$

从全要素生产率来看，一般来说，“新基建”越完善，其对应的全要素生产率也会越高，当“新基建”向城市非农业生产部门倾斜时，A_1 会不断变大，A_2 保持不变，即非农业生产部门全要素生产率持续提高，而农业生产部门不变，会使得 gap_{income} 增大，进而不利于城乡融合发展，若“新基建”向农村倾斜，则会使 gap_{income} 缩小，从而推动城乡融合发展。此外，由式（3-15）可以看出，城乡收入差距受到农业生产部门劳动力转移程度的影响，同时劳动力转移又受到“新基建”状况的影响。因此，为探寻劳动力转移程度、“新基建”情况对城乡收入差距的影响，将城乡收入差距函数 gap_{income} 分别对 $g(\cdot)$、$broadband$ 进行一阶求导，整理后可以得到

$$\frac{\partial gap_{income}}{\partial g(\cdot)} = -\varphi(K,T) \times \eta[L_u, L_r, L_{r0}, g(\cdot)] \tag{3-16}$$

$$\frac{\partial gap_{income}}{\partial broadband} = -\frac{\partial g(\cdot)}{\partial broadband} \times \varphi(K,T) \times \eta[L_u, L_r, L_{r0}, g(\cdot)] \tag{3-17}$$

其中，$\varphi(K,T) = \frac{A_1(1-\alpha)K^{\alpha}}{A_2(1-\beta)T^{\beta}}$，$\eta[L_u, L_r, L_{r0}, g(\cdot)] = \frac{(\alpha L_u^{-1} + \beta L_r^{-1})(L - L_{u0})L_u^{-\alpha}}{L_r^{-\beta}}$，显然 $\varphi(K,T) > 0$、$\eta[L_u, L_r, L_{r0}, g(\cdot)] < 0$，由此可以得到 $\frac{\partial gap_{income}}{\partial g(\cdot)} < 0$、$\frac{\partial gap_{income}}{\partial broadnand} < 0$，这表明农业生产部门劳动力向非农业生产部门转移可以缩小城乡收入差距，而其转移成本受“新基建”情况等的影响。随着“新基建”的不断发展，其可以降低劳动力转移成本，促进农业生产部门劳动力转移进而缩小城乡收入差距。

（2）“新基建”与城乡消费差距。

$$gap_{consume} = \frac{C_{1u}}{C_{1r}} = \frac{k(r_u)income_u}{k(r_r)income_r} = \varphi(K,T) \times \frac{k(r_u)[L_{u0} + (L - L_{u0})g(\cdot)]}{k(r_r)\{(L - L_{u0})[1 - g(\cdot)]\}^{-\beta}} \tag{3-18}$$

同理，为探寻劳动力转移程度、“新基建”情况对城乡消费差距的影响，我们将城乡消费差距函数 $gap_{consume}$ 分别对 $g(\cdot)$、$broadband$ 进行一阶求导，整理后可以得到

$$\frac{\partial gap_{consume}}{\partial g(\cdot)} = -\varphi(K,T) \times \eta[L_u, L_r, L_{r0}, g(\cdot)] \times \frac{k(r_u)}{k(r_r)} \tag{3-19}$$

$$\frac{\partial gap_{consume}}{\partial broadband} = -\varphi(K,T) \times \eta[L_u, L_r, L_{r0}, g(\cdot)] \times \frac{k(r_u)}{k(r_r)} \times \frac{\partial g(\cdot)}{\partial broadband} \tag{3-20}$$

显然，$\frac{\partial gap_{consume}}{\partial g(\cdot)} < 0$、$\frac{\partial gap_{consume}}{\partial broadband} < 0$，并且根据本章的假设，城乡居民消费取决于他们第一期的收入状况，故“新基建”对城乡居民消费的影响效应与其对城乡居民收入的影响效应一致，即“新基建”的发展有利于降低劳动力转移成本，促使农业生产部门劳动力向非农业生产部门转移，

从而提高农村居民收入，刺激其扩大消费，进而实现城乡融合发展。综上，提出以下研究假设：

H1：“新基建”的发展有利于降低劳动力转移成本，促使农业生产部门劳动力向非农业生产部门转移，从而提高农村居民收入，刺激其扩大消费，进而推动城乡融合发展。

3.1.3　内在机理分析

“新基建”是推动经济增长与转型的有力工具，能在一定程度上打破流通壁垒，加快要素流动，特别是信息要素的流动，从而促进区域经济发展。同时，“新基建”的加快布局将缩小城乡数字鸿沟，降低信息搜寻成本，破除城乡信息不对称的壁垒，促进资源要素的合理配置，进而扩大市场规模。此外，“新基建”还拓宽了农村居民获取信息的渠道，使其可以在更低成本、更短时间内获得就业信息参与非农生产。鉴于此，本章不仅分析“新基建”对城乡融合发展的空间溢出效应，还从市场规模效应、劳动力转移效应角度探究“新基建”对城乡融合发展的作用机制。

1. 空间溢出效应

在基础设施不断完善以及科技日益发展的背景下，地区间经济联系不断增强，一个地区的城乡融合发展可能会受到其他地区城乡融合发展的影响，不可避免地产生空间相关性。“新基建”能够以其融合性、渗透性突破空间限制，促进信息高效传递，缩短时空距离，打破地区行政边界，改善本地营商环境，提高生产效率与相对竞争优势，降低运输成本与信息搜寻成本，实现跨区域分工协作，这便是“新基建”对社会经济发展的空间溢出效应影响。在“新基建”不断向农村等地区延伸的情况下，以往城市与乡村存在的物理意义鸿沟正逐步被信息时代的数字技术弥合，增强了农村与城市联系的广度与深度，进而在“新基建”所带来的要素“强流动”与“强联系”的趋势下，不仅使城乡信息资源要素联系得更加紧密，也促进了各地区资源要素的合理流动，从而对城乡融合发展产生空间溢出效应。“新基建”对城乡融合的空间溢出效应，一方面表现为先行区域信息基础设施发展对邻地城乡融合发展的推动作用，另一方面表现为先行区域对周围地区的示范作用（王松茂和尹延晓，2020），即某一地区通过加大对新型基础设施的投资力度，加快了城乡融合的发展进程，使得周围地区借鉴该地区的发展模式从而产生区域学习效应。同时，示范效应的存在，将加快邻近地区“新基建”布局，增强其利用数字信息技术推动城乡融合发展的信心与决心，从而加快“新基建”对城乡融合发展的空间溢出效应传播进程。基于此，提出以下研究假设：

H2：“新基建”可通过空间溢出效应对其周围地区的城乡融合发展产生影响。

2. 市场规模效应

“新基建”为数字经济的发展注入了新动能，其可凭借信息、大数据等优势作用于人们的生产生活，以实现信息共享，促进资源要素在城乡间的双向互动，进而缩小城乡差距，实现城乡融合发展。首先，从空间角度进行分析，其可通过搭建电商平台，促进营销模式的多样化，为生产者根据市场需求决定生产规模而创造条件，使资源合理配置，以避免信息不对称导致的生产规模不能有效扩大和产品滞销等情况（张晓雯和眭海霞，2015），进而实现城乡产品的合理配置和共享，同时能提升产品质量，使市场规模扩大。其次，从时效角度进行分析，产品从开始生产到销售需要经历一个复杂的过程，每一个环节都有相应的成本，如在生产过程中为了解市场需求情况而付出的信息搜寻成本。而在信息基础设施不断完善的情况下，生产者能够更加快速和以更低的成本获取到需要的信息并完成交易（陈毅辉和洪碧云，2022）。特别是对于农产品而言，数字基础设施等“新基建”不断向这些地区延伸，可以有效打通农产品出村“最先一公里”、进城“最后一公里”等问题，变相地扩大了农产品的销售市场，增加了农业生产者的销售收入。最后，从产品流动角度进行分析，“新基建”所带来的数字经济发展使包含数字农家乐等的农村电子商务服务得到快速发展，成为实现城乡融合发展不可或缺的一道桥梁。统计数据显示，截至2021 年底，我国累计建设县级电子商务公共服务中心和物流配送中心 2400 个，村级电子商务服务站点 14.8 万个，带动了 618 万名农民增收，2021

年全国农村零售额达2.05万亿元，占全国网络零售额的15.66%。[①] 综上，提出以下研究假设：

H3："新基建"的发展从空间、时间和产品三个维度扩大了城乡要素流动的市场规模，从而推动了城乡融合发展。

3. *劳动力转移效应*

我国每年有数以亿计的人口在城乡之间转移，而影响我国人口"候鸟式"迁移的因素众多，"新基建"是其中重要原因之一（周慧等，2022）。根据新经济地理理论，要素流动会对地区间人均实际收入产生显著影响，随着贸易自由度以及工业工人数量所占比重的提高，外围地区人均实际收入水平不仅会赶上甚至还有可能超过中心地区的人均实际收入水平（何雄浪，2020），因此，要素资源流动在城乡融合发展中扮演着重要的角色。近年来，新型基础设施的不断完善，推动了我国数字经济的发展，而"数字"作为一种先进的生产要素，与相对较少的农业劳动力相结合便能支撑整个农产品的生产，因此，大量的农村劳动力会被释放出来，而这些释放出来的劳动力又会通过规模效应、收入效应以及结构效应推动城乡融合发展。首先，被释放出来的农村劳动力转移至非农业生产部门，将在一定程度上缓解人地矛盾，为农业机械化与规模化创造良好的条件（郭阳和徐志刚，2021）。其次，随着"新基建"的不断发展，借助其信息优势、大数据优势等，农村劳动力可以在更低成本、更短时间内获得就业信息参与非农业生产，从而获得比农业生产更高的收入（梁远等，2021）。最后，由于农村科技不断发展而释放出来的隐蔽性失业人群，在向非农业生产部门不断转移的过程中，不仅可以使非农业生产部门在更加广泛的空间调动劳动资源，使农村失业人口逐渐减少，还可以使更多人从事第二、第三产业的生产，由此使产业结构趋于合理化（赵楠，2016），进而推动城乡融合发展。基于上述理论分析，提出以下研究假设：

H4："新基建"促进了农村劳动力转移进而推动城乡融合发展。

---

① 中国国际电子商务中心发布《中国农村电子商务发展报告（2021—2022）》[EB/OL].（2022-10-24）. https://ciecc.ec.com.cn/article/gzdt/202210/415_1.html.

3.2 研究设计与描述性统计

根据上述理论分析，本节以“宽带中国”试点政策作为准自然实验，通过构建双重差分模型、空间计量模型以及中介效应模型，进一步验证“新基建”对长江经济带城乡融合发展的直接影响效应和间接影响效应。

3.2.1 实证模型设计

在本章样本中，共计47个城市先后获批建设“宽带中国”示范城市，为本章选择准自然实验方法来探究“新基建”能否促进长江经济带城乡融合发展奠定了良好的基础。考虑到“宽带中国”示范城市的设立采取分批批复的方式，故本章借鉴袁航和朱承亮（2018）的方法，运用多期双重差分模型就“新基建”对城乡融合发展的影响进行评估。具体的模型设定如下：

$$uri_{it} = \alpha_0 + \alpha_1 broadband_{it} + \sum \beta_j Control_{it} + \mu_i + \nu_t + \varepsilon_{it} \quad (3-21)$$

其中：i 为城市数；t 为年份；uri 为城乡融合发展水平；ν_t 为年份固定效应；μ_i 为城市固定效应；ε 为随机误差项；$Control$ 为一系列可能会对城乡融合发展产生影响的控制变量；$broadband$ 为本章的核心解释变量，表示该城市是否获批设立“宽带中国”示范城市，获批赋值1，否则为0，α_1 为其估计系数，衡量“新基建”对长江经济带城乡融合发展的影响效应，若 α_1 为正且显著则表示“新基建”能够推进城乡融合发展。

为了进一步探究“新基建”影响长江经济带城乡融合发展的作用机理，本章参考温忠麟（2014）的方法，在式（3－21）的基础上，构建式（3－22）和式（3－23），具体如下：

$$M_{it} = \alpha_0 + \alpha_2 broadband_{it} + \sum \beta_j Control_{it} + \mu_i + \nu_t + \varepsilon_{it} \quad (3-22)$$

$$uri_{it} = \alpha_0 + \varphi_1 broadband_{it} + \varphi_2 M_{it} + \sum \beta_j Control_{it} + \mu_i + \nu_t + \varepsilon_{it} \quad (3-23)$$

式（3－21）、式（3－22）、式（3－23）共同构成本章的中介效应检验模型，其中：i 为城市数；t 为年份；M 为可能的中介变量；$Control$ 为控制变量，与双重差分模型一致。根据中介效应原理，φ_1 表示考虑中介变量后，

“新基建”直接作用于城乡融合发展的效应，φ_2 表示中介变量作用于城乡融合发展的效应。因此，$\varphi_2 \times \alpha_2$ 为“新基建”通过中介变量间接作用于城乡融合发展的效应。考虑中介效应后，直接效应和间接效应之和构成了“新基建”作用于长江经济带城乡融合发展的总效应，即有 $\alpha_1 = \varphi_1 + \varphi_2 \times \alpha_2$。若系数 α_2、φ_2 显著，而 φ_1 不显著，表明“新基建”对城乡融合发展的影响完全是通过中介变量实现的，也就是完全中介效应。若系数 α_2、φ_1、φ_2 均显著，则是部分中介效应，说明“新基建”对城乡融合发展的影响有一部分是“新基建”直接作用于城乡融合发展，有一部分是“新基建”通过中介变量间接作用于城乡融合发展。

此外，考虑到“新基建”能够以其融合性、渗透性突破空间限制，实现跨区域分工协作，从而产生空间溢出效应，本章构建如式（3－24）所示的空间计量模型进行空间溢出效应检验：

$$uri_{it} = \rho \sum_{j=1}^{n} w_{ij} \times uri_{jt} + \alpha_1 broadband_{it} + \alpha_2 w_{ij} broadband_{jt} + \sum \beta_{m'} Control_{it} + \sum \beta_{m''} w_{ij} \times Control_{jt} + \nu_t + \mu_i + \varepsilon_{it}$$

$$\varepsilon_{it} = \lambda \sum_{j=1}^{n} w_{ij} \varepsilon_{jt} + \mu_{it} \tag{3-24}$$

其中：w_{ij} 是 $W = (w_{ij})_{n \times n}$ 空间权重矩阵中的元素，w_{ij} 表示区域 i 与区域 j 空间上的紧密程度，反映了研究单元之间的空间关联性；ρ 是被解释变量城乡融合发展（uri）的空间自相关系数，α_2 是“宽带中国”试点的溢出效应，“新基建”对沿线城市的总效应为 $\alpha_1 + \alpha_2$，$\beta_{m''}$ 是其他控制变量的空间溢出效应，λ 是空间误差项的自相关系数，反映误差项的空间相关性。当 $\rho = \alpha_2 = \beta_{m''} = 0$ 时，空间计量模型称为空间双重差分误差模型（SEM）；当 $\alpha_2 = \beta_{m''} = \lambda = 0$ 时，空间计量模型称为空间双重差分滞后模型（SLM）；当 $\lambda = 0$ 时，空间计量模型称为空间双重差分杜宾模型（SDM）。

3.2.2 变量选取

1. 被解释变量：城乡融合发展（uri）

城乡融合发展是一项复杂的系统性工程，包含了经济、空间、生活、生态等多个维度。自城乡融合发展概念提出以来，就有众多学者对城乡融合发展的综合评价指标体系进行了研究，但各地发展情况、研究侧重点的差异使得选取的指标评价体系也会不尽相同。城乡融合的本质是地区经济社会结构的一个转换过程，以城乡之间要素资源流动为主线，通过促进城乡经济、空间、生活、生态等方面的融合，推动城乡的同步发展（周佳宁等，2020）。本章在借鉴舒季君等（2022）、辛金国和马帅西（2022）思路和方法的基础上，综合考虑数据的综合性、可获得性以及代表性，从城乡经济融合、城乡空间融合、城乡生活融合和城乡生态融合四个维度选取16个具体指标构建综合指标评价体系（见表3-2）。

表3-2　城乡融合发展水平指标评价体系

一级指标	二级指标	三级指标	指标说明	属性
城乡融合发展	城乡经济融合	人均GDP（元）	地区生产总值/总人口	正向
		城乡家庭可支配收入比值（%）	城镇家庭可支配收入/农村家庭可支配收入	负向
		基尼系数	本章借鉴胡祖光（2004）的计算方法所得	负向
		城乡居民消费支出比（%）	城镇居民消费支出/农村居民消费支出	负向
	城乡空间融合	城市人口密度（人/千米^2）	总人口/总面积	正向
		城乡居民人口比值（%）	城镇居民人口/农村居民人口	负向
		公路密度（%）	公路里程数/总面积	正向
		移动电话用户数（万人）	移动电话用户数量	正向
		人均私人汽车拥有量（辆）	城乡居民私人汽车拥有量/总人口	正向
	城乡生活融合	非农参与率（%）	第二、第三产业从业人员/从业人员总数	正向
		公共图书馆藏书量（千册）	公共图书馆藏书量	正向
		医院病床张数（张）	医院病床张数	正向
		城镇化率（%）	城镇人口/年末常住人口	正向
	城乡生态融合	人均绿地面积（公顷）	绿地面积/总人口	正向
		节能环保（%）	节能环保支出/一般公共财政总支出	正向
		能源消费量（万吨/GDP）	煤炭消费总量/GDP	负向

2. 核心解释变量：“新基建”（*broadband*）

本章借鉴谢文栋（2022）的研究方法，以“宽带中国”战略作为衡量各城市“新基建”水平的代理指标。“宽带中国”战略是国务院于2013年提出并于2014—2016年分三批实施，对于各城市“新基建”来说属于一个外生性政策冲击，为本章考察“新基建”对长江经济带城乡融合发展的影响提供了一个良好的准自然实验环境。基于此，本章根据工信部公布的“宽带中国”试点城市名单，将其与地级市匹配后，长江经济带47个示范城市作为“实验组”，其余则作为“对照组”，并结合试点时间直接生成“宽带中国”战略试点的虚拟变量 *broadband*，用于衡量各城市新型基础设施建设水平。

3. 控制变量

除了新型基础设施建设，城乡融合发展还会受其他因素的影响，因此，基于已有对城乡融合发展研究的文献以及指标的合理性与数据的可获得性，本章借鉴辛金国和马帅西（2022）、苏春红和李真（2022）的相关研究，选取了以下指标作为控制变量加入模型中。一是政府干预程度。政府有倾向性的政策会影响城市的“新基建”水平，从而对地区经济、居民生活水平、生态环境等产生显著的影响，故采用政府的一般公共性投入的自然对数来对此进行衡量。二是经济发展水平。一般来说，地区经济发展水平越高，越有利于推动城乡融合发展（张海朋等，2020），可以强化城市对农村的反哺过程，从而推动要素资源向农村流动。故本章采用人均GDP的自然对数来衡量地区发展水平。三是对外开放程度。对外开放程度较高的城市，一般对城市建设、科学技术、产业革新等都会有较大的投入，从而对城乡经济、空间、生活等融合发展产生重要的影响。基于此，本章选用各城市外商直接投资额的自然对数来进行衡量。四是产业结构。随着我国经济进入高质量发展阶段，第三产业的投入特别是高新技术领域的发展对各地级市经济的均衡发展有着重要的影响，故本章选用第三产业产值占总产值的比重来衡量产业结构状况。五是人力资本水平。地区教育水平的提高，有利于加快城乡人力资本的积累，从而带动城乡劳动力与技术的互动，进而推动城乡融合发展，故本章采用地区普通本专科及以上人口数占总常住人口比重来进行衡量。

4. 中介变量

本章从市场规模效应和劳动力转移效应两个方面来探讨“新基建”对

长江经济带城乡融合发展的中间作用路径。一是市场规模效应。本章选取夜间卫星灯光数据作为代理变量，诸多研究表明夜间卫星灯光数据与地区经济发展情况有着密切的关系（Henderson et al. , 2012），并且具有不受区间价格因素困扰的优点，故本章参考 Liu 等（2012）提出的卫星灯光数据校正方法对灯光数据进行相互校正，将其作为衡量各城市市场规模的替代指标。二是劳动力转移效应。以互联网为代表的“新基建”的发展推动了现代服务业的崛起，农业生产部门人口获得更多了解非农业生产部门就业信息的渠道，使其不断向非农业生产部门转移。因此，本章运用绝对指标城镇户籍人口（*pop - urb*）与相对指标城镇化水平（*urb*）作为衡量劳动力转移的替代变量。

3.2.3 数据来源及描述性统计

考虑到数据的可得性，本章选取 2010—2019 年长江经济带九省二市 101 个主要城市的面板数据作为研究样本。原始数据来源于《中国城市统计年鉴》《中国城市建设统计年鉴》《中国能源统计年鉴》以及各省统计年鉴。高铁开通数据来自 12306 网站以及其他公开数据。2010—2013 年卫星灯光数据与 2014—2019 年卫星灯光数据则分别选自美国国家海洋和大气管理局所提供的 DMSP/OLS 影像数据库以及 VIIRS/DNB 影像数据库，并参考 Liu 等（2012）所提供的校正方法对卫星灯光数据进行相互校正处理而得。个别数据缺失值采用插值法进行填补，表 3 - 3 报告了上述变量的描述性统计结果。

表 3 - 3 变量的描述性统计结果

变量	变量名称	单位	方差	均值	最大值	最小值
uri	城乡融合发展	—	0.092	0.160	0.792	0.053
broadband	宽带试点城市	—	0.423	0.234	1.000	0.000
ln*gov*	政府干预程度	亿元	0.780	5.710	9.030	3.784
ln*open*	对外开放程度	千万美元	1.579	3.619	7.553	0.008
ln*pGDP*	人均 GDP	万元	0.536	1.630	2.943	0.150
edu	人力资本水平	%	2.049	1.807	11.390	0.005
ind	产业结构	%	9.243	39.950	72.730	20.660

续表

变量	变量名称	单位	方差	均值	最大值	最小值
urb	城镇化水平	%	0.123	0.543	0.896	0.251
pop - urb	城镇户籍人口	百万人	253.700	274.075	2281.220	12.182

3.3 实证结果与分析

本章通过构建双重差分模型，从实证角度分析“新基建”对长江经济带城乡融合发展的影响效应，并按照不同城市类型，进一步探讨“新基建”对长江经济带城乡融合发展影响的异质性。

3.3.1 基准回归结果

按照面板数据估计的一般程序，我们首先进行了随机效应与固定效应模型的回归估计，豪斯曼检验 p 值为 0，故我们认为需要拒绝原假设，选用固定效应模型对本章进行分析，从而后文的实证研究选择了城市与年份的双向固定效应进行分析。表 3-4 给出了“新基建”对长江经济带城乡融合发展影响的回归结果，其中列（1）与列（3）仅加入“宽带中国”示范城市核心解释变量进行回归，结果表明“宽带中国”战略试点系数分别在 1% 和 5% 的水平下显著为正，说明“新基建”对长江经济带城乡融合发展具有推动作用。列（4）与列（5）是加入控制变量后，分别仅控制城市固定效应、同时控制城市固定效应与年份固定效应的回归结果。从列（5）中可以发现，在加入控制变量以及控制固定效应以后，“宽带中国”战略试点系数依然在 5% 的水平下显著为正，这进一步说明“新基建”能够推动长江经济带城乡融合发展，这一结论验证了 H1。

从列（5）的控制变量回归结果来看，政府投资力度与地区发展水平对长江经济带城乡融合发展具有显著促进作用，而产业结构调整具有反向的影响，人力资本水平与对外开放水平回归结果则不显著，这一结论支持了台德进和蔡荣（2022）的研究结论，主要原因可能在于政府公共投资以及地区经济的发展能够调节城乡收入差距，进而推动城乡融合发展。对外开放程度则由于农村居民相较于城市居民开放度更低，故其对城乡融合发展的影响不明显（胡晶晶和黄浩，2013）。产业结构则可能会因为“新基建”的不断完善，拉大城乡发展差距，从而不利于城乡融合发展（王亚飞等，2014）。

表 3－4 基准回归结果

变量	被解释变量：城乡融合发展（*uri*）				
	随机效应		固定效应		
	(1)	(2)	(3)	(4)	(5)
broadband	0.050*** (19.44)	0.002 (1.34)	0.004** (2.43)	0.003* (1.77)	0.003** (2.05)
ln*gov*		0.020*** (6.74)		0.015*** (4.43)	0.007* (1.76)
ln*open*		0.002* (1.76)		0.001 (0.88)	0.001 (0.40)
ln*pGDP*		0.067*** (13.04)		0.077*** (12.97)	0.037*** (4.84)
edu		0.004*** (3.07)		0.003* (1.78)	0.002 (1.13)
ind		0.001*** (8.98)		0.001*** (8.32)	−0.001* (−1.65)
常数项	0.148*** (18.11)	−0.135*** (−11.89)	0.119*** (85.66)	−0.110*** (−9.71)	0.045* (1.83)
城市固定效应	No	No	No	Yes	Yes
年份固定效应	No	No	No	No	Yes
观测值	1010	1010	1010	1010	1010
R^2	0.290	0.782	0.290	0.784	0.825

注：*、**、*** 分别表示在 10%、5%、1% 的统计水平下显著。

3.3.2 稳健性检验

采用双重差分模型评估“宽带中国”战略对长江经济带城乡融合发展的影响，最理想的情境是“宽带中国”示范城市是随机设立的，然而现实情况是示范城市的选取并非完全随机，还受到其他基础设施（如高铁等）建设的影响。因此，为了确保本章实证结果的可靠性，采用时间动态效应等四种方式进行稳健性分析。

1. 平行趋势检验及时间动态效应分析

双重差分模型的估计结果只有通过了“平行趋势检验”才能保证估计结果的准确性。平行趋势检验是指在政策实施前，实验组与控制组有共同的变化趋势。即在“宽带中国”试点以前，*broadband* 的系数不显著异于0，“宽带中国”试点以后则显著异于0，否则“新基建”对长江经济带城乡融合发展的影响效应将可能被低估或高估。在“宽带中国”试点批复过程中，政策制定者很有可能青睐信息基础设施需求更加旺盛以及相应配套设施相对更加完善的城市，故有必要对处理组与控制组进行平行趋势检验，以评估运用多期双重差分法评估“新基建”对城乡融合发展效应的合理性与可靠性。本章借鉴 Giroud（2013）和饶品贵等（2019）的做法，以“宽带中国”政策实施前后 6 年作为窗口期，将“宽带中国”试点前 2 年与后 3 年的虚拟变量纳入回归模型（3－25）中，对其平行趋势及时间动态效应进行检验，并且为了有助于识别“宽带中国”试点前的预期性问题及追踪“宽带中国”试点后的处理效应，本章采取了城市与年份的双向固定效应估计方法。模型构建如下：

$$uri_{it} = \alpha_0 + \sum_{-2}^{3} \alpha_s broadband_{it} + \sum \beta_j Control_{it} + \sum \nu_t + \sum \mu_i + \varepsilon_{it} \tag{3-25}$$

其中，α_s 是该模型核心解释变量的系数，表示“新基建”前 2 年、前 1 年、后 1 年、后 2 年及后 3 年对城乡融合发展的影响情况，控制变量与基准回归模型一致，回归结果如表 3－5 所示。研究结果表明，“宽带中国”战略试点实施之前，“新基建”未对长江经济带城乡融合发展产生显著的影响，且估计系数在 0 附近浮动，而在“宽带中国”战略试点实施以后，其对城乡融合发展存在显著的正向影响，但存在时滞性，它对城乡融合发展的促进作用在第 2 年才开始显现，这可能是由于信息技术等需要一定的学习时间才能掌握其获取信息的渠道，故其影响效应存在一定的滞后性。此外，回归结果还表明了该研究满足平行趋势假设，即基准回归结果具有一定的可靠性。

表 3-5 时间动态效应检验结果

变量	被解释变量：城乡融合发展（*uri*）	
	(1)	(2)
broadband(-2)	0.001 (0.02)	0.001 (0.06)
broadband(-1)	-0.001 (-0.42)	-0.001 (-0.49)
broadband(+1)	0.003 (1.36)	0.003 (1.23)
broadband(+2)	0.006** (2.21)	0.005** (2.02)
broadband(+3)	0.008*** (3.28)	0.007*** (2.94)
常数项	0.115*** (61.97)	0.043* (1.77)
控制变量	No	Yes
城市固定效应	Yes	Yes
年份固定效应	Yes	Yes
观测值	1010	1010
R^2	0.821	0.827

注：*、**、*** 分别表示在 10%、5%、1% 的统计水平下显著。

2. 排除政策混淆

与“宽带中国”战略同时发生的一些重大事件也可能对城乡融合发展产生影响，从而造成政策效应的混淆。2010 年以后我国高铁建设得到了迅猛的发展，使得地区经济差距显著缩小，从而推动城乡融合发展（Chen and Haynes，2017），并且交通运输成本的降低使农产品更易于运往城市，从而拓宽了农产品的销售渠道，促进城乡市场的一体化。高铁开通这一事件与“宽带中国”战略试点事件相重合，为排除政策混淆，本章借鉴饶品贵等（2019）的研究方法采用高铁开通虚拟变量来衡量高铁开通，若该地区开通高铁且有高铁停靠赋值 1，否则为 0，并将其纳入模型（3-21）作为控制变量进行回归分析，回归结果如表 3-6 所示。回归结果表明，在控制了高铁开通的影响因素之后，“宽带中国”战略试点对长江经济带城乡融合发展依然能起到明显的推动作用，说明本章基准回归的稳健性得证。

表 3-6 排除政策混淆回归结果

变量	被解释变量：城乡融合发展（*uri*）	
	(1)	(2)
broadband	0.035***	0.004**
	(13.51)	(2.11)
HSR	0.032***	-0.002
	(13.28)	(-1.33)
常数项	0.136***	0.044*
	(100.72)	(1.80)
控制变量	No	Yes
城市固定效应	Yes	Yes
年份固定效应	Yes	Yes
观测值	1010	1010
R^2	0.401	0.826

注：*、**、*** 分别表示在 10%、5%、1% 的统计水平下显著。

3. 缩尾处理

在基准回归中，极端值可能会对回归结果产生干扰。为避免极端值对回归结果产生的影响，本章借鉴王军和肖华堂（2021）的方法，对在 1%~99% 以外的所有变量进行缩尾处理，并对缩尾后的变量采用双向固定效应模型进行回归，估计结果如表 3-7 所示。缩尾处理后的结果显示，“宽带中国”试点的虚拟变量系数符号未发生改变且依然显著，表明“新基建”能推动城乡融合发展，即本章基准回归结果具有一定的可靠性。

表 3-7 缩尾处理回归结果

变量	被解释变量：城乡融合发展（*uri*）	
	(1)	(2)
broadband	0.004**	0.003**
	(2.43)	(2.05)
常数项	0.119***	0.045*
	(85.66)	(1.83)

续表

变量	被解释变量：城乡融合发展（*uri*）	
	(1)	(2)
控制变量	No	Yes
城市固定效应	Yes	Yes
年份固定效应	Yes	Yes
观测值	1010	1010
R^2	0.819	0.825

注：*、**、*** 分别表示在 10%、5%、1% 的统计水平下显著。

4. PSM－DID 分析

新型基础设施建设与经济发展之间存在互为因果关系等内生性问题，从而导致普通双重差分估计结果可能会有偏差，而倾向得分匹配－双重差分法能够在一定程度上克服"宽带中国"战略试点政策的选择性偏差。它的基本思路是将各城市是否获批"宽带中国"战略试点城市作为一个外生变量，在匹配过程中，以"宽带中国"战略试点作为被解释变量，采用 Logit 模型估计一个城市成为"宽带中国"示范城市的概率，并将实验组与对照组有相同得分的城市进行匹配，进而减小选择性偏误。故本章借鉴牛子恒和崔宝玉（2022）的研究方法，运用该模型对新型基础设施建设与城乡融合发展的关系进行稳健性检验。为了减少样本损失量，本章采用近邻匹配方式对样本进行匹配。在进行 PSM－DID 回归之前，需要先对控制变量进行平衡性检验，该回归只有通过了平衡性检验才能准确地估计"宽带中国"战略试点效应。我们分别对实验组与对照组的控制变量匹配前后的差异进行检验，结果如表 3－8 所示。从平衡性检验结果来看，在匹配之前，除产业结构外，其余各控制变量实验组与对照组的差异都在 1% 的水平上显著，而在处理之后，控制变量均不显著，从而表明控制变量和倾向得分在实验组和控制组之间是平衡的。

表 3－8 PSM－DID 平衡性检验结果

控制变量		均值		标准误差	t 检验	
		实验组	对照组	%	t	$p>\|t\|$
ln*gov*	匹配前	5.871	5.570	39.100	6.240	0.000
	匹配后	5.788	5.809	－2.800	－0.400	0.686
ln*open*	匹配前	4.090	3.209	57.800	9.210	0.000
	匹配后	3.904	3.917	－0.900	－0.130	0.900
ln*pGDP*	匹配前	1.554	1.157	52.300	8.300	0.000
	匹配后	1.488	1.465	3.000	0.500	0.616
edu	匹配前	2.607	1.111	76.300	12.420	0.000
	匹配后	1.970	2.030	－3.000	－0.510	0.609
ind	匹配前	40.460	39.500	10.300	1.640	0.101
	匹配后	39.640	40.180	－5.800	－0.850	0.393

PSM－DID 回归结果表明，加入控制变量前后，“宽带中国”战略试点均对长江经济带城乡融合发展具有一定的推动作用。并且在加入控制变量以后，“宽带中国”的试点效应在10%的水平上显著，如表3－9所示。这一结果与基准回归结果一致，即“新基建”能够推动长江经济带城乡融合发展，说明本章的回归结果是稳健的。

表 3－9 PSM－DID 回归结果

变量	被解释变量：城乡融合发展（*uri*）	
	(1)	(2)
broadband	0.003 (1.57)	0.003* (1.70)
常数项	0.115*** (80.68)	0.096*** (4.18)
控制变量	No	Yes
城市固定效应	Yes	Yes
年份固定效应	Yes	Yes
观测值	948	948
R^2	0.816	0.817

注：*、*** 分别表示在10%、1%的统计水平下显著。

3.3.3 城市异质性分析

各城市地理位置的差异、人口规模的不同会使初始资源禀赋及经济特征千差万别，探究不同类型城市成为“宽带中国”战略试点前后的异质性，有助于进一步了解“新基建”对城乡融合发展的影响。

1. 地理区位异质性

长江经济带涵盖了我国11个省市，途经东、中、西部地区。考虑到我国东、中、西部地区自然资源禀赋、国家战略政策都具有较大的差异，并且根据以往文献的研究，“新基建”对经济发达的东部地区、中部地区与经济相对落后的西部地区有着不同的影响（陈阳等，2022），本章借鉴何雄浪和史世姣（2021）的研究方法，将长江经济带101个主要城市按照长江上、中、下游划分来进一步探究“新基建”对长江经济带城乡融合发展的影响，结果如表3-10所示。研究结果表明，“宽带中国”战略试点的实施对长江下游城市的城乡融合发展起到了积极的促进作用，而对长江上、中游城市作用则不明显。这可能是由于长江下游城市经济发展水平较高、互联网普及度较高，以互联网为主导的第三产业在该区域内得到快速发展，并且随着电子商务的逐渐兴起，一些地方依托互联网平台出现了“淘宝村”。例如，位于浙江杭州的临安昌化白牛村是我国首批14个“淘宝村”之一，鼎盛时期全村电商网销额每年可达4.7亿元。[①]“淘宝村”的出现为农村居民创新增收提供了新路子，从而缩小了城市与农村的收入差距，形成了城乡经济一体化发展的局面。而长江上、中游地区由于新型基础设施在城乡分布不均衡所形成的数字鸿沟较长江下游地区更加明显（曾亿武等，2022），同时，对于经济欠发达地区特别是长江上游的城市，以“增长激励型”为导向的传统激励政策仍发挥较大的作用，使得劳动力等要素资源仍然是从农村流向城市的单向流动，从而导致“宽带中国”战略试点的实施对城乡融合发展的促进作用并不显著。

① 从淘宝掌柜到直播网红　杭州这个首批淘宝村如何转型[EB/OL].(2022-06-23). https://baijiahao.baidu.com/s?id=1736382144356456662&wfr=spider&for=pc.

表 3－10 地理区位异质性回归结果

变量	被解释变量：城乡融合发展（*uri*）		
	长江下游	长江中游	长江上游
	(1)	(2)	(3)
broadband	0.006**	0.001	0.004
	(2.30)	(0.08)	(1.06)
常数项	0.111**	－0.078*	－0.066
	(2.68)	(－2.02)	(－1.43)
控制变量	Yes	Yes	Yes
城市固定效应	Yes	Yes	Yes
年份固定效应	Yes	Yes	Yes
观测值	390	330	290
R^2	0.871	0.884	0.805

注：*、** 分别表示在 10%、5% 的统计水平下显著。

2. 城市规模异质性

就城市规模而言，越大的城市因其具有的资源优势，越容易吸引人才流入，越容易产生经济的聚集效应（刘佳等，2021），从而对城乡融合发展产生影响。因此，本章按照 2014 年 10 月发布的《关于调整城市规模划分标准的通知》，将常住人口为 500 万以上的地级市定义为特大城市，人口为 300 万～500 万的地级市定义为大城市，人口为 300 万以下的定义为中小城市①，使用多期双重差分模型依据不同城市规模对城乡融合发展效应进行评估。表 3－11 的回归结果表明，"宽带中国"战略试点的实施显著地推动了长江经济带特大城市与大城市的城乡融合发展，而对中小城市起到了阻碍作用。原因在于特大城市、大城市经济发展速度更快，使用互

① 在本章的研究样本中，长江经济带特大城市包括上海、南京、徐州、常州、苏州、南通、连云港、盐城、泰州、宿迁、杭州、宁波、温州、台州、合肥、安庆、阜阳、宿州、六安、南昌、九江、赣州、吉安、宜春、上饶、武汉、孝感、黄冈、长沙、衡阳、邵阳、郴州、永州、怀化、重庆、成都、泸州、绵阳、南充、宜宾、达州、资阳、遵义、昆明；长江经济带大城市包括无锡、扬州、嘉兴、绍兴、金华、芜湖、蚌埠、滁州、抚州、十堰、宜昌、荆门、株洲、岳阳、益阳、娄底、自贡、德阳、广元、遂宁、内江、乐山、眉山、广安、巴中、贵阳、六盘水、曲靖；长江经济带中小城市包括镇江、湖州、衢州、舟山、丽水、淮南、马鞍山、淮北、铜陵、黄山、池州、宣城、景德镇、萍乡、新余、鹰潭、黄石、鄂州、咸宁、随州、湘潭、张家界、攀枝花、泸州、雅安、安顺、玉溪、保山、丽江。

联网的能力更强，一方面，拓宽了农村居民的信息渠道，使其能够通过网络等信息平台了解工作信息，进而增加就业机会，提高农村居民收入水平；另一方面，经济发展、互联网的普及不仅提高了城市居民收入，也惠及农村居民，推动了城乡融合发展（陈阳等，2022）。而在中小城市，城乡数字鸿沟更大，域内的农村居民使用互联网的能力相对更弱（金春枝和李伦，2016），使农村居民未能与城市居民同时享受“宽带中国”战略试点政策所带来的红利，进而阻碍了城乡融合发展。

表 3－11　城市规模异质性回归结果

变量	被解释变量：城乡融合发展（*uri*）		
	特大城市	大城市	中小城市
	(1)	(2)	(3)
broadband	0.009***	0.007***	－0.009***
	(3.52)	(3.14)	(－2.99)
常数项	0.105**	0.068*	0.090**
	(2.52)	(1.77)	(2.25)
控制变量	Yes	Yes	Yes
城市固定效应	Yes	Yes	Yes
年份固定效应	Yes	Yes	Yes
观测值	440	280	300
R^2	0.849	0.894	0.822

注：*、**、*** 分别表示在 10%、5%、1% 的统计水平下显著。

3.4　进一步分析

根据前文的理论机制分析，“新基建”可能会通过市场规模效应、劳动力转移效应对城乡融合发展产生间接影响，故本章运用中介效应模型探究“新基建”影响长江经济带城乡融合发展的作用机理。同时，考虑到“新基建”以其融合性、渗透性能够突破空间限制，实现跨区域分工协作，从而产生空间溢出效应，因此，通过构建空间计量模型，从总效应及空间分解效应角度探讨“新基建”对长江经济带城乡融合发展的空间溢出效应影响。

3.4.1 作用机制检验

1. 中介效应回归结果分析

本章运用中介效应模型对“新基建”如何通过市场规模效应和劳动力转移效应影响城乡融合发展的作用渠道予以识别和检验，具体结果如表3-12所示。从市场规模效应回归结果来看，市场规模效应是“新基建”作用于长江经济带城乡融合发展的重要渠道，该结论验证了H3。原因可能是，一方面，“新基建”使资源合理配置，避免了由于信息不对称而导致生产规模不能有效扩大和产品滞销等情况，进而实现城乡产品的合理配置和共享，同时能提高产品质量，使市场规模扩大，从而推动城乡融合发展；另一方面，“新基建”所带动的数字经济发展使包含数字农家乐等的农村电子商务服务得到快速发展，成为实现城乡融合发展不可或缺的一道桥梁，说明“新基建”可以通过扩大地区市场规模，实现城乡资源的合理配置，从而推动城乡融合发展。从劳动力转移效应回归结果来看，提升城镇化水平是“新基建”促进城乡融合发展的作用路径。而城镇人口数量的中介作用需要通过Bootstrap检验结果来判断。

表3-12 作用机制检验回归结果

变量	市场规模效应		劳动力转移效应			
	卫星灯光		城镇户籍人口		城镇化水平	
	(1)	(2)	(3)	(4)	(5)	(6)
	light	*uri*	*pop-urb*	*uri*	*urb*	*uri*
broadband	0.081*** (4.09)	0.001 (0.90)	0.038 (1.15)	0.003* (1.73)	-0.006*** (-4.30)	0.002 (1.03)
light		0.035*** (13.89)				
pop-urb				0.020*** (12.63)		
urb						-0.296*** (-7.45)
常数项	-0.034 (-0.13)	0.101*** (5.06)	0.026 (0.05)	0.044** (1.96)	0.506*** (25.34)	0.194*** (6.25)

续表

变量	市场规模效应		劳动力转移效应			
	卫星灯光		城镇户籍人口		城镇化水平	
	(1)	(2)	(3)	(4)	(5)	(6)
	light	*uri*	*pop - urb*	*uri*	*urb*	*uri*
控制变量	Yes	Yes	Yes	Yes	Yes	Yes
城市固定效应	Yes	Yes	Yes	Yes	Yes	Yes
年份固定效应	Yes	Yes	Yes	Yes	Yes	Yes
观测值	1010	1010	1010	1010	1010	1010
R^2	0.815	0.826	0.490	0.852	0.930	0.835

注：*、**、*** 分别表示在10%、5%、1%的统计水平下显著。

2. 中介效应自抽样检验

根据中介效应原理，为了避免样本选择性偏误产生的影响，本章借鉴温忠麟（2014）提出的方法，采用Bootstrap自抽样方法对系数进行修正，并分别计算市场规模效应和劳动力转移效应在“新基建”对长江经济带城乡融合发展中的直接效应、间接效应和总效应。本章自抽样次数设置为1000次，结果如表3-13所示。在修正系数偏差以后，我们重点探讨城镇户籍人口作为中介变量时的检验结果。检验结果表明，城镇户籍人口的间接效应在95%置信区间数值均小于0，说明其在“新基建”对城乡融合发展中存在中介效应，且在“新基建”推动城乡融合发展中是部分中介变量。同时，表3-12和表3-13的检验结果表明劳动力转移是“新基建”促进城乡融合发展的重要渠道，即“宽带中国”战略试点通过促进农村剩余劳动力向城市转移，从而起到推动城乡融合发展的作用，H1和H4得证。

表3-13　Bootstrap结果（1000次）

中介效应	中介变量	效应类型	系数均值	Bootstrap标准误	95%置信区间	
					上限	下限
市场规模效应	卫星灯光（*light*）	直接效应	0.013	0.002	0.009	0.171
		间接效应	-0.002	0.004	-0.010	0.005
		总效应	0.010	0.004	0.001	0.019

续表

中介效应	中介变量	效应类型	系数均值	Bootstrap 标准误	95% 置信区间	
					上限	下限
劳动力转移效应	城镇户籍人口（*pop* - *urb*）	直接效应	0.005	0.002	-0.003	0.012
		间接效应	-0.007	0.004	-0.010	-0.004
		总效应	-0.003	0.004	-0.011	0.005
	城镇化水平（*urb*）	直接效应	-0.002	0.004	-0.010	0.004
		间接效应	0.001	0.001	-0.002	0.002
		总效应	-0.003	0.004	-0.010	0.005

3.4.2 空间溢出效应分析

1. 长江经济带城乡融合发展的空间相关性

在进行空间双重差分法估计之前，需要对被解释变量城乡融合发展指数进行空间相关性的检验，只有空间上有显著的相关性，才能用空间计量模型进行估计。本章选用全局莫兰指数测度长江经济带城乡融合发展指数是否存在空间相关性，结果如表 3-14 所示，莫兰指数说明长江经济带各城市的城乡融合发展指数存在显著的空间正相关关系，因此，在传统的双重差分模型中纳入城乡融合发展指数的空间滞后项，运用空间双重差分法探讨“新基建”对城乡融合发展的影响十分必要。

表 3-14 长江经济带城乡融合发展的莫兰指数

年份	莫兰指数	Z 值	年份	莫兰指数	Z 值
2010	0.399***	8.835	2015	0.481***	9.727
2011	0.421***	8.883	2016	0.483***	9.718
2012	0.440***	9.169	2017	0.483***	9.742
2013	0.458***	9.462	2018	0.477***	9.586
2014	0.452***	9.259	2019	0.468***	9.360

注：*** 表示在 1% 的统计水平下显著。

2. 空间溢出效应的回归结果分析

在具体空间计量回归分析中，对于空间计量模型的选择，我们需要通过 LR 检验、Wald 检验来确定 SDM 模型是否可以退化为 SAR 模型和 SEM 模型。通过表 3-15 的检验结果可知，选择 SDM 模型进行空间溢出效应分析更为合适，同时，豪斯曼检验 p 值为0，强烈拒绝原假设，表明本章需要采用双向固定效应模型下的 SDM 模型探讨“新基建”对长江经济带城乡融合发展的空间溢出效应。

表 3－15　LR 检验及 Wald 检验结果

变量	邻接矩阵		地理矩阵		经济地理矩阵	
	统计量	p 值	统计量	p 值	统计量	p 值
LR－Lag	93.57***	0.000	24.53***	0.000	64.94***	0.000
LR－error	90.05***	0.000	22.30***	0.001	73.28***	0.000
Wald－Spatial－Lag	94.35***	0.000	25.51***	0.000	64.19***	0.000
Wald－Spatial－error	91.47***	0.000	22.97***	0.001	73.25***	0.000

注：*** 表示在1%的统计水平下显著。

将空间效应纳入双重差分回归模型后，回归结果如表 3－16 所示。根据表 3－16 系数 ρ 的结果不难发现，不论是邻接矩阵、地理矩阵还是经济地理矩阵，“新基建”对长江经济带城乡融合发展均有显著的空间溢出效应，即邻近地区城乡融合发展程度对本地的城乡融合发展有正向的促进作用，并且各城市地理位置的远近以及经济发展差距都是影响各地区城乡融合发展的重要因素。同时，这也表明了在分析“新基建”对城乡融合发展影响中考虑空间效应是合理的。从空间溢出效应的核心解释变量 $W \times broadband$ 来看，其回归系数在邻接矩阵与经济地理矩阵中均显著，并且基于经济地理矩阵的空间溢出效应大于基于邻接矩阵的空间溢出效应。由此，我们有理由认为各城市经济联系的紧密程度对城乡融合发展的影响大于地理相邻和地理距离的影响。*broadband* 的空间滞后项系数在邻接矩阵与经济地理矩阵的回归结果显著。这说明“新基建”对城乡融合发展的影响不仅来自对本地的直接效应，还会通过邻接地区的城乡融合发展来推动本地的城乡融合发展进程，特别是相邻地区以及经济发展水平相近的地区推动作用最为明显，这一结论验证了 H2。主要原因可能是，新型基础设施的建设加快了农村剩余劳动力向相邻城市转移，优化了各地区资源的要素配置（黄永春等，2022），从而带动了本城市的城乡融合发展。

从控制变量来看，在邻接矩阵下，邻近地区的对外开放程度、城市发展水平以及产业结构优化对本地的城乡融合发展具有阻碍作用，主要原因可能是邻近城市经济发展水平越高，对本地区要素资源的吸收能力就越强，产生了虹吸效应，吸引了周边区域的人才等要素资源，从而不利于本地区城乡融合发展。而在经济地理矩阵下，政府干预程度和人均 GDP 的空间滞后项系数均在 1% 的统计水平下显著，表明两地区经济发展实力越接近，资源优势越能互补，从而推动城乡融合发展。

表 3－16　基于不同权重矩阵的空间溢出效应检验结果

变量	被解释变量：城乡融合发展（*uri*）		
	邻接矩阵	地理矩阵	经济地理矩阵
	(1)	(2)	(3)
broadband	0.005***	0.004**	−0.001
	(3.35)	(2.43)	(−0.28)
ln*gov*	0.004	0.005	0.004
	(1.00)	(1.30)	(1.24)
ln*open*	−0.001	0.001	0.001
	(−0.44)	(1.14)	(0.81)
ln*pGDP*	0.056***	0.040***	0.024***
	(7.28)	(5.32)	(3.53)
edu	−0.001	0.001	0.002*
	(−0.22)	(0.68)	(1.87)
ind	−0.001	−0.001	−0.001
	(−0.35)	(−0.83)	(−1.48)
W × *broadband*	0.010***	−0.001	0.020***
	(3.22)	(−0.03)	(5.37)
W × ln*gov*	−0.002	0.029	0.023***
	(−0.38)	(0.94)	(3.66)
W × ln*open*	−0.004**	−0.028***	−0.002
	(−2.10)	(−3.26)	(−0.87)
W × ln*pGDP*	−0.091***	−0.274***	0.044***
	(−8.68)	(−3.81)	(2.63)
W × *edu*	−0.002	−0.041***	0.002
	(−1.09)	(−3.10)	(0.61)

续表

变量	被解释变量：城乡融合发展（*uri*）		
	邻接矩阵	地理矩阵	经济地理矩阵
	(1)	(2)	(3)
$W \times ind$	-0.001* (-1.90)	-0.001 (-1.53)	-0.001 (-1.12)
ρ	0.068* (1.85)	0.633*** (6.57)	0.323*** (6.34)
城市固定效应	Yes	Yes	Yes
年份固定效应	Yes	Yes	Yes
观测值	1010	1010	1010
Log-likelihood	3005.229	2986.653	3025.238
R^2	0.468	0.782	0.768

注：*、**、***分别表示在10%、5%、1%的统计水平下显著。

3. 空间分解效应

由于各城市之间存在复杂的交互信息，特别是“宽带中国”战略试点的实施进一步推动了地区之间信息的交流，本章为了更加直观地反映“新基建”对城乡融合发展的空间效应，借鉴了Lesage和Pace（2009）的研究方法，将空间效应从直接效应、间接效应以及总效应角度进行进一步分解，回归结果如表3-17所示。其中在邻接矩阵中，三种效应均显著，表明“新基建”不仅推动了本城市的城乡融合发展，还推动了与之相邻城市的城乡融合发展。这可能得益于“新基建”的不断发展，打破了地区地理边界，降低了信息搜寻成本，拓宽了就业渠道，使城乡居民收入差距缩小，农村居民生活质量得到提高，进而推动城乡融合发展（孙文杰和严文沁，2021）。在地理矩阵中，仅有直接效应显著，而在经济地理矩阵中，间接效应与总效应显著，这说明经济发展相近的城市比地理距离相近的城市在“新基建”推动城乡融合发展的空间溢出效应中获益更大。

表 3-17 空间效应分解结果

效应分解	被解释变量：城乡融合发展（*uri*）		
	邻接矩阵	地理矩阵	经济地理矩阵
	(1)	(2)	(3)
直接效应	0.006***	0.004**	0.001
	(3.39)	(1.99)	(0.47)
间接效应	0.011***	0.005	0.028***
	(3.16)	(0.07)	(5.30)
总效应	0.016***	0.009	0.029***
	(3.96)	(0.12)	(4.95)
控制变量	Yes	Yes	Yes
城市固定效应	Yes	Yes	Yes
年份固定效应	Yes	Yes	Yes
观测值	1010	1010	1010
Log-likelihood	3005.229	2986.653	3025.238
R^2	0.468	0.782	0.768

注：**、***分别表示在5%、1%的统计水平下显著。

3.5 本章小结

城乡发展不平衡、不充分问题是影响我国区域协调发展的重要方面，为有效解决这一问题，党的二十大报告中指出要“坚持城乡融合发展”，推动实现共同富裕。因此，疏通制约我国城乡融合发展的堵点、卡点成为现阶段亟待解决的现实问题。本章将“宽带中国”战略试点视为准自然实验，运用长江经济带2010—2019年101个城市的面板数据，研究“新基建”对长江经济带城乡融合发展的影响。研究结果表明：第一，“新基建”对长江经济带城乡融合发展有显著推动作用，在经过时间动态效应检验等多种稳健性检验后结论依然成立；第二，异质性分析结果表明，“新基建”的影响效应存在区域差异，该效应在经济发展较好的城市（如长江下游地区的城市、特大城市等）更加明显，而在中小城市则表现不显著；第三，机制检验结果表明，市场规模效应和劳动力转移效应均是推动城乡融合发展的深层次力量；第四，从空间溢出效应来看，“新基建”不仅可以直接对本地的城乡融合发展起到推动作用，还存在显著的空间溢出效应，推动与之相邻城市的城乡融合发展，并且相邻地区及经济发展水平相近的地区也会对本城市的城乡融合发展起到促进作用。

根据上述结论，本章提出以下政策建议：第一，要合理优化基础设施建设投资结构，提升“新基建”投资效能。与传统基础设施相比，“新基建”侧重战略性新兴产业与技术密集型行业，以数字技术为核心，提供数字化转型、智能升级的新型基础设施建设体系，将硬件设施与软件技术有机结合，在产业间起到协同与联结作用，提升资源的配置效率。因此，要合理优化基础设施投资结构，加大支撑科技创新等新型基础设施的投入力度，进而推动我国经济社会的发展。特别是要加快补齐偏远地区，如西部地区、农村地区等的新型基础设施短板，使“新基建”推动城乡融合发展的红利惠及更多群众。第二，分类建设数字城乡，缩小数字鸿沟。数字鸿沟不仅体现在地区之间，也明显反映在城乡之间，因此，需要因地制宜地推进各地的数字城乡建设。中心城市等数字经济发展和数字城乡建设的先行城市，应积极推进技术创新和新技术在城乡发展各领域的应用，完善数字城乡体系，在建设网络强国和数字中国中发挥引领作用。后发展地区，如长江上游地区、农村地区等要在补齐城乡“新基建”短板的基础上，着力加强城乡居民数字素质普及和提升，加强人才队伍建设，加快提升智慧服务和数字治理水平，带动数字城乡建设。此外，加强城市之间、城市群内部、对口帮扶省市之间在智慧城市、数字乡村建设领域的合作，全面推进各地数字经济合作发展，并加强各地政府之间数字治理领域经验交流与合作。第三，抢抓“新基建”发展机遇，数字化赋能乡村振兴。农村作为推动城乡融合发展的关键区域，要充分利用“新基建”带来的发展机遇。首先，要加强农村地区数字化人才培养：一方面，通过农业职业教育、远程教育等加快新型职业农民的培育；另一方面，通过政策补贴等优惠措施，鼓励和引导企业到农村参与数字化建设，并培育一批既懂农业又善于利用数字信息技术的新型农业生产主体，同时支持大学毕业生回村创业，为农村发展注入数字新动能。其次，要加强农村数字化产业发展，我国部分地区存在农村空心化问题，要积极推进县域经济发展，抓住“新基建”

加快布局的契机，以县城作为延长农业产业链的重要抓手，积极推动乡村地区第一、第二、第三产业的融合发展，培育与壮大“生态 + 数字”“农业 + 数字”等绿色产业。最后，要加强农村人居环境监测数字化建设，推进农村人居环境治理提档升级，从而不断提升农民的获得感与满足感，让农业强起来、农民富起来、农村美起来，为乡村振兴战略注入持续动能。

4 交通基础设施建设、高质量发展与经济收敛①

高质量发展是全面建设社会主义现代化国家的首要任务，是多方位的全面综合发展，不仅涵盖人民经济生活，还包含生态治理与政治建设等方面，扭转经济发展重点与方向，不再一味地追求发展速度与经济体量，而是重视发展质量与可持续发展。习近平总书记在党的十九届五中全会中进一步指出，“‘十四五’时期经济社会发展要以推动高质量发展为主题，这是根据我国发展阶段、发展环境、发展条件变化作出的科学判断”②。习近平总书记在党的二十大报告中指出，“我们要坚持以推动高质量发展为主题”，“着力推进城乡融合和区域协调发展，推动经济实现质的有效提升和量的合理增长”③。新时代推动高质量发展是我国应对主要矛盾变化的重要手段，同时是促进区域协调发展的重要途径。在经济增长的新常态下，区域协调发展离不开高质量发展，二者相互促进，高质量发展与区域协调发展的关系是当下发展的重要话题，而经济的收敛效应正是经济增长与区域协调发展话题中的重要组成部分。为了促进区域协调发展，中央先后出台了西部大开发、京津冀协同发展、长江经济带高质量发展等发展战

① 本章主要内容参见：何雄浪，王梓鉴．交通基础设施建设能否促进长江经济带高质量发展收敛？［J］．苏州大学学报（哲学社会科学版），2023（4）：31－44.

② 习近平．关于《中共中央关于制定国民经济和社会发展第十四个五年规划和二〇三五年远景目标的建议》的说明［EB/OL］．（2020－11－03）．https://www.gov.cn/xinwen/2020－11/03/content_5556997.htm.

③ 习近平．高举中国特色社会主义伟大旗帜　为全面建设社会主义现代化国家而团结奋斗——在中国共产党第二十次全国代表大会上的报告［EB/OL］．（2022－10－25）．https://www.gov.cn/xinwen/2022－10/25/content_5721685.htm.

略，其中长江经济带以长江为依托横跨我国东、中、西部，覆盖11个省市，人口和生产总值均超过全国的40%，是我国经济重要的组成部分。长江经济带作为中国经济的核心区域，发展较为领先，高质量发展开展得较早、较好，高质量发展在长江经济带是否具有收敛性在一定程度上可以反映全国未来发展状况。《“十四五”长江经济带综合交通运输体系规划》中包括六个方面的建设任务，主要包含网络化、一体化、开放型和可持续的交通供给等维度，这表明了综合交通运输体系在推进长江经济带新发展格局建设与实现高质量发展中的重要地位。所以，研究交通基础设施建设对长江经济带高质量发展的收敛效应，对长江经济带交通基础设施的建设与布局以及促进区域协调发展具有一定的指导意义，同时，由于长江经济带本身的特殊性与代表性，长江经济带的区域协调发展也能够为其他地区协调发展提供一定的示范和借鉴作用。

关于经济增长收敛现象的研究，最早可追溯到索洛模型（Solow，1956）。在此之后，Barro 和 Sala－i－Martin（1992）开创性地提出了一种通过回归方程检验经济收敛的方法，认为收敛就是发展落后地区的经济增速快于发展领先地区，进而实现区域差距缩小。经济增长不止，经济格局也不断发生变化，有研究通过结构转型视角考察发展中国家飞速发展的现象（Diao et al.，2019），Desli 和 Gkoulgkoutsika（2021）考察得出世界最高收入经济体集团存在一个收敛趋势，Cartone 等（2021）验证了欧洲经济增长的收敛性并且研究了区域差异的来源。而国内关于经济增长收敛性方面的研究可追溯至20世纪90年代，宋学明（1996）使用1978—1992年的数据，验证我国省级的人均收入收敛性特征。在此以后，有诸多学者参与到收敛性问题的研究中，彭国华（2005）在测算1982—2002年省际全要素生产率的基础上进行TFP的收敛性检验，结果显示TFP同样可以反映收敛性，并且在某种程度上可以更好地解释省区经济收入的差异。周亚虹等（2009）以1978—2006年省级面板数据为样本分析发现，中国经济处于加速增长的发散状态，但富裕地区有从发散转向收敛的趋势，相对落后地区发散现象更为明显但呈现出追赶趋势。而近期存在一些与数字经济相关的经济收敛性研究，如李晓钟和杜添豪（2022）研究了数字经济对区域经济增长收敛性的影响，张柯贤和黎红梅（2022）研究了中国 9 个主要城市群数字经济发展水平的收敛性。类似地，也有学者进行了经济高质量发展的时空收敛性研究（单勤琴和李中，2022）。

交通基础设施一直是国内外经济社会学者关注的重点之一。既往关于交通基础设施的研究更多地聚焦于交通基础设施的改善所带来的运输成本的下降对经济造成的影响，如 Vickerman（1995）认为，只有极高或极低的运输成本才会影响企业选址的决策，极高的运输成本会导致分散化，而极低的运输成本有利于集聚。随着交通基础设施的建设与完善，现代交通系统和网络的逐渐形成，学者们开始关注交通基础设施对产业发展的影响（刘冲等，2019）、可达性与经济增长之间的关系（姚永玲和赵倚仟，2022）。除此之外，有研究发现交通运输投资有利于缩小区域间差距（Chen and Haynes，2017；Yu et al.，2012），但同时有研究认为，中国大规模的交通运输投资将经济活动进一步地集中在了中心地区，从而减少了外围地区的经济活动（Roberts et al.，2012；Faber，2014；Yu et al.，2016）。国内学者张梦婷等（2018）发现开通高速铁路促进要素向中心城市集聚，对外围城市产生了虹吸效应。进一步地，俞峰等（2021）在验证了以“人均 GDP”衡量的城市经济收敛性的基础上，揭示了交通基础设施建设对城市经济增长收敛性的影响。

关于交通基础设施建设与经济高质量发展的相互关系，目前已有部分国内学者进行过相关研究。由于高质量发展这一概念提出的时间并不长，所以虽然做过一些研究，但数量并不多。田坤等（2022）评估了交通基础设施升级对地方旅游经济高质量发展的影响，许红梅等（2020）考察了交通基础设施建设对西部经济高质量发展的作用。在中国，交通基础设施的升级中，不可忽视的便是高速铁路的修建，李强和王亚仓（2021）研究发现高铁开通有利于提高长江经济带经济增长质量。由于交通基础设施的建设与升级能有效提高地区可达性，所以王振华等（2020）以交通可达性为切入点，研究其对城市经济高质量发展的异质性影响。

梳理已有文献发现，在现有文献中有关交通基础设施的建设与经济收敛效应之间的研究不多，更少有其与高质量发展收敛效应之间的研究。本章结合实证数据，试图探究在新古典经济学收敛框架下高质量发展的收敛效应以及交通基础设施的建设对其收敛起到何种影响。本章以长江经济带作为实证研究对象，以期通过研究可以对长江经济带未来的区域协调发展、高质量发展以及交通基础设施建设等政策战略提供数据支持或学术证据。

本章可能的边际贡献主要体现在以下方面：第一，本章以新发展理念为导向，以经济收敛等相关理论为基础，对高质量发展的收敛效应进行理论分析，以期对高质量发展的收敛效应进行从理论到实证的全面考察；第二，为更好地解决发展不平衡、不充分问题，本章从五大新发展理念出发，构建高质量发展综合评价体系，通过收敛模型研究各区域高质量发展动态，以期更好地把握高质量发展路径，通过高质量发展促进区域的协调发展；第三，本章研究交通基础设施建设与区域高质量发展收敛效应之间的交互关系并进行了实证分析，探寻我国长江经济带区域经济高质量协调发展路径，对长江经济带综合交通运输体系建设在促进区域一体化发展、加快构建新发展格局和全国统一大市场建设方面起到一定的理论指导和政策启示作用。

4.1 交通基础设施建设与高质量发展收敛理论分析

交通基础设施在现代经济活动中的重要性不言而喻，它不仅联系着各经济体，支持着各经济活动的正常运转，也是要素流动的重要渠道。建成的交通基础设施无论是对于人口流动还是对于生产要素的流通都有便利性的提升，这可能是缩小一个国家中心和外围地区差距的一种手段（Bruinsma and Rietveld，1998）。除此以外，交通基础设施建设的水平对劳动力迁徙的影响无疑是巨大的，无论是城市内的通勤还是城际的人口迁入或迁出，都与交通的便捷性息息相关。已有一些实证研究证明，交通基础设施的改善或交通可达性的提升，对区域人口集聚或人口增长具有正向作用（宋晓丽和李坤望，2015）。在我国经济建设进入新时期的今天，将高质量发展纳入传统经济增长理论，分析交通基础设施建设对高质量发展收敛效应的理论机制具有重要研究意义。本节将以五大新发展理念为切入点，将交通基础设施建设、高质量发展与经济收敛纳入统一框架体系，分析交通基础设施建设在其中的作用机制。

4.1.1 交通基础设施建设与创新发展收敛效应

交通基础设施的建设和升级有利于要素的自由流动，可能引发要素集聚与溢出效应，进而有利于城市和地区创新水平的提升和创新发展收敛效应，但同时可能伴随要素和人才的流失，使得边缘地区与中心地区的差距被拉大，阻碍创新发展收敛效应。首先，交通基础设施能够通过促进知识溢出、技术溢出进而促进各地创新发展（何凌云和陶东杰，2020；邹璇等，2020），促进创新发展收敛效应。其次，交通基础设施的建设与升级所带来的人力资本效应会进一步激发地区创新活力，携带不同知识与技术的外来人口融入本地市场，提升了地区人力资本水平，增强了地区创新能力。但同时，随之而来的人口流动的便捷性，可能导致人才、要素向中心城市过度集聚，阻碍边缘地区创新水平的提升，从而抑制了创新发展的收敛效应。

4.1.2 交通基础设施建设与协调发展收敛效应

交通基础设施是地区间人口和要素流动的纽带，地区间的经济交流、贸易往来离不开交通基础设施的支持。交通基础设施的改善与升级有利于加强各地经济活动联系，使得要素在各地区间自由流动，促进地区各方面的协调发展，从而增强地区协调发展收敛效应。交通基础设施的升级能够降低运输成本、减少运输时间，促进区域要素更好、更快地流动，增强区域经济活性，同时人口的充分流动也会在一定程度上促进区域的协调发展。与此相对的是，要素和人才的集聚可能会打破区域的协调发展态势，甚至拉大地区间的发展差距，抑制区域协调发展收敛效应。资本和人才向着要素聚集地不断汇拢，形成不断增强的集聚力优势，进而循环累积，侵蚀落后地区的发展资源，形成虹吸效应，阻碍区域协调发展。

4.1.3 交通基础设施建设与绿色发展收敛效应

绿色发展是以效率、和谐、持续为目标的经济增长和社会发展方式，交通基础设施的建设与升级有利于实现新能源运输工具的推广以及扩大公共交通参与人群，从而减轻环境污染。交通基础设施的建设，不仅给落后地区带去了绿色发展理念与污染治理新模式，增强了地区间绿色发展的交流互动，也增强地区绿色发展收敛效应。然而，城市交通基础设施不平衡、不充分的发展，在城市汽车保有量持续增长的压力下造成城市道路拥堵，导致城市空气污染程度进一步加剧（孙传旺等，2019），过度的城市化带来的拥堵效应将抑制绿色发展。在此基础上，交通基础设施的建设导致中心地区和边缘地区所接受的知识、技术和思想有所不同，面临的发展状况也不同，于是形成不同的绿色发展水平，从而在一定程度上阻碍了绿色发展的收敛效应。

4.1.4 交通基础设施建设与开放发展收敛效应

开放发展重要的是解决内外联动问题，而无论是同外界的交流往来，还是同经济体之间的货物运输，交通基础设施都在其中起到不可或缺的桥梁作用。交通基础设施的建设与升级有利于对外交流贸易活动的进行，促进区域开放发展。交通基础设施的完善，不仅意味着本地区发展的开放性和包容性，也会促使周边地区进行交通基础设施的升级和完善，带来更大程度的区域开放发展。开放发展不仅是经济政策上的开放，也是要素、人口的自由流动和贸易自由度的体现。在此基础上，交通基础设施的建设和升级能在一定程度上促进开放发展收敛效应。但有时，自由的要素流动和过高的贸易自由度可能会抑制本地区经济发展，从而引发“地方保护主义”，在这样的情形下，交通基础设施的建设可能会抑制开放发展的收敛效应。

4.1.5 交通基础设施建设与共享发展收敛效应

共享发展是实现共同富裕的必然要求，而共同富裕的理想状态是经济的绝对收敛，所以共享发展的理念和经济收敛效应的内涵在某种程度上是一致的。首先，交通基础设施建设作为基础设施建设的一种，本身即体现了共享理念，提高了人民生活的便利性。其次，交通基础设施的建设和完善带来的人口的自由流动，使得人们能够在各地区间自由选择，在一定程度上实现了机会公平。但是，由于各地禀赋情况不一，有些地区发展存在滞后性，可能导致人们倾向于抢占发展优势地区的有限资源，使得交通基础设施抑制了共享发展的收敛效应。

综上所述，本章从五大新发展理念入手分析交通基础设施建设对高质量发展收敛效应的作用机制，交通基础设施的建设和升级不仅能够降低运输成本、减少运输时间，促进区域要素流动，加强区域经济联系，促进资本要素的集聚，增强区域经济活性，而且通过溢出效应给周围中小城市带去知识、技术等，在全面促进高质量发展的同时，解决地方发展不平衡问题，促进高质量发展收敛。交通基础设施带来的便利性和可达性是一体两面的，它给地区带来了增长的集聚效应，但也可能给周边更大的区域带来虹吸效应。它可能会扩大中心城市与外围城镇之间的差距，将外围城镇的生产要素、青壮劳动力吸引到中心大城市，吸引更多的企业聚集到中心城市，从而导致中小城市衰落、中心城市负担增大，城市拥堵效应明显，也可能引起“地方保护主义”行为，加剧地区高质量发展的不平衡状况，阻碍高质量发展收敛。交通基础设施建设与区域高质量发展收敛效应的逻辑关系如图 4－1 所示。

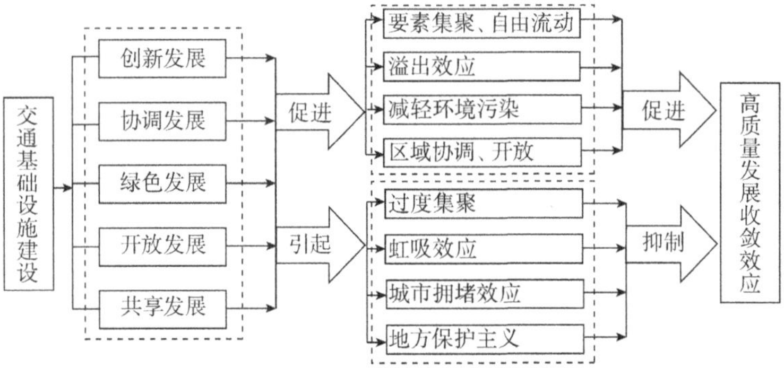

图 4－1　交通基础设施建设与区域高质量发展收敛效应的逻辑关系

4.2　长江经济带高质量发展收敛的实证分析

为加快建设新发展格局，推动高质量发展，长江经济带作为我国重大国家战略发展区域是具有重要研究意义的实证对象，可作为未来其他区域协调发展和高质量发展的参考和借鉴对象。高质量发展和区域协调发展应有机地共同推进，以高质量发展的推进带动区域协调、全面发展，又以区域协调发展为基础，更好地推进各地区高质量发展，在此过程中，我们特别关注高质量发展在地区间展现的平衡性与协调性问题，这直接关系到国家整体发展格局的优化与升级。鉴于此，本部分进行长江经济带高质量发展收敛的实证检验。

4.2.1　基本模型设定

经济收敛检验主要包括 σ 收敛和 β 收敛，其中后者是更为常用的方式，包括绝对 β 收敛与条件 β 收敛。在不控制其他变量的情况下，相对落后地区的增长速度会随着时间的推移，从高于优势地区的增长速度逐渐降低，直至所有经济体趋于相同的稳态增长速度和水平，即为绝对 β 收敛；在控制相关禀赋变量后表现出的趋同特征则为条件 β 收敛。

关于绝对 β 收敛，本章将常用的人均产值指标替换，使用高质量发展水平指标（hql），构建以下模型以衡量城市高质量发展收敛性：

$$\ln grow_{it} = \alpha + \beta \ln hql_{it-1} + \mu_i + \eta_t + \varepsilon_{it} \tag{4-1}$$

其中：$grow_{it}$ 为城市 i 在 $t-1$ 期到 t 期的高质量发展的增长速度，即该城市 t 期高质量发展水平 hql_{it} 与 $t-1$ 期高质量发展水平 hql_{it-1} 的比值；α 为常数项；β 为收敛系数；μ_i 为城市的固定效应；η_t 为时期的固定效应；ε_{it} 为城市 i 在 t 时期的随机扰动。若 β 小于 0，则说明存在收敛；反之，则不存在收敛。β 的绝对值越大，则收敛性越强。条件 β 收敛道理相同。

在上述收敛模型的基础上，参照俞峰等（2021）的做法，当只控制时期固定效应时，模型（4－1）反映的是整体绝对收敛的情况；当控制时期固定效应与个体固定效应时，模型（4－1）反映的是兼顾各城市禀赋条件的条件收敛的状况；而当同时控制时期固定效应与所在区域固定效应时，模型（4－1）则是衡量在各地区的俱乐部收敛状况。

进一步地，为了考察交通基础设施建设对高质量发展收敛性的影响，我们在基准收敛模型（4－1）的基础上，加入代表道路密度的变量 $road$ 以及代表城市高铁线路开通与否的 0－1 变量 HSR，并构建模型如下：

$$\ln grow_{it} = \alpha + \beta_1 \ln hql_{it-1} + \beta_2 road_{it} + \beta_3 road_{it} \times \ln hql_{it-1} + \beta_4 HSR_{it} + \beta_5 HSR_{it} \times \ln hql_{it-1} + \lambda X + \eta_t + \varepsilon_{it} \tag{4-2}$$

其中：$road_{it}$ 代表城市 i 在 t 年的道路密度水平；HSR_{it} 代表城市 i 在 t 年是否开通了高铁，开通则赋值1，反之则为0。在这个回归方程中，应着重观察其交互项系数 β_3 及 β_5 的正负与大小，它们代表着交通基础设施建设对高质量发展收敛效应的作用方向与强度。X 为一系列控制变量，η_t 为时期的固定效应，ε_{it} 为城市 i 在 t 时期所受到的随机扰动。

4.2.2 变量选取

1. 被解释变量

既往研究在进行经济收敛性测算时多是选取人均收入作为被解释变量，但本章创新性地选择以高质量发展水平作为被解释变量，以期基于此更好地把握未来发展方向以及给出政策建议。对于高质量发展水平的衡量，有学者直接使用人均 GDP 来指代，显然这并不全面；也有学者使用全要素生产率来代表高质量发展水平，这虽然在一定程度上比人均 GDP 更加科学，但仍不够全面；现阶段学术界主流的衡量方式是构建一个综合评价体系，通过综合评价得分来衡量高质量发展水平，相对而言更加全面、综合，故本章选取此方法进行衡量。

本章根据对五大新发展理念的理解，构建 11 个二级指标共 19 个具体测度指标对长江经济带城市的高质量发展水平进行评价（见表 4 - 1）。具体来说，创新发展注重的是解决发展动力问题，本章选取教育与科技的支出占一般预算支出的比重以及科研综合技术服务业从业人员占比来衡量人才培养力度与创新投入水平；协调发展注重的是解决发展各方面的协调问题，本章主要综合考虑以第三产业生产总值在地区生产总值中所占比重来衡量经济结构的优化水平，以城镇登记失业率来衡量就业的波动情况，以人均地区生产总值来衡量地区经济增长水平；绿色发展注重的是解决人与自然和谐共生问题，从绿化减排与环境污染正反两面进行考察，本章选取建成区绿化覆盖率与一般工业固体废物综合利用率进行绿化减排的正向效应考察，选取氮氧化物排放量、二氧化硫产生量与工业颗粒物排放量进行环境污染的负向效应考察；开放发展注重的是解决发展内外联动问题，考虑外资开放度的水平，具体使用外商直接投资占地区生产总值的比重作为衡量指标；共享发展注重的是解决社会公平正义问题，本章主要考虑收入分配与区域公共服务水平的差距，具体以职工平均工资，人均用水、用电量，互联网宽带接入户数，公共汽车客运量，公共图书馆图书藏量，医院、卫生院床位数及执业或助理医师数等作为指标纳入体系综合衡量。

表 4－1 高质量发展综合评价指标体系

一级指标	二级指标	具体测度指标	单位	效应
创新发展	人才培养与创新投入	（教育支出＋科技支出）/一般预算支出	—	+
		科研综合技术服务业从业人员占比	%	+
协调发展	经济结构优化	第三产业生产总值/地区生产总值	—	+
	就业波动	城镇登记失业率	%	−
	经济增长水平	人均地区生产总值	万元	+
绿色发展	绿化减排	建成区绿化覆盖率	%	+
		一般工业固体废物综合利用率	%	+
	环境污染	氮氧化物排放量/地区生产总值	吨/万元	−
		二氧化硫产生量/地区生产总值	吨/万元	−
		工业颗粒物排放量/地区生产总值	吨/万元	−
开放发展	外资开放度	外商直接投资/地区生产总值①	—	+
共享发展	收入分配	职工平均工资	元	+
	日常生活水平	全年人均用电量	千瓦·时	+
		全年人均用水量	吨	+
		每万人互联网宽带接入户数	户	+
	公共服务水平	每万人公共汽车客运量	人次	+
		每万人拥有公共图书馆图书藏量	册	+
	医疗保障水平	每万人拥有医院、卫生院床位数	张	+
		每万人拥有执业或助理医师数	人	+

注：①我们将外商直接投资折算成人民币进行计算，汇率采用当年平均汇率。

作为一种客观的评价方法，熵值法能较好地对目标进行综合评价，故本章采用熵值法对五大方面的一系列指标进行综合评价，最终得出的加权得分即为长江经济带各城市的高质量发展水平。

2. 核心解释变量

对于收敛模型来说，核心解释变量就是上一期高质量发展水平，其回归系数即为收敛系数，可从中计算得出收敛速度；对于收敛检验来说，重点关注的便是上一期高质量发展水平的回归系数 β ，若其为负则判定为收敛，反之则判定为发散。

无论是日常通勤还是要素流动，交通基础设施建设对于高质量发展的重要性不言而喻。本章以道路密度与高铁开通的虚拟变量作为描述交通基础设施建设的变量。其中，道路密度以铺装道路面积占行政区划土地面积的百分比来衡量，高铁开通数据以 0－1 变量形式体现城市高铁的开通与否。

3. 控制变量

在考虑人口密度、城市面积等因素对高质量发展可能的影响下，在基础模型的框架中，加入人口密度（ *pop_den* ）和以行政区划面积所表示的城市面积（ *area* ）为控制变量，单位分别为人/平方千米和平方千米。

4.2.3 数据来源与统计分析

1. 数据来源

因部分地区早年数据不全和行政区划变动等问题，去除各自治州及毕节、铜仁等地，本章最终选取共计 107 个长江经济带城市，样本时期为 2003—2020 年。城市经济发展数据主要来自《中国城市统计年鉴》，经整理而得，包括地区生产总值、年末总人口、外商直接投资（FDI）、工业烟尘产生量等。高铁开通数据主要来自国家铁路局网站以及中国铁路 12306、国家铁路管理局网站等新闻公告，并综合对比核实而得。为准确衡量人均 GDP 水平，本章以 2003 年 GDP 数据作为基期数据，以 GDP 指数消除价格因素的影响得到真实人均 GDP。此外，对于部分数据中个别年份的缺漏，以插值法进行补缺。最终筛选出的样本中，包括长江下游 41 个城市、长江中游 36 个城市以及长江上游 30 个城市①。

---

① 在本章的研究样本中，长江上游城市包括重庆、成都、自贡、攀枝花、泸州、德阳、绵阳、广元、遂宁、内江、乐山、南充、眉山、宜宾、广安、达州、雅安、巴中、资阳、贵阳、六盘水、安顺、昆明、曲靖、玉溪、昭通、保山、丽江、普洱、临沧 30 个城市；长江中游城市包括南昌、九江、上饶、抚州、宜春、吉安、赣州、景德镇、萍乡、新余、鹰潭、武汉、黄石、十堰、宜昌、襄阳、鄂州、荆门、孝感、黄冈、咸宁、随州、荆州、长沙、株洲、湘潭、衡阳、邵阳、岳阳、常德、张家界、益阳、娄底、郴州、永州、怀化 36 个城市；长江下游城市包括上海、南京、无锡、徐州、常州、苏州、南通、连云港、淮安、盐城、扬州、镇江、泰州、宿迁、杭州、宁波、温州、绍兴、湖州、嘉兴、金华、衢州、台州、丽水、舟山、合肥、芜湖、蚌埠、淮南、马鞍山、淮北、铜陵、安庆、黄山、阜阳、宿州、滁州、六安、宣城、池州、亳州 41 个城市。

2. 描述性统计

收集、整理长江经济带107个城市的相关数据后，通过广义熵权方法计算得出2003—2020年长江经济带107个城市高质量发展水平指数，并给出主要变量的描述性统计，如表4-2所示。

表4-2 主要变量描述性统计

变量	样本数	均值	标准差	最小值	最大值
hql_{it}	1926	0.184	0.120	0.038	0.866
$road_{it}$	1926	22.019	34.755	0.148	489.071
HSR_{it}	1926	0.316	0.465	0.000	1.000

进一步将总体及分区域的高质量发展水平指数按年份取均值观察其随时间变化的趋势（见图4-2）。由图4-2可以看出，无论总体还是分区域，高质量发展水平波动情况近似。2007—2010年产生较为明显的波动，而后续有所上升，在2018年后下降，受新冠疫情影响，2020年降至最低点。长江下游地区在17年间保持着较高的领先水平，长江中游地区高质量发展水平较为平稳，而长江上游地区在17年间持续追赶，差距有所缩小。

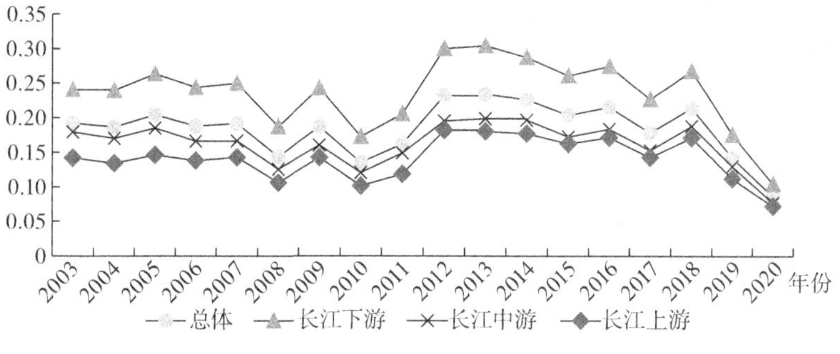

图4-2 2003—2020年长江经济带高质量发展水平变化趋势

3. σ 收敛统计分析

σ 收敛主要反映的是不同个体间高质量发展水平的离差随时间变化而呈现持续降低的趋势，即对于任意年份 $s > t$，都有 $\sigma_s < \sigma_t$，则表示这些个体间高质量发展水平存在一致的绝对 σ 收敛。若是只在一定年份跨度上满足上述条件，如在 T 年间满足对于任意年份 $s > t$，都有 $\sigma_s < \sigma_t$，则称为 T 阶段 σ 收敛。本章使用变异系数衡量系统离差，具体计算公式为

$$\sigma_t = \frac{\sqrt{\frac{1}{n}\sum_{i=1}^{n}(hql_{it} - \overline{hql_t})^2}}{\overline{hql_t}} \tag{4-3}$$

其中：σ_t 为 t 年该区域高质量发展水平变异系数；n 为区域内城市数量；hql_{it} 为 t 年第 i 个城市的高质量发展水平；$\overline{hql_t}$ 为 t 年区域内高质量发展水平均值。将样本划分为总体与长江上、中、下游三个地区分别测算，σ 收敛变化结果如图 4-3 所示。图 4-3 反映出，就长江经济带整体样本而言，2003—2020 年存在一定的 σ 收敛趋势。长江下游地区在 2019 年前都具有 σ 收敛趋势，变异系数呈现波动下降状态，但在 2020 年有所上升，或许与新冠疫情产生的影响有关。长江中游地区十几年间变异系数数值整体较低，但在 2011 年出现波动峰值，2003—2020 年整体并未呈现出明显的 σ 收敛趋势。长江上游地区在整个样本期存在一定的 σ 收敛趋势，其变异系数在 2009 年存在一个峰值，而之后处于波动下降的状态，于 2020 年出现最低值。由此可见，长江经济带总体及长江下游地区与上游地区均存在不同程度的 σ 收敛，但中游地区未表现出明显的 σ 收敛趋势。

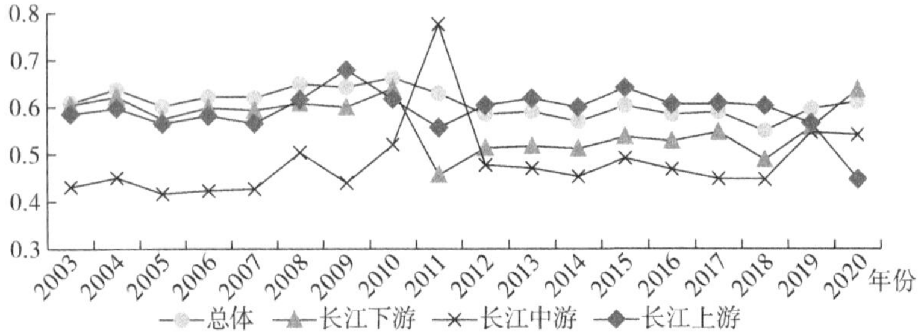

图 4-3　2003—2020 年高质量发展水平 σ 收敛变化趋势

4.2.4　长江经济带高质量发展收敛的实证分析

表 4-3 展示的是基于长江经济带城市面板数据，根据模型（4-1）计算的基准回归结果。其中：列（1）为只控制了年份固定效应的绝对收敛结果；列（2）则是在控制年份固定效应的基础上，控制了代表长江上、中、下游三个地区的区域固定效应，呈现的是长江经济带上、中、下游各地区俱乐部收敛的结果；列（3）则是在控制年份固定效应的基础上，同时控制了

城市固定效应，衡量的是各城市条件收敛的状况。由列（1）、列（2）、列（3）回归结果可知，我国长江经济带各城市高质量发展呈现出绝对收敛的趋势，收敛系数β在1%的水平上显著为负，收敛系数为 -0.0709；而长江经济带上、中、下游三个地区高质量发展在统计学上呈现出俱乐部收敛态势，在1%的水平上显著，收敛系数为 -0.0830，其收敛速度相较于绝对收敛有所提升；长江经济带各城市高质量发展也存在条件收敛的情况，在控制城市个体的固定效应后，收敛系数β同样显著为负，且收敛系数为 -0.7340，相较于绝对收敛系数的绝对值上升了一个数量级。在此基础上可以观察到，收敛速度在β绝对收敛、俱乐部收敛、β条件收敛中依次递增，这表明相关的控制越多，趋同现象越明显。这同我们的经济直觉是一致的，在框定范围越小、限定条件越多的前提下，趋于同质的概率就越大，经济收敛的可能性就越大。在一定程度上可以说，无条件的趋同，即绝对收敛，才是更具有实际意义的收敛，才能更准确地判断该群体的发展是否具有趋同性。所以，在下文更多的是进行绝对收敛的检验。进一步地，我们对高质量发展的收敛性结果进行稳健性的检验。

表4-3　长江经济带高质量发展收敛结果

变量	β绝对收敛	俱乐部收敛	β条件收敛	β绝对收敛	俱乐部收敛	β条件收敛
	(1)	(2)	(3)	(4)	(5)	(6)
$\ln hql_{it-1}$	-0.0709*** (0.010)	-0.0830*** (0.013)	-0.7340*** (0.065)	-0.0768*** (0.011)	-0.0856*** (0.013)	-0.7490*** (0.057)
pop_den				0.0003 (0.000)	0.0004 (0.000)	0.0094*** (0.001)
ln*area*				-0.0210** (0.007)	-0.0173** (0.007)	-0.4150*** (0.055)
年份固定效应	Yes	Yes	Yes	Yes	Yes	Yes
区域固定效应	No	Yes	No	No	Yes	No
城市固定效应	No	No	Yes	No	No	Yes
常数项	-0.1770*** (0.021)	-0.1800*** (0.021)	-0.2980*** (0.049)	-0.0037 (0.054)	-0.0376 (0.056)	3.2770*** (0.479)
观测值	1819	1819	1819	1819	1819	1819
R^2	0.640	0.642	0.728	0.641	0.643	0.766

注：**、*** 分别表示在5%、1%的统计水平下显著。

考虑到人口密度、城市面积等因素对高质量发展可能的影响，在基础模型的框架中，加入人口密度和城市面积作为控制变量，其中城市面积数据做取自然对数处理，结果如表4－3中列（4）、列（5）、列（6）所示，在加入控制变量后，收敛系数β依旧高度显著且为负，证明控制变量的加入不影响其收敛性的判断，同时收敛速度由β条件收敛、俱乐部收敛、β绝对收敛依次递减，同基础模型回归结果一致。

1. 地区异质性分析

考虑到长江经济带不同区域发展差异较大，区域的不平衡影响高质量发展水平，我们将长江经济带划分为上、中、下游三个地区，分别进行β绝对收敛分析，结果如表4－4所示。可以看到，在绝对收敛分析框架下，长江经济带无论是上游地区还是中、下游地区都具有明显的收敛特征，上、中、下游地区的收敛系数β都在1%的水平上显著为负。同时，我们观察到在收敛速度方面，长江中游地区最快，其次是长江下游地区和上游地区。长江上游地区收敛系数仅为－0.0435，其系数的绝对值低于长江经济带整体β收敛系数的绝对值，而长江下游地区收敛系数为－0.0650，长江中游地区收敛系数为－0.1820，中游地区收敛系数的绝对值远高于上游与下游地区，长江中游地区收敛性最强、收敛速度最快。出现这一现象可能的原因是，长江中游地区各城市间连通相对较好，各级交通网络建设相对完善，使得各城市有发展收敛的趋势，且各城市原始禀赋相近，无论是自然资源还是历史沿革，都使区域存在一个相对一致的收敛稳态，加强了其收敛效应。

从各地区城市（群）发展现状来看，长江上游地区发展不平衡现象更为显著，成都、重庆等城市发展水平远超区域其他城市，上游地区高质量发展收敛速度缓慢，但仍具有收敛趋势，在未来规划发展中应进一步促进收敛趋势的扩大，降低区域内发展不平衡程度，统筹协调推进高质量发展；长江中游地区或由于城市禀赋相近，高质量发展趋同现象更为明显，应进一步推进长江中游城市群协调发展，促进高质量发展收敛效应；长江下游地区收敛速度居于中位，或许是由于一方面长江下游城市整体发展水平较高，已具有较强的趋同现象，但另一方面上海等核心城市因强大的经济实力和资源优势，往往对周边城市产生虹吸效应，影响了周边城市的经济发展速度和质量，也在一定程度上阻碍了长江下游地区整体的收敛。

表 4 -4 长江经济带高质量发展分地区收敛结果

变量	β绝对收敛长江下游地区	β绝对收敛长江中游地区	β绝对收敛长江上游地区
	(1)	(2)	(3)
$\ln hql_{it-1}$	-0.0650*** (0.019)	-0.1820*** (0.040)	-0.0435*** (0.011)
控制变量	Yes	Yes	Yes
年份固定效应	Yes	Yes	Yes
区域固定效应	No	No	No
城市固定效应	No	No	No
常数项	-0.0630 (0.069)	0.1890 (0.122)	-0.1440 (0.091)
观测值	697	612	510
R^2	0.692	0.558	0.784

注：*** 表示在1%的统计水平下显著。

2. 城市规模异质性分析

考虑到城市规模可能带来的异质性影响，将长江经济带各城市按照城市规模分别进行收敛效应的检验。根据《国务院关于调整城市规模划分标准的通知》将样本内长江经济带107个城市按2020年人口分为三个级别的城市规模，分别为人口在100万~500万的67个大城市、人口在500万~1000万的33个特大城市以及人口在1000万以上的7个超大城市（包括两个直辖市）①，相应回归结果如表4-5所示。

① 在本章的研究中，大城市包括临沧、丽水、丽江、乐山、九江、亳州、保山、六安、六盘水、内江、十堰、吉安、咸宁、娄底、孝感、安庆、安顺、宜宾、宜昌、宣城、宿迁、巴中、广元、广安、张家界、德阳、怀化、扬州、抚州、攀枝花、新余、普洱、景德镇、株洲、池州、泰州、泸州、淮北、淮南、淮安、湖州、湘潭、滁州、玉溪、益阳、眉山、绵阳、自贡、舟山、芜湖、荆门、萍乡、蚌埠、衢州、资阳、连云港、遂宁、郴州、鄂州、铜陵、镇江、随州、雅安、马鞍山、鹰潭、黄山、黄石67个城市；特大城市包括上饶、南京、南充、南昌、南通、台州、合肥、嘉兴、宁波、宜春、宿州、岳阳、常州、常德、徐州、无锡、昆明、昭通、曲靖、永州、温州、盐城、绍兴、荆州、衡阳、襄阳、贵阳、赣州、达州、邵阳、金华、阜阳、黄冈33个城市；超大城市包括上海、成都、杭州、武汉、苏州、重庆、长沙7个超大城市。

表 4-5　长江经济带高质量发展分城市规模收敛结果

变量	β 绝对收敛大城市	β 绝对收敛特大城市	β 绝对收敛超大城市
	(1)	(2)	(3)
$\ln hql_{it-1}$	-0.1410*** (0.024)	-0.0865*** (0.023)	-0.1430* (0.076)
控制变量	Yes	Yes	Yes
年份固定效应	Yes	Yes	Yes
区域固定效应	No	No	No
城市固定效应	No	No	No
常数项	-0.3010*** (0.045)	-0.1760*** (0.030)	-0.1970** (0.083)
观测值	1139	561	119
R^2	0.659	0.671	0.820

注：*、**、*** 分别表示在 10%、5%、1% 的统计水平下显著。

回归结果表明，总体来说，三种规模的城市均具有不同程度的收敛效应。其中超大城市收敛强度最高，略强于大城市，但超大城市样本数较少，置信度略低。特大城市的收敛强度处于最低位置，这可能是由于各个特大城市能够使其发展成为特大城市的发展优势是不尽相同的，资源禀赋、发展优势的不同导致其收敛的共性相对较弱，所以收敛强度相对而言更低。

3. 稳健性检验

对于高质量发展水平的测度，已有的研究提出了一系列方法，在此使用全要素生产率与 TOPSIS 方法衡量的高质量发展水平得分对基准回归中的高质量发展水平进行替换，分析替换后的高质量发展水平是否依旧具有收敛效应。其中，全要素生产率通过 SFA 方法计算得出，TOPSIS 方法所选取变量与前文熵值法一致，回归结果如表 4-6 所示。同上述基准回归结果一致，替换测度方法后的长江经济带高质量发展水平依旧存在绝对收敛效应，证明了前文结果的稳健性。

表 4-6 替换核心变量后的长江经济带高质量发展水平收敛效应回归结果

变量	TOPSIS 得分	全要素生产率
	(1)	(2)
$\ln hql_{it-1}$	-0.0727*** (0.013)	-1.0531*** (0.031)
年份固定效应	Yes	Yes
城市固定效应	No	No
区域固定效应	No	No
常数项	-0.1817*** (0.040)	0.9356*** (0.023)
观测值	1819	1819
R^2	0.222	0.809

注：*** 表示在 1% 的统计水平下显著。

4.3 交通基础设施建设对长江经济带高质量发展收敛影响的实证分析

交通基础设施是城市高效健康运行的基本保障，也是城际要素流通的命脉。在研究分析交通基础设施建设相关作用时，首先想到的便是日常生活中最为常见、最为基础的公路建设，在经济社会的运转中，无论是商品、劳动力的运输转移，还是城镇人们的通勤、日常出行，其都承担着最重、最大的任务，维系着城市、社会的正常流畅运转。同时，在现代社会若要进行中长途旅行或运输，不可避免地会想到轨道交通。轨道交通无论是单次客货运量还是单次承载力都要优于公路交通，是运输大宗商品及完成人口季节性流动的重要渠道。轨道交通在我国发展得较早，普通铁路建设整体已完成得较好，绝大多数地级市拥有火车站及轨道铺陈，在此基础上现阶段各地开始建设和铺陈高铁。动车组列车运行速度相较于普通列车有显著提升，极大地缩短了运输时间，减少了区际旅行时间，降低了时间成本，对区域经济高质量发展无疑是极大的助力。交通基础设施的全面发展为城市和区域的高质量发展保驾护航，其中高铁是现阶段不可忽视的重要因素。但是，交通基础设施建设对于高质量发展的收敛性是否具有显著的正向影响等问题仍待研究。

4.3.1 交通基础设施建设对整个长江经济带高质量发展收敛的影响

为了考察交通基础设施建设对高质量发展收敛性的影响，我们在基准收敛模型（4－1）的基础上，加入代表道路密度的变量 $road$ 以及代表城市高铁线路开通与否的0－1变量 HSR，构建模型（4－2）进行绝对收敛回归。其中，$road_{it}$ 代表城市 i 在 t 年的道路密度水平，HSR_{it} 代表城市 i 在 t 年是否开通了高铁，我们主要关心其二者交互项系数 β_3 和 β_5 的正负与大小，其代表着交通基础设施建设对长江经济带高质量发展收敛效应的作用方向与强度，具体回归结果如表4－7所示。

表4－7 交通基础设施建设对长江经济带高质量发展收敛效应的影响

变量	道路密度水平	高铁是否开通	高铁是否开通	道路＋高铁
	(1)	(2)	(3)	(4)
$\ln hql_{it-1}$	−0.1010*** (0.017)	−0.0760*** (0.013)	−0.7210*** (0.066)	−0.7275*** (0.066)
$road$	0.0004 (0.000)			0.0001 (0.000)
$\ln hql_{it-1}\times road$	−0.0004* (0.000)			0.0005 (0.000)
HSR		0.0260 (0.036)	−0.0960** (0.038)	−0.0932** (0.039)
$\ln hql_{it-1}\times HSR$		−0.0009 (0.020)	−0.0569** (0.026)	−0.0549* (0.026)
年份固定效应	Yes	Yes	Yes	Yes
城市固定效应	No	No	Yes	Yes
区域固定效应	No	No	No	No
常数项	−0.2440*** (0.036)	−0.1870*** (0.026)	−0.2520*** (0.046)	−0.2529** (0.077)
观测值	1819	1819	1819	1819
R^2	0.644	0.640	0.748	0.749

注：*、**、*** 分别表示在10%、5%、1%的统计水平下显著。

在分析交通基础设施建设对高质量发展收敛的影响问题中，我们主要考察交通基础设施建设相关变量同上一期高质量发展水平的交互项回归系数，其经济意义上的解释为交通基础设施建设对高质量发展收敛的影响系数。首先分别将道路密度与高铁开通变量加入收敛检验的回归中，回归结果中列（1）显示，在加入道路密度变量 *road* 后，长江经济带的收敛性不受影响，收敛系数为 -0.1010 且显著性水平高，而代表道路密度对高质量发展收敛性影响的交互项系数 β_3 为负，表明其对高质量发展收敛起到正向作用，即表明道路建设在一定程度上可以促进高质量发展的绝对收敛，同时道路密度变量的回归系数为正，表明其对高质量发展起到正向影响。类似地，在列（2）中给出了高铁开通的回归结果，同样 β 收敛性依旧存在，交互项系数为负代表高铁开通强化了高质量发展收敛效应，但结果显著性水平并不理想。进一步地，对其考虑条件收敛的情况，在控制了城市固定效应后，高铁开通可以显著地促进高质量发展的收敛效应。同时，将道路密度与高铁开通加入回归中，显示道路密度交互项的回归系数为正，高铁开通交互项的回归系数为负。综合来看，将代表交通基础设施建设相关变量加入长江经济带整体的高质量发展收敛性分析研究中发现，交通基础设施建设对高质量发展收敛性起到一定的推动作用。

4.3.2　异质性分析

考虑到研究的稳健性与完备性，进一步就交通基础设施建设对长江经济带高质量发展收敛性的影响进行异质性分析与检验。

1. 地区异质性分析

考虑到不同地区的经济基础及自然条件不尽相同，对于交通基础设施建设对长江经济带高质量发展收敛性的影响不得不考虑地区间的差异可能导致的不同结果。故同前文类似，本章将从长江经济带上、中、下游三个地区，分别考察交通基础设施建设对高质量发展收敛性的影响，具体结果如表 4-8 所示。

表 4-8 交通基础设施建设对长江经济带高质量发展收敛效应影响的地区异质性分析

变量	长江下游地区	长江中游地区	长江上游地区
	(1)	(2)	(3)
$\ln hql_{it-1}$	-0.0620*** (0.020)	-0.3610*** (0.072)	-0.0580*** (0.017)
$road$	0.0005* (0.000)	0.0004 (0.001)	0.0033*** (0.001)
$\ln hql_{it-1} \times road$	0.0001 (0.000)	-0.0027** (0.001)	0.0013** (0.001)
HSR	-0.0857 (0.053)	0.3640*** (0.115)	-0.1560** (0.064)
$\ln hql_{it-1} \times HSR$	-0.0773** (0.038)	0.1800*** (0.059)	-0.0757** (0.032)
年份固定效应	Yes	Yes	Yes
常数项	-0.1390*** (0.039)	-0.7400*** (0.139)	-0.1920*** (0.041)
观测值	697	612	510
R^2	0.698	0.572	0.787

注：*、**、*** 分别表示在 10%、5%、1% 的统计水平下显著。

表中列（1）、列（2）、列（3）分别为长江下游、中游及上游地区交通基础设施建设对高质量发展绝对收敛影响的回归结果。列（1）回归结果显示，对于长江下游地区而言，道路建设对高质量发展收敛不具有显著的作用，但高铁建设具有较强的推动下游地区高质量发展收敛的作用，其交互项回归系数为 -0.0773。列（2）回归结果显示，长江中游地区的收敛效应强度依旧如前文所示远高于上、下游地区，同时中游地区的道路建设能够强化地区高质量发展收敛效应，高铁的开通尽管能够推动地区高质量发展，但对于收敛效应反而起到一定的抑制作用，即可能在一定程度上拉大了地区差距。而对于列（3）展示的长江上游地区而言，道路建设似乎抑制了收敛效应，而高铁建设促进了地区高质量发展收敛效应。综合来看，道路建设对于道路建设已几近完备的长江下游地区的高质量发展收敛效应的作用并不明显，而对于中游地区存在明显的促进收敛作用。高铁建设无论在下游地区还是上游地区对收敛效应都存在明显的促进作用，而中游地区却出现高铁开通交互项显著为正，表明在长江中游地区高铁的开通对地区高质量发展收敛产生抑制作用，可能在一定程度上拉大地区间发展差距。高速铁路的建成虽然对站点城市具有较好的集聚效应，能吸引资本、人口等流入从而带动经济发展，但与此相对，“被虹吸”的非高铁站点中小城市则存在年轻劳动力外流、资本外逃等情况，将导致站点城市与非站点中小城市的差距进一步被拉大，这可能是高铁开通阻碍高质量发展收敛的原因之一。

2. 城市规模异质性分析

与上文基准回归部分类似，我们考虑城市规模的异质性影响，将长江经济带 107 个城市划分成三个级别的城市，分别对其进行回归检验，估计结果如表 4－9 所示。结果显示，三组回归均呈现不同程度的收敛效应，其中大城市组的收敛效应最强，特大城市次之，超大城市最弱。三组回归结果均显示交通基础设施建设对高质量发展收敛效应起到一定的促进作用，而其中高铁的效果强于公路的效果，所以对于新型交通基础设施的建设以及原有交通基础设施的改善和升级是未来高质量发展必不可少的一个方面。

表 4－9　交通基础设施建设对长江经济带高质量发展收敛效应影响的城市规模异质性分析

变量	大城市	特大城市	超大城市
	(1)	(2)	(3)
$\ln hql_{it-1}$	−0.1590***	−0.0753***	−0.0333
	(0.036)	(0.021)	(0.032)
road	0.0017	0.0006	0.0000
	(0.001)	(0.000)	(0.000)
$\ln hql_{it-1} \times road$	−0.0001	−0.0001	−0.0004
	(0.000)	(0.001)	(0.001)
HSR	−0.0381	−0.0520	−0.1560
	(0.067)	(0.068)	(0.113)

续表

变量	大城市	特大城市	超大城市
	(1)	(2)	(3)
$\ln hql_{it-1} \times HSR$	-0.0325 (0.035)	-0.0366 (0.039)	-0.1510* (0.091)
年份固定效应	Yes	Yes	Yes
常数项	-0.3720*** (0.073)	-0.1870*** (0.045)	-0.0858 (0.054)
观测值	1139	561	119
R^2	0.662	0.638	0.813

注：*、*** 分别表示在10%、1%的统计水平下显著。

4.3.3 稳健性检验

同收敛检验的基准回归一致，分别使用TOPSIS方法计算的得分和全要素生产率替换原本的核心解释变量，代替高质量发展水平指标进行收敛效应分析，结果如表4-10所示。无论是TOPSIS得分还是全要素生产率均呈现显著的收敛效应，同时二者一致地表现出无论是道路密度所代表的公路设施的建设，还是高铁开通变量所代表的新型轨道交通设施的建设，都存在促进收敛效应的作用，并且高铁所带来的促进效果强于公路设施的建设。

表4-10 替换核心解释变量后交通基础设施建设对长江经济带高质量发展收敛效应影响分析

变量	TOPSIS	全要素生产率
	(1)	(2)
$\ln hql_{it-1}$	-0.1428*** (0.029)	-1.0400*** (0.033)
road	0.0015*** (0.000)	0.0006* (0.000)
$\ln hql_{it-1} \times road$	-0.0002** (0.000)	-0.0007 (0.000)
HSR	-0.1601*** (0.060)	-0.0215 (0.031)

续表

变量	TOPSIS	全要素生产率
	(1)	(2)
$\ln hql_{it-1} \times HSR$	-0.0452** (0.020)	-0.0124 (0.039)
年份固定效应	Yes	Yes
常数项	-0.3968*** (0.086)	0.9244*** (0.024)
观测值	1819	1819
R^2	0.244	0.810

注：*、**、*** 分别表示在10%、5%、1%的统计水平下显著。

4.4　本章小结

对于经济收敛来说，收敛本质上是趋同，促进收敛便是推动地区发展水平趋同化，也就是缓解区域间发展不平衡问题，新时代区域经济的协调发展必然意味着我们要进一步促进区域经济高质量发展的收敛。习近平总书记在党的二十大报告中指出，“必须完整、准确、全面贯彻新发展理念，坚持社会主义市场经济改革方向，坚持高水平对外开放，加快构建以国内大循环为主体、国内国际双循环相互促进的新发展格局”①。高质量发展无疑是新时代经济发展的主题，在研究如何更好地推动高质量发展的过程中，我们注意到高质量发展存在同传统意义上经济增长一样的收敛的可能。本章以长江经济带为视角，参考新古典经济学“收敛假说”，在检验了高质量发展收敛效应后，进一步探究了交通基础设施建设对高质量发展收敛性的影响，得出的研究结论主要有：长江经济带整体存在显著的 β 绝对收敛和 β 条件收敛效应，上、中、下游三个地区在统计学上呈现出俱乐部收敛。通过地区异质性分析发现，长江上、中、下游地区均存在显著高质量发展收敛效应，其中中游地区收敛效应最强，下游地区次之，上游地

① 习近平. 高举中国特色社会主义伟大旗帜　为全面建设社会主义现代化国家而团结奋斗——在中国共产党第二十次全国代表大会上的报告[EB/OL].(2022-10-25).https://www.gov.cn/xinwen/2022-10/25/content_5721685.htm.

区最弱；通过城市规模异质性分析发现，三种规模城市均存在不同程度的收敛效应，其中超大城市收敛效应最强，大城市次之，特大城市效应最弱。长江经济带实证结果显示，交通基础设施建设对长江经济带高质量发展收敛效应存在一定程度的促进作用，高铁建设对收敛效应的促进作用强于公路设施的建设。通过地区异质性分析发现，高铁建设对长江上游和下游地区的高质量发展收敛均存在显著的促进作用，但在中游地区抑制了收敛效应；道路建设则对中游地区存在明显的促进收敛作用。对城市规模异质性进行分析发现，对于三种规模的城市无论是公路设施还是高铁建设均存在一定程度的促进收敛作用。

根据上述研究结论，为更好地推进高质量发展，推动区域协调发展，本章提出以下政策建议：第一，全面综合考虑地区异质性，因地制宜促进区域协调收敛发展。即便在长江经济带，区域间的差距依旧存在，同时上、中、下游的收敛速度不一：收敛速度最快的中游地区，各城市禀赋条件相近，发展水平也相对平衡，在一定程度上反映出区域间差距在快速缩小，应继续扎实推进高质量发展，协调各方发展状况，进一步缩小区域内发展差距，同时争取缩小与发达地区间的差距。而长江上、下游地区，收敛速度相对较慢，下游地区整体发展水平较高，收敛速度较慢的原因可能在于个别核心城市的领先发展，应继续推进、拓展长三角一体化战略，发挥好核心城市带来的辐射效应，以强带弱，促进整个长江下游地区协调发展，而长江上游地区整体发展水平相对较低，主要核心城市在直辖市和各省会城市，其余城镇发展相对落后，首先应着手推进上游地区区域内联动，促进协调发展，打通各核心城市之间的通道，同时上游地区作为长江源头、“绿色屏障”关键区域，应当在寻求增长中秉持绿色发展理念，建设“绿水青山”、稳固“金山银山”，做好生态文明建设。第二，重视和强化交通基础设施完善与升级，建立现代化基础设施体系。交通基础设施的构成是多层次的，其中，基础的道路交通建设是整个体系的基础与必要条件，但随着地区发展至相对后期，其对于收敛效应的作用相对减弱，即需要相对更高水平的交通基础设施提供助力。针对各地经济发展与财政收入情况的不同，应保证基础性的道路交通满足地区需要，同时在此基础上进行一定的基础设施升级与新型交通基础设施建设。作为社会、经济活动运行的重要基础，城市间、地区间联系的重要纽带，交通基础设施的建设有利于生产要素充分、便利地流动，推动地区高质量发展收敛，促进区域协调发展。第三，优化交通基础设施布局，共同全面推进高质量发展。投资建设较高水平交通基础设施，能极大地压缩两地时空距离，对建设国内大循环发展格局无疑是至关重要的，应打破地方保护主义、贸易壁垒，加强地区间联动，共谋发展。同时，为保持经济平稳较快发展，有必要以交通基础设施的投资作为一种实施积极财政政策的重要手段，但也应意识到不仅要重视投资本身，还要考虑道路建设对居民消费的影响，即可以通过促进对私家车的消费，进而改变居民消费结构。在此基础上，由于可能存在城市道路等交通基础设施无法跟上私家车保有量的快速增长导致拥堵情况的发生，进而加剧城市空气污染，所以不仅应重视交通基础设施在核心城市的投资，也应重视其他外围城市的投资规划，将区域格局扩展至多核心，缓解“潮汐式”出行带来的交通负担，同时减轻核心城市的拥堵效应，优化城市分布格局，从多维度促进高质量发展，以此全面协调推进区域高质量发展。

5 经济关联、空间溢出与区域经济增长①

改革开放以来，中国经济取得了举世瞩目的成就，年平均增长速度长期保持在两位数以上，经济实力和综合国力都得到了显著提高，但经济的快速增长并没有实现地区间的均衡发展，城乡之间，东、中、西部地区之间发展差距依旧较大。区域经济发展不平衡已成为制约我国经济长远发展的现实性问题，实现区域经济的统筹、均衡、全面、协调、可持续发展已经成为我国经济发展的普遍共识。区域的协调发展是新时代国家发展战略目标之一，也是贯彻新发展理念和现代经济体系建设的重要组成部分。“一带一路”建设、“京津冀协同发展战略”、“长江经济带发展战略”均是基于我国区域经济发展不平衡的基本国情提出的。推动长江经济带发展对于我国区域经济的协调发展，解决东、中、西部地区发展不平衡等重大问题以及实现“先富带动后富并逐步实现共同富裕”目标等方面具有十分重要的战略意义。建设和发展好长江经济带对于促进全国区域经济的协调发展、促进产业结构升级和经济结构转型具有十分重要的示范和借鉴意义。

长江经济带发展重点依赖以城市群为主体的新兴经济体的带动，而城市群协调有序发展又是推动区域经济发展的关键。城市群之间的协调关键要处理好大中小型城市、中心城市与普通城市以及不同层级城市群之间的关系，为此，各个城市必须找准自身定位，在有序分工的基础上积极融入

① 本章主要内容参见：何雄浪，叶连广．长江经济带城市群经济关联、空间溢出与经济增长［J］．现代财经（天津财经大学学报），2020（1）：16－28.

城市群建设过程中。2016 年，《长江经济带发展规划纲要》提出以长三角城市群为龙头，长江中游城市群和成渝城市群为支撑，黔中和滇中两个区域性城市群为补充，沿江大中小城市和小城镇为依托，形成区域联动、结构合理、集约高效、绿色低碳的新型城镇化格局。[①] 这标志着长江经济带"三极为主体、多点为支撑"的城市群空间格局已初具形态。

截至 2020 年底，长江经济带区域生产总值达到 47.2 万亿元，占国内生产总值的 46.4%，而长江经济带三大城市群[②]的生产总值就高达 40.7 万亿元，占国内生产总值的 40.01%。[③] 长江经济带城市群为整个长江经济带贡献了 80% 的经济份额，而少数几个直辖市和省会城市则占据了整个长江经济带生产总值的 33%。有鉴于此，应重点推动城市群中心城市建设并以此作为地区经济增长极，通过增长极的带动和辐射最终实现整个长江流域的一体化发展。

20 世纪中叶，国外学者围绕空间经济关联及区域经济增长进行了较多的研究，形成了较为丰富的理论成果，如增长极理论、循环累积因果理论、中心－外围理论等一系列经典理论。此后，随着空间计量分析方法和新经济地理学的不断发展和完善，空间经济互动关系被越来越多地运用到区域经济发展的研究过程中。Anselin（1988）首次提出了检验空间效应的实证分析模型，而 Krugman（1991）的核心－边缘理论为从空间集聚视角研究区域经济增长问题奠定了基础。Bernard 和 Durlauf（1995）、Royuela 和 Garcia（2015）、Lu 和 Wang（2015）等从不同的角度用空间计量分析方法研究了区域经济增长的关联性和集聚性。

随着空间计量经济学以及区域经济发展理论的逐步完善，国内关于空间经济发展的有关研究也日益丰富。宗茗（2010）、谢丹（2012）、于欣（2012）、向铮（2017）等认为空间关联性和集聚性特征在我国区域经济增长中普遍存在。李敬等（2014）用网络分析法全新解构了区域经济增长的

① 《长江经济带发展规划纲要》正式印发[EB/OL].（2019－08－01）. https://cjjjd.ndrc.gov.cn/gongzuodongtai/quanweifabu/guanfangfabu/201908/t20190801_943674.htm.

② 即长三角城市群、长江中游城市群和成渝城市群，本章以下简称长江经济带城市群。

③ 数据根据《中国城市统计年鉴 2021》整理得到。

空间关联特征及其影响因素，发现我国经济增长空间网络具有稳定性和多重叠加性特点，并在此基础上将我国区域经济划分为四个功能板块。随着区域经济一体化进程的加快，城市与城市群之间空间经济关系的研究吸引了越来越多学者的关注。高丽娜等（2016）认为充分发挥核心城市极化与扩散效应是推动城市群协同发展的关键。马丽君和肖洋（2018）从旅游产业角度研究了长江中游城市群旅游经济空间的关联性及其影响因素。陈文玲和胡顺华（2019）分析了长三角城市群商贸流通业的影响因素及产业集聚的空间溢出效应。杨水根和王露（2017）从城市群经济关联模式出发，发现长三角城市群经济关联程度正逐步向高高型演进，城市群内部经济关联程度逐渐加强。张鸿武和李涛（2018）比较了长三角城市群和珠三角城市群创新活动的空间及其驱动因素，发现长三角城市群比珠三角城市群创新活动更加密集，而高科技企业是促进创新活动的核心。

通过对国内外相关文献的梳理发现，不同地域间经济互动关系的研究已经成为经济研究的热点，围绕区域经济一体化的研究也在不断增加。长江经济带作为国家重点开发的经济带，有关长江流域经济一体化方面的研究比较丰富，但从城市群视角探究区域经济要素一体化和经济一体化的文献相对较少。因此，本章以城市群为研究主体，探究城市群之间经济要素的流动与经济发展之间的互动关系。本章研究重点：长江经济带城市群经济发展是否存在比较强的经济关联性？生产要素禀赋差异是否会导致不同城市群之间的发展差异？生产要素的合理流动能否促进长江流域一体化发展？因此，从生产要素视角探索不同城市群之间经济发展规律，对于推进长江经济带建设和区域战略布局以及国家政策的制定与完善都有着十分重要的意义。

与已有的研究相比，本章有以下贡献：首先，结合长江经济带建设的重大发展战略背景，实证探究了长江经济带城市群之间的经济关联、城市空间布局特征及经济投入要素禀赋状况。其次，从总体上衡量了长江经济带城市群经济投入要素的边际生产能力、空间效应及不同城市群经济投入要素的边际产出状况。最后，评估了长江经济带城市群之间经济投入要素的差异状况，发现城市群投入要素禀赋状况与经济发展水平密切相关。

5.1 空间溢出效应下城市群经济关联与经济增长理论机制

长期以来，区域经济增长一直是发展经济学和区域经济学研究的重要领域，而区域经济增长本身又是一个多因素相互作用的极为复杂的发展过程。一般而言，影响区域经济增长的主要因素有资本、技术、劳动力、地理区位环境、资源禀赋、政策及外部环境等。根据空间不可能性定理（Starrett，1978），经济活动的空间不均等分布是社会发展的常态，即区域经济增长不可能实现地区之间的同步发展。因此，研究不同地区间经济发展的关联及其互动效应对于丰富区域经济理论及其发展实践具有十分重要的意义。

在众多理论中，增长极理论对区域经济理论的研究及各国经济政策的制定均产生了较为深远的影响。增长极理论由 Perroux（1950）提出，该理论认为区域经济增长首先出现在某些具有创新能力的行业，而这些具有创新能力的行业常常聚集于经济空间的某些点上，于是就形成了地区经济增长极。在此基础上，Boudeville（1966）将经济空间增长极的概念推广到地理空间上，提出了区域增长极概念。他把增长极视为某个具有高度创新能力、高增长率，并能促进周围地区经济增长的中心区位即“增长中心”。目前，因对于增长极的不同理解形成了以下三种主要的学术派别：一是以法国、奥地利等西欧经济学家为主的法国学派，推崇增长极的产业含义，其主要的政策主张是在经济发展较为落后的地区建立大型的工业基地，以此作为增长极来带动其他行业和地区发展；二是以美国、加拿大等北美经济学家为主的美国学派，推崇增长极的空间地域含义，其主要观点是把城市作为地区的增长极，通过城市的辐射和带动作用促进地区经济增长；三是以联合国社会发展研究所的一些经济学家为主的联合国学派，他们强调增长极在地区发展过程中的综合作用，而非仅强调增长极的经济含义。

在增长极与周边地区互动关系的研究中，国外学者形成了一系列丰富的理论成果。Myrdal（1957）在借鉴增长极对其腹地存在的极化和扩散两种效应的基础上，指出了地区经济发展不平衡的原因是中心地区形成了一种循环累积向上的机制，即其他地区的资金、人才、技术等生产要素很容易被吸引到经济更为发达的中心地区。Hirschman（1958）认为，地区之间的发展差距在短期内是不可避免的，在经济发展的初期，极化效应大于涓滴效应使得地区发展差距扩大，而随着中心地区工业化及城市化进程的推进，涓滴效应的作用会逐步显现并最终促使地区经济增长趋于平衡。Friedman（1966）认为，任何一个国家和地区的区域系统都是由中心和外围两个子空间系统组成，中心区域通常指城市或城市集聚区，它们一方面从外围区域集聚生产要素，产生大量创新，另一方面又使创新成果不断地向外围区域扩散，当空间集聚在城市地区中形成累积发展之势时，城市就会比外围区域具有更为强大的经济竞争优势，从而形成城市和外围区域之间空间上的二元结构关系，城市便成了区域经济发展的中心。在区域经济增长理论的研究中，我国学者也作出了较多的贡献。陆大道（2002）提出了点—轴开发理论，他认为经济运行的客体大多在点上集聚，并通过若干线状基础设施的连接形成一个有机的空间结构体系。魏后凯（1988）认为，在经济发展到一定阶段后，随着地区各类中心城市的产业、人口在交通沿线的不断集聚，增长极和发展轴的影响会不断扩大，最终形成一个资金、人口、技术、信息等生产要素在更大范围的空间内畅通流动的经济网络，区域发展也会趋于平衡。

城市群经济关联与经济增长溢出效应主要通过城市间的相互作用来体现。在城市群内部以及城市群之间均存在复杂的产品和要素的流动关系，且这种关系具有极大的不对称性和集聚性特征，主要表现在城市对农村、中心城市对普通城市、发达地区对落后地区，更多的是一种净要素流入和净产品输出的关系。从城市和周边地区之间生产要素流动的方向来看，在集聚经济和外部经济条件下，市场机制的作用会促使周边地区生产要素和经济资源不断地向城市集聚。在这个过程中，城市很容易成为地区经济增长极，同时周边地区也能在增长极部分生产要素的溢出和涓滴过程中得到发展，即形成城市对周边地区的极化效应和扩散效应。此外，在市场机制的作用下，同一区域不同城市间由于经济发展水平和社会发展程度不同使得落后地区生产要素自发地向经济发展较好的地区流动，形成城市间的极化效应，在极化效应作用下，经济实力较强和社会发展水平较高的部分省会城市和直辖市很容易成为地区经济发展的中心。

在不同层级城市群之间，生产要素的溢出和扩散效应也同样存在，以长江经济带城市群为例，长三角城市群可以凭借雄厚的经济和社会发展实力吸引大量高素质的劳动力、优秀的企业家及源源不断的社会资本流入，而成渝城市群和长江中游城市群经济发展水平相对落后，更多的是作为产品流入地和要素输出地；此外，长江经济带城市群之间存在极强的互补性，长江中游城市群和成渝城市群可以享受长三角城市群在市场、管理、设计、品牌等方面的溢出效应所带来的好处，同时长三角城市群也能享受长江中游城市群和成渝城市群在装备制造技术、能源、生态等方面提供的服务。随着长江经济带建设的推进，通过融合不同地区生产要素、发挥不同地区的比较优势及加强发达地区涓滴效应的释放能有效缩小地区之间的发展差距，促进区域经济协调和一体化发展。城市群经济关联及经济增长空间溢出效应的作用机制如图 5 - 1 所示。

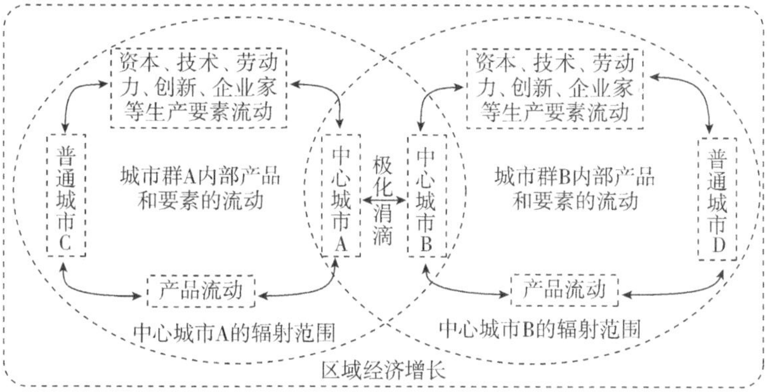

图 5 - 1 城市群经济关联及经济增长空间溢出效应的作用机制

5.2 模型的构建和变量的说明

在空间经济关系的研究过程中，空间计量模型能较好地解释不同地区间存在的经济互动关系，因而被国内外学者广泛使用。本章在引入 C - D 生产函数的基础上，以人均 GDP 作为被解释变量，劳动力、资本、技术作为解释变量，借鉴空间面板自回归模型（SAR）、空间面板误差模型（SEM）和空间面板杜宾模型（SDM）建立了 C - D 生产函数的空间面板模型。

5.2.1 经济计量模型的构建

空间计量模型是计量经济学的一个分支，能够有效地处理不同地理单元之间存在的空间互动效应，因而被国内外学者广泛地运用于空间经济关系的研究过程中。在模型的构建上，本章假设生产函数形式为 C－D 生产函数，将地区的劳动力、资本、技术引入生产函数，并进行对数变换得到较为一般的生产函数形式：

$$\ln y = \ln A + \alpha \ln k + \beta \ln l \tag{5-1}$$

其中，α 、β 为待估参数，$\ln y$ 、$\ln A$ 、$\ln k$ 和 $\ln l$ 分别为地区生产总值、技术、资本和劳动力的对数形式。在借鉴 SAR、SEM、SDM 的基础上构建 C－D生产函数的空间面板回归模型，模型设定形式如下：

$$\ln y_{it} = \rho w'_{ij} y_{jt} + \beta_1 \ln k_{it} + \beta_2 \ln l_{it} + \beta_3 \ln A_{it} + \mu_i + \gamma_t + \varepsilon_{it} \tag{5-2}$$

$$\ln y_{it} = \rho w'_{ij} y_{jt} + \beta_1 \ln k_{it} + \beta_2 \ln l_{it} + \beta_3 \ln A_{it} + \rho M_i \mu_t + \mu_i + \gamma_t + \varepsilon_{it} \tag{5-3}$$

$$\ln y_{it} = \rho w'_{ij} y_{jt} + \beta_1 \ln k_{it} + \beta_2 \ln l_{it} + \beta_3 \ln A_{it} + \delta_1 d'_t \ln k_{it} + \delta_2 d'_t \ln l_{it} + \delta_3 d'_t \ln A_{it} + \mu_i + \gamma_t + \varepsilon_{it} \tag{5-4}$$

其中：i 为城市；t 为时间；y 为人均 GDP； w 为空间权重矩阵；k 、l 、A 分别代表资本、劳动力和技术因素；ρ 、β_1 、β_2 、β_3 、δ_1 、δ_2 、δ_3 均为模型的估计系数；μ_i 为个体趋势；γ_t 为时间趋势；$\varepsilon_{it} \sim N(0,\sigma^2 I_n)$ 。式（5－2）、式（5－3）、式(5－4)分别表示生产函数的空间面板自回归模型、空间面板误差模型和空间面板杜宾模型。为减小模型估计误差，以下均采用极大似然估计法对空间面板模型进行估计。

5.2.2 空间权重矩阵的构建

空间相关性分析可以看成时间相关性分析在空间地理范围上的拓展和延伸，在度量空间相关性时首先要解决地理空间结构的数字表达问题。空间权重矩阵用于定义空间对象的相互关系，正是为解决这一问题而产生的。常见的空间权重矩阵有相邻空间距离权重矩阵、地理距离权重矩阵、经济距离权重矩阵、技术距离权重矩阵及综合距离权重矩阵等。考虑到长江经济带不同城市群间经济发展程度和地理空间分布的差异性，分别构建地理距离权重矩阵（ W_1 ）、经济距离权重矩阵（ W_2 ）和经济地理距离权重矩阵（ W_3 ）来考察城市群间的经济关联性。空间权重矩阵的具体设定形式如下：

$$W_1 = W_{ij} = \begin{cases} 1/d, i \neq j \\ 0, \text{其他} \end{cases} \tag{5-5}$$

$$W_2 = W_{ij} = \begin{cases} 1/\mid \overline{Y}_i - \overline{Y}_j \mid, i \neq j \\ 0, \text{其他} \end{cases} \tag{5-6}$$

$$W_3 = \begin{cases} W_1 \times W_2, i \neq j \\ 0, \text{其他} \end{cases} \tag{5-7}$$

其中，d 为地区 i 和地区 j 之间的欧氏距离，$\overline{Y}_i$ 、$\overline{Y}_j$ 分别为地区 i 、地区 j 2007—2016 年平均人均 GDP。

5.2.3 基于改进的广义熵值法评价城市群间投入要素差异

熵值法是一种在综合考虑各因素提供的信息量的基础上计算一个综合指标的数学方法，由于其反映的信息较为客观、可靠，从而被广泛运用于工程技术、社会经济学等领域。基于改进的广义熵值法衡量不同地区投入要素的信息熵值能从总体上衡量地区生产要素的资源禀赋状况。由此，将以资本、劳动力和技术作为地区经济投入要素指标，运用改进的广义熵值法计算长江经济带城市群经济投入要素的熵值，用以比较分析各城市群之间投入要素资源禀赋状况。改进的广义熵值法计算步骤如下：

第一，数据的标准化处理。处理过程如下：$x'_{ij} = (x_{ij} - \overline{x}_j)/\sigma_j$ 。其中，x_{ij} 为第 i 年份 j 指标的原始数据，x'_{ij} 为标准化后的数据，$\overline{x}_j$ 为 j 指标下的平均值，$\overline{x}_j = \frac{1}{n}\sum_{i=1}^{n} x_{ij}$ ，n 表示年份数，σ_j 为 j 指标下的标准差。

第二，计算指标权重 R_{ij} 。对标准化后的数据进行坐标平移，得到可算数据 x''_{ij} ，其中 $x''_{ij} = x'_{ij} + k$ ，k 为常数。指标权重的计算公式为 $R_{ij} = x''_{ij}/\sum_{i=1}^{n} x''_{ij}$ 。

第三，计算信息熵值 e_j，$e_j = -\frac{1}{\ln n}\sum_{i=1}^{n} R_{ij}\ln R_{ij}$，其中 $e_j \in (0,1)$。

第四，计算信息效用，$d_j = 1 - e_j$，其中 $d_j > 0$。

第五，计算指标权重 w_j，$w_j = d_j/\sum_{j=1}^{m} d_j$，$j$ 表示指标数。

第六，计算城市投入要素信息熵值 U_i，$U_i = \sum_{j=1}^{m} w_j R_{ij} \times 100$。

5.2.4 变量与数据的说明

为了使研究的问题更加突出其现实应用价值，本章选取的样本为长江经济带城市群中各城市 2007—2016 年共 10 年的面板数据，数据主要通过历年《中国城市统计年鉴》整理而得。此外，为准确衡量真实人均 GDP 状况，本章以 2007 年人均 GDP 作为基期水平，采用 GDP 平减指数消除价格因素的影响。由于地级市包含“地区”和“市辖区”两个统计口径，为了便于比较分析，统一采用“地区”指标，对于省直辖县不做统计，对于部分缺漏的数据采用样本期间内变量的平均值作为填充。最终筛选出来的城市样本为长三角城市群的 26 个城市、长江中游城市群的 28 个城市和成渝城市群的 16 个城市。

选用人均 GDP（Y）作为因变量，用于衡量地区经济增长情况，以资本、技术和劳动力作为自变量来衡量地区经济投入要素禀赋状况，以科学技术投入（T）、年末就业人数（L）作为技术和劳动力的替代指标。对资本总额的估计国内学者一直存在较大的分歧，单豪杰（2008）、曾贤刚和牛木川（2019）主张用永续盘存法按不变价格对地区资本存量进行估算，但这种估算方法需对基期资本存量和折旧率进行预估，故存在一定的偏差。本章借鉴王智勇（2018）、王宏宇和刘刊（2019）的做法，用全社会固定资产投资总额作为资本的替代变量。考虑到现实生产活动中地区产业结构、对外联系及政府干预均会对一个地区经济增长产生重要的影响，因此在模型中引入第二产业占 GDP 的比重（ind）、第三产业占 GDP 的比重（ser）、当年实际使用外资额占固定资产的比重（for）和财政支出占 GDP 的比重（gov）四个控制变量。其中，当年实际使用外资额根据历年人民币兑美元的年平均汇率调整为人民币单位，财政支出占 GDP 比重指扣除当年财政支出用于教育和科技投入之后的余额除以国内生产总值，用于反映地方政府对经济的干预程度。在实证过程中，为减少多重共线性、异方差等问题，对变量进行对数转换。各变量的描述性统计结果如表 5 – 1 所示。

表 5 – 1　各变量的描述性统计结果

变量	指标含义	均值	标准差	最小值	最大值
Y	人均 GDP（元）	44054	29484	5891	120267
K	固定资产投资总额（万元）	111602	300982	107	3417109
T	科学技术投入（万元）	1392.55	1807.08	95.03	17361.1
L	年末就业人数（万人）	120.79	155.82	6.51	1021.76
ind	第二产业占 GDP 的比重（%）	52.28	6.52	29.83	74.73
ser	第三产业占 GDP 的比重（%）	36.39	9.21	20.93	69.78
for	当年实际使用外资额占固定资产的比重（%）	6.91	8.28	0.19	68.25
gov	财政支出占 GDP 的比重（%）	10.76	5.86	0.64	63.83

此外，考虑到面板数据中很容易出现组间异方差、组间同期相关以及组内自相关等问题，对变量进行统计检验显得十分重要。检验结果（见表 5 – 2）：Wald 检验值为 2553.53、Pesaran 检验值为 36.16、Wooldridge 检验值为 63.77，三个统计量均在 1% 的水平下显著，这说明模型同时存在组间异方差、组间同期相关和组内自相关问题。考虑到实证分析过程中采用的数据是 70 个截面共 10 期的短面板数据，因此可以不考虑模型中存在的组内自相关问题，而重点考察模型中存在的组间异方差和组间同期相关问题。为提高模型的估计效率，使用“组间异方差、组间同期相关”稳健的标准误对模型进行估计。

表 5 – 2　变量数据性质的检验结果

检验类别	检验值	*p* 值
Wald 检验（组间异方差检验）	2553.53***	0.0000
Pesaran 检验（组间同期相关检验）	36.16***	0.0000
Wooldridge 检验（组内自相关检验）	63.77***	0.0000

注：*** 表示在 1% 的统计水平下显著。

5.3 实证结果分析

本章采用经典的莫兰指数（Moran's I）检验长江经济带城市群之间经济增长的关联性，并通过事前空间相关性检验方法论证这种相关性的存在，在此基础上对长江经济带城市群进行总体回归及分样本回归。

5.3.1 长江经济带城市群经济增长的相关性分析

区域经济内部一般都具有较强的关联性，不同城市及城市群之间往往存在产业关联、技术转移、人员和资金流动等多维度的经济互动关系。长江经济带城市群之间的经济关联程度决定着长江经济带经济增长潜力和区域协调发展状况，充分发挥发达地区对欠发达地区的带动和辐射作用，对于整个长江流域以及中国区域的整体协调发展都具有十分重要的意义。

从表5-3中可以发现，不同空间权重矩阵下长江经济带城市群人均GDP的莫兰指数为正且均通过了1%的显著性检验，表明长江经济带城市群经济增长具有显著正相关性。

表5-3 不同空间权重矩阵下长江经济带城市群人均GDP莫兰指数

年份	地理距离（W_1）		经济距离（W_2）		经济地理距离（W_3）	
	Moran's I	$Z(I)$	Moran's I	$Z(I)$	Moran's I	$Z(I)$
2007	0.274***	8.674	0.631***	3.712	0.410***	4.498
2008	0.277***	8.847	0.576***	3.420	0.397***	4.396
2009	0.273***	8.816	0.558***	3.347	0.425***	4.733
2010	0.255***	7.996	0.742***	4.289	0.575***	6.153
2011	0.239***	7.526	0.709***	4.104	0.602***	6.440
2012	0.225***	7.104	0.762***	4.407	0.630***	6.732
2013	0.223***	7.203	0.588***	3.486	0.514***	5.625
2014	0.220***	6.965	0.788***	4.544	0.681***	7.251
2015	0.228***	7.198	0.780***	4.500	0.697***	7.425
2016	0.235***	7.411	0.779***	4.491	0.697***	7.419

注：*** 表示在1%的统计水平下显著。

5.3.2 长江经济带城市群经济增长的空间溢出效应分析

1. 总体回归结果分析

由莫兰指数的检验结果可知，长江经济带城市群之间呈现明显的经济集聚和空间关联性特征，因此采用空间面板模型比采用非空间面板模型的估计效果更佳。为确保模型设立的准确性，需要进一步对模型进行相关检验。三种空间权重矩阵的空间误差和空间滞后 LM 检验结果如表 5－4 所示，LM 检验结果大多通过了 1% 的显著性检验，表明空间面板模型优于非空间面板模型。地理距离权重矩阵均在 1% 的统计水平下显著，经济距离权重矩阵除在LM－error 检验下不显著外，其他均在 1% 的统计水平下显著，经济地理距离权重矩阵除在 R－LMerror 检验下不显著外，其他均在 1% 的统计水平下显著。综合 LM 检验的检验结果，我们认为建立空间面板杜宾模型更为妥当。

表 5－4 空间面板模型的 LM 检验

检验统计量	地理距离（W_1）		经济距离（W_2）		经济地理距离（W_3）	
	检验值	p 值	检验值	p 值	检验值	p 值
LM－Lag	83.89***	0.000	6.011***	0.014	415.54***	0.000
LM－error	140.13***	0.000	0.2619	0.609	130.42***	0.000
R－LMLag	31.71***	0.000	14.354***	0.000	285.39***	0.000
R－LMerror	87.96***	0.000	8.604***	0.003	0.280	0.600

注：*** 表示在 1% 的统计水平下显著。

根据豪斯曼检验的结果，采用固定效应比随机效应的估计效果更佳，因此，我们主要利用空间面板的固定效应模型估计结果进行阐述。表 5－5 中列（1）、列（2）、列（3）、列（4）分别列示普通面板模型及不同空间权重下空间面板杜宾模型的回归结果。经济距离下的空间面板杜宾模型的可决系数为 0.466，极大似然值较大，模型回归系数比较显著且溢出效应更加明显，因此，本章最终选取经济距离下的空间面板杜宾模型估计结果来分析城市群经济关联对区域经济增长的溢出效应。由表 5－5 中列（3）回归结果可知，长江经济带城市群资本、技术和劳动力对经济增长都具有正向的促进作用并且均通过了 1% 的显著性检验，其中资本每提高 1% 会使人均 GDP 平均提高 0.331%，技术每提高 1% 会使人均 GDP 平均提高 0.097%，劳动力每提高 1% 会使人均 GDP 平均提高 0.279%。由此可知，长江经济带城市群生产要素边际生产能力存在较大差异，相比技术的边际产出而言，资本和劳动力对经济增长的刺激作用更加明显。控制变量 *ind*、*ser*、*for* 的增加，均对地区经济增长产生正向激励作用，而 *gov* 的增加则会抑制地区经济发展。从长江经济带城市群的主要经济投入要素总平均溢出效应结果来看，长江经济带城市群之间技术平均溢出效应为正且通过了 5% 的显著性检验，而劳动力平均溢出效应为负且在 1% 的水平下显著，资本平均溢出效应为负但结果不显著。资本和劳动力溢出系数均为负，主要是由于地区之间经济发展差距过大，发达地区很容易凭借其自身良好的基础设施、健全的公共服务、更多的就业机会以及巨大的上升空间等优势条件吸引欠发达地区的发展要素，即形成发达地区对欠发达地区的虹吸效应。而技术由于其自身具有较强的外部性和关联性特征，技术溢出对整个地区的经济增长都具有较强的促进作用。总之，投入要素增长会显著影响地区经济发展水平，而产业结构变化、对外经济联系及地方政府干预强度均会对经济增长产生重要影响；不同地区在资本和劳动力等要素方面存在相互竞争和博弈的过程，而区域间技术溢出能有效促进整个区域经济的协调发展。

表 5-5　长江经济带城市群模型总体回归结果

变量	非空间面板	地理距离（W_1）	经济距离（W_2）	经济地理距离（W_3）
	(1)	(2)	(3)	(4)
ln*k*	0.374*** (20.37)	0.143*** (6.81)	0.331*** (19.12)	0.322*** (16.16)
ln*t*	0.123*** (10.94)	0.040*** (4.75)	0.097*** (9.60)	0.104*** (10.44)
ln*l*	0.266*** (7.57)	0.061* (2.47)	0.279*** (9.11)	0.186*** (6.72)
ind	0.006** (3.44)	0.007*** (5.62)	0.007*** (4.27)	0.007*** (4.39)

续表

变量	非空间面板	地理距离（W_1）	经济距离（W_2）	经济地理距离（W_3）
	(1)	(2)	(3)	(4)
ser	0.004*** (4.29)	0.001 (0.84)	0.004*** (4.43)	0.001 (0.99)
for	0.009*** (4.74)	0.012*** (5.54)	0.007*** (4.51)	0.017*** (6.64)
gov	-0.080*** (-4.70)	-0.002** (-2.65)	-0.060*** (-4.16)	-0.001 (-1.48)
$W \times \ln k$		-0.079 (-1.07)	-1.246 (-1.45)	-0.435** (-2.63)
$W \times \ln t$		0.011 (0.22)	1.257** (3.13)	0.065 (0.79)
$W \times \ln l$		0.011 (0.08)	-7.070*** (-3.90)	0.472 (1.58)
rho		1.687*** (17.47)	7.780*** (8.47)	2.126*** (9.96)
R^2	0.785	0.289	0.466	0.067
LL	229.0	471.7	275.5	331.1
观测值	700	700	700	700

注：*、**、*** 分别表示在10%、5%、1%的统计水平下显著。

考虑到空间回归模型中使用点估计对空间溢出效应作出判断很容易出现各种错误，因此，本章借鉴 LeSage 和 Pace（2009）的做法运用回归模型偏微分方法对城市群经济增长的溢出效应进行分解，分解结果如表5-6所示。表5-6反映出主要投入要素的总效应为正，直接效应大于间接效应，这说明投入要素增加对本地区以及其他地区的平均影响呈现积极态势，但经济要素对其他地区经济增长的溢出效应不明显。第二产业对经济增长的总效应为正，直接效应大于间接效应，第二产业增加对本地区经济的增长效应更加明显。第三产业与对外经济联系对经济增长的总效应均为正，直接效应小于间接效应，相比之下，第三产业发展和对外经济联系增强对其他地区经济增长的溢出作用更为显著。地方政府干预对经济增长的总效应为负，直接效应大于间接效应，这表明地方政府对经济的干预不仅会制约本地区经济增长，而且会对其他地区产生较强的抑制作用。与经济投入要素相比，长江经济带城市群的第三产业发展、外商直接投资受地区限制较小，空间溢出效应更加明显。经济投入要素的不完全流动制约了长江经济带城市群生产要素空间效应的释放，因此，加速生产要素市场的改革，减少政府的过度干预和促进生产要素的合理流动，对于进一步释放生产要素的边际生产能力以及促进整个长江流域经济一体化发展都具有十分重要的意义。

表 5-6 长江经济带城市群模型效应分解

变量	直接效应	间接效应	总效应
ln*k*	0.898*** (5.13)	0.313*** (3.89)	1.211*** (12.40)
ln*t*	0.206*** (2.81)	0.146*** (2.99)	0.352*** (9.73)
ln*l*	0.590*** (0.215)	0.166*** (1.17)	0.756*** (6.41)
ind	0.050*** (4.44)	0.013*** (3.61)	0.036*** (3.50)
ser	0.001 (1.37)	0.002 (1.34)	0.003 (1.70)
for	0.004*** (3.93)	0.012*** (3.45)	0.016*** (5.07)
gov	-0.002** (-0.002)	-0.006** (-2.17)	-0.008** (-1.85)

注：**、*** 分别表示在5%、1%的统计水平下显著。

2. 分样本回归结果分析

由于长江经济带城市群之间经济发展程度和地理区位环境状况等方面存在较大的差异，各城市群之间的经济和社会发展不可能同步进行。因此，对长江经济带不同城市群进行分样本回归更能发现各城市群自身发展的优劣势所在。

在经济距离空间权重矩阵的基础上用空间面板杜宾模型进行分样本回归，回归结果如表5-7所示。从经济投入要素来看，长江经济带不同城市群之间的经济投入要素估计系数存在较大的差异，不同城市群之间资本、劳动力和技术边际产出效率差异较大。具体而言，成渝城市群的资本和劳动力的估计系数高于长江中游城市群及长三角城市群的资本和劳动力估计系数，而长三角城市群的技术估计系数要远高于长江中游城市群及成渝城市群的技术估计系数。从经济投入要素边际生产力空间分布形态来看，资本和劳动力的边际产出大致呈现自西向东逐渐衰减的趋势，而技术的边际产出则呈现自东向西逐步减少的趋势。相较而言，长三角城市群可以凭借自身的技术和人才优势，大力发展第三产业和高新技术产业，而长江中游城市群和成渝城市群更多是通过投入较多的资本、劳动力要素发展资本密集型和劳动密集型产业。从要素的边际产出状况和城市群产业结构的差异可以看出，长江经济带不同城市群之间经济发展差距仍然较大，区域经济发展不平衡依旧是长江经济带城市群发展亟待解决的问题。

表 5-7　长江经济带不同城市群分样本回归结果

变量	长三角城市群	长江中游城市群	成渝城市群
ln*k*	0.0908 * (1.98)	0.4620 *** (12.44)	0.5250 *** (20.10)
ln*t*	0.2250 *** (8.65)	0.1160 *** (8.14)	-0.0010 (-0.03)
ln*l*	0.1450 *** (4.22)	0.2300 ** (3.26)	0.6600 *** (6.11)
ind	0.0116 ** (2.64)	0.0019 (0.75)	0.0001 (0.03)
ser	0.0129 ** (3.09)	0.0007 (0.46)	0.0043 *** (4.18)
for	-0.0063 * (-2.09)	0.0425 *** (5.39)	0.0061 *** (5.85)
gov	0.0023 (1.09)	-0.0028 (-0.91)	-0.0029 * (-2.37)
W × ln*k*	-10.6800 (-1.01)	-4.5580 ** (-3.28)	-15.8100 * (-2.15)

续表

变量	长三角城市群	长江中游城市群	成渝城市群
$W \times \ln t$	14.5100 (1.48)	0.7780 (1.41)	3.8790 (1.65)
$W \times \ln l$	-12.6000 (-0.97)	-0.5500 (-0.15)	98.9900** (3.27)
rho	35.7800* (1.97)	4.4070* (2.46)	46.5200*** (4.99)
LL	185.20	67.78	164.20
观测值	260	280	160

注：*、**、*** 分别表示在10%、5%、1%的统计水平下显著。

5.3.3 长江经济带城市群间投入要素禀赋差异

以资本、劳动力和技术作为地区投入要素指标，运用改进的广义熵值法计算长江经济带城市群投入要素信息熵值，以此来比较分析各城市群之间投入要素资源禀赋差异。不同城市群投入要素信息熵值存在较大的差距，在2016年投入要素信息熵值排名前20的城市中，长三角城市群比长江中游城市群和成渝城市群的总和还多（见表5-8）。要素禀赋差异对地区经济发展产生重大影响，长三角城市群凭借自身充沛的要素禀赋条件成为长江流域最重要的经济增长极。各城市群内部不同城市之间投入要素信息熵值差距也十分明显，以长三角城市群为例，上海投入要素信息熵值是杭州的近2倍（上海熵值为21.4，杭州熵值为12.6）。由此可知，城市之间投入要素禀赋分布存在极大的不均等性，区位条件较好的沿海沿江城市、直辖市以及省会城市投入要素信息熵值排名大都比较靠前，而那些既无区位优势又无政策支持的普通地级市信息熵值排名大都比较靠后。普通地级市由于自身要素禀赋条件较差导致经济发展水平相对滞后，而经济的落后又会加剧要素的进一步流失，从而使本地区经济状况持续恶化，在循环累积效应作用机制下，城市之间及不同城市群之间的发展差距可能会进一步扩大，区域发展差距也会进一步扩大。

表 5－8 2016 年长江经济带城市群投入要素信息熵值前 20 名城市分布状况

城市群	城市名称	合计/个
长三角城市群	上海、苏州、杭州、南京、合肥、宁波、南通、无锡、绍兴、盐城、嘉兴、常州、芜湖	13
长江中游城市群	武汉、长沙、襄阳、宜昌、南昌	5
成渝城市群	重庆、成都	2

5.4 本章小结

本章以长江经济带建设为背景，根据长江经济带城市群 2007—2016 年共 70 个城市的面板数据，运用空间计量分析方法和广义熵值法，实证研究了三大城市群之间的经济关联、经济增长的空间溢出效应和城市群之间的经济投入要素禀赋差异。研究显示：第一，长江经济带城市群间的空间相关性和城市间的空间集聚性特征十分显著；第二，城市群间经济关联与经济增长的溢出效应显著，投入要素增加对本地区以及其他地区的平均影响呈现积极态势，总体上有利于促进地区经济增长，相比之下，第三产业发展与对外经济联系增强对其他地区经济增长的溢出作用更为显著；第三，要素禀赋差异对地区经济发展产生重大影响，长三角城市群凭借自身充沛的要素禀赋条件成为长江流域最重要的经济增长极。

基于以上分析，进一步推进长江经济带城市群之间的互动交流以及促进长江经济带的建设和发展，可以从以下几个方面作出努力：第一，进一步释放城市群间生产要素的空间溢出效应，加快形成不同城市间跨区域的合作与对话机制和要素流动保障机制，充分释放各市场参与主体活力和提高经济发展效率；第二，推动整个长江流域城市的纵深融合发展，构建以长江为纽带、长江流域为腹地的城市片区，充分发挥区域中心城市对其他城市的扩散和涓滴效应，通过以点带面、以面连片的方式促进整个长江流域城市间的协调有序发展，把长江经济带建设成相互融合的城市带和产业带；第三，各地区要从区域经济发展的全局出发，积极融入长江经济带建设过程当中，消除地方保护主义，对于发展相对落后的城市而言，应密切注意经济形势和产业形态的发展趋势，做好承接发达地区经济要素溢出和产业转移的准备。

6 产业联动网络、要素配置与区域高质量一体化发展①

长江经济带作为东、中、西三大板块联动发展的桥梁和纽带，在区域协调和国内国际双循环中发挥重要作用。2020 年 11 月 14 日，习近平总书记在全面推动长江经济带发展座谈会上指出，“使长江经济带成为我国生态优先绿色发展主战场、畅通国内国际双循环主动脉、引领经济高质量发展主力军”②。长江经济带一体化发展对区域统一大市场的构建至关重要。《中共中央 国务院关于加快建设全国统一大市场的意见》中指出，要推动长三角地区、成渝地区双城经济圈和长江中游城市群优先开展区域市场一体化建设工作，以此推动全国统一大市场的形成。③ 城市群的辐射与经济带的连接是区域协调发展的重要途径。中共中央办公厅、国务院办公厅印发《关于推进以县城为重要载体的城镇化建设的意见》，明确指出加快发展大城市周边县城，通过产业与功能的承接和转移，使其发展成为与邻近大城市通勤便捷、功能互补、产业配套的卫星县城。④ 这一文件的出台为充分整合城市群周边资源，调整优化城市群空间结构，进一步发挥核心

① 本章主要内容参见：叶连广，何雄浪，邓菊秋．产业联动网络促进区域高质量一体化发展的效应研究：以长江经济带城市群为例[J]．经济纵横，2023(1)：102－111.

② 让母亲河永葆生机活力：长江经济带谱写发展新篇章[EB/OL]．(2021－04－14). https://www.gov.cn/xinwen/2021－04/14/content_5599476.htm.

③ 中共中央 国务院关于加快建设全国统一大市场的意见[EB/OL]．(2022－04－10). https://www.gov.cn/zhengce/2022－04/10/content_5684385.htm?eqid=ec10c22c00001e4f0000000664869066.

④ 中共中央办公厅、国务院办公厅印发《关于推进以县城为重要载体的城镇化建设的意见》[EB/OL]．(2022－05－06). https://www.gov.cn/zhengce/2022－05/06/content_5688895.htm.

城市的牵引作用指明了方向。长江流域的产业协调和沿江地区的高质量一体化发展，尤其是以长江为纽带的几大城市群的产业协调与高质量一体化发展，对推动区域板块间融合发展和新发展格局的构建至关重要。

长江经济带发展依赖以城市群为主体的新型经济体带动，城市群内部的分工与合作及城市群之间的联动与协调推动着整个长江流域高质量一体化发展的实现。在国内诸多城市群中，以长江为纽带的三大城市群①发展潜力巨大，经济与产业联系较为紧密，使得长江经济带最有可能成为产业联动与区域高质量一体化发展的先行示范带。三大城市群分别处于工业化的不同发展阶段，由此形成了不同的产业分工格局。长三角城市群集聚的优势产业以资本密集型和技术密集型产业为主，成渝城市群和长江中游城市群集聚的优势产业以劳动密集型和资本密集型产业为主。长江经济带城市群具有区域内部优势互补性强、产业梯度明显和开发潜力巨大的独特优势，但同时存在产业无序低效竞争和产业同构等问题，这不仅造成了区域产业资源的内耗和浪费，而且严重制约了长江流域高质量一体化发展的实现。推动长江经济带产业联动发展既能疏通区域产业生产端的堵点，避免产业重复和同质化建设，以及圈地盘、抢资源、条块分割和无序竞争等情况的出现，又能将区域生产力凝成一股合力，使其在全球生产网络和价值网络的竞争中更具区域优势。积极推动长江经济带城市群产业联动，以产业联动带动区域经济、交通、创新、生态和社会等领域的联动发展，进而推动整个长江流域高质量一体化发展的实现。

关于区际产业联动的研究，早期的学者主要从区域经济联系出发探究区域经济发展的相关思路，如 Massey（1984）认为区域发展应当基于上下游产业链关系和投资关系形成空间上的分工。随着产业集群的出现，新区域主义和多中心主义逐步取代了区际联系的研究视角（高伟等，2011），产业集聚成为区域产业发展的必然趋势。受新区域主义的影响，不少学者主张非均衡发展战略，即通过产业集聚来实现核心区域的率先发展，然后

① 以下简称“长江经济带城市群”，如无特殊说明，本章中长江经济带城市群是对长三角城市群、长江中游城市群和成渝城市群的合称。

再通过核心区域带动外围区域发展（Scott and Storper，2003；Scott，2006）。随着经济全球化的深入推进，部分学者将研究重点转换为区域产业如何融入全球生产网络和价值网络，如Coe等（2008）认为，欠发达地区应重点关注如何与全球生产网络建立衔接关系，以激发落后地区生产潜力。无论是新区域主义还是网络视角的全球化，都强调产业链主体间的互动性是提高区域生产能力的核心内容，也是区际产业联动发展的内核。产业联动并非简单地对区域产业进行重新布局或产业转移，而是在区域产业关联的基础上，通过区域产业间的互动与协作，将区域产业纳入统一生产网络，实现区域产业合作共赢（高伟，2012）。单纯的产业重新布局或转移容易出现迁入企业与当地产业关联效应差、与当地企业交流少、对当地技术溢出与学习效应不明显等问题，进而导致迁入企业出现二次迁移的情况（聂华林和赵超，2000）。产业联动对区域协调与高质量一体化发展至关重要。Schmitz（1999）认为，实现区域产业联动发展能有效优化区域产业结构和提高区域产业的整体竞争力，从而推动区域经济高质量一体化发展。郭明杉和张陆洋（2007）认为，区域产业联动能够优化区域产业资源配置、促进区域产业结构调整升级和加速区域经济增长。袁冬梅等（2012）认为，区域产业联系的增强能缩小区域发展差距，实现区域协调和一体化发展。随着经济研究中复杂网络分析方法的兴起，学术界逐步将其引入区域产业联动研究，使相关研究得到不断深化和拓展。例如，聂锐和高伟（2008）基于区域要素流动视角构建了跨区域产业联动网络，认为产业联动网络的完善能够推动区域要素的流动和实现要素的优化配置。

通过对上述文献的梳理发现，基于跨区域产业关系的研究已经成为区域经济研究的热点和重点，围绕区域高质量一体化的研究也在不断深化和拓展。但从复杂网络分析视角探究产业跨区域联动对区域高质量一体化发展影响的研究还相对较少，还需进一步丰富和完善。随着长江经济带建设和城市群建设的有序推进，建立符合区域整体布局要求的产业发展格局显得十分重要，无论是从理论上探究长江经济带城市群产业联动网络与区域高质量一体化发展的相互作用机制，还是从实证视角探寻长江经济带城市群产业联动网络对区域高质量一体化发展的效应和影响路径等，都显得十分紧迫和必要。基于此，本章以长江经济带城市群为研究主体，通过修正空间引力模型和采用社会网络分析方法探究产业联动网络与区域高质量一体化发展之间的关系。

与已有研究相比，本章可能的创新点如下：首先，将产业联动网络与区域高质量一体化发展纳入统一分析框架，从社会网络分析视角探究产业联动网络对区域高质量一体化发展的影响。区域产业联动网络通过网络规模效应与协同效应使区域生产力和比较优势得到充分发挥，产业联动网络对区域高质量一体化发展的效应显著为正，产业联动网络促进区域高质量一体化发展。其次，揭示了产业分工在产业联动网络与区域高质量一体化发展中的作用，发现产业分工对产业联动网络的高质量一体化效应具有明显的调节效应和门槛效应，产业专业化分工和产业差异化分工有利于增强产业联动网络的高质量一体化发展效应，产业专业化分工水平低于其门槛值和产业差异化分工水平高于其门槛值时，产业联动网络的高质量一体化效应最为明显。最后，揭示了产业联动网络对区域高质量一体化发展的影响机制和路径。产业联动网络通过生产要素的优化配置实现区域高质量一体化发展，即通过改善劳动要素和资本要素的配置不平衡和促进区际技术溢出来推进区域高质量一体化发展的实现。

6.1　产业联动网络与区域高质量一体化发展的理论机制

产业联动网络是基于关联产业的区位优势，在产业分工与协作的基础上实现对区域产业生产力进行有机整合的过程。产业联动网络越完善，对区域产业资源的整合能力就越强。

6.1.1　产业联动网络与区域高质量一体化发展

产业联动网络基于区域经济与产业间的相互联系，将区域相互关联的产业融入统一的生产网络中，通过网络规模效应与协同效应，使区域生产能力和比较优势得到充分发挥。产业联动网络能够促进区域要素共享，加强产业与区域间的协调共进，进而加速推动整个区域向高质量一体化发展目标迈进。第一，产业联动网络能够促进区域生产要素的合理流动，使得区域间资源与要素能得以共享和高效利用。在城市群产业联动网络中，通过核心城市、次核心城市以及边缘型城市之间的传导与分配，集聚经济的分享、匹配和学习以及网络协同机制的发挥，使得区域资源与要素、信息与知识能够在更加广泛的空间内进行配置与优化（丁如曦等，2020）。城市群产业联动网络中的人口流、资本流、信息流、技术流、产品和服务流以及大量的其他经济活动的空间相互作用，共同推动区域高质量一体化发展的实现。第二，产业联动网络为欠发达地区融入区域生产网络和价值网络提供了更多机会，为区域产业的空间相互作用提供了通道与途径。产业联动网络的形成与完善使区域产业空间的相互作用变得更为频繁。区域产业空间相互作用的大小取决于区域产业间互补性和关联性，区域产业互补性和关联性越强，区域间产业联系强度和产业间的空间相互作用也就越大。通过产业联动网络的延展和链接将区域关联产业纳入统一的生产网络中，能够最大限度地减少对区域产业资源的错配，避免产业重复建设和产业低端无效竞争的出现。区域产业联动发展还能有效地促进区域经济的循环和畅通，促进区域内部生产、流通、分配与消费过程的协调与统一。第三，产业联动网络能够推动区域内部不同层级城市的纵向交流与合作，有利于区域的协调发展。在城市群产业联动网络中，中心城市既能发挥集聚经济的作用，不断吸收中小城市高质量的生产要素，为其产业结构优化升级带来源源不断的动力，又能在涓滴效应的作用下，通过产业分工与协作和产业转移等方式，带动中小城市产业协同发展。中小城市嵌入由中心城市支撑的产业联动网络中，实现“规模借用”与“功能借用”，以此弥补自身产业基础薄弱和产业同质化发展等不足（Alonso，1973；Burger and Meijers，2016）。因此，产业联动网络的完善对区域高质量一体化发展具有积极的推动作用。

6.1.2　产业分工、产业联动网络与区域高质量一体化发展

区域产业分工有利于区域产业联动和区域高质量一体化发展。区域产业分工是相互关联的社会生产体系受利益机制支配而在地理空间上分异的结果。一方面，经济主体在经济利益的驱使下将经济活动分解到不同的地

域空间，以充分利用当地区位优势和生产资源，从而降低生产成本；另一方面，信息技术、交通技术及市场经济的发展，区域最终产品和中间产品贸易成本的下降，为产业的空间分异提供了可能。区域分工不仅表现为生产力趋优分布规律作用下的地区专业化，还表现为利益驱使下的区际贸易和国际贸易（肖卫东，2013）。因此，区域产业分工不仅能最大限度地提高社会生产力，还能通过区际贸易与交流，使区域间经济和社会联系变得更为紧密。同时，区域产业分工和专业化生产格局的形成，还能带动区域内其他生产部门的一体化发展。区域经济本身就是一个产业综合体，主导产业的专业化往往能带动辅助产业及其配套产业的发展，最终形成区域产业的协调发展。良好的区域产业分工既是区域高质量一体化发展的基础，也是突破单个地区资源与生产力限制的有效途径（成艾华和喻婉，2018）。区域产业分工是区域产业联动的必要条件。无论是产业的垂直分工还是水平分工，都会使区域产业之间的联系趋于紧密。在产业分工基础上形成的区域产业链是区域产业联动网络的重要载体，产业联动网络通过区域产业链的配置与衔接实现区域产业的联动发展。产业分工水平越高，区域产业链越完善，产业联动网络对区域高质量一体化的效应也就越明显。

6.1.3 生产要素配置的中介效应

产业联动源于产业链在空间上的布局，是企业等微观经济主体在进行空间扩张或区位调整过程中形成的，其形成路径是由点（某一环节）到线（某一链条），再由线到面（多个链条），从而形成区域间的分工与链接关系（高伟，2012）。产业联动网络的形成和完善能够优化区域生产要素的配置，减少因资源错配导致的区域产业同构和产业逐底竞争的出现。产业联动网络配置区域资源具体表现在以下两个方面：一是产业联动网络通过市场联动机制促进价格信息、需求信息和技术创新成果在不同地区、行业和部门中传导，从而为生产要素进行跨地区、跨行业和跨部门的流动与配置提供条件（刘钊和马军海，2008）；二是产业联动网络通过不同产业链之间的交互性和关联性，对不同区域的生产要素进行重新整合和配置，以达到区域产业的系统最优。产业联动网络的形成和完善能够最大限度地整合区域产业资源，通过产业转移、区域共建产业园、总部—生产基地和供应商伙伴等模式，促进区域生产要素实现最佳配置，使区域产业链更好地融入全球产业链，从而提高区域产业整体竞争实力。因此，产业联动网络在区域产业关联的基础上，将区域产业纳入统一生产网络，这种生产网络的形成和完善能够促进生产要素的优化配置，减少资源的浪费与错配。经济发展从外延式增长向内涵式发展转变是实现区域高质量一体化发展的重要方向。这个过程涉及经济增长方式的根本性变革，对生产要素的配置提出了新的要求，即更加注重生产要素的结构配置和质量配置。由此，产业联动网络能够通过区域生产要素的优化配置，促进区域高质量一体化发展的实现，生产要素配置在产业联动网络与区域高质量一体化之间承担着中介职责。

6.2 产业联动网络与区域高质量一体化的指标体系构建及特征事实

基于长江经济带城市群产业联动发展实际，从网络视角探究长江经济带城市群产业联动网络与区域高质量一体化发展的特征事实，以更好地阐释产业联动网络对区域高质量一体化的作用机理。

6.2.1 产业联动网络及区域高质量一体化指标体系构建

基于空间引力模型和产业结构相似系数构建区域产业联动网络，探究长江经济带城市群产业地域联动的时空演变规律和网络结构特征。在区域高质量一体化的衡量上，本章从经济、交通、创新、生态和社会五个维度出发构建区域高质量一体化综合指标体系，并利用广义熵值法计算区域高质量一体化发展水平。

1. 产业联动网络构建

经济引力论认为城市经济普遍存在相互吸引规律（杨吾扬，1989）。区际产业联动规律受经济引力规律支配，即城市间产业联动强度与“质量”成正比，与“距离”成反比。以城市总人口和地区生产总值作为引力模型的“质量”变量，将城市间最短高速公路距离作为引力模型的“距离”变量，构建基准引力模型。此外，地区产业结构状况也会影响区际产业联动强度，产业结构趋异，区际产业联动强度提高；产业结构趋同，区际产业联动强度降低（刘钊，2011）。因此，将产业结构状况纳入基准引力模型中，同时，考虑核心区与边缘区产业联动强度的非对称性，以权重系数 λ_{ij} 对模型进行修正。在空间引力模型的基础上，本章构建了产业联动网络模型：

$$R_{ij} = \lambda_{ij}(1 - S_{ij}) \frac{\sqrt{P_i G_i} \times \sqrt{P_j G_j}}{D_{ij}^2}, \lambda_{ij} = \frac{G_i}{G_i + G_j}, S_{ij} = \frac{\sum_k x_{ik} x_{jk}}{\sqrt{\sum_k x_{ik}^2 \sum_k x_{jk}^2}} \tag{6-1}$$

其中：R_{ij} 为地区 i 与地区 j 的产业联动强度；P_i、G_i、D_{ij} 分别为地区 i 的总人口数、国内生产总值和地区 i 到地区 j 的距离；λ_{ij} 为权重系数；$S_{ij}(0 < S_{ij} < 1)$ 为地区间的产业结构相似系数，S_{ij} 越大表明地区间产业结构越趋于一致，$1 - S_{ij}$ 越大则表明地区间产业结构越趋于不同；x_{jk} 为地区 j 的 k 产业产值比重。

2. 区域高质量一体化指标体系构建

对于一体化的研究，早期学者更多的是从主权国家间贸易、要素流动与自由市场等方面展开（Nye，1968），相对而言，学者对主权国家内部跨区域一体化的研究还相对匮乏（滕堂伟等，2020）。随着区域间经济和社会联系的日益增强，区域内部资源与要素的加速整合并趋于一体化，研究区域内部一体化比研究主权国家经贸一体化更具经济与现实意义。遵循指标选取的科学性、可行性和数据可得性原则，借鉴滕堂伟等（2020）的研究，本章从经济一体化、交通一体化、创新一体化、生态一体化和社会一体化五个维度衡量长江经济带城市群高质量一体化发展情况。其中：经济一体化指标强调经济的持续健康高质量发展，从经济发展、经济结构和外商投资水平方面综合考虑其衡量指标；交通一体化指标主要考虑交通基础设施建设与运输方式的便捷度；创新一体化指标主要从创新投入、创新产出和创新环境三个方面考察；生态一体化指标从节能减排和环境治理程度等方面考察；社会一体化指标选取主要从可支配收入与失业率两个方面入手（见表6－1）。在此基础上，利用广义熵值法对区域高质量一体化发展水平进行测算①。

表6－1　长江经济带城市群区域高质量一体化指标

要素层	子要素层	指标层	指标方向
高质量一体化	经济一体化	人均国内生产总值（元）	+
		固定资产投资/GDP（%）	+
		外商实际投资额（万美元）	+
	交通一体化	公路里程/总面积（千米/千米^2）	+
		货运量/GDP（万吨/亿元）	+
		客运量/总人口（人次/人）	+
	创新一体化	发明专利授权数（件）	+
		科技从业人员（万人）	+
		财政科技支出占比（%）	+
	生态一体化	工业固体废物综合利用率（%）	+
		工业废水排放量（吨/人）	−
		工业烟尘产生量（吨/人）	−
	社会一体化	城镇登记失业率（%）	−
		城镇居民人均可支配收入（元）	+

6.2.2　产业联动网络特征与区域高质量一体化的演变趋势

在产业联动网络的基础上，运用网络可视化方法探究长江经济带城市群产业联动网络与高质量一体化水平的时空演变趋势，利用网络中心性方法揭示产业联动网络核心节点中心性与核心城市一体化的空间分布特征，

① 区域高质量一体化发展水平的计算过程如下：第一，数据的标准化处理，由 $x'_{ij} = \frac{X_i - X_{\min}}{X_{\max} - X_{\min}}$ 可得标准化后的数据，其中 X_i 为原始数据，$X_{\max}$、$X_{\min}$ 分别为原始数据中的最大值、最小值；第二，计算指标权重，$R_{ij} = x'_{ij}/\sum_{i=1}^{n} x'_{ij}$；第三，计算信息熵值，$e_j = -\frac{1}{\ln n}\sum_{i=1}^{n} R_{ij}\ln R_{ij}$，其中 $e_j \in (0,1)$；第四，计算信息效用，$d_j = 1 - e_j$，其中 $d_j > 0$；第五，计算指标权重，$w_j = d_j/\sum_{j=1}^{m} d_j$；第六，得到各城市高质量一体化的信息熵值，$U_i = \sum_{j=1}^{m} w_j R_{ij} \times 100$，其中 $U_i \in (0,1)$。根据信息熵值 U_i 的大小，我们可以判断各个城市的高质量一体化发展水平，U_i 越大代表城市 i 的高质量一体化发展水平越高。

并使用网络块模型分析方法探究产业联动板块间的交互规律。

1. 产业联动网络与区域高质量一体化的演变趋势

根据产业联动网络与一体化指标体系的衡量结果，利用 GIS 软件对产业地域联动强度与区域高质量一体化发展水平进行空间可视化分析，长江经济带城市群产业联动网络空间布局差异十分明显：长三角城市群产业联动网络形成了“多中心引领，放射状分布”的网络空间格局，其“多中心”包括上海、杭州、南京、苏州、无锡、常州、合肥等城市；长江中游城市群形成了“三核支撑，多点嵌套”的网络空间格局，其“三核”指武汉、长沙和南昌；成渝城市群形成了“双核引领，放射分布”的网络空间格局，其“双核”指成都和重庆。从产业联动网络与区域高质量一体化的空间演变趋势来看，长江经济带城市群产业联动网络已初具规模，城市群内部产业联动强度高于城市群间产业联动强度，中心城市产业联动强度明显强于其他城市，呈现较强的“俱乐部效应”，这与长江经济带城市群产业联动实际相吻合。同时，长江经济带城市群区域高质量一体化发展水平的空间分异特征也十分明显，长三角城市群高质量一体化程度最高，成渝城市群和长江中游城市群相对较低，这与发展实际也相吻合。从产业联动网络的时间演变趋势来看，长江经济带城市群产业联动规模与总量均得到较大提升，表现为城市群内部产业联动强度得到加强，城市群尤其是长三角城市群与长江中游城市群产业联动更加频繁密切，中心城市与其他城市产业联动也更为紧密。从区域高质量一体化的时间演变趋势来看，长三角城市群区域高质量一体化水平的空间布局更趋合理，区域内部一体化发展差距有所缩小；成渝城市群和长江中游城市群的极化趋势得到加强，区域内部高质量一体化发展差距有所扩大。

2. 产业联动网络节点特征

社会网络分析方法常用度数中心性和中间中心性刻画网络节点在网络中的地位和控制力（Freeman，1979）。度数中心性度量城市 i 与其他节点城市产业联动网络关系的广延性，城市 i 与其他节点城市之间的产业联动关系数越多，表明其在产业联动网络中拥有越高的地位和越强的资源获取

能力。度数中心性常用网络节点的实际关系数与理论关系数的比值来衡量（相对度数中心性），其计算公式为

$$Cen\_d_i = L_i/(N-1) \tag{6-2}$$

其中：Cen_d_i 为城市 i 的度数中心性；L_i 为城市 i 与其他节点城市的实际关系数；$N-1$ 为单个城市的理论关系数。

中间中心性度量任意两个节点之间的捷径距离在多大程度上依赖于城市 i。经过城市 i 的捷径数占总捷径数的比重越大，表明城市 i 在网络中扮演“中介者”的次数越多，其对网络资源的控制力和获取力也就越强。为便于不同规模网络进行比较，采用相对中间中心性指标，其计算公式为

$$Cen\_b_i = \frac{\sum_{j<k} g_{jk}(i)/g_{jk}}{(N-1)(N-2)} \tag{6-3}$$

其中：Cen_b_i 为城市 i 的中间中心性；g_{jk} 为节点 j 和节点 k 之间的捷径总数；$g_{jk}(i)$ 为节点 j 和节点 k 过节点 i 的捷径数；$(N-1)(N-2)$ 为任意两个节点的理论关系数。

通过对长江经济带城市群产业联动网络的核心－边缘结构分析，发现长三角城市群产业联动网络的核心节点城市有 5 个，分别为上海、南京、苏州、杭州与合肥；长江中游城市群有 8 个，分别为南昌、武汉、宜昌、襄阳、孝感、黄冈、长沙与岳阳；成渝城市群仅有 2 个，分别为成都和重庆。其余城市为边缘型城市。长江经济带城市群产业联动网络核心区域的网络密度为 0.58，核心区对边缘区产业联动的网络密度为 0.39，边缘区对核心区产业联动的网络密度为 0.22，边缘区的网络密度仅为 0.09。比较长江经济带城市群产业联动网络核心区与边缘区的网络密度，可以发现整个产业联动网络呈现明显的核心－边缘结构，并形成了以长江经济带城市群产业联动网络核心节点城市为支撑的极化网络空间结构。在此基础上，以长江经济带城市群产业联动网络的核心节点城市为网络关键节点，对其网络中心性与区域高质量一体化发展水平进行分析，结果如表 6－2 所示[①]。

① 城市 i 度数中心性按产业联动关系的作用方向可以分为点入度中心性和点出度中心性，城市 i 对其他节点城市发出（接收）关系越多，其点出度（点入度）越高。

通过比较各区域核心节点城市的度数中心性和中间中心性指标可以发现，上海、南京、苏州、杭州、合肥、武汉、长沙、重庆和成都的点出度始终大于点入度，表明这些城市在整个产业联动网络中居于核心地位并发挥主导作用；孝感、黄冈的点入度始终大于点出度，以接收关系为主，是区域产业联动发展的主要受益者；上海、武汉与重庆的中间中心性相对较高，是推动整个长江经济带城市群产业联动发展的重要“中介者”。同时，通过对核心节点城市高质量一体化发展水平的分析可以发现，核心城市高质量一体化水平的空间分异特征也较为明显。

表6-2 产业联动网络核心城市节点网络中心性与区域高质量一体化分析

城市群	核心城市	2007年				2018年			
		点入度	点出度	中间中心性	高质量一体化	点入度	点出度	中间中心性	高质量一体化
长三角城市群	上海	0.17	0.57	0.28	0.80	0.25	0.67	0.34	0.83
	南京	0.19	0.30	0.03	0.30	0.23	0.43	0.05	0.31
	苏州	0.10	0.35	0.05	0.25	0.07	0.20	0.01	0.26
	杭州	0.13	0.30	0.02	0.26	0.25	0.49	0.08	0.44
	合肥	0.04	0.10	0.01	0.14	0.06	0.16	0.06	0.16
长江中游城市群	南昌	0.06	0.16	0.03	0.17	0.07	0.03	0.03	0.19
	武汉	0.13	0.36	0.41	0.18	0.12	0.25	0.40	0.33
	宜昌	0.04	0.04	0.02	0.12	0.09	0.03	0.01	0.14
	襄阳	0.01	0.01	0.00	0.11	0.09	0.03	0.06	0.15
	孝感	0.07	0.04	0.02	0.10	0.12	0.01	0.07	0.10
	黄冈	0.29	0.10	0.18	0.06	0.14	0.09	0.06	0.10
	长沙	0.14	0.22	0.10	0.19	0.10	0.26	0.12	0.26
	岳阳	0.07	0.07	0.03	0.12	0.07	0.04	0.01	0.12
成渝城市群	重庆	0.13	0.26	0.28	0.29	0.09	0.26	0.32	0.38
	成都	0.14	0.22	0.05	0.24	0.07	0.20	0.03	0.51

数据来源：笔者整理而得。

3. 产业联动网络块模型分析

基于社会网络分析方法中的CONCOR分析法，对长江经济带城市群产业联动网络进行块模型分析。借鉴Wasserman和Faust（1994）的研究，将产业联动网络板块划分为主溢出、双向溢出、净受益和孤立者四个功能板块（见表6-3）。长三角城市群绝大多数城市归属于主溢出板块，在整个区域产业联动网络中以产业溢出为主，意味着长三角城市群是整个长江流域产业联动发展的高地，是区域产业联动的发起者和推动者；长江中游城市群部分城市能够在整个区域产业联动板块的双向溢出中获益，部分城市通过承接来自其他板块的产业溢出成为区域产业联动板块的净受益者，表明长江中游城市群通过嵌入长三角城市群产业联动网络而成为区域产业联动的主要受益者；成渝城市群产业联动以子城市群产业内部联动为主，与其他板块间的产业联动不明显，表明成渝城市群与其他城市群之间的产业联动不明显，产业开放水平有待进一步提高。由此可见，长江经济带城市群四大产业联动板块内部具有显著的关联性，呈现明显的“俱乐部效应”，四大产业联动板块具有明显的产业梯度。

表6-3　长江经济带城市群产业联动板块划分

板块划分	板块属性	板块所属城市
第一板块	主溢出板块	上海、南京、无锡、常州、苏州、南通、盐城、扬州、镇江、泰州、杭州、宁波、嘉兴、湖州、绍兴、金华、舟山、台州、合肥、芜湖、马鞍山、滁州、宣城
第二板块	双向溢出板块	铜陵、安庆、池州、南昌、景德镇、九江、鹰潭、吉安、抚州、上饶、武汉、黄石、鄂州、黄冈
第三板块	净受益板块	萍乡、新余、宜春、宜昌、襄阳、荆门、孝感、荆州、咸宁、长沙、株洲、衡阳、岳阳、常德、益阳、娄底
第四板块	孤立者板块	重庆、成都、自贡、泸州、德阳、绵阳、遂宁、内江、乐山、眉山、南充、宜宾、广安、达州、雅安、资阳

注：双向溢出板块既吸收第一板块产业联动动能，又将产业联动动能传递给第三板块。

6.3　产业联动网络对区域高质量一体化发展效应的实证分析

由理论假说和特征事实的分析可知，产业联动网络的完善有利于实现区域资源的优化配置和促进区域高质量一体化发展。在此基础上，还需通过经济计量模型，检验产业联动网络对区域高质量一体化发展的效应及要素配置中介效应是否成立。

6.3.1 模型构建与变量说明

1. 模型构建

对于城市能否通过增加产业联动网络中心性促进区域高质量一体化发展，构建以下计量模型：

$$\ln Integration_{it} = \alpha_0 + \alpha_1 \ln Cen\_d_{it} + \sum_j \alpha_j \ln CV_{it} + \lambda_i + \gamma_t + \varepsilon_{it} \tag{6-4}$$

其中：$Integration_{it}$ 为 i 城市 t 时期高质量一体化发展水平；Cen_d_{it} 为 i 城市 t 时期产业联动网络中心性；$\alpha_0, \alpha_1, \alpha_j$ 为模型的回归系数；CV 为一系列控制变量；λ_i 为城市固定效应；γ_t 为年份固定效应；ε_{it} 为随机扰动项。由理论分析可知，区域产业分工能够推动产业联动网络的形成与完善，进而促进区域高质量一体化发展。当然，产业分工是否对产业联动网络的高质量一体化发展具有调节效应，还需通过模型进一步进行检验。为此构建以下模型：

$$\ln Integration_{it} = \eta_0 + \eta_1 \ln Cen\_d_{it} \times \ln Sp_{it} + \sum_j \eta_j \ln CV_{it} + \lambda_i + \gamma_t + \varepsilon_{it} \tag{6-5}$$

$$\ln Integration_{it} = \eta_0 + \eta_1 \ln Cen\_d_{it} \times \ln Df_{it} + \sum_j \eta_j \ln CV_{it} + \lambda_i + \gamma_t + \varepsilon_{it} \tag{6-6}$$

其中，Sp_{it} 和 Df_{it} 分别为产业专业化分工水平和产业差异化分工水平；η_0, η_1, η_j 为模型的回归系数。此外，在不同分工水平上产业联动网络对区域高质量一体化发展效应是否一致、是否存在门槛效应，也需进一步通过模型来检验。基于此，在借鉴 Hansen（1999）面板门槛效应模型的基础上，以产业专业化分工水平和产业差异化分工水平为门槛变量，以区域高质量一体化发展水平为被解释变量，以产业联动网络度数中心性为解释变量，构建以下面板门槛模型：

$$\ln Integration_{it} = \beta_0 + \beta_1 \ln Cen\_d_{it} \times I(\ln Sp_{it} \leqslant \gamma_1) + \beta_2 \ln Cen\_d_{it} \times I(\ln Sp_{it} > \gamma_1) + \sum_j \beta_j \ln CV_{it} + \varepsilon_{it} \tag{6-7}$$

$$\ln Integration_{it} = \beta_0 + \beta_1 \ln Cen\_d_{it} \times I(\ln Df_{it} \leqslant \gamma_2) + \beta_2 \ln Cen\_d_{it} \times I(\ln Df_{it} > \gamma_2) + \sum_j \beta_j \ln CV_{it} + \varepsilon_{it} \quad (6-8)$$

其中：$I(\cdot)$ 为指示性函数；γ_1 和 γ_2 为门槛值；$\beta_0, \beta_1, \beta_2, \beta_j$ 为模型的回归系数。

2. 变量选取及界定

（1）被解释变量为区域高质量一体化发展水平，由表 6－1 的具体指标计算获得。

（2）解释变量为产业联动网络度数中心性，根据式(6－2)计算得到。

（3）门槛变量。由理论分析可知，可能的门槛变量为产业分工。分别选用产业专业化分工水平和产业差异化分工水平作为产业分工的代理变量，计算公式为

$$Sp_{it} = \frac{1}{2} \sum_k | S_{ikt} - S_{kt} |$$

$$Df_{it} = \sum_j \sum_i \left| \frac{L_{ikt}}{L_{it}} - \frac{L_{jkt}}{L_{jt}} \right| \quad (6-9)$$

其中：Sp_{it} 为 i 城市 t 年的产业专业化分工水平；Df_{it} 为 i 城市 t 年的产业差异化分工水平；S_{ikt} 为 i 城市 t 年 k 产业的就业人数占 k 产业总就业人数的比重；S_{kt} 为 k 产业 t 年的就业人数占总就业人数的比重；L_{ikt} 为 i 城市 t 年 k 产业的就业人数；L_{it} 为 t 年 i 城市的从业总人数；L_{jkt} 为 j 城市 t 年 k 产业的就业人数；L_{jt} 为 t 年 j 城市的从业总人数。①

（4）中介变量。由理论分析可知，可能的中介变量为生产要素配置。以劳动力、资本以及技术的空间配置状况衡量区域生产要素配置状况。以区际技术溢出水平作为技术要素配置的代理变量，并用城际专利转移数来衡量，城际专利转移数越多，区域技术溢出越明显，技术生产要素的区域配置也就越优化；以劳动力要素匹配不平衡和资本要素匹配不平衡作为劳

① 产业包括制造业，交通运输、仓储及邮政业，信息传输、计算机服务和软件业，金融业，租赁和商业服务业，科学研究、技术服务和地质勘查业，批发和零售业，住宿和餐饮业，房地产业，居民服务和其他服务业，水利、环境和公共设施管理业，教育业，卫生、社会保障和社会福利业，文化、体育和娱乐业，以及公共管理和社会组织。

动配置和资本配置的代理变量（王玉和张占斌，2021；白俊红和刘宇英，2018），劳动力要素匹配不平衡和资本要素匹配不平衡度越大，表明区域生产要素匹配状况越糟。劳动力要素匹配不平衡和资本要素匹配不平衡的计算公式为

$$\gamma_{Li} = \frac{L_i}{L} / (\frac{S_i \beta_{Li}}{\beta_L})$$

$$\gamma_{Ki} = \frac{K_i}{K} / (\frac{S_i \beta_{Ki}}{\beta_K}) \quad (6-10)$$

其中：L_i 为 i 城市就业人数；L 为区域总就业人数；K_i 为 i 城市资本；K 为区域总资本；$S_i = \frac{Y_i}{Y}$，Y_i 为 i 城市总产出，Y 为区域总产出；$\beta_L = \sum_{i=1}^{n} \beta_{Li}$，$\beta_K = \sum_{i=1}^{n} \beta_{Ki}$，$\beta_{Li}$ 和 β_{Ki} 由生产函数 $\ln(Y_{it}/L_{it}) = \ln A + \beta_{Ki} \ln(K_{it}/L_{it}) + \lambda_i + \gamma_i + \varepsilon_{it}$ 估计得到，同时，假定 $\beta_{Li} = 1 - \beta_{Ki}$。

（5）控制变量。为了控制其他因素对区域高质量一体化发展的影响，同时尽可能地减少因遗漏变量而导致的内生性问题，借鉴殷德生等（2019）、黄文和张羽瑶（2019）的研究，选取金融发展水平、政府干预水平、产业集聚程度和对外贸易规模四个控制变量。其中：金融发展水平以年末金融机构存贷款余额占地区生产总值的比重来衡量；政府干预水平以政府支出占地区生产总值的比重来衡量；产业集聚程度以工业产值占地区生产总值的比重来衡量；对外贸易规模以进出口总额占地区生产总值的比重来衡量。变量及其界定如表 6－4 所示。

表 6－4　变量及其界定

变量类别	变量名称	变量符号	衡量指标
被解释变量	区域高质量一体化发展水平	*Integration*	在表 6－1 的基础上运用广义熵值法计算得到
解释变量	产业联动网络度数中心性	*Cen_d*	根据式（6－2）计算得到
门槛变量	产业专业化分工水平	*Sp*	根据式（6－9）计算得到
	产业差异化分工水平	*Df*	根据式（6－9）计算得到
中介变量	劳动力要素匹配不平衡	*LFA*	根据式（6－10）计算得到
	资本要素匹配不平衡	*KFA*	根据式（6－10）计算得到
	区域技术溢出水平	*Pa_tra*	城际专利转移数

续表

变量类别	变量名称	变量符号	衡量指标
控制变量	金融发展水平	*Fin*	年末金融机构存贷款余额占地区生产总值的比重
	政府干预水平	*Gov*	政府支出占地区生产总值的比重
	产业集聚程度	*Agg*	工业产值占地区生产总值的比重
	对外贸易规模	*Trade*	进出口总额占地区生产总值的比重

3. 数据来源与处理

本章研究长江经济带城市群共包含《长江三角洲城市群发展规划》中的26个城市、《长江中游城市群发展规划》中的28个城市和《成渝城市群发展规划》中的16个城市，选取2007—2018年的面板数据，数据主要通过历年《中国城市统计年鉴》整理得到。此外，还从国家知识产权局专利事务数据公告网站获取了专利转让相关数据，信息主要包含专利名称、申请人地址、申请号、公开日期、授权公告日、当前专利权人地址和当前法律状态等。为了获取专利转让数据的空间信息，首先，从专利法律状态为“授权丨转让”的专利信息中筛选出专利转让相关数据；其次，根据“专利申请人地址”和“当前专利权人地址”的不同，将专利转让地址精准地匹配到各城市；最后，计算出单个城市与其他城市的专利转让数。对于外商实际投资数据和进出口数据，采用当年的平均汇率统一换算为人民币口径。对于资本的估计，使用永续盘存法按不变价格对地区资本存量进行估算（单豪杰，2008）。对于名义地区生产总值的处理，以2007年为基期运用GDP平减指数消除价格因素的影响，求得实际国内生产总值数据。对于部分缺失的数据，我们以样本均值填充。同时，为减小变量间自相关和多重共线性的影响，将所有数据进行取对数处理。变量的描述性统计分析如表6-5所示。

表6-5 变量的描述性统计分析

变量	观测值	最小值	均值	最大值	标准差
Integration	840	0.0607	0.1520	0.6330	0.0936
Cen_d	840	0.0000	0.1570	0.6860	0.1120

续表

变量	观测值	最小值	均值	最大值	标准差
Df	840	0.1260	0.2420	0.5690	0.0612
Sp	840	0.2240	0.3880	0.4030	0.0241
Fin	840	0.2340	0.6710	0.8539	0.2600
Gov	840	0.0561	0.1600	0.2555	0.0951
Agg	840	0.0298	0.6460	0.6774	0.1910
Trade	840	0.0027	0.1890	0.8053	0.2290
Pa_tra	840	2.7080	6.8580	10.9700	1.6950
LFA	840	4.9917	7.0198	8.2358	0.8709
KFA	840	0.0534	0.3085	0.6157	0.1542

6.3.2 模型的检验

1. 数据性质检验和豪斯曼检验

本章选取的数据为短面板数据，数据的时间跨度较短，截面数量大于时间点数量，因此可以不考虑数据可能存在的单位根问题（Bai，2009）。针对短面板数据可能存在的组间异方差、组间同期相关和组内自相关问题，需对回归结果进行一系列检验以降低模型估计结果不准确的可能。此外，还需对面板模型进行豪斯曼检验，以判断固定效应和随机效应模型的适用性。数据性质检验和豪斯曼检验结果如表 6－6 所示，Wald 检验值为 18633.3829，Pesaran 检验值为 2.5777，Wooldridge 检验值为 21.9184，均在 1% 的统计水平下显著，表明模型可能同时存在组间异方差、组内自相关和组间同期相关。豪斯曼检验结果的统计值为 215.5605，检验结果在 1% 的统计水平下显著，表明固定效应模型优于随机效应模型。考虑到实证分析过程中采用的数据是 70 个截面共 12 期的短面板数据，因此，可以不考虑模型中存在的组内自相关问题，而重点考察组间异方差和组间同期相关性问题。

表6-6　数据性质检验和豪斯曼检验结果

检验类别	检验值	p 值
Wald 检验（组间异方差检验）	18633.3829***	0.0000
Pesaran 检验（组间同期相关检验）	2.5777***	0.0099
Wooldridge 检验（组内自相关检验）	21.9184***	0.0000
豪斯曼检验（固定效应或随机效应）	215.5605***	0.0000

注：*** 表示在1%的统计水平下显著。

2. 门槛效应检验

在构建门槛面板回归模型之前，首先需要对模型进行门槛效应检验，以检验门槛模型建立的可靠性和真实性。为此，分别以产业专业化分工水平和产业差异化分工水平作为门槛变量，检验产业联动网络在不同产业分工水平上，对区域高质量一体化发展的效应是否存在显著的门槛效应，检验结果如表6-7所示。结果表明，产业联动网络对区域高质量一体化发展存在单一门槛效应，且产业差异化分工和产业专业化分工的门槛值均在5%的统计水平下显著。因此，构建单一门槛模型。

表6-7　门槛效应检验结果

门槛变量	门槛数	门槛值	F 值	p 值	Crit10%	Crit5%	Crit1%
Sp	一重门槛	0.3830	43.0873**	0.0167	28.6222	36.3698	47.4801
	二重门槛	0.4009	9.4953	0.6167	22.7746	29.2627	39.7845
Df	一重门槛	0.3935	45.0235**	0.0467	32.1280	39.7826	73.9295
	二重门槛	0.1681	46.6758	0.1133	47.9901	65.0479	103.5152

注：** 表示在5%的统计水平下显著。

图6-1和图6-2分别展示了以产业专业化分工和产业差异化分工为门槛变量估计得到的门槛估计值似然比统计量函数，图中虚线表示95%置信水平下的临界值。由图6-1和图6-2可知，门槛估计值对应的 LR 统计量正好落在虚线以下，这表明估计的门槛值真实有效。因此，构建以下门槛模型：

$$\ln Integration_{it} = \alpha_0 + \beta_1 \ln Cen\_d_{it} \times I(\ln Sp_{it} \leqslant 0.3830) + \beta_2 \ln Cen\_d_{it} \times I(\ln Sp_{it} > 0.3830) + \sum_j \beta_j \ln CV_{it} + \varepsilon_{ij} \tag{6-11}$$

$$\ln Integration_{it} = \alpha_0 + \beta_1 \ln Cen\_d_{it} \times I(\ln Df_{it} \leqslant 0.3935) + \beta_2 \ln Cen\_d_{it} \times I(\ln Df_{it} > 0.3935) + \sum_j \beta_j \ln CV_{it} + \varepsilon_{ij} \quad (6-12)$$

其中：产业专业化分工水平门槛值为0.3830，该门槛值将其本身划分为$Sp_{it} \leqslant 0.3830$和$Sp_{it} > 0.3830$两个区间；产业差异化分工水平门槛值为0.3935，该门槛值也将其本身划分为$Df_{it} \leqslant 0.3935$和$Df_{it} > 0.3935$两个区间；产业差异化分工比产业专业化分工的门槛值高。

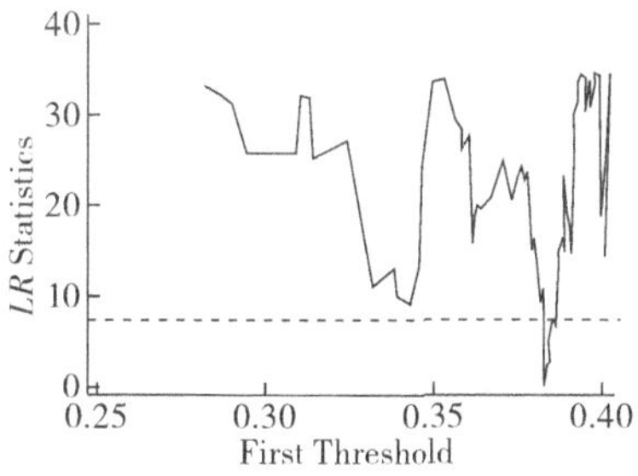

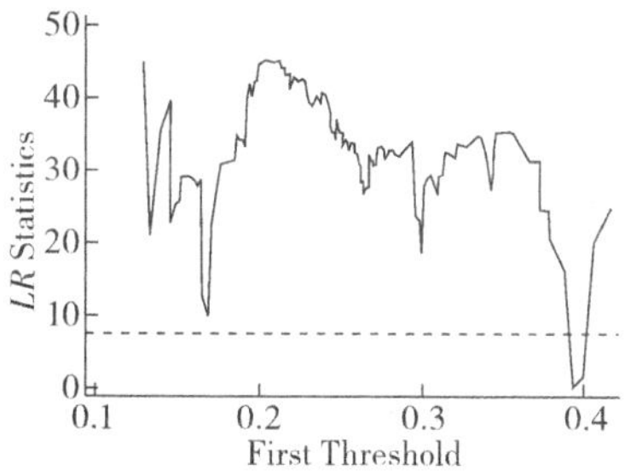

6－1　以Sp为门槛变量的单一门槛LR值　图6－2　以Df为门槛变量的单一门槛LR值

6.3.3　产业联动网络对区域高质量一体化发展的效应分析

1. 基准回归分析

表6－8中列（1）至列（3）分别为式（6－4）至式（6－6）的回归结果，列（4）和列（5）分别为式（6－11）和式（6－12）的回归结果。同时，为控制可能存在的个体异质性和时间趋势，所有模型均控制城市固定效应和年份固定效应，并使用城市层面的聚类稳健标准误。由表6－8中列（1）可知，在控制其他变量的情况下，产业联动网络度数中心性每提高1个百分点，区域高质量一体化发展水平提高0.0449个百分点，表明产业联动网络对区域高质量一体化发展具有显著的正效应。由列（2）和列（3）可知，产业差异化分工和产业联动网络度数中心性的交互项（$Cen\_d \times Df$）与产业专业化分工和产业联动网络度数中心性的交互项（$Cen\_d \times Sp$）的系数均显著为正，表明产业联动网络对区域高质量一体化发展的效应随着产业差异化分工和产业专业化分工水平的提升而增强，即产业分工对产业联动网络的高质量一体化效应具有明显的调节作用。由列（4）和列（5）可知，产业联动网络对区域高质量一体化发展的影响被

产业分工门槛变量划分为两个存在显著差异的区间。具体而言，以产业专业化分工为门槛变量［列（4）］，当门槛变量小于等于门槛值 0.3830 时，产业联动网络中心性的估计系数为 0.2024；当门槛变量大于门槛值 0.3830 时，产业联动网络中心性的估计系数为 0.0813。以产业差异化分工为门槛变量［列（5）］，当门槛变量小于等于门槛值 0.3935 时，产业联动网络中心性的估计系数为 0.1067；当门槛变量大于门槛值 0.3935 时，产业联动网络中心性的估计系数为 0.2808。综上，产业联动网络对区域高质量一体化发展的效应显著为正，产业联动网络能够促进区域高质量一体化发展的结论成立，产业分工对产业联动网络的高质量一体化发展效应具有明显的调节效应和门槛效应也成立。

表 6－8　产业联动网络与区域高质量一体化的回归结果

变量	(1)	(2)	(3)	(4)	(5)
Cen_d	0.0449* (0.0232)				
$Cen\_d \times Df$		0.1481** (0.0654)			
$Cen\_d \times Sp$			0.1714** (0.0816)		
第一区间				0.2024*** (0.0569)	0.1067*** (0.0328)
第二区间				0.0813*** (0.0275)	0.2808*** (0.0429)
Fin	0.0133 (0.0086)	0.0139 (0.0086)	0.0150* (0.0087)	0.0088 (0.0059)	0.0075 (0.0061)
Gov	-0.0322* (0.0189)	-0.0307 (0.0188)	-0.0311* (0.0188)	-0.0038 (0.0149)	-0.0063 (0.0151)
Agg	0.0052 (0.0049)	0.0048 (0.0049)	0.0055 (0.0049)	-0.0052 (0.0047)	-0.0061 (0.0048)
$Trade$	0.0175** (0.0079)	0.0174** (0.0079)	0.0172** (0.0079)	0.0087 (0.0125)	0.0094 (0.0124)
常数项	0.1254*** (0.0073)	0.1262*** (0.0071)	0.1260*** (0.0072)	0.1311*** (0.0069)	0.1330*** (0.0073)

续表

变量	(1)	(2)	(3)	(4)	(5)
城市固定效应	Yes	Yes	Yes	Yes	Yes
年份固定效应	Yes	Yes	Yes	Yes	Yes
观测值	840	840	840	840	840
R^2	0.1247	0.1263	0.1255	0.1108	0.1072

注：*、**、***分别表示在10%、5%、1%的统计水平下显著。

2. 稳健性检验与内生性处理

为进一步检验基准模型设立的合理性和稳健性，考虑变量选择偏误对模型估计结果可能产生的影响，需进一步对模型稳健性和内生性问题进行识别和处理。在稳健性检验中，采用替换核心解释变量的方法分别对基准模型进行稳健性检验，结果如表6－9所示。其中，列（1）至列（3）分别为替换核心解释变量后对式（6－4）至式（6－6）的稳健性检验结果，列（4）和列（5）分别为替换核心解释变量后对式（6－11）和式（6－12）的稳健性检验结果。以产业联动网络接近中心性替代产业联动网络度数中心性变量，替换核心解释变量后的回归系数与基准回归系数的显著性水平和作用力方向基本未发生实质性改变，表明本章所建立的模型稳健可靠。此外，本章可能存在的内生性问题，即产业联动网络与区域高质量一体化发展水平可能存在反向因果关系，表现为高质量一体化发展水平越高的城市其在产业联动网络中获取资源的便利程度也就越高。因此，需要对模型内生性问题进行检验和处理。为此，使用网络特征值的滞后变量作为工具变量对式（6－4）进行两阶段最小二乘回归，回归结果如表6－9中列（6）所示。由列（6）可知，在控制模型可能存在的内生性之后，模型回归结果与式（6－4）的回归结果依旧保持基本一致，因此本章所得结论稳健可靠。

表6－9　稳健性检验与内生性处理

变量	(1)	(2)	(3)	(4)	(5)	(6)
Cen_c	0.0235* (0.0142)					

续表

变量	(1)	(2)	(3)	(4)	(5)	(6)
Cen_d						0.3876*** (0.0095)
Cen_c × *Df*		0.0129** (0.0044)				
Cen_c × *Sp*			0.0005 (0.0045)			
第一区间				0.0599*** (0.0132)	0.0536*** (0.0130)	
第二区间				0.0532*** (0.0127)	0.0598*** (0.0133)	
Fin	0.0140 (0.0087)	0.0159* (0.0087)	0.0135 (0.0087)	0.0129* (0.0064)	0.0119* (0.0065)	0.0568*** (0.0022)
Gov	-0.0278 (0.0188)	-0.0300 (0.0187)	-0.0294 (0.0188)	0.0006 (0.0142)	0.0043 (0.0146)	-0.2209*** (0.0055)
Agg	0.0061 (0.0049)	0.0043 (0.0049)	0.0054 (0.0049)	0.0020 (0.0044)	0.0016 (0.0046)	0.0025*** (0.0007)
Trade	0.0163** (0.0079)	0.0158** (0.0078)	0.0162** (0.0079)	0.0104 (0.0145)	0.0107 (0.0146)	0.1352*** (0.0090)
常数项	0.0332 (0.0590)	0.1168*** (0.0083)	0.1298*** (0.0080)	-0.0874 (0.0569)	-0.0885 (0.0584)	0.0612*** (0.0013)
城市固定效应	Yes	Yes	Yes	Yes	Yes	No
年份固定效应	Yes	Yes	Yes	Yes	Yes	No
观测值	840	840	840	840	840	840
R^2	0.124	0.130	0.120	0.110	0.110	

注：*、**、*** 分别表示在10%、5%、1%的统计水平下显著。列（6）使用网络特征值的滞后一阶和滞后二阶为工具变量，模型通过了自相关检验和工具变量过度识别检验，表明模型结果稳健可靠。

3. 产业联动网络对区域高质量一体化效应的影响机制分析

上述研究表明，产业联动网络的构建与完善能够促进区域高质量一体化发展。在此基础上，还需进一步探究产业联动网络对区域高质量一体化效应的影响机制，以揭示产业联动网络对区域高质量一体化发展的作用路径。为此，通过中介效应模型验证生产要素配置的中介效应是否成立，中介效应模型的检验结果如表6－10所示。表6－10中列（1）、列（2）和列（3）分别以劳动力要素匹配不平衡、资本要素匹配不平衡和区域技术溢出水平作为中介变量，以检验劳动力、资本和技术类生产要素区域配置的中介效应是否成立。表6－10中Sobel检验、Goodman－1检验和Goodman－2检验均在5%的统计水平下显著，表明劳动力、资本和技术类生产要素区域配置存在中介作用。由回归系数可知：劳动力要素匹配不平衡和资本要素匹配不平衡的回归系数显著为负，说明产业联动网络可通过降低二者配置的不平衡程度促进区域高质量一体化发展；区域技术溢出水平的回归系数显著为正，表明产业联动网络可通过增强区域技术溢出促进区域高质量一体化发展。

表6－10　中介效应的回归结果

变量	(1)	(2)	(3)
LFA	−0.0171*** (0.0027)		
KFA		−0.0264* (0.0159)	
Pa_tra			0.0267*** (0.0020)
Cen_d	0.0407*** (0.0044)	0.0411*** (0.0046)	0.0016 (0.0049)
Fin	0.0941*** (0.0113)	0.8256*** (0.0573)	0.0425*** (0.0113)
Gov	−0.2052*** (0.0279)	0.1213*** (0.0107)	−0.1430*** (0.0259)
Agg	0.0008 (0.0116)	0.0191 (0.0637)	0.0430*** (0.0112)
Trade	0.1743*** (0.0111)	−0.2653*** (0.0267)	0.1331*** (0.0106)
常数项	0.0488* (0.0288)	−0.0758*** (0.0217)	−0.0953*** (0.0197)

续表

变量	(1)	(2)	(3)
Sobel 检验（p 值）	0.0307	0.0069	0.0000
Goodman-1 检验（p 值）	0.0346	0.0077	0.0000
Goodman-2 检验（p 值）	0.0270	0.0061	0.0000
城市固定效应	Yes	Yes	Yes
年份固定效应	Yes	Yes	Yes
观测值	840	840	840
R^2	0.579	0.648	0.637

注：*、*** 分别表示在10%、1%的统计水平下显著。

6.4 本章小结

本章以长江经济带城市群为研究主体，运用修正空间引力模型并采用社会网络分析方法，分析了产业联动网络与区域高质量一体化水平的发展趋势及二者的关系。研究表明：第一，长江经济带城市群产业联动网络和区域高质量一体化发展格局已初步形成，并具有明显的梯度特征和集聚趋势。长三角城市群产业联动网络最为紧密，其区域高质量一体化发展水平最高；长江中游城市群和成渝城市群产业联动网络较为松散，其区域高质量一体化发展水平相对较低。第二，产业联动网络对区域高质量一体化发展的效应显著为正，产业联动网络的完善能促进区域高质量一体化发展。第三，产业分工对产业联动网络的高质量一体化效应具有明显的调节效应和门槛效应。产业专业化分工和产业差异化分工均有利于提高产业联动网络的高质量一体化效应，产业专业化分工水平低于其门槛值和产业差异化分工水平高于其门槛值时效果更为显著。第四，产业联动网络通过生产要素优化配置推动区域高质量一体化发展。产业联动网络的完善能够改善劳动力要素和资本要素的配置不平衡并促进区域技术溢出，进而推进区域高质量一体化发展。

基于以上研究结果，进一步发挥长江经济带城市群产业联动网络促进区域高质量一体化发展的效应，可从以下几个方面作出努力：第一，加强长江经济带三大城市群之间的产业联动，推动长三角城市群与成渝城市群和长江中游城市群产业的互动与交流，通过产业的有序转移和优化升级，推动长江经济带上、中、下游产业的协同联动发展。第二，在充分发挥区域产业比较优势的基础上，积极推动长江经济带城市群产业联动网络的形成，通过产业联动网络规模效应和协同效应将区域生产力凝聚为一股合力。为此，既要有整体观和大局意识，推动长江流域产业的深度融合发展，避免产业同质化和低端无序竞争的出现，又要从地区产业和经济发展实际情况出发，引导相关产业布局和发展，形成与资源环境承载力相适应的产业空间布局，培育具有国际先进水平的产业集群和产业带。第三，积极推动长江经济带分工与协作体系的完善，在区域分工与比较优势的基础上积极引导相关产业进行转移，形成区域产业的错位发展。既要加强城市群内部及城市群之间的交流与合作，明确各地区主导产业与优势产业的比较优势，充分发挥各地区在区域产业链和价值链分工中的职能与作用，又要在已有的产业专业化分工水平上积极推动长江经济带产业差异化分工格局的形成，进一步发挥产业差异化分工对产业联动网络高质量一体化效应的促进作用。第四，进一步打破地区间要素流动障碍，畅通区域要素流动的体制与机制，充分发挥区域统一大市场在区域经济高质量一体化发展中的作用。为此，应当鼓励发达地区充裕的人才、资金及技术等生产要素适当向欠发达地区合理流动，形成发达地区与欠发达地区资源与要素双向循环流动格局，减少产业资源的浪费与重复建设。

7 城镇化、经济增长与环境污染[①]

我国城镇化的发展经历了四个阶段：缓慢发展期、发展波动期、发展停滞期和改革开放以后的加速发展期。根据国家统计局数据，我国常住人口城镇化率从2000年的36.09%增长到2021年末的64.72%[②]，其中，2021年长江经济带11个省市的平均常住人口城镇化率超过全国均值，达到64.92%[③]，为推动全国城镇化进程作出了突出贡献，但同时面临资源消耗和环境污染等问题，导致“大城市病”日益严重，环境污染治理压力不断增大。早在2016年，习近平总书记就提出“共抓大保护，不搞大开发”的长江经济带发展理念。2021年，《中共中央关于党的百年奋斗重大成就和历史经验的决议》指出：“生态文明建设是关乎中华民族永续发展的根本大计，保护生态环境就是保护生产力，改善生态环境就是发展生产力，决不以牺牲环境为代价换取一时的经济增长。”[④]习近平总书记在党的二十大报告中进一步强调：“我们要推进美丽中国建设，坚持山水林田湖草沙一体化保护和系统治理，统筹产业结构调整、污染治理、生态保护，应对气候变化，协同推进降碳、减污、扩绿、增长，推进生态优先、节约集

---

① 本章主要内容参见：何雄浪，吴欢．城镇化加重环境污染了吗？——基于中国256个地级市的实证研究[J]．武汉科技大学学报（社会科学版），2023（2）：124－139.

② 资料来源：国家统计局网站，https://www.stats.gov.cn/。

③ 2016年9月，《长江经济带发展规划纲要》正式印发。长江经济带覆盖上海、江苏、浙江、安徽、江西、湖北、湖南、重庆、四川、云南、贵州11个省市。资料来源：国家统计局网站，https://www.stats.gov.cn/。

④ 中共中央关于党的百年奋斗重大成就和历史经验的决议（全文）[EB/OL].（2021－11－16）. https://www.gov.cn/zhengce/2021－11/16/content_5651269.htm.

约、绿色低碳发展。”[①]由此可见，在长江经济带城镇化发展进程中，必须坚持生态文明理念，积极构建资源节约型和环境友好型社会，推动城镇化与生态环境的协调发展，从而为实现经济高质量发展奠定坚实基础。

首先，处理好城镇化发展和环境保护之间的关系是国家发展规划的一个重要命题。我国历来高度重视城镇化发展与环境保护之间的协调，国家“十四五”规划明确提出，要保护城市生态，促进大、中、小城市和小城镇协调发展。在中国式现代化的新征程中，我们要进一步促进区域协调发展，深入实施新型城镇化战略，构建优势互补、高质量发展的区域经济布局。可以说，城镇化与环境之间的协调发展是国家经济和社会发展的重要保障。

其次，协调好长江经济带城镇化发展与生态环境之间的关系是推动城市健康发展的必由之路。城镇化发展往往伴随着生态环境的破坏，呈现“资源短缺—城镇化进程缓慢—环境污染加剧—资源愈加短缺—城镇化进程愈加放缓”的恶性循环怪圈，严重影响城市发展水平和城市辐射带动效应。因此，只有推进城镇化建设与生态文明建设协调发展，才能走出一条健康城镇化道路。从这个意义上说，研究长江经济带城镇化发展与环境保护之间的关系，不仅具有学术价值，而且具有现实意义。

为了探讨长江经济带城镇化发展与环境污染之间的关系，本章对国内外相关文献进行了梳理，发现主要包含以下三种观点：一是城镇化与环境污染之间是正相关关系，即城镇化发展会不断加重环境污染。Ren 等（2003）研究发现，快速城市化与水质快速退化相对应，城市土地利用与水质下降之间呈正相关关系；蒋洪强等（2012）研究发现，我国城镇化发展与生态环境之间的矛盾突出，城镇化水平的提升会导致环境的进一步恶化；Ala – mantila 等（2014）、Ben Dhiab 和 Dkhili（2019）也认为，随着城市化的发展，会加剧污染气体的排放；段博川和孙祥栋（2016）通过门槛面板回归结果发现，人口城镇化与土地城镇化都在加重环境污染程度；郭

① 习近平．高举中国特色社会主义伟大旗帜　为全面建设社会主义现代化国家而团结奋斗——在中国共产党第二十次全国代表大会上的报告［EB/OL］．（2022 – 10 – 25）．https://www. gov. cn/xinwen/2022 – 10/25/content_5721685. htm.

佳等（2018）利用广义矩估计得到，人口城镇化与环境污染之间是正向线性关系，城镇化进程的加快会加剧区域生态环境胁迫效应；戴宏伟和回莹（2019）利用2000—2012年京津冀地区13个城市的数据，构建空间杜宾模型并分析得出，现阶段的城镇化水平会明显加大本地及邻地的雾霾浓度；刘伯龙等（2015）基于改进的STIRPAT模型研究发现，从全国来看，城镇化率每增长1%，雾霾污染浓度会增加0.029%；邸勍等（2021）从污染和吸收角度构建环境质量指标发现，目前中国的城镇化发展总体上损害了环境质量；Rahma和Alam（2021）认为，人口密度过大、城市化水平提升和经济增长对环境有害，但清洁能源的使用改善了环境质量；姚成胜等（2020）通过实证分析发现，土地城镇化、工业集聚和人口城镇化的交互项会加剧全国省级样本和分区域省级样本的环境污染；仇怡和黄丹（2020）研究发现，全国地级城市的城镇化水平与雾霾污染的严重程度具有相同变化趋势，即城镇化进程的推进在不断加重雾霾污染；陈林和万攀兵（2021）研究了乡镇地区城镇化建设的实际效果，研究认为乡镇地区城镇化水平在不断提升，但与此同时空气污染也在不断加重。

二是城镇化与环境污染之间是负相关关系，即城镇化发展有利于提高环境质量。Liddle（2004）研究发现，随着城市密度的增加，正外部性效应也会增加，如公共交通等基础设施的利用率提高能有效促进能源节约和环境保护；杜雯翠等（2014）研究认为，小城镇和城市群并不一定会导致环境污染加剧，相反，其在某些情况下还可以在治理污染和减少排放方面发挥作用；Escudero等（2014）研究发现，集聚程度较高的城市可以利用技术进步、技术溢出和环境规制等手段有效降低环境污染；丁翠翠（2014）通过实证研究表明，东部地区和全国总体城镇化水平的提升对抑制环境污染有显著作用；王素凤等（2017）利用门槛回归模型实证分析发现，工业集聚与城镇化的良好耦合明显缓解了环境污染；梁伟等（2017）通过构建空间联立方程探讨了城镇化与雾霾污染之间的关系，实证分析发现城镇化率的提高能显著延缓雾霾污染加重的进程；Luo等（2018）基于1999—2011年平衡面板数据的STIRPAT模型研究指出，城镇化的推进有利于西北、东北地区$PM_{2.5}$浓度的降低；谢锐等（2018）研究发现，新型城镇化不仅能改善本地的环境质量，还能通过明显的空间溢出效应优化邻近城市的环境质量；王华星和石大千（2019）基于双重差分方法的分析发现，低碳城市建设利用技术溢出和环境规制的方法能明显减小城市雾霾浓度；吕有金和高波（2021）从五个维度对城镇化指标开展研究，认为新型城镇化有利于缓解本地的环境污染，但却不利于周边城市环境质量的改善；李强和唐幼明（2023）认为有序推进长江经济带城市蔓延能显著缓解城市的环境污染问题。

三是城镇化发展与环境污染之间存在复杂的非线性关系。Selden 等（1995）以新古典主义环境增长模型为基础，提出了消费与环境之间存在"J"形曲线关系，为后续研究者发现的倒"U"形曲线关系提供了理论基础；Helland 和 Whitford（2003）发现，环境污染与城市发展之间的关系并不单一；Martinez－Zarzoso 和 Maruotti（2011）综合运用 STIRPAT 模型、EKC 假设和现代化理论，并以发展中国家为研究样本，揭示了城市化和二氧化碳排放之间存在倒"U"形关系；Xu 和 Lin（2015）探讨了工业化和城市化对中国二氧化碳排放的非线性影响，并指出这种影响会随着地区的不同而有所差异；Fang 等（2016）认为全球城市化进程对生态环境造成了严重的压力和深远的影响，且二者之间并非简单的线性耦合关系；Xu 等（2016）采用 STIRPAT 模型和非参数可加回归模型对中国 $PM_{2.5}$ 排放的关键驱动因素进行分析，发现城市化的非线性影响呈倒"U"形；Han 等（2016）基于全球大城市的 $PM_{2.5}$ 数据和人口分布现状来研究不同地区城市化如何影响城市空气质量，发现不同城市的人口规模对 $PM_{2.5}$ 排放的影响不同；Huang 和 Li（2017）发现，人口城镇化与环境污染存在倒"N"形关系，"双拐点"分别落在 35.20% 和 52.06% 的人口城镇化率上，空间城市化与环境污染呈正相关，经济城市化与环境污染呈负相关，生活城市化与环境污染的正线性关系较弱；刘满凤和谢晗进（2017）构建了工业集聚与城镇化的门槛回归模型，得出经济集聚与环境污染呈"N"形曲线关系；东童童和邓世成（2019）采用空间计量方法以及新陈代谢预测方法，得出户籍人口城市化和产业城市化的发展水平与雾霾污染之间是正"U"形曲线关系，而土地城市化的发展水平与雾霾污染之间是倒"U"形曲线关系；

刘耀彬和冷青松（2020）将人口密度作为门槛变量，并基于STIRPAT模型得出研究结论，人口集聚的负外部性在门槛值低于3.972时起主导作用，人口集聚的正外部性在门槛值高于3.972时开始凸显，城镇化与雾霾污染是基于人口集聚的非线性关系；徐维祥等（2023）研究发现长江经济带城镇化发展与绿色化发展并不协调同步，其耦合协调度受到多方面因素的影响。

从上述观点可以看出，城镇化发展往往为了经济效益而牺牲生态环境，造成了污染物排放的激增，同时引发了人口过剩、能源资源过度消耗、交通混乱以及建筑用地侵占绿地等问题，这些都对生态环境质量构成了严重的威胁。在生态环境日益恶化的情况下，世界各国都意识到了环境保护的重要性，并为此作出了积极的努力。在应对气候问题上，中国积极履行生态文明建设和美丽地球建设的责任，展现了大国担当。2020年9月，在第七十五届联合国大会一般性辩论上，习近平主席正式宣布："中国将提高国家自主贡献力度，采取更加有力的政策和措施，二氧化碳排放力争在2030年前达到峰值，努力争取2060年前实现碳中和。"[①] 这一宣言开启了我国可持续发展的新局面，并为全球气候治理注入了强大动力，加速了全球碳减排的国际化进程。因此，城镇化发展并非必然导致环境恶化，而是可以通过国际合作和科技创新来促进环境问题的改善。城镇化发展方式的转变对生态环境的正面效应可以在很大程度上抵消城镇化建设中对环境所造成的破坏，推进城镇化的过程中产生的规模效应以及技术溢出、空间溢出、资源再分配等效应对生态环境的改善具有积极作用。

城镇化发展对生态环境的影响已经经历了多个阶段，但由于研究数据、理论基础、研究区域、实证分析方法、城镇化发展阶段等因素的差异，目前还无法得出一致和确切的结论。总之，结合各方面因素，本章认为前文所述国内外研究者的观点均有合理之处，城镇化对环境质量的影响随着城镇化发展处于不同的阶段而呈现出生态环境恶化或生态环境改善的

① 习近平在第七十五届联合国大会一般性辩论会上的讲话[EB/OL].(2020-09-22). https://www.gov.cn/xinwen/2020-09/22/content_5546169.htm.

阶段性特征，城镇化与环境污染之间存在复杂的非线性关系。

综上，我们发现，国内外研究者对城镇化与环境污染的关系没有形成一致的看法，而且现有的研究还存在以下不足：一是大多数研究基于跨国和省际的面板数据，对地级市层面的数据分析不足；二是没有充分考虑空间溢出效应对模型的影响，忽视了城镇化与环境污染之间的空间因素；三是只选取了单个或少数指标作为环境污染的解释变量，指标选择过于单一；四是部分研究只使用了简单的线性模型，没有反映出城镇化与环境污染之间复杂的非线性关系，导致实证结果存在偏误。

本章主要有以下几个方面的贡献：第一，本章利用长江经济带 106 个城市的数据，分析了城镇化发展水平对城市环境污染的异质性影响；第二，由于环境污染水平受到多种因素的影响，而不是由单一指标所决定，所以本章采用熵值法基于多个环境污染指标拟合了一个环境污染综合指数，以提高被解释变量的解释力度和准确性；第三，本章建立了基于 0 - 1 权重矩阵、地理距离权重矩阵、经济距离权重矩阵和社会网络权重矩阵的空间杜宾模型，以全面、准确地分析环境污染的空间溢出效应；第四，本章运用系统 GMM 模型修正潜在的内生性问题，并构建面板门槛回归模型探讨城镇化与环境污染之间的非线性关系，同时对长江经济带上游地区、中游地区、下游地区以及沿江城市、非沿江城市样本进行了异质性分析。

7.1 城镇化与环境污染的理论机制分析

Mol 和 Spaargaren（2000）的生态现代化理论、McGranahan 等（2001）的城市环境转变理论以及 Burton（2000）的紧凑城市理论均有助于解释城市化影响自然环境的作用机制。生态现代化理论描述了城市化的社会转型过程，即：在社会从低级阶段向中级阶段过渡时，政府过分追求 GDP 的增长，而忽略了环境保护；随着社会进入高级阶段，政府开始注重经济发展与社会效益的平衡，积极寻求环境可持续发展路径，通过技术创新、城市化和产业结构的转型升级等措施不断减轻经济增长对环境的负面影响。城市环境转变理论把城市环境问题和城市演变联系起来，强调在城市发展初期，制造业集聚带来了城市财富，但随之也出现了土地污染、空气污染等环境问题；随着城镇化水平的提升，工业污染问题可以通过完善环境法规、推进技术创新和升级产业结构而得到改善，但居民消费需求的提高、对能源密集型产品的偏好，也增加了城市环境保护的压力。紧凑城市理论强调了城市化进程的优势，即城市密度越高，其规模经济效应越明显，学校、医院、公共交通等基础设施的规模经济效应有助于减轻环境污染的问题。生态现代化理论和城市环境转变理论都认为城镇化对自然环境既有正面影响又有负面影响，其净效应由这两个方面影响综合决定。所以，城镇化发展对环境污染的影响具有不确定性，且作用机制也并不单一，两者之间呈现复杂的非线性曲线关系。

一方面，城镇化发展对环境污染有正向作用。一是城市人口密度增加，基础配套设施完善，人口集聚效应和规模效应显著，提高了资源利用效率，实现了公共资源的共享；二是高科技人才集中于高城镇化水平城市，享受优越的就业条件和更多的就业机会，劳动生产率高，有利于技术和知识的创新，生产生活方式的进步能有效提高资源的利用效率，促进节能减排；三是城镇化发展缓解了农村地区的环境污染问题，农村人口向城市转移，生活垃圾被统一处理，改变了落后的生产生活方式，提高了环境污染治理效率，并间接增强了整个社会群体的环保意识。

另一方面，城镇化发展对环境污染有负向作用。一是城市人口增长过快，超过了基础设施的承载能力，引发了耕地占用、污染加剧、城市绿化面积减少等生态环境问题；二是城市发展消耗了大量的资源和能源，排放了大量的污染物质，加剧了人与自然的矛盾；三是城市虹吸效应吸引了工业企业的集聚，工业集聚虽然提高了工业效率，但也导致了工业“三废”排放量超标，增加了环境治理的负担。

所以，当城镇化过程中的正面效应高于负面效应时，城市人口规模效应的向心力强，人口集聚效应大，高素质人才和资源要素流入，激发了城市的知识创新潜力，减轻了城市环境污染；当城镇化过程中的负面效应高于正面效应时，城市人口规模效应的离心力强，资源禀赋有限，集聚不经济问题严重，加重了城市环境的负担。基于此，本章提出以下假设：

H1：城镇化发展与环境污染之间存在复杂的非线性曲线关系。

如今，城镇化已是大势所趋。城市吸引了大量的劳动力和资源要素，这种聚集效应有正面作用，降低了城市发展的成本，提高了城市发展的经济效率，推动了城市的经济增长。城市之间的资源流动自由，城市的经济集聚、辐射和带动作用强，不仅拉动了周边城市的经济发展，也促进了周边地区的城镇化进程。因此，城镇化发展水平受到经济发达程度的影响。同样地，经济的发展离不开工业生产和人力劳动，而这两个因素不可避免地会加重城市环境污染。如上文所述，城市人口增长与城市的自然资源、基础设施不匹配时，会引发社会问题，激化人与自然的矛盾；城市的发展依赖工业的发展，而工业排放是环境污染的主要源头；大城市、特大城市的发展会产生污染扩散效应，城市自身的污染问题不能很好地解决，又会通过溢出效应加剧周边城市的环境污染。同样需要注意的是，城市的发展也带来了积极的作用：城市人口密度增加、人口集聚效应和规模效应的正面作用提高了公共资源利用率，有利于节能减排；大量劳动力和高素质人才向大城市流动，技术和知识的溢出效应显著增强，能有效提高生产效率；同时，城市的发展也进一步向高质量发展、低碳发展的方向转变，环境友好型城市不断出现。因此，经济发展、城镇化与环境污染三者之间的关系非常复杂，城镇化发展进程对城市环境污染的影响与经济的发展阶段有关，存在门槛效应。基于此，本章提出以下假设：

H2：城镇化发展与环境污染之间存在门槛效应。

城镇化快速发展的背后，隐藏着环境污染的问题。欠发达地区模仿发达地区“先污染、后治理”的发展方式，承接发达地区淘汰的污染密集型产业，使本地环境质量下降，如近年来发生的大规模雾霾污染给只追求经济增长的城市敲响了警钟；发达地区在经济发展到一定程度后，积极投身产业结构转型升级，却将本地的污染企业转移至欠发达地区，导致欠发达地区的环境质量进一步恶化，如大规模生态污染事件频发，严重威胁到水源地及上下游居民的用水安全。空间一体化的地理特征使工业污染影响邻近地区的环境质量，如一些城市水体黑臭，出现跨界污染，未处理的工业废气也影响周边城市的空气质量；但同时，一些城市研发了先进的低碳环保技术，如环境实时在线监测系统、生态环境大数据建设以及碳中和技术开发等，在改善本地环境污染的同时，通过空间溢出作用优化周边城市环境质量，从而改善整个区域的生态状况。基于此，本章提出以下假设：

H3：城镇化发展与环境污染之间有明显的空间溢出效应。

7.2 变量说明与模型选取

7.2.1 变量说明和数据来源

1. 变量说明

（1）被解释变量：环境污染综合指数（ln*ENV*）。

本章利用熵权法（Ahmadi et al.，2014）确定各地级市工业废水排放量、工业 SO_2 排放量及工业烟尘排放量的权重，并基于以上三个指标加权计算出环境污染综合指数。

（2）核心解释变量：城镇化率（ln*urb*）。

随着城镇化的推进，国内外众多学者逐渐重视城镇化发展与环境污染之间的关系研究。本章基于前人经验，用城镇常住人口占总人口的比重来衡量。

（3）控制变量。

①经济发展水平（ln*Y*）。本章用城市人均 GDP 来衡量经济发展水平。根据 Grossman 和 Krueger（1995）的环境库兹涅茨曲线，可知经济发展会通过规模、技术和结构效应给环境带来重大影响。②工业结构（ln*Is*）。目前我国正处于经济快速发展时期，工业发展被看作我国经济建设强有力的助推器，但也是加重环境污染的主要污染源。因此，本章用第二产业增加值占 GDP 的比重来衡量工业结构。③人均资本存量（ln*KL*）。本章用各地级市全社会固定资产投资总额与年末单位从业人员数的比值来衡量人均资本存量。杨蔚（2012）研究发现，人均资本存量与环境污染呈正“U”形关系，经济不发达地区需要通过资本积累转变忽视社会效益的经济发展方式。④人口密度（ln*pop_den*）。本章用城市的常住人口数来衡量人口密度。人口集聚一方面能发挥正外部性，产生规模效应，另一方面会加重污染物排放。⑤研发水平（ln*rd*）。本章用城市科学支出占 GDP 的比重来

衡量研发水平。Huybrechts 等（2016）研究发现，加大研发投入，提高环境污染治理创新水平，能有效降低污染程度。⑥外商投资额（ln*fdi*）。本章用各地级市当年实际利用外资金额来衡量外商投资额。Feng（2014）认为，引进外商投资有利于东道国环境污染的改善，当跨国公司排挤效率低下的当地公司、改变产业构成、把更有效的技术引进东道国并提高生产力和能源效率时，贸易和外国直接投资可以对发展中国家的环境产生有益的影响。⑦文化程度（ln*edu*）。本章用每万人中在校大学生数来衡量文化程度。居民受教育程度与劳动生产率挂钩，劳动生产率越高，环保意识越强，越有利于环境质量的改善。同样地，高素质人才对所定居城市的环境质量要求也比较高，针对目前各大城市人才引进政策，要想在这场“抢人大战”中取得胜利，也必然需要在一定程度上改善环境质量，才能留住人才。

2. 数据来源

由于数据可得性的限制，本章选取 2009—2018 年长江经济带 11 个省市的城市数据，所使用数据主要来自历年《中国城市统计年鉴》，部分数据通过查找各地级市统计年鉴获得，缺失数据采用插值法补齐，舍去了样本数据缺失严重的城市，最终选择长江经济带 106 个城市作为研究样本。本章所取指标含义及描述性统计分析如表 7－1 所示。截至目前，四川省巴中市仍然只有一所专科院校，特别是该校于 2013 年开始招生，所以会出现文化程度变量最小值为 0 的情况，而这一现象并不局限于该城市，仍有许多西部城市的高等教育发展水平较为薄弱，教育资源分布严重不均衡。

表 7－1　主要变量的描述性统计分析

变量	指标含义	样本量	均值	标准差	最小值	最大值
ln*ENV*	环境污染综合指数	1060	6.713	1.054	2.465	9.649
ln*urb*	城镇化率（%）	1060	3.985	0.273	2.619	4.426
ln*Y*	经济发展水平（元）	1060	10.398	0.615	8.699	12.071
ln*Is*	工业结构（%）	1060	3.879	0.183	2.754	4.329
ln*KL*	人均资本存量（万元）	1060	11.974	0.495	9.135	13.795
ln*pop_den*	人口密度（万人）	1060	5.990	0.622	4.007	7.026

续表

变量	指标含义	样本量	均值	标准差	最小值	最大值
ln*rd*	研发水平（%）	1060	0.284	0.214	0.020	1.911
ln*fdi*	外商投资额（万元）	1060	7.830	1.957	1.366	11.965
ln*edu*	文化程度（人/万人）	1060	4.687	1.108	0.000	7.147

7.2.2 模型选取

1. 空间自相关分析

空间自相关是指在给定空间范围内，某一变量的所有观测样本在空间上是否相互依赖，通常用莫兰指数来衡量，使用全域莫兰指数来测度全域空间相关性，计算公式为

$$I = \frac{n \sum_{i=1}^{n} \sum_{j=1}^{n} w_{ij}(x_i - \bar{x})(x_j - \bar{x})}{\sum_{i=1}^{n} \sum_{j=1}^{n} w_{ij} \sum_{i=1}^{n} (x_i - \bar{x})^2} \tag{7-1}$$

其中：n 为样本城市总数；w_{ij} 为空间权重矩阵；x_i 和 x_j 分别为城市 i 和城市 j 。若 $I > 0$ ，空间分布呈正相关；若 $I < 0$ ，空间分布呈负相关；若 I 接近0，空间相关性弱。

采用局域莫兰指数来度量局域空间相关性，计算公式为

$$I_i = \frac{(x_i - \bar{x})}{S^2} \sum_{j \neq 1}^{n} w_{ij}(x_j - \bar{x}) \tag{7-2}$$

其中，S^2 为方差。若 $I_i > 0$ ，表示该地区高—高集聚或低—低集聚；若 $I_i < 0$ ，表示该地区高—低集聚或低—高集聚。

2. 空间权重矩阵

在空间计量的分析方面，离不开空间权重矩阵的运用。一般情况下，我们会构建二元对称空间权重矩阵表示各空间主体的相邻位置：

$$W = \begin{bmatrix} w_{11} & w_{12} & \cdots & w_{1n} \\ w_{21} & w_{22} & \cdots & w_{2n} \\ \vdots & \vdots & \ddots & \vdots \\ w_{n1} & w_{n2} & \cdots & w_{nn} \end{bmatrix} \tag{7-3}$$

（1）0-1 权重矩阵。

简单的空间 0-1 权重矩阵的第 i 行、第 j 列空间主体位置表示为

$$W_{i,j}=\begin{cases}1 & i、j\text{ 相邻}\\0 & i、j\text{ 不相邻}\end{cases} \tag{7-4}$$

（2）地理距离权重矩阵。

若进一步考虑距离远近的因素，则需要构建以下空间距离权重矩阵：

$$w_{ij}=\frac{1}{d_{ij}^{2}} \tag{7-5}$$

$$d_{ij}=\text{arc cossin}\phi_i\times\sin\phi_j+\cos\phi_i\times\cos\phi_j\times\cos(\Delta\tau)\times R \tag{7-6}$$

其中：ϕ_i 和 ϕ_j 分别为各个地级市的经度值和纬度值；$\Delta\tau$ 为两个地级市之间的经度之差；R 为地球半径。

（3）经济距离权重矩阵。

考虑到更广义的距离矩阵，还可以构建经济距离权重矩阵。这一矩阵并不仅以城市的地理位置远近作为判定因素，而是将经济发展水平是否趋向一致作为判定城市经济距离远近的因素。例如，成都和重庆两地的经济发展水平相当，因此可以认为这两地的经济距离更近，而成都和德阳两地虽然地理距离更近但经济发展水平差距较大，因此可以认为这两地的经济距离较远。构建的经济距离权重矩阵如下：

$$W_{i,j}=\begin{cases}\dfrac{1}{|Y_i-Y_j|} & i,\ j\text{ 不相等}\\0 & i,\ j\text{ 相等}\end{cases} \tag{7-7}$$

其中，Y_i 和 Y_j 分别为各个地级市的经济发展水平，而 $|Y_i-Y_j|$ 则为地级城市之间的经济距离，本章主要用人均 GDP 衡量各城市的经济实力。

（4）社会网络权重矩阵。

目前，城市之间的空间关联已经超越了传统意义上的地理相邻关系，表现出更加复杂的网络结构特征。因此，本章借助社会网络分析方法，分析城市主体的网络紧密程度，进一步识别各城市的网络结构特征，来判断该网络对城市主体行为的影响程度。网络密度通常用所有节点之间

实际关系总数与最大可能的关系数之比来测度：$D=2L/[N\times(N-1)]$，其中，D 为网络密度，L 为实际关联关系数，N 为网络中存在的节点数，$N\times(N-1)/2$ 为网络中最大可能的关联关系数。本章基于各地级市距离的社会网络关系构建社会网络权重矩阵。

3. 空间面板计量模型

基于已有专家学者对环境库兹涅茨曲线的文献分析，本章选取前文所述的变量和指标，考察长江经济带 106 个城市的城镇化发展对环境污染的影响，建立以下空间杜宾模型：

$$\ln ENV_{it}=\beta_0+\beta_1\ln urb_{it}+\beta_2(\ln urb_{it})^2+\sum\beta_i Z_{it}+\rho_1 W\ln ENV_{it}+\rho_2 W\ln urb_{it}+\rho_3 W(\ln urb_{it})^2+\sum\rho_i WZ_{it}+\varepsilon_{it} \tag{7-8}$$

其中：ENV_{it}为被解释变量；i 为各地级城市；t 为时间；β_0 为常数项；β_1、β_2 为解释变量回归系数；Z_{it} 为影响环境污染水平的控制变量；β_i 为控制变量的回归系数；ρ_1、ρ_2、ρ_3、ρ_i 为各变量空间滞后项的回归系数；W 为 106×106 阶的空间权重矩阵；ε_{it} 为随机扰动项。本章对所选取变量做对数化处理以规避变量之间的异方差性及其他影响因素。

4. 动态面板数据模型

城镇化发展给环境带来的影响往往具有较强的滞后效应，不管是生态环境的破坏还是环境污染的治理，都是一个动态的过程，如果忽视这一滞后效应，那么城镇化发展给生态环境带来的影响会被严重低估，同样会打击生态环境治理和保护的积极性。因此，本章考虑了前期城市的环境污染水平，在模型中加入环境污染水平的滞后一期，建立以下动态面板数据模型：

$$\ln ENV_{it}=\gamma_0+\gamma_1\ln ENV_{it-1}+\gamma_2\ln urb_{it}+\gamma_3(\ln urb_{it})^2+\gamma_i Z_{it}+\varepsilon_{it} \tag{7-9}$$

其中：$\ln ENV_{it-1}$ 为环境污染水平的一阶滞后项；其余变量的含义参照式（7-8）。

5. 面板门槛回归模型

为了避免其他非线性检验中出现的高度共线性问题以及明显的人为干

预会出现的严重回归偏误问题，本章借鉴 Hansen（1999）提出的非线性面板门槛回归模型，构建以下模型：

$$\ln ENV_{it} = \alpha_0 + \alpha_1 \ln urb_{it} I(I \leqslant \gamma_1) + \alpha_2 \ln urb_{it} I(\gamma_1 < I \leqslant \gamma_2) + \alpha_3 \ln urb_{it} I(I > \gamma_2) + \alpha_i Z_{it} + \varepsilon_{it} \quad (7-10)$$

其中：α_0 为常数项；α_1、α_2、α_3 为待估参数；将人均 GDP 作为门槛变量 I；γ_1、γ_2 为待估门槛值；其他变量的含义参照式（7-8）。

7.3 实证结果分析

首先，基于莫兰指数所得出的结果检验空间相关性；其次，基于本章构建的四种权重矩阵，检验空间滞后模型、空间误差模型以及空间杜宾模型是否适合本章的研究；最后，为了检验实证结果的稳健性，本章构建了系统 GMM 模型及面板门槛回归模型。

7.3.1 空间相关性分析

基于 0-1 权重矩阵计算莫兰指数的结果如表 7-2 所示，长江经济带地区环境污染的莫兰指数均显著为正，表明长江经济带各城市的环境污染具有明显的空间相关性。为了检验局部地区的区域特征，本章进一步分析长江经济带各城市环境污染水平的空间异质性。本章利用 0-1 权重矩阵绘制出 2009 年、2012 年、2015 年及 2018 年长江经济带各城市环境污染水平的莫兰指数散点图（见图 7-1 至图 7-4），从中可以看出，各城市间存在显著的空间相关性。

表 7-2　主要年份的莫兰指数

年份	I	$E(I)$	$sd(I)$	z	p 值
2009	0.102	-0.010	0.008	14.371	0.000
2012	0.088	-0.010	0.008	12.510	0.000
2015	0.086	-0.010	0.008	12.268	0.000
2018	0.090	-0.010	0.008	12.757	0.000

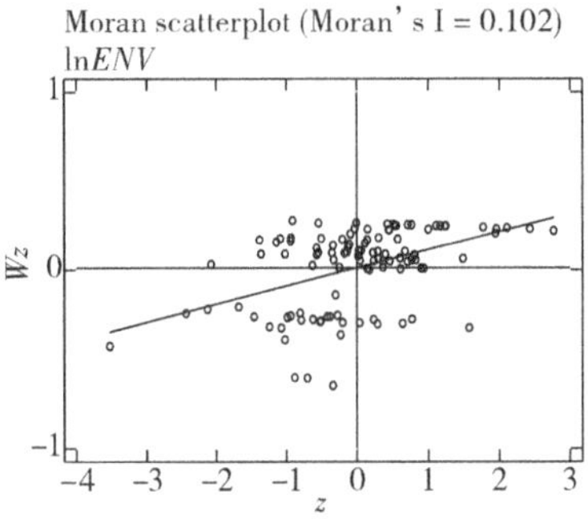

图 7-1　2009 年各城市莫兰指数散点图

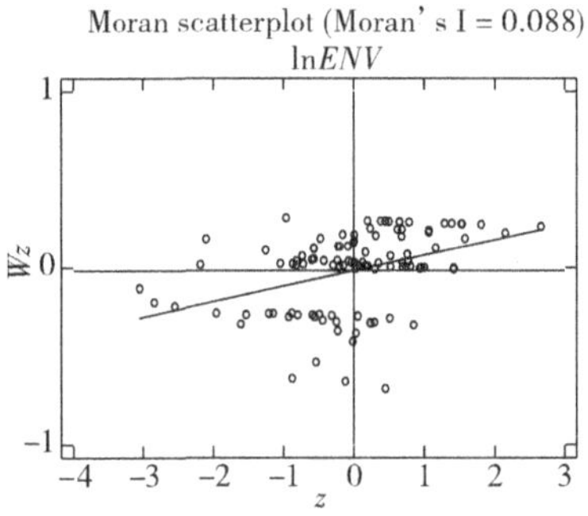

图 7-2　2012 年各城市莫兰指数散点图

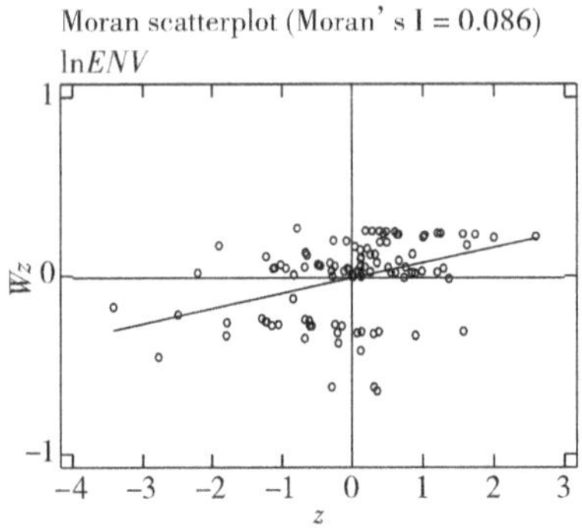

图 7-3　2015 年各城市莫兰指数散点图

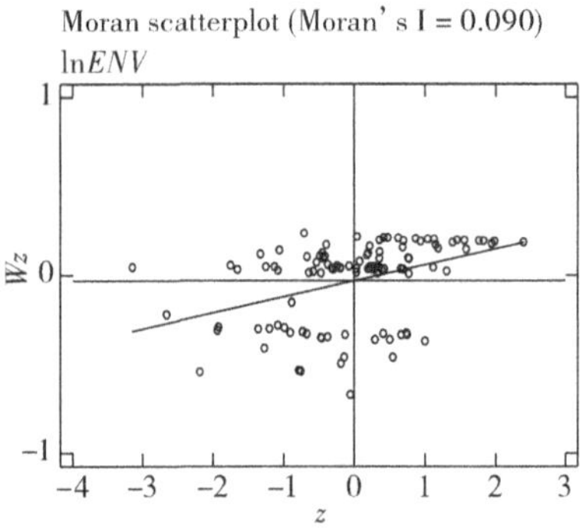

图 7-4　2018 年各城市莫兰指数散点图

7.3.2　空间杜宾模型回归结果

基于上文的全局莫兰指数检验及局域莫兰指数散点图，可知长江经济带地区环境污染水平之间具有空间关联性。再基于本章构建的 0-1 权重矩阵（W_1）、地理距离权重矩阵（W_2）、经济距离权重矩阵（W_3）和社会网络权重矩阵（W_4）的 LM 检验、LR 检验及 Wald 检验结果（见表 7-3），可知权重矩阵 W_1、W_2、W_3、W_4 的 LM 检验均显著，空间杜宾模型的 Wald 检验和 LR 检验均显著拒绝空间滞后模型和空间误差模型，因此，本章选择空间杜宾模型开展研究。

表 7－3 空间杜宾模型的 LM 检验、LR 检验及 Wald 检验结果

统计量	W_1	W_2	W_3	W_4
LM－Lag	101.679***	139.083***	140.167***	33.838***
LM－error	202.430***	203.196***	150.338***	100.338***
R－LMLag	9.996***	10.506***	11.397***	10.664***
R－LMerror	110.747***	74.619***	21.567**	77.163***
Wald_spatial_Lag	84.22***	60.12***	56.53***	36.55***
LR_spatial_Lag	85.56***	59.88***	58.73***	37.38***
Wald_spatial_error	30.01***	49.29***	27.45***	17.95**
LR_spatial_error	48.44***	57.17***	40.31***	23.96***

注：**、*** 分别表示在 5%、1% 的统计水平下显著。

本章以权重矩阵 W_1、W_2、W_3、W_4 为基础，构建了四种不同的空间杜宾模型，具体回归结果如表 7－4 所示。

表 7－4 固定效应空间杜宾模型回归结果

变量	非空间面板	W_1	W_2	W_3	W_4
	(1)	(2)	(3)	(4)	(5)
ln*urb*	－2.276** (－2.160)	－3.165*** (－3.039)	－15.561*** (－4.206)	－2.453** (－2.308)	－2.620** (－2.453)
(ln*urb*)^2	0.265** (2.035)	0.437*** (3.116)	0.153 (4.079)	0.321** (2.251)	0.342** (2.392)
ln*Y*	－0.451*** (－3.877)	－0.354*** (－3.417)	－0.383*** (－3.321)	2.637** (2.259)	－2.296** (－3.334)
ln*Is*	0.621** (2.211)	－0.204 (－1.268)	－0.161 (－0.985)	－0.196 (－1.181)	－0.177 (－1.064)
ln*KL*	－0.138 (－1.474)	0.021 (0.357)	0.007 (0.122)	0.025 (0.413)	0.013 (0.211)
ln*pop_den*	0.127 (1.435)	0.043 (0.659)	0.012 (0.181)	0.006 (0.087)	0.016 (0.235)
ln*rd*	－0.274*** (－3.623)	－0.014 (－0.161)	－0.063 (－0.718)	－0.077 (－0.864)	－0.066 (－0.741)
ln*fdi*	－1.583*** (－4.239)	－3.473*** (－4.307)	－2.592*** (－3.112)	－4.186*** (－5.002)	－4.035*** (－4.833)

续表

变量	非空间面板	W_1	W_2	W_3	W_4
	(1)	(2)	(3)	(4)	(5)
ln*edu*	0.001 (0.015)	-0.033 (-1.151)	-0.030 (-1.053)	-0.042 (-1.423)	-0.039 (-1.318)
$W\times \ln urb$	—	-37.954** (-2.316)	-1.066 (-0.997)	5.675 (0.497)	-20.370* (-1.774)
$W\times (\ln urb)^2$	—	4.739** (2.192)	1.980*** (1.060)	-0.673 (-0.435)	2.745* (1.835)
$W\times \ln Y$	—	-1.358 (-1.425)	0.340 (1.018)	-0.298*** (-2.782)	-0.362*** (-1.987)
Rho	—	-2.070*** (-5.332)	0.393*** (5.832)	-0.544** (-2.400)	-0.535** (-2.279)
观测值	1060	1060	1060	1060	1060
R^2	0.309	0.401	0.426	0.473	0.439

注：*、**、*** 分别表示在10%、5%、1%的统计水平下显著。

表7-4中，列（1）至列（5）分别展示了非空间面板回归以及在四种不同权重矩阵下的空间杜宾模型的回归结果，考虑到各地区之间不仅有地理上的联系，还有经济上的联系，本章选择经济距离权重矩阵（W_3）下的空间杜宾模型的回归结果进行分析。列（4）显示，城镇化水平的一次项系数显著为负，二次项系数显著为正，长江经济带城镇化发展与环境污染之间呈明显的正“U”形非线性关系，说明城镇化发展初期并不会加重环境污染，但当城镇化水平突破拐点之后，会逐步加重环境污染程度，验证了H1。当城镇化水平较低时，城镇化发展的规模以及数量都未达到加重环境污染的阈值，此时城镇化发展带来的正面效应更为突出，有利于环境质量的改善。当城镇化水平过高时，城镇化过程中的负面效应高于正面效应，此时由于集聚城市的资源禀赋有限，城市人口规模效应的负面作用增强，过度的集聚导致了集聚不经济问题，加重了城市环境污染的负担。长江经济带城镇化发展与环境污染之间存在明显的正“U”形关系，这说明目前我国仍然处于城镇化建设的数量发展阶段，亟待提升城镇化建设的质量，进一步促进新型城镇化发展。

为了进一步分析长江经济带城镇化等因素对环境污染的空间影响，本章利用空间杜宾效应分解模型进行检验，检验结果如表7-5所示。

表7-5 空间杜宾模型效应分解

效应分解	变量	W_1	W_2	W_3	W_4
直接效应	ln*urb*	-2.780** (-2.551)	-1.563 (-1.450)	-2.476** (-2.252)	-2.438** (-2.215)
	(ln*urb*)^2	0.389*** (2.646)	0.215 (1.481)	0.323** (2.187)	0.317** (2.146)
	ln*Y*	-0.336*** (-3.322)	-0.364*** (-3.357)	-0.308*** (-3.037)	-0.335*** (-3.252)
	ln*Is*	-0.214 (-1.337)	-0.169 (-1.050)	-0.203 (-1.255)	-0.184 (-1.136)
	ln*KL*	0.022 (0.377)	0.008 (0.136)	0.025 (0.431)	0.013 (0.224)
	ln*pop_den*	0.048 (0.722)	0.016 (0.240)	0.010 (0.146)	0.020 (0.297)
	ln*rd*	-0.014 (-0.154)	-0.064 (-0.699)	-0.077 (-0.830)	-0.066 (-0.711)
	ln*fdi*	-3.580*** (-4.326)	-2.654*** (-3.173)	-4.231*** (-5.018)	-4.078*** (-4.856)
	ln*edu*	-0.031 (-1.106)	-0.029 (-1.005)	-0.040 (-1.387)	-0.037 (-1.278)
间接效应	ln*urb*	-10.504* (-1.927)	-25.640*** (-4.098)	4.622 (0.621)	-12.534 (-1.623)
	(ln*urb*)^2	1.282* (1.776)	3.272*** (3.994)	-0.561 (-0.554)	1.693* (1.674)
	ln*Y*	-0.206 (-0.679)	0.321 (0.634)	1.918** (2.195)	-1.337* (-1.739)
	ln*Is*	0.145 (1.329)	-0.109 (-0.962)	0.071 (1.135)	0.063 (1.013)
	ln*KL*	-0.015 (-0.379)	0.005 (0.131)	-0.009 (-0.410)	-0.004 (-0.209)

续表

效应分解	变量	W_1	W_2	W_3	W_4
间接效应	lnpop_den	-0.032 (-0.715)	0.012 (0.260)	-0.003 (-0.104)	-0.006 (-0.232)
	lnrd	0.010 (0.151)	-0.040 (-0.643)	0.026 (0.766)	0.022 (0.648)
	lnfdi	2.424*** (4.175)	-1.671** (-2.470)	1.467*** (2.757)	1.370** (2.511)
	lnedu	0.021 (1.101)	-0.018 (-0.940)	0.014 (1.234)	0.012 (1.134)
总效应	lnurb	-13.284** (-2.484)	-27.203*** (-4.335)	2.145 (0.290)	-14.972* (-1.941)
	$(\ln urb)^2$	1.671** (2.363)	3.487*** (4.248)	-0.238 (-0.237)	2.010** (1.994)
	lnY	-0.542* (-1.828)	-0.043 (-0.085)	1.610* (1.831)	-1.672** (-2.141)
	lnIs	-0.069 (-1.298)	-0.278 (-1.033)	-0.133 (-1.217)	-0.121 (-1.099)
	lnKL	0.007 (0.368)	0.013 (0.135)	0.017 (0.424)	0.009 (0.222)
	lnpop_den	0.016 (0.719)	0.028 (0.251)	0.007 (0.163)	0.015 (0.317)
	lnrd	-0.005 (-0.159)	-0.104 (-0.687)	-0.050 (-0.809)	-0.043 (-0.695)
	lnfdi	-1.155*** (-3.631)	-4.325*** (-3.101)	-2.764*** (-3.887)	-2.708*** (-3.781)
	lnedu	-0.010 (-1.087)	-0.047 (-0.994)	-0.026 (-1.355)	-0.024 (-1.245)

注：*、**、*** 分别表示在10%、5%、1%的统计水平下显著。

表7-5中的回归结果展示了在四种不同权重矩阵下分析长江经济带城镇化发展对环境污染影响的直接效应与间接效应。其中，间接效应在采用 W_1、W_2、W_4 时显著，此时，城镇化率一次项系数均显著为负，城镇化二次项系数均显著为正，说明本城市在推进城镇化建设中不仅对本地区的环境

污染会产生先缓解后加重的趋势，对邻地城市的环境污染也会产生先缓解后加重的影响趋势，验证了 H3。经济增长的直接效应在四种权重矩阵下皆显著为负，间接效应在采用 W_4 时显著为负，说明本地区的经济高质量发展既能缓解本地环境污染，也能抑制经济发展相近城市的环境污染。外商直接投资的直接效应在四种权重矩阵下皆显著为负，间接效应在采用 W_2 时显著为负，在采用 W_1 、W_3 和 W_4 时显著为正，表明外商直接投资的增加有助于本地的环境保护，但加重了邻地的环境污染。

7.3.3　分样本回归

本章根据国家统计局的相关标准，将长江经济带划分为上游地区、中游地区和下游地区。本章在表 7－6 中采用经济距离权重矩阵（W_3），探讨了长江经济带不同地理区位条件下城镇化的发展对城市环境污染的影响。

表 7－6　上游、中游、下游地区空间杜宾模型回归结果及其效应分解

回归结果	变量	上游地区	中游地区	下游地区
SDM	ln*urb*	−1.168 (2.134)	−5.489*** (1.672)	−1.728 (10.120)
	$(\ln urb)^2$	0.170 (0.298)	0.764*** (0.219)	0.151 (1.223)
	ln*Y*	−0.805* (0.483)	−0.386*** (0.115)	0.027 (0.167)
	ln*Is*	−0.517 (0.362)	0.114 (0.193)	1.490*** (0.372)
	ln*KL*	−0.000 (0.208)	−0.015 (0.070)	0.063 (0.076)
	ln*pop_den*	3.102** (1.295)	0.089 (0.093)	0.002 (0.068)
	ln*rd*	−0.534** (0.255)	0.043 (0.083)	0.167 (0.145)
	ln*fdi*	−1.137 (1.164)	−1.861*** (0.485)	−0.746* (0.446)
	ln*edu*	−0.076 (0.054)	−0.010 (0.033)	0.120*** (0.045)

续表

回归结果	变量	上游地区	中游地区	下游地区
直接效应	lnurb	-1.216 (2.167)	-5.941*** (1.681)	-1.702 (10.181)
	(lnurb)²	0.173 (0.303)	0.816*** (0.221)	0.147 (1.231)
	lnY	-0.759* (0.457)	-0.372*** (0.109)	0.048 (0.158)
	lnIs	-0.529 (0.357)	0.108 (0.188)	1.497*** (0.361)
	lnKL	-0.007 (0.197)	-0.014 (0.069)	0.066 (0.077)
	lnpop_den	3.174** (1.299)	0.096 (0.093)	0.005 (0.067)
	lnrd	-0.539** (0.265)	0.043 (0.087)	0.168 (0.150)
	lnfdi	-1.169 (1.147)	-1.897*** (0.499)	-0.775* (0.437)
	lnedu	-0.072 (0.053)	-0.008 (0.032)	0.125*** (0.044)
间接效应	lnurb	-16.688*** (5.898)	-43.596*** (10.359)	-17.203 (17.289)
	(lnurb)²	1.977*** (0.746)	5.106*** (1.257)	2.114 (2.082)
	lnY	0.007 (0.535)	0.197 (0.294)	0.229 (0.255)
	lnIs	-0.138 (0.230)	0.079 (0.173)	0.889** (0.411)
	lnKL	-0.001 (0.076)	-0.013 (0.068)	0.043 (0.061)
	lnpop_den	0.726 (1.102)	0.089 (0.107)	0.001 (0.046)
	lnrd	-0.107 (0.176)	0.046 (0.088)	0.111 (0.119)

续表

回归结果	变量	上游地区	中游地区	下游地区
间接效应	ln*fdi*	-0.140 (0.424)	-1.589** (0.735)	-0.441 (0.317)
	ln*edu*	-0.015 (0.025)	-0.007 (0.030)	0.075* (0.044)

注：*、**、*** 分别表示在10%、5%、1%的统计水平下显著。

由表7-6空间杜宾分样本回归结果可知，上游和下游地区的城镇化发展与环境污染之间呈现出并不显著的正“U”形关系，而中游地区仍然是显著的正“U”形关系。从上游、中游、下游地区的空间效应分解结果来看，在上游地区呈现出显著的正“U”形间接效应，在中游地区呈现出显著的正“U”形直接效应和间接效应，在下游地区的正“U”形关系不管是直接效应还是间接效应都不显著。这表明，只有中游地区的城镇化发展对环境污染的影响不管在本地还是邻地都出现先减小后增大的趋势，上游地区的城镇化发展对环境污染的影响仅在邻地出现明显的正“U”形关系，而下游地区的正“U”形关系已经不再显著，原因可能是中游地区正值经济快速发展时期，承接了大量产业转移，在一定程度上忽视了环境效益。此外，长江经济带上游、中游地区的经济发展在一定程度上仍然能够抑制本地及邻地的环境污染。但工业发展仍是导致环境污染的重要因素，下游地区人口密度过大，工业集聚过多，给环境污染治理带来压力，而上游和中游地区人口集聚可产生规模效益，在一定程度上缓解了人与自然的矛盾。另外，中游地区的外商直接投资能带来环境质量的改善。

同样地，长江经济带沿江城市与非沿江城市的发展差距也不容忽视。因此，本章又将总样本分为沿江城市与非沿江城市两个子样本进行分析，各变量的空间杜宾回归结果及其效应分解如表7-7所示。

表7-7　沿江城市与非沿江城市空间杜宾模型回归结果及其效应分解

回归结果	变量	沿江城市	非沿江城市
SDM	ln*urb*	-2.126 (1.946)	-5.462*** (1.218)

续表

回归结果	变量	沿江城市	非沿江城市
SDM	$(\ln urb)^2$	0.221 (0.258)	0.757*** (0.164)
	$\ln Y$	-0.251 (0.194)	-0.241* (0.126)
	$\ln Is$	0.983** (0.389)	-0.045 (0.179)
	$\ln KL$	0.009 (0.136)	-0.071 (0.067)
	$\ln pop\_den$	-0.104 (0.112)	0.211** (0.087)
	$\ln rd$	-0.403** (0.176)	-0.065 (0.085)
	$\ln fdi$	-1.409** (0.697)	-1.073*** (0.415)
	$\ln edu$	-0.031 (0.063)	0.003 (0.027)
直接效应	$\ln urb$	-1.908 (2.039)	-5.478*** (1.235)
	$(\ln urb)^2$	0.193 (0.271)	0.756*** (0.166)
	$\ln Y$	-0.233 (0.189)	-0.232* (0.119)
	$\ln Is$	0.968** (0.377)	-0.052 (0.178)
	$\ln KL$	0.010 (0.133)	-0.072 (0.067)
	$\ln pop\_den$	-0.099 (0.109)	0.221** (0.088)
	$\ln rd$	-0.402** (0.182)	-0.066 (0.089)
	$\ln fdi$	-1.432** (0.718)	-1.108*** (0.426)

续表

回归结果	变量	沿江城市	非沿江城市
直接效应	ln*edu*	-0.026 (0.062)	0.005 (0.027)
间接效应	ln*urb*	-9.824* (5.618)	-5.254 (7.843)
	$(\ln urb)^2$	1.191* (0.696)	0.495 (0.964)
	ln*Y*	0.176 (0.262)	-0.247 (0.330)
	ln*Is*	-0.153 (0.161)	-0.123 (0.360)
	ln*KL*	0.001 (0.027)	-0.130 (0.138)
	ln*pop_den*	0.015 (0.026)	0.409* (0.248)
	ln*rd*	0.065 (0.075)	-0.111 (0.170)
	ln*fdi*	0.218 (0.263)	-1.953** (0.950)
	ln*edu*	0.004 (0.012)	0.010 (0.052)

注：*、**、***分别表示在10%、5%、1%的统计水平下显著。

同样地，从表7-7的空间杜宾模型回归结果中可以看出，只有非沿江城市的城镇化发展与环境污染存在显著的正“U”形关系。从空间分解回归结果可以看出，非沿江城市的直接效应呈现显著的正“U”形，沿江城市的间接效应呈现显著的正“U”形，这充分说明，沿江城市的污染产业在向外转移，非沿江城市的污染产业仍有待转型升级。非沿江城市经济增长的直接效应显著为负，说明该地区的经济结构转型升级效果突出，能在一定程度上抑制本地环境污染。非沿江城市的人口密度及外商直接投资的直接效应和间接效应回归结果均显著，说明非沿江城市仍然存在人口密度过大导致环境污染加重的问题，但非沿江城市也在积极寻求改变，不断承接高新技术产业的外商直接投资，在一定程度上减轻了环境污染。

7.3.4 进一步分析

1. *动态面板回归结果分析*

在估计动态面板模型时，我们需要解决环境污染水平滞后项和模型遗漏变量带来的内生性问题，本章采用系统 GMM 方法进行估计。我们将环境污染水平的滞后项设定为内生变量，将城镇化率、工业结构、经济发展水平、人均资本存量、技术研发水平、外商投资额设定为前定变量，将人口密度和文化程度设定为外生变量。动态面板回归结果如表 7－8 所示，列（1）至列（4）的 Hansen 检验值均不显著，说明不存在过度识别问题。列（1）至列（3）的 AR（1）的 p 值均小于 0.1，AR（2）的 p 值均大于 0.1，这与 GMM 估计中扰动项不存在自相关的先验假设一致，证实了本章模型设定的有效性。加入环境污染水平的滞后一期（$L.\ln ENV$）以后，得到其回归系数显著为正，说明前一期的环境污染程度会加重后一期的环境污染水平，这也证明环境污染存在惯性特征。列（1）显示城镇化发展与环境污染之间呈现显著的正“U”形关系，验证了前文结论。从控制变量来看，经济发展水平、技术研发水平对环境污染有显著的负向影响，说明经济结构转型升级和技术创新能够减缓环境污染；外商投资额对环境污染有显著的正向影响，说明对外开放造成了环境污染的加剧。列（2）至列（4）是按照上游地区、中游地区和下游地区分样本进行系统 GMM 回归的结果，对比前文空间杜宾模型分样本回归结果，仍然得到了上游地区城镇化发展与环境污染之间的倒“U”形曲线关系。

表 7－8 动态面板回归结果

变量	(1)	(2)	(3)	(4)
	$\ln ENV$	上游地区	中游地区	下游地区
$L.\ln ENV$	0.802*** (0.049)	0.864*** (0.007)	0.840*** (0.035)	0.777*** (0.013)
$\ln urb$	−1.550** (0.747)	0.262* (0.148)	−0.505 (0.597)	−0.343 (0.323)

续表

变量	(1)	(2)	(3)	(4)
	lnENV	上游地区	中游地区	下游地区
$(\ln urb)^2$	0.188** (0.094)	-0.041** (0.018)	0.054 (0.073)	0.034 (0.039)
lnY	-0.219*** (0.069)	-0.023 (0.014)	-0.313*** (0.062)	-0.188*** (0.024)
lnIs	0.171 (0.109)	0.312*** (0.035)	0.389*** (0.109)	0.346*** (0.052)
lnKL	-0.112 (0.071)	-0.024** (0.011)	0.035 (0.071)	0.030 (0.047)
lnpop_den	0.019 (0.025)	0.001 (0.008)	0.005 (0.031)	0.010 (0.008)
lnrd	-0.371*** (0.081)	-0.295*** (0.026)	-0.178** (0.074)	-0.322*** (0.058)
lnfdi	0.091*** (0.026)	0.055*** (0.006)	0.099*** (0.032)	0.054*** (0.006)
lnedu	0.072*** (0.020)	0.047*** (0.004)	0.076*** (0.020)	0.089*** (0.007)
AR (1)	0.000	0.017	0.000	0.139
AR (2)	0.476	0.314	0.397	0.580
Hansen	0.234	1.000	1.000	1.000
观测值	954	270	468	216

注：*、**、*** 分别表示在10%、5%、1%的统计水平下显著。

2. 面板门槛回归结果分析

基于上文的研究可知，由于受到多种因素的影响，城镇化发展与环境污染之间呈现非线性关系，但由于城镇化发展水平主要受到经济发展程度的影响，因此本章又从这一角度出发，探讨经济发展不同阶段城镇化发展进程对城市环境污染的影响。现将人均 GDP 当作门槛变量，探讨城镇化发展与环境污染之间的门槛效应，进一步验证城镇化发展与环境污染之间的非线性关系，检验结果如表7－9所示。

表 7-9 面板门槛回归结果

变量	单一门槛	双重门槛
$\ln urb(I \leqslant \gamma_1)$	-0.214*** (0.065)	-0.176*** (0.065)
$\ln urb(\gamma_1 < I \leqslant \gamma_2)$	-0.299*** (0.068)	-0.273*** (0.067)
$\ln urb(I > \gamma_2)$	—	-0.322*** (0.068)
$\ln ls$	0.865*** (0.155)	0.827*** (0.156)
$\ln KL$	-0.045 (0.060)	-0.065 (0.059)
$\ln pop\_den$	0.097 (0.077)	0.077 (0.077)
$\ln rd$	-2.405*** (0.259)	-1.974*** (0.277)
$\ln fdi$	-0.290*** (0.084)	-0.260*** (0.083)
$\ln edu$	-0.009 (0.028)	0.006 (0.028)
常数项	23.405*** (2.438)	20.444*** (2.518)
(γ_1, γ_2)	(9.8358)***	(9.8358, 10.4390)***
观测值	1060	1060
R^2	0.314	0.326

注：*** 表示在1%的统计水平下显著。

表7-9显示，门槛变量人均GDP的门槛特征明显，其单一门槛和双重门槛结果均显著为负，表明长江经济带城镇化发展与环境污染之间有显著的负向非线性关联，这一结论验证了H2。可以看出，在不同的经济发展水平下，我国城镇化发展给环境质量带来的影响存在明显差异。以双重门槛效应结果为例，当经济发展水平低于9.8358时，城镇化发展给环境污染带来明显的缓解作用，即在其他控制变量不变的情况下，城镇化发展水平

每上升 1%，环境污染就会下降 0.176%；当经济发展水平处于 9.8358 ~ 10.4390 时，城镇化发展能进一步缓解环境污染，即在其他控制变量不变的情况下，城镇化发展水平每上升 1%，综合指数就会下降 0.273%；当经济发展水平超过 10.4390 时，城镇化对环境污染的缓解作用显著增强，城镇化发展水平每上升 1%，环境污染就会下降 0.322%。这表明，长江经济带城镇化对环境污染的影响会随着经济处于不同发展水平而呈现阶段性变化。

7.4 本章小结

面对生态环境的挑战，党中央作出重大战略决策，力争 2030 年前实现碳达峰、2060 年前实现碳中和，全面推进生态文明建设和绿色发展。习近平总书记在党的二十大报告中指出，要加快发展方式绿色转型，实施全面节约战略，发展绿色低碳产业，倡导绿色消费，推动形成绿色低碳的生产方式和生活方式。① 本章利用长江经济带 106 个城市 2009—2018 年的面板数据，结合空间杜宾回归模型，将总样本分为上游、中游、下游地区及沿江城市、非沿江城市进行分样本回归，实证分析了城镇化发展给环境质量带来的影响，并利用系统 GMM 模型修正了潜在的内生性问题、利用面板门槛回归方法验证了结论的稳健性，得出了以下结论：第一，城市环境污染之间有明显的空间关联，空间异质性特征明显；第二，城镇化发展对环境污染的影响整体上存在显著的正“U”形曲线关系，城镇化发展初期并不会加重环境污染，但当城镇化水平突破拐点之后，会逐步加重环境污染程度；第三，城镇化发展对环境污染有显著的空间溢出效应，当城镇化率较低时，不仅减少了本地的环境污染，而且对邻地环境污染的缓解作用更强，但随着城镇化速度的加快，环境资源被过度利用，本地及邻近地区的环境污染都会加重；第四，不同区域的城镇化进程对环境污染呈现差异性特征，中游地区表现出明显的正“U”形关系，而上游和下游地区的正“U”形关系并不显著，且非沿江城市的正“U”形关系比沿江城市显著；第五，城镇化发展

① 习近平. 高举中国特色社会主义伟大旗帜 为全面建设社会主义现代化国家而团结奋斗——在中国共产党第二十次全国代表大会上的报告[EB/OL]. (2022 - 10 - 25). https://www.gov.cn/xinwen/2022 - 10/25/content_5721685.htm.

与环境污染之间双重门槛效应显著，负向非线性影响明显，城镇化发展对环境污染的影响会随着经济处于不同发展水平而呈现阶段性变化。

根据研究结论可以得出以下政策启示：第一，基于环境污染的空间性特征以及城镇化对环境污染的空间溢出效应，应推进长江经济带跨区环保协作，实现区域绿色发展。首先，要增强环境治理协作观念，坚持新发展理念，确立“双赢”的环境治理目标；其次，要完善跨区环境治理合作机制，建立跨区环境污染沟通机制、公众参与机制以及环境治理模式共享、环境治理设施共建共享机制；最后，要推进跨区环境法规一体化，严格落实环境执法，各区域应积极推进法律保障体系建设，建立科学的环境污染法律监督机制，将环境污染治理上升到更高的法律层面，不断加强区域之间的环境合作，最终实现经济持续健康发展目标。第二，基于城镇化水平越高环境污染越严重的现象，应优化长江经济带城镇化发展方式，推动新型城镇化建设。新型城镇化发展必须抛弃传统的发展模式，注重提高城市发展质量，可从以下方面着手：一是顺应发展实际，因地制宜，不断调整城镇化发展的节奏；二是发挥中心城市的引领作用，促进多元化发展；三是补齐乡镇发展短板，缩小城乡发展差距，推动城乡发展向一体化迈进；四是节能减排，高效利用资源，打造集约型城市；五是保护环境承载力，强调人与自然、资源环境的和谐可持续发展；六是发挥区域优势，构建合理的职能分工和协作发展体系。同时，还要总结、借鉴国家新型城镇化综合试点地区的成功经验，并将其推广到全国，最终实现城市经济发展与生态保护的协同发展。第三，基于城镇化对环境污染影响的区域性和阶段性特征，应结合长江经济带各区域实际情况，制定差异化经济发展政策和环境治理政策。我国幅员辽阔，各区域在城镇化进程中面临不同的要素禀赋，因此，不能“一刀切”地推进城镇化建设，而要因地制宜地调整发展方式。下游地区发展较快，城镇化建设要基于下游地区的经济发展实际，与其经济地理现实相承接，充分发挥下游地区的规模效应、集聚效应和溢出效应，加大高新技术及环保产业投入。而上游、中游地区应防患于未然，提高环境准入门槛，引进适宜本区域特色的产业，拒绝“先污染、后治理”的发展思路，实现城镇化建设与环境保护的协调发展。

8 环境约束、交通基础设施建设与城市绿色发展①

我国经济经历了一个高速的增长期，创造了令世人惊叹的经济发展奇迹，但粗放型的发展模式也导致了严重的环境污染问题，并成了发展质量的减分因素，降污减排确保生态良性循环刻不容缓。我国已开启全面建成社会主义现代化强国的新征程，尊重自然、顺应自然、保护自然，是全面建设社会主义现代化国家的内在要求。在实现中华民族伟大复兴的赶考路上，坚持以习近平生态文明思想为指导，始终保持人与自然和谐共生，做到将“在保护中发展、在发展中保护”当成一门长期功课。当前我国经济已进入高质量发展阶段，而经济绿色转型既是推动我国经济提质增量保持长期稳定发展的重要保障，也是在满足人民富足物质需求的同时使其享有清新美丽的生活环境的智慧之举。“人不负青山，青山定不负人”，我国不仅制定了节能减排总规划及配套政策措施，还向世界宣告了“双碳”时间表，降耗减排与绿色保护作为我国的一项基本国策，正逐步落实到社会再生产的各个领域及各个环节。

交通是连接社会生产与生活的纽带，具有时间上高度连续、空间上无限延展的作业特征，其设施构建、动能选择等对绿色经济有着广泛影响。2021年10月14日，习近平主席在第二届联合国全球可持续交通大会上指出：“要加快形成绿色低碳交通运输方式，加强绿色基础设施建设，推广新能源、智能化、数字化、轻量化交通装备，鼓励引导绿色出行，让交通更加环保、

---

① 本章主要内容参见：何雄浪，李俊毅．长江经济带高铁开通能促进城市绿色发展吗？[J]．西南民族大学学报（人文社会科学版），2023（2）：131－143.

出行更加低碳。”① 习近平总书记在党的二十大报告中进一步强调：“加快发展方式绿色转型。推动经济社会发展绿色化、低碳化是实现高质量发展的关键环节。加快推动产业结构、能源结构、交通运输结构等调整优化。”② 绿色交通是推进经济绿色转型的重要环节，现代交通设施必须肩负起绿色环保的使命。高铁作为铁路史上一项重大的技术创新，以其安全、快捷的特点成为交通基础设施改善的重要标志，它在减排降污方面具有相对优势，且这种优势已在长江经济带的高铁运营实践中得到充分证明。

长江经济带由于资源禀赋各异、生态各具特色成了推动我国经济转型的实验高地。绿色是长江流域的底色，生态是长江经济带发展的保障。必须将绿色发展理念贯穿长江经济带建设的全过程。2020 年 11 月 14 日，习近平总书记在全面推动长江经济带发展座谈会上特别指出，“要在严格保护生态环境的前提下，全面提高资源利用效率，加快推动绿色低碳发展，努力建设人与自然和谐共生的绿色发展示范带”，“构建统一开放有序的运输市场，优化调整运输结构，创新运输组织模式”③，使长江经济带成为我国生态优先绿色发展主战场、畅通国内国际双循环主动脉、引领经济高质量发展主力军。截至 2020 年底，长江经济带铁路通车里程数增至 4. 37 万千米，其中高铁通车里程达到 1. 54 万千米。④ 鉴于此，考察长江经济带的高铁开通对城市区域绿色发展的影响，对于全国实施以绿色交通建设助推城市绿色发展无疑具有重要的参考价值。

有关交通基础设施与经济活动关系的文献众多，已成为经济学研究的焦点话题之一，相关文献可归纳为以下三类：第一类侧重探讨交通基础设施建设对地区经济发展的影响。从早期的理论研究与实践结果来看，交通

① 习近平出席第二届联合国全球可持续交通大会开幕式并发表主旨讲话[EB/OL]. (2021 - 10 - 14). https://www.gov.cn/xinwen/2021 - 10/14/content_5642649.htm.

② 习近平. 高举中国特色社会主义伟大旗帜 为全面建设社会主义现代化国家而团结奋斗——在中国共产党第二十次全国代表大会上的报告[EB/OL]. (2022 - 10 - 25). https://www.gov.cn/xinwen/2022 - 10/25/content_5721685.htm.

③ 习近平主持召开全面推动长江经济带发展座谈会并发表重要讲话[EB/OL]. (2020 - 11 - 15). https://www.gov.cn/xinwen/2020 - 11/15/content_5561711.htm.

④ 截至 2020 年 11 月，长江经济带铁路通车里程达 4. 37 万公里[EB/OL]. (2021 - 01 - 05). https://m.gmw.cn/baijia/2021 - 01/05/1302002762.html.

基础设施建设对地区经济发展有显著的推动作用（Aschauer，1989；Démurger，2001；刘生龙和胡鞍钢，2010），并且交通基础设施建设在促进地区经济增长的同时还会对沿线的要素流动产生影响（Knaap and Oosterhaven，2011）。第二类侧重探讨交通基础设施建设对企业经济的影响。Holl（2004）利用微观层面的数据以及地理信息系统（GIS）分析了交通基础设施对西班牙新兴制造企业选址的影响，认为高速公路的修建使新兴制造业公司更倾向在离高速公路更近的地方选址，并且高速公路的建设在提升潜在企业进入市场概率的同时降低了在位企业退出的概率（张天华等，2018）。蔡宏波等（2021）则研究发现高铁提升了交通可达性，使污染型企业更多地转移至欠发达地区。第三类侧重探讨交通基础设施建设对地区贸易活动的影响。Donadlson（2018）研究发现交通基础设施的修建能够显著增加国际贸易商品的数量，但高速公路的不断扩张只会导致出口总量的增加，并不会对出口价值有明显的影响（Duranton et al.，2014）。而程中海和柴永乐（2021）则从机制分析的角度发现交通基础设施的修建可以促进进口与出口贸易增长从而对全要素生产率产生影响。少部分学者还就交通基础设施对区域经济联系强度（郝凤霞和张诗葭，2021）、城市中心性（雷菁等，2021）以及工业活动空间分布（谢呈阳和王明辉，2020）的影响进行了研究分析。

我国正处于经济由高速增长向高质量发展的转型时期，交通基础设施建设对经济高质量发展有着显著的正向影响（盛晓菲和史书华，2021），而绿色发展又是我国经济高质量发展的重要一环，基于此，关于交通基础设施建设对绿色发展的影响研究也成了热点问题。增加交通基础设施投资能够显著改善城市空气质量，相较于道路投资，道路面积的增长对空气质量的改善作用更为明显（孙传旺等，2019）。有学者发现小轿车进行“尾号限行”对空气质量的影响甚微（曹静等，2014；Davis，2016），而减少交通车辆的数量（Perrone et al.，2012）以及提升交通工具的速度（Bel and Rosell，2013）则对改善环境污染有显著的正向影响作用。

随着我国铁路第六次大提速的不断推进，高铁建设得到迅猛的发展。我国成了世界上高铁在建规模最大、拥有动车组最多以及运营最繁忙的国家

(周玉龙等，2018)。已有学者对高铁的经济作用进行了多方面的探索，认为高铁开通能够通过影响区域间可达性（汪德根和章鋆，2015)、要素流动以及沿线城市旅游业发展（邓涛涛等，2016）等对社会经济发展产生影响。目前，关于高铁建设对绿色发展影响的研究大多聚焦于碳排放和雾霾污染的相关话题。研究成果显示，高铁的开通能显著降低雾霾污染，减霾效应在高铁开通的前两年作用最为显著（张华和冯烽，2019)，并且随着开通线路的不断增加，网络联系广度越高的城市，其减霾效应越明显（李建明和罗能生，2020)。此外，高铁的开通还能显著促进低碳经济（张般若和李自杰，2021)，并认为应增加长线路的高铁建设投资，特别是客流量较大的地方(Dalkic et al.，2017)。但现有文献就高铁开通与绿色发展的关系，特别是针对长江经济带的研究较少，仅有少数学者从绿色全要素生产率的角度进行分析，认为高铁的开通能促进绿色全要素生产率的提高（张金月和张永庆，2020)。

基于对现有文献的梳理，本章的边际贡献主要体现在以下方面：第一，本章理论研究将环境污染程度与各城市间的可达性纳入居民的消费效用函数中，从理论上推导高铁建设可能对环境污染产生的影响；第二，大部分研究环境污染的文献聚焦于国家层面利用省级面板数据进行分析，本章则以长江经济带99个主要城市的面板数据作为研究出发点，针对高铁修建实证考察其对城市绿色发展的影响；第三，本章运用熵值法测算的工业“三废”综合指标作为衡量绿色发展的代理变量；第四，在研究深度上，大部分文献研究高铁对经济社会发展的影响只考虑了对沿线城市的本地效应，而未考虑对周边城市产生的空间溢出效应。本章将运用双重差分法进一步从不同种类的城市异质性、污染物种类异质性的角度探讨高铁开通对绿色发展的空间溢出效应。

8.1 理论模型分析

Grossman（1992）首次将健康作为一种既能带来效用的消费品，又能带来收益的投资品引入消费者效用函数中，认为健康存量与锻炼次数和良好的饮食习惯成正比，与年龄成反比。本章理论研究参考关于健康与一般

商品的消费者效用函数模型，将环境污染程度与各城市间的可达性纳入居民的消费效用函数中。由此有

$$U_{it} = U(A_{it}, P_{it}, Z_{it}), A_{it} = A'_{it} - \overline{A}_{it} \qquad (8-1)$$

其中：U_{it} 为 i 城市代表性居民在 t 时刻的效用函数；A'_{it} 为 i 城市居民在 t 时刻到达其他城市的实际通勤时间；$\overline{A}_{it}$ 为 i 城市居民在 t 时刻到达其他城市的潜在通勤时间；A_{it} 为各城市间的交通通畅程度，即到达其他城市的实际通勤时间与潜在通勤时间的差值，差值越大表示交通通畅程度越低；P_{it} 为 i 城市在 t 时刻的环境污染程度；Z_{it} 为 i 城市在 t 时刻其他可能影响居民效用的因素。我们认为 i 城市居民在 t 时刻到达其他城市的潜在通勤时间受高铁基础设施建设水平与其他交通基础设施建设水平的影响，即有

$$\overline{A}_{it} = \overline{A}(H_{it}, X'_{it}) \qquad (8-2)$$

其中：H_{it} 为高铁基础设施建设水平对 i 城市居民在 t 时刻到达其他城市可达性的影响因子；X'_{it} 为其他因素对 i 城市居民在 t 时刻到达其他城市可达性的影响因子。由于城市的环境污染程度不仅受汽车、飞机等交通基础设施的影响，还受其他一些因素，如第二产业结构的占比、城市的绿化面积、经济规模等的影响，这些影响因素用 X''_{it} 来表示，因此 P_{it} 可以设定如下：

$$P_{it} = P(A'_{it}, X''_{it}) \qquad (8-3)$$

在此基础上，本章参考苗艳青和陈文晶（2010）的函数设定，采用柯布－道格拉斯效用函数进一步推演城市间的可达性以及环境污染程度对居民效用函数的影响分析。不失一般性，假设居民效用水平满足边际效用递减的规律，为突出理论模型的针对性，我们认为其他商品对消费者效用影响不大，即 $Z_{it} = Z_0$ 假设为常数。基于此，将消费者效用函数的具体形式设定为式（8－4），同时为方便模型的进一步推导，将交通可达性（$\overline{A}_{it}$）与环境污染程度的函数具体形式分别设定为式（8－5）与式（8－6）：

$$U_{it} = (A_{it})^{-\alpha}(P_{it})^{-\beta}Z_0^{\delta}, \alpha > 0, \beta > 0, \delta > 0 \qquad (8-4)$$

$$\overline{A}_{it} = (H_{it})^{\eta}(X'_{it})^{\varphi}, \eta > 0, \varphi > 0 \qquad (8-5)$$

$$P_{it} = (A'_{it})^{\gamma}(X''_{it})^{k} \qquad (8-6)$$

式（8－4）说明，交通通畅程度越差，环境污染程度越严重，消费者的效用水平就越低。式（8－5）说明，高铁与其他交通设施建设水平越高，城市的交通可达性也就越好。式（8－6）反映了环境污染程度与交通基础设施建设水平及其他影响因素之间的关系。一般而言，交通基础设施的不断改善，特别是高速公路和机场的不断完善，会导致汽车及飞机的使用量增加，从而增加空气污染的可能性，但是高铁等绿色交通设施的不断修建，在一定程度上又能减轻空气的污染。因此，交通基础设施对空气污染的影响取决于高铁与其他交通基础设施建设水平对环境污染影响程度的相对大小。

由式（8－5）可以看出，各城市间的交通可达性受到高铁建设水平与其他交通基础设施建设水平的影响。为使居民效用最大化，需要找到一个合理的 A_{it}，故需将效用函数 U_{it} 对 A_{it} 进行一阶求导，结果如式（8－7）所示：

$$\frac{\partial U_{it}}{\partial A_{it}}=-\alpha(A_{it})^{-(\alpha+1)}(P_{it})^{-\beta}Z_0^{\delta}-\beta(A_{it})^{-\alpha}(P_{it})^{-(\beta+1)}\frac{\partial P_{it}}{\partial A'_{it}}\frac{\partial A'_{it}}{\partial A_{it}}Z_0^{\delta} \tag{8-7}$$

其中，$\frac{\partial P_{it}}{\partial A'_{it}}=\gamma(A'_{it})^{\gamma-1}(X''_{it})^{k}$，$\frac{\partial A'_{it}}{\partial A_{it}}=1$①，代入式（8－7）中，整理后有

$$\begin{aligned}\frac{\partial U_{it}}{\partial A_{it}}=&-\alpha(A_{it})^{-(\alpha+1)}[(A'_{it})^{\gamma-1}(X''_{it})^{k}]^{-\beta}Z_0^{\delta}-\\&\beta\gamma(A_{it})^{-\alpha}[(A'_{it})^{\gamma}(X''_{it})^{k}]^{-(\beta+1)}(A'_{it})^{\gamma-1}(X''_{it})^{k}Z_0^{\delta}\end{aligned} \tag{8-8}$$

其中，$\alpha(A_{it})^{-(\alpha+1)}[(A'_{it})^{\gamma-1}(X''_{it})^{k}]^{-\beta}Z_0^{\delta}$ 为交通通畅程度对居民效用水平的直接影响，主要受交通通畅程度系数 α 的影响，$\beta\gamma(A_{it})^{-\alpha}[(A'_{it})^{\gamma}(X''_{it})^{k}]^{-(\beta+1)}(A'_{it})^{\gamma-1}(X''_{it})^{k}Z_0^{\delta}$ 则为交通基础设施对环境的污染程度进而对居民效用水平产生的间接影响，受环境污染程度系数 β

① 由式(8－1)可得 $A_{it}=A'_{it}-\bar{A}_{it}$，且根据式(8－5)可知 $\bar{A}_{it}$ 不是关于 A_{it} 的函数，故 $\frac{\partial A'_{it}}{\partial A_{it}}=1$。

以及实际通勤时间系数 γ 的共同作用。由于要使居民效用水平最大化，令 $\frac{\partial U_{it}}{\partial A_{it}} = 0$，整理后有

$$A'_{it} = -\frac{\beta\gamma A_{it}}{\alpha} \tag{8-9}$$

根据式（8-1），有 $A_{it} = A'_{it} - \bar{A}_{it}$，由此可以进一步得到

$$A'_{it} = \frac{\beta\gamma}{\alpha + \beta\gamma}\bar{A}_{it} \tag{8-10}$$

将式（8-10）代入式（8-6）中，得到

$$P_{it} = (\frac{\beta\gamma}{\alpha + \beta\gamma})^{\gamma}(\bar{A}_{it})^{\gamma}(X''_{it})^{k} \tag{8-11}$$

再将式（8-5）代入式（8-11）中，可得

$$P_{it} = (\frac{\beta\gamma}{\alpha + \beta\gamma})^{\gamma}H_{it}^{\gamma\eta}X'_{it}{}^{\gamma\varphi}X''_{it}{}^{k} \tag{8-12}$$

将式（8-12）两边取对数处理可得

$$\ln P_{it} = \gamma\ln(\frac{\beta\gamma}{\alpha + \beta\gamma}) + \gamma\eta\ln H_{it} + \gamma\varphi\ln X'_{it} + k\ln X''_{it} \tag{8-13}$$

由于 α、β、γ 都是常数，故式（8-13）可以进一步简化为

$$\ln P_{it} = cons + \gamma\eta\ln H_{it} + \lambda\sum\ln X_{it} \tag{8-14}$$

其中，$cons$ 为常数，H_{it} 为高铁建设水平，$\gamma\eta$ 为其对应系数；X_{it} 为其他可能影响环境的因素，λ 为其对应的系数。由于 η 表示高铁开通与城市间可达性的关系，一般来说，高铁开通可以优化城市间的可达性水平，故我们认为 $\eta > 0$ 恒成立，因此只需讨论 γ 的正负问题。若 $\gamma < 0$，说明高铁的开通与城市的污染水平呈反向变动关系，也就是说，高铁修建促进了城市绿色发展，即 $\gamma\eta < 0$，表明高铁建设在提升各城市间可达性水平的同时带来了城市的绿色发展；若 $\gamma > 0$，表示高铁的开通与城市的污染水平呈正向变动关系，也就是说，高铁修建抑制了城市绿色发展，即 $\gamma\eta > 0$，说明高铁的开通尽管能促进各城市可达性水平的提升，但是却抑制了城市的绿色发展。基于上述理论模型分析，本章提出以下假设：

H1a：高铁的开通不仅能够提升各城市间的可达性，同时也可以带来

城市的绿色发展。

H1b：高铁的开通尽管提升了各城市间的可达性，但是却抑制了城市的绿色发展。

8.2 研究设计与描述性统计

在上述理论模型分析的基础上，通过构建多期双重差分的实证模型来进一步探讨高铁开通对长江经济带各城市绿色发展的影响。

8.2.1 模型设计

双重差分模型通常被用来评估某一政策实施的效果，而由于高铁在各城市开通时间不同，难以确定一个具体的政策实施点，故本章采用多期双重差分模型进行分析，将不同城市开通高铁的年份作为政策实施时间。通过 Hausman 检验可以发现，选择固定效应模型更为合适，从而设立以下多期双重差分模型来探究长江经济带高铁开通对各城市绿色发展的影响：

$$poll_{it} = \alpha_0 + \alpha_1 HSR + \sum \beta_j Control_{it} + Year_t + City_i + \varepsilon_{it} \quad (8-15)$$

其中：i 为城市；t 为年份；$poll$ 为环境污染指数；α_0 为常数；HSR 为本章的核心解释变量，开通高铁赋值 1，否则为 0；α_1 为其估计系数；$Control$ 为其他控制变量，β_j 为其对应的系数；$Year$ 与 $City$ 分别为年份固定效应与城市固定效应；ε 为随机扰动项。

8.2.2 变量选取与描述性统计

1. 被解释变量（*poll*）：绿色发展

绿色发展的一个主要目标就是节能减排，实现可持续发展。本章参考张明志等（2019）对绿色经济的衡量方法，选取工业污染中最具代表性的三类污染物（工业废水排放量、工业二氧化硫排放量以及工业烟尘排放量）作为环境污染也就是绿色发展的衡量指标，并借鉴王群勇和陆凤芝（2021）的综合指标衡量方法，将三类污染物采取熵值法计算得到环境污染指数。

2. 核心解释变量（*HSR*）：高铁效应

某一地区开通高铁包含高铁“经”与“停”的两种状态，高铁开通对绿色发展的影响主要体现在资源要素流动方式上的改变，因此我们更关注“停”，故将城市是否有高铁站作为衡量高铁开通的依据，并将高铁开通看作一项准自然实验，若 i 城市在第 t 年开通高铁，*HSR* 赋值为 1，否则为 0。

3. 控制变量

在进行双重差分回归时，本章还控制了一些可能影响城市绿色发展的因素。①城市经济规模（*RGDP*），由于城市经济规模越大，绿色技术研发投入越高，相应可能会促进城市绿色发展，本章采用以 2006 年为基期计算出的各城市 2006—2018 年的实际 GDP 作为衡量指标。②绿化面积（*green*），由于绿色植物有吸收二氧化碳等污染物的作用，可能会在一定程度上减轻环境污染，本章选用各城市绿地面积占比进行衡量。③外商直接投资（*FDI*），外商投资会引起国内各行业生产力度的加大，从而影响绿色发展，本章采用外国企业直接投资额来衡量。④技术投入（*tech*），由于技术投入中可能包含绿色技术研发投入，会起到促进城市绿色发展的作用，本章采用科学技术研发支出来衡量。⑤绿色专利申请数量（*app*），绿色专利旨在促进地区绿色发展，本章采用各城市绿色专利申请数量来衡量。

根据理论模型推导的关系式，同时为减弱模型中数据的异方差性，在后文的实证分析中我们对城市经济规模、外商直接投资、科研技术投入、绿色专利申请数量、工业废水排放量、工业烟尘排放量、工业二氧化硫排放量以及 $PM_{2.5}$ 排放量进行了取对数处理，同时考虑到环境污染指数是综合指标且本身数值较小，而绿化面积是百分比，因此未对其做对数处理。表 8－1 为上述变量的描述性统计结果。

表 8－1　描述性统计

变量	变量名称	观测值	标准差	均值	最大值	最小值
poll	环境污染指数	1287	0.054	0.045	0.669	0.001
HSR	是否开通高铁	1287	0.464	0.313	1.000	0.000
ln*FDI*	外商直接投资	1287	1.870	10.130	14.430	3.219
ln*RGDP*	城市经济规模	1287	0.997	16.000	19.270	13.240

续表

变量	变量名称	观测值	标准差	均值	最大值	最小值
ln*tech*	科研技术投入	1287	1.681	10.070	15.270	4.736
green	城市绿地面积占比	1287	7.427	39.322	77.800	4.360
ln*app*	绿色专利申请数量	1287	1.295	4.929	6.116	0.000
ln*water*	工业废水排放量	1287	1.105	8.452	11.950	4.094
ln*smoke*	工业烟尘排放量	1287	0.968	9.620	14.110	6.458
$\ln SO_2$	工业二氧化硫排放量	1287	1.083	10.280	13.430	5.357
$\ln PM_{2.5}$	$PM_{2.5}$排放量	1287	0.436	3.594	4.368	1.119

8.2.3 数据来源

考虑到数据的可得性，本章以2006年为基点，选取2006—2018年长江经济带九省两市99个主要城市的面板数据作为研究样本①，原始数据来源于历年《中国城市统计年鉴》《中国环境统计年鉴》以及历年各省市统计年鉴。高铁开通数据来自12306网站并根据其他公开数据整理而成。绿色专利申请数量来源于国家知识产权数据库。

8.3 实证结果分析

本章采用多期双重差分模型从整体性与异质性的角度对高铁开通与绿色经济发展的关系进行探究，并在此基础上引入时间动态效应模型，分析高铁开通前后的时间动态效应，最后为保证实证结果的可靠性进行稳健性检验。

8.3.1 平行趋势检验

双重差分估计结果满足无偏性的前提是高铁开通之前控制组与实验组具有共同的趋势，即高铁开通前，*HSR* 的系数不显著异于0，否则高铁开通

① 本章长江经济带99个主要城市罗列如下：长江上游地区包括重庆、昆明、玉溪、保山、丽江、临沧、贵阳、六盘水、遵义、安顺、成都、自贡、攀枝花、泸州、德阳、绵阳、广元、遂宁、南充、内江、乐山、眉山、宜宾、广安、达州、雅安、巴中、资阳28个市；长江中游地区包括武汉、黄石、十堰、宜昌、鄂州、荆门、孝感、荆州、黄冈、随州、长沙、株洲、湘潭、岳阳、常德、张家界、益阳、郴州、永州、怀化、娄底、南昌、景德镇、萍乡、九江、新余、鹰潭、赣州、吉安、宜春、抚州、上饶32个市；长江下游地区包括上海、南京、宿州、无锡、绍兴、镇江、南通、泰州、扬州、盐城、淮安、连云港、宿迁、徐州、杭州、宁波、温州、嘉兴、衢州、湖州、绍兴、金华、舟山、泰州、丽水、合肥、芜湖、蚌埠、淮南、马鞍山、淮北、铜陵、安庆、黄山、宿州、滁州、六安、宣城、池州39个市。

对绿色发展的影响程度将被低估或高估。图8-1显示了95%置信区间内，系数α_1在观察窗口期内的取值范围。从图8-1中可以看出，在高铁开通前，系数α_1不显著异于0，而在高铁开通后α_1有一个显著的下降趋势，即高铁的开通能在一定程度上减少环境污染，促进各城市的绿色发展。

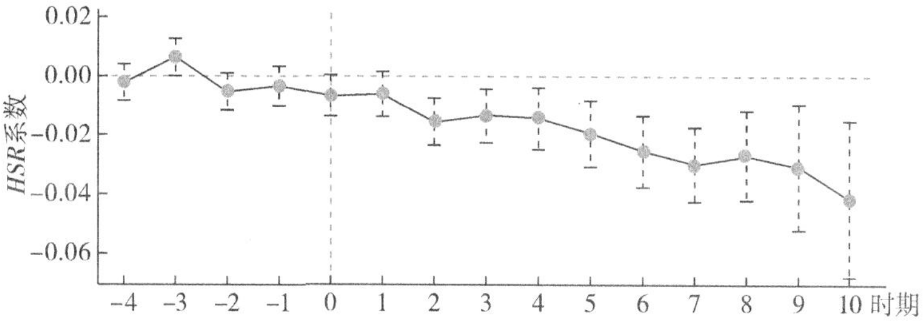

图8-1 平行趋势检验

8.3.2 基准回归结果

首先考察整个长江经济带的高铁开通对绿色发展的影响，回归结果如表8-2中列（1）所示。同时为了分析高铁开通对绿色发展影响的地理区位异质性特征，按照长江上、中、下游地区分样本进行回归估计，结果如表8-2中列（2）至列（4）所示。就整个长江经济带来说，高铁的开通可以显著地减少环境污染，在一定程度上促进了沿线城市的绿色发展。分区位的结果显示，高铁的开通对长江上游地区与长江下游地区的减污效果显著，而对长江中游地区则不太明显。这主要是由于长江上游地区地处多山地带，高铁建成之前跨城市出行大多会选择飞机、汽车等污染较严重的交通工具，而高铁的开通大幅缩短了各城市间的时空距离，促使人们可以选择绿色交通（高铁）方式出行，改善环境污染状况，从而促进地区绿色发展。而长江下游地区各城市间距离较近，高铁的开通更大程度上缩短了城市间的时空距离，且可省去汽车跨市出行可能带来的堵车烦恼，因此选择高铁出行的人数越来越多，从而减少了其他交通基础设施的使用，促进了沿线城市的绿色发展。而长江中游地区，相较于长江上、下游地区，高铁开通吸引了更多企业在此建厂，加大了污染物排放，使得该区域减排效果不甚明显。

从控制变量角度来说，外商直接投资对长江上、中游地区绿色发展的影响并不显著，而对长江下游地区绿色发展有显著的抑制作用，主要是因为长江下游地区靠近沿海，无论是地理位置还是经济发展情况都受到外资企业的青睐，而企业的发展，特别是第二产业的发展都会排放大量的污染物，因此对绿色发展产生了抑制作用。城市经济规模扩大能够显著地改善污染物的排放，促进经济的绿色发展，主要是由于经济规模越大越容易形成规模经济效应，从而提高各行业污染物减排技术的投入。而技术投入有增加污染物排放的可能，主要是因为技术投入包含大量的各产业生产技术的投入，在提高生产效率的同时带来了污染物排放量的增加，这反映在长江中游地区较为明显。绿色专利申请数量对减污作用甚微，这可能是由于在绿色专利的申请中只注重专利的数量而非质量，或专利的应用性推广程度不够，导致这些绿色专利的使用对企业减少污染物排放的作用较小，从而未达到促进绿色发展的目的。城市绿化对减排的作用效果并不明显，主要原因是城市土地有限，使得城市绿化总面积较少，绿化占比偏低。高铁的开通增强了各城市间的联系强度（Yang et al.，2020），并且其作为新兴的交通基础设施具有区域外部性，即有一定的空间溢出效应。传统的双重差分回归可能忽视了高铁开通对城市绿色发展的空间溢出影响，而空间双重差分能有效地对空间溢出效应进行度量与估计，后文将运用空间计量模型对空间溢出效应进行具体的讨论。

表 8－2　基准回归结果

变量	被解释变量（*poll*）			
	（1）	（2）	（3）	（4）
	长江经济带	长江上游地区	长江中游地区	长江下游地区
HSR	−0.013***	−0.026***	−0.009	−0.011***
	（−4.75）	（−3.85）	（−1.37）	（−3.08）
ln*FDI*	0.018*	0.001	−0.004	0.009***
	（1.66）	（0.10）	（−1.35）	（4.69）
ln*RGDP*	−0.032***	−0.024***	−0.022**	−0.044***
	（−6.76）	（−2.89）	（−2.06）	（−6.42）
ln*tech*	0.004***	0.001	0.005*	0.002
	（2.61）	（0.22）	（1.74）	（1.38）

续表

变量	被解释变量（*poll*）			
	(1)	(2)	(3)	(4)
	长江经济带	长江上游地区	长江中游地区	长江下游地区
green	0.001	0.001	-0.001**	0.001**
	(0.88)	(1.32)	(2.15)	(2.34)
ln*app*	0.001*	0.002**	0.001	0.001
	(1.78)	(2.53)	(0.18)	(0.10)
常数项	0.485***	0.039***	0.392***	0.626***
	(8.12)	(4.05)	(3.04)	(6.92)
固定效应	Yes	Yes	Yes	Yes
观测值	1287	377	429	481
R^2	0.750	0.845	0.405	0.859

注：*、**、*** 分别表示在10%、5%、1%的统计水平下显著。

8.3.3　传统双重差分异质性分析

由于各城市地理位置、行政级别以及距离中心城市远近的差异，使得城市的初始资源禀赋千差万别，并且各类污染物产生的途径也有所不同，因此高铁所带来的减排效果会产生差异。通过异质性分析，将有助于进一步了解高铁开通对各城市绿色发展的影响。

1. 行政级别异质性

我国中心城市经济发展水平一般高于普通地级市，并且政府促进经济发展的政策一般会向大城市倾斜。根据《国务院关于行政区划管理的规定》所列我国城市的行政级别，本章将直辖市、省会城市以及计划单列市作为中心城市，而将其余城市作为外围城市分样本进行回归分析①，探讨高铁开通对不同行政级别城市绿色发展的影响，回归结果如表8－3所示。从表8－3中可以看出，高铁的开通对外围城市的绿色发展有显著的促进作用，而对中心城市的绿色发展不太显著。这主要是由于高铁的开通促进了外围城市的生产要素向中心城市流动，在中心城市进一步形成产业聚集并

① 在本章的研究中，中心城市包括上海、重庆、成都、贵阳、杭州、合肥、昆明、南京、宁波、武汉、长沙、南昌12市，其余为外围城市。

带来规模经济，提高了中心城市第二产业的生产效率，从而导致排污的增加。

表 8-3　行政级别异质性

变量	被解释变量（*poll*）	
	(1)	(2)
	外围城市	中心城市
HSR	-0.001***	0.007
	(-3.20)	(-0.87)
控制变量	Yes	Yes
固定效应	Yes	Yes
观测值	1131	156
R^2	0.845	0.656

注：*** 表示在1%的统计水平下显著。

2. 地理距离异质性

外围城市的发展一般会受到所在地省会城市的影响，为了追求更高的劳动报酬，农村闲置劳动力大多会向本省的省会城市转移，而高铁的开通为农村劳动力等要素的流动提供了更多的选择，与省会城市距离的远近在某种程度上决定了人员等要素跨地区流动的方式（李兰冰等，2019）。故本章将各城市距离该省的省会城市的直线距离分为三类：大于等于 180 千米、80～180 千米以及小于等于 80 千米①，来探讨高铁开通对离省会城市不同距离城市绿色发展的影响程度，回归结果如表 8-4 所示。表 8-4 表明，高铁的开通对距离省会城市较近城市的绿色发展有显著的促进作用，而对距离省会城市较远城市的效果则不显著。这主要是由于距离省会城市

① 距离大于等于 180 千米的城市包括徐州、苏州、南通、宁波、舟山、台州、萍乡、十堰、宜昌、荆门、荆州、常德、张家界、永州、怀化、攀枝花、泸州、广元、遂宁、南充、广安、达州、巴中、六盘水、丽江、临沧 26 市；距离 80～180 千米的城市包括无锡、连云港、盐城、扬州、泰州、宿迁、温州、嘉兴、绍兴、丽水、芜湖、淮南、马鞍山、淮北、安庆、黄山、滁州、宿州、六安、宣城、景德镇、新余、鹰潭、赣州、吉安、宜春、上饶、黄石、黄冈、随州、衡阳、益阳、郴州、自贡、绵阳、内江、宜宾、雅安、资阳、安顺、玉溪、保山、昭通 43 市；距离小于等于 80 千米的城市包括上海、南京、淮安、镇江、杭州、湖州、金华、合肥、蚌埠、铜陵、池州、南昌、九江、抚州、武汉、鄂州、孝感、长沙、株洲、湘潭、岳阳、重庆、成都、德阳、乐山、眉山、贵阳、遵义、昆明 29 市。

较近城市在高铁开通后，人们倾向于选择高铁这种绿色出行的方式，减少了对汽车等交通工具的使用量，从而达到了绿色发展的目的。而距离省会城市较远的城市，尽管高铁开通改变了通达性，但是考虑到时间成本等因素，依然会有大量流动人员选择飞机等其他交通方式出行，从而导致高铁开通对绿色发展的影响效果不显著。

表 8-4 地理距离异质性

变量	被解释变量（*poll*）		
	(1)	(2)	(3)
	≥180 千米	80~180 千米	≤80 千米
HSR	0.001	-0.005***	-0.011***
	(0.06)	(-2.80)	(-2.60)
控制变量	Yes	Yes	Yes
固定效应	Yes	Yes	Yes
观测值	338	559	377
R^2	0.861	0.817	0.836

注：*** 表示在 1% 的统计水平下显著。

3. 污染物种类异质性

由于高铁开通主要是通过改变各城市间的可达性使人们跨城市的出行方式得以改变，从而促进区域的绿色发展，因此，高铁开通对不同污染物减排程度的影响可能有所不同。本章将工业废水排放量、工业二氧化硫排放量以及工业烟尘排放量进行单独的回归分析，并且考虑到影响城市绿色发展的污染物不仅有工业“三废”，因此将细颗粒物（$PM_{2.5}$）纳入分析中，回归结果如表 8-5 所示。从表 8-5 中可以看出，高铁开通对四类污染物的减排均具有显著的效果，但四类污染物减排效果无明显的异质性。这可能是由于高铁的不断修建改变了各城市间的联系强度，从而导致各城市间不满足传统 DID 相互独立的假设条件，使结果出现了有偏估计，后文将加入空间滞后项，从空间溢出效应的角度就高铁开通对不同污染物减排效果做进一步分析。

表 8-5 污染物种类异质性

变量	(1)	(2)	(3)	(4)
	ln*water*	$\ln SO_2$	ln*smoke*	$\ln PM_{2.5}$
HSR	-0.097**	-0.248***	-0.130**	-0.040*
	(-2.41)	(-4.50)	(-2.05)	(-1.72)
控制变量	Yes	Yes	Yes	Yes
固定效应	Yes	Yes	Yes	Yes
观测值	1287	1287	1287	1287
R^2	0.867	0.748	0.570	0.813

注：*、**、*** 分别表示在 10%、5%、1% 的统计水平下显著。

8.3.4 基准回归结果的稳健性检验

为了确保基准回归结果的可靠性，本章采用时间动态效应分析、安慰剂检验等方法进行稳健性检验。

1. 时间动态效应分析

根据现有的对高铁效应的研究，高铁建设的影响可能存在时间动态效应（刘生龙和胡鞍钢，2011）。因此，本章借鉴 Giroud（2013）的做法，考察高铁开通对绿色发展影响的时间动态效应。选取高铁开通前后 6 年作为窗口期，将高铁开通前 2 年与后 3 年的虚拟变量纳入回归模型(8-15)中，为了有助于识别连入高铁网络前的预期性问题以及追踪高铁开通后的处理效应，本章采取双向固定效应估计方法，模型构建如下：

$$poll_{it} = \alpha_0 + \sum_{-2}^{3} \alpha_s HSR + \sum \beta_j Control_{it} + \sum Year_t + \sum City_i + \varepsilon_{it} \tag{8-16}$$

其中，α_s 为该模型核心解释变量的系数，分别表示高铁开通前 2 年、前 1 年、后 1 年、后 2 年及后 3 年对城市环境污染指数的影响情况，控制变量与基准回归模型一致，回归结果如表 8-6 所示。由表 8-6 可知，高铁开通对整个长江经济带的减污效应在开通后第 1 年就开始显现，并且随着时间的推移，减污的效果越来越好。分地区来看，高铁的开通对长江上游地区的环境污染有显著的改善作用，即在一定程度上促进了该地区的绿色发展，并且随着时间的推移，其系数的绝对值逐渐增大，说明效果越来越显著。而长江中、下游地区，高铁开通对环境污染的改善存在一定的时滞，从高铁开通后第2年才开始显现出减污效应，并且长江下游地区在高铁开通第3年时减污效应有缩小趋势。总体来说，长江上游地区可以最大限度地享受高铁开通所带来的绿色发展红利，而长江中、下游地区次之。

表8-6 动态趋势检验结果

变量	被解释变量（*poll*）			
	(1)	(2)	(3)	(4)
	长江经济带	长江上游地区	长江中游地区	长江下游地区
HSR(-2)	-0.004 (-1.57)	-0.006 (-1.48)	-0.005 (-0.78)	-0.003 (-0.79)
HSR(-1)	-0.002 (-0.46)	-0.006 (-1.55)	-0.003 (-0.50)	0.003 (0.47)
HSR(+1)	-0.007** (-2.09)	-0.016*** (-2.90)	-0.006 (-0.74)	-0.005 (-1.25)
HSR(+2)	-0.017*** (-3.84)	-0.033* (-1.80)	-0.015* (-1.67)	-0.260*** (-5.97)
HSR(+3)	-0.026*** (-6.32)	-0.080*** (-2.75)	-0.021** (-2.37)	-0.031*** (-5.07)
控制变量	Yes	Yes	Yes	Yes
固定效应	Yes	Yes	Yes	Yes
观测值	1287	377	429	481
R^2	0.769	0.862	0.358	0.870

注：*、**、*** 分别表示在10%、5%、1%的统计水平下显著。

2. 安慰剂检验

为了进一步验证传统双重差分法的回归结果不受其他不可观测因素的影响，本章参考Li等（2016）的做法，通过随机选择高铁开通城市与时间进行了安慰剂检验。本章中安慰剂检验的基本原理是，若各城市的减污效应是由其他因素引起，而非高铁开通所引起的，那么在安慰剂检验中核心解释变量*HSR*的回归系数将依然是显著的。本章采用的安慰剂检验具体方法：假设每年开通高铁的城市数量相等，按照对应数量随机抽取假设的城市（年份）设定为高铁开通的城市（年份），以此作为高铁开通的实验组来进一步验证高铁开通对城市绿色发展的影响。为保证分组的随机性，本章进行了500次随机分组和相应的双重差分回归。500次抽样回归的*HSR*系数结果如图8－2所示。从图8－2中可以看出，在500次随机分组和估计的过程中，随机抽样分组的*HSR*估计系数接近于正态分布，且回归结果均不显著异于0，意味着假定的实验组在这500次随机分组过程中并没有显著的减污效果，故说明高铁开通对城市绿色发展的正向影响并非由其他未观测因素引起。由此也证实了基准回归结果具有一定的可靠性，即高铁开通在一定程度上促进了城市的绿色发展。

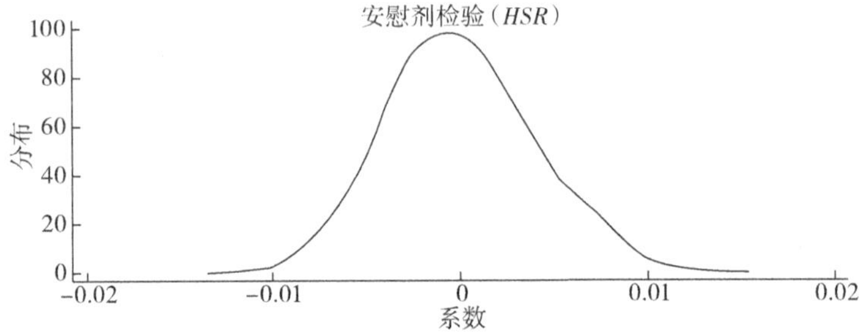

图8－2　安慰剂检验结果

8.4　进一步分析

严格的双重差分模型需要满足各个体相互独立的假设条件，但根据现有研究高铁的文献分析，高铁的开通可能会通过溢出效应对其周围城市的社会经济发展产生影响（张俊，2017），这违反了传统双重差分模型处理效应稳定的假设，高铁效应的估计结果将出现偏误（Chagas et al.，2014），因此为了得到更为科学的结论，本章对普通双重差分法进行拓展，在模型中加入空间滞后项，运用空间双重差分法（SDID）对高铁开通与城市绿色发展关系进行进一步估计。

8.4.1　空间双重差分的模型设计

Dubé等（2014）认为，尽管普通的双重差分法采用了固定效应模型，控制了包括一些潜在的空间因素在内的影响，但其通过估计公交系统的变化对加拿大房价的影响发现，相较于传统的DID模型，空间双重差分法能够得到更加一致的估计结果，并且因变量的空间自相关系数越大，SDID 模型的解释效果越好。本章借鉴上述学者的研究，将空间滞后项纳入式（8-15）中，构建双重差分模型的空间拓展形式，模型具体设定如下：

$$poll_{it} = \rho \sum_{j=1}^{n} w_{ij} poll_{jt} + \alpha_1 HSR_{it} + \alpha_2 w_{ij} HSR_{jt} +$$

$$\sum \beta_{m'} Control_{it} + \sum_{j=1}^{n} \beta_{m''} w_{ij} Control_{jt} + \varepsilon_{it}$$

$$\varepsilon_{it} = \lambda \sum_{j=1}^{n} w_{ij} \varepsilon_{jt} + \mu_{it} \qquad (8-17)$$

其中：w_{ij} 为 $W = (w_{ij})_{n \times n}$ 空间权重矩阵中的元素，表示区域 i 与区域 j 空间上的紧密程度，反映了研究单元之间的空间关联性；ρ 为被解释变量的空间自相关系数；α_2 为高铁开通的溢出效应，高铁开通对沿线城市的总效应为 $\alpha_1 + \alpha_2$；β_m'' 为其他控制变量的空间溢出效应；λ 为空间误差项的自相关系数，反映误差项的空间相关性。

8.4.2 空间溢出效应基准回归结果

在进行空间双重差分法估计之前，需要对环境污染指数进行空间相关性检验，只有空间上有显著的相关性，才能用空间计量模型进行估计。本章基于经济地理权重矩阵测度长江经济带环境污染指数的全局莫兰指数，结果如表 8-7 所示。表 8-7 显示，长江经济带各城市的环境污染指数的莫兰指数显著为正，这表明各城市间的环境污染存在显著的空间正向相关关系，因此在传统的双重差分模型中加入环境污染指数的空间滞后项，运用空间双重差分法探讨高铁开通与绿色发展之间的关系十分必要。

表 8-7　长江经济带环境污染指数的莫兰指数

年份	莫兰指数	Z 值	年份	莫兰指数	Z 值
2006	0.293***	5.973	2013	0.128***	2.785
2007	0.293***	5.923	2014	0.222***	4.463
2008	0.276***	5.695	2015	0.215***	4.278
2009	0.281***	5.808	2016	0.306***	5.773
2010	0.272***	5.482	2017	0.300***	5.664
2011	0.214***	4.131	2018	0.302***	5.703

续表

年份	莫兰指数	Z值	年份	莫兰指数	Z值
2012	0.077 **	1.916			

注：**、*** 分别表示在5%、1%的统计水平下显著。

在考虑是选择固定效应还是选择随机效应进行回归时，利用 Hausman 检验发现拒绝原假设，因此在运用空间双重差分法进行回归时选择固定效应模型。表8-8列示了基于经济地理距离权重矩阵（W_1）、邻接权重矩阵（W_2）以及经济距离权重矩阵（W_3）的空间双重差分滞后模型、空间双重差分误差模型以及空间双重差分杜宾模型的回归结果。空间滞后项的系数 ρ 显著为正，这说明环境污染在空间上存在显著的正相关关系。但是核心解释变量 *HSR* 以及加入空间滞后项 $W \times HSR$ 所对应的系数基本为负且显著，说明高铁开通对区域污染物排放的改善有显著的空间溢出效应，促进了邻近城市的绿色发展。高铁作为现代交通基础设施，其安全、快捷的特点受到了各类群体的广泛青睐，越来越多的人员选择高铁出行，从而大大减少了轿车、飞机等造成污染较严重的交通工具的使用，在一定程度上缓解了城市污染，促进了绿色发展。高铁的开通也为周边城市的人员流动提供了更多的出行方式，因此高铁开通后，显著促进了周边城市对节点城市的减污效应。

表8-8　空间溢出效应检验结果

变量	被解释变量（*poll*）								
	经济地理距离权重矩阵（W_1）			邻接权重矩阵（W_2）			经济距离权重矩阵（W_3）		
	(1)	(2)	(3)	(4)	(5)	(6)	(7)	(8)	(9)
	SLM-DID	SEM-DID	SDM-DID	SLM-DID	SEM-DID	SDM-DID	SLM-DID	SEM-DID	SDM-DID
HSR	-0.010 ***	-0.010 ***	-0.006 **	-0.010 ***	0.013 ***	-0.010 ***	-0.010 ***	-0.009 ***	-0.008 ***
	(-4.06)	(-3.08)	(-2.29)	(-5.07)	(-4.97)	(-3.97)	(-4.19)	(-3.33)	(-3.37)
$W \times HSR$			-0.020 ***			-0.009 **			-0.023 ***
			(-4.02)			(-2.03)			(-4.15)
ρ	0.397 ***		0.364 ***	0.090 ***		0.084 ***	0.387 ***		0.343 ***
	(9.45)		(8.29)	(2.95)		(2.70)	(8.61)		(7.19)

续表

变量	被解释变量（*poll*）								
	经济地理距离权重矩阵（W_1）			邻接权重矩阵（W_2）			经济距离权重矩阵（W_3）		
	(1)	(2)	(3)	(4)	(5)	(6)	(7)	(8)	(9)
	SLM - DID	SEM - DID	SDM - DID	SLM - DID	SEM - DID	SDM - DID	SLM - DID	SEM - DID	SDM - DID
λ		0.411*** (9.45)			0.085*** (2.74)			0.402*** (8.60)	
控制变量	Yes	Yes	Yes	Yes	Yes	Yes	Yes	Yes	Yes
固定效应	Yes	Yes	Yes	Yes	Yes	Yes	Yes	Yes	Yes
观测值	1287	1287	1287	1287	1287	1287	1287	1287	1287
R^2	0.461	0.461	0.264	0.365	0.461	0.437	0.422	0.437	0.315

注：**、*** 分别表示在5%、1%的统计水平下显著。

8.4.3 空间溢出效应异质性分析

为确保空间溢出效应异质性分析结果的准确性，还需进一步检验选择的空间计量模型是否合适。本章利用LM检验、LR检验进行分析，三种空间权重矩阵的检验结果如表8-9所示。首先，邻接权重矩阵除了空间误差模型，都未通过LM检验和LR检验，说明邻接权重矩阵不适用于探究高铁开通对城市绿色发展的空间溢出效应影响。而经济距离权重矩阵与经济地理距离权重矩阵的LM检验及LR检验均在1%的水平下显著，综合LM检验和LR检验的结果，本章认为选择建立空间杜宾模型更为合适。并且，基于经济地理距离计算的莫兰指数结果可知，长江经济带各城市间的环境污染指数呈现明显的空间关联性特征。故本章在进行空间溢出效应的异质性分析时采用基于经济地理距离权重矩阵的空间杜宾模型进行估计分析。

表8-9 空间双重差分模型的LM与LR检验结果

统计量	经济地理距离权重矩阵（W_1）		邻接权重矩阵（W_2）		经济距离权重矩阵（W_3）	
LM - Lag	28.546***	0.000	0.949	0.343	7.956***	0.000
LM - error	11.412***	0.000	15.179***	0.000	7.281***	0.007

续表

统计量	经济地理距离权重矩阵（W_1）		邻接权重矩阵（W_2）		经济距离权重矩阵（W_3）	
LR - Lag	69.160***	0.000	7.640	0.266	62.700***	0.000
LR - error	70.780***	0.000	8.430	0.134	64.360***	0.000

注：*** 表示在1%的统计水平下显著。

1. 地理区位异质性

本章按照长江上游、中游、下游分样本进行空间双重差分模型回归，进一步分析高铁开通对长江经济带不同地理区位城市绿色发展空间溢出的影响，回归结果如表8-10所示。回归结果显示，*HSR* 的系数相较于传统DID的回归结果有下降的趋势，并且长江中游、下游地区 *HSR* 的系数不显著，这说明高铁开通对长江中游、下游城市绿色发展的直接影响并不是特别显著。而从空间计量模型的核心解释变量 $W \times HSR$ 的系数来看，长江下游与中游地区回归系数分别在10%与5%的水平下显著为负，这说明长江中游、下游地区在高铁开通后，周边城市能给高铁沿线城市的绿色发展带来空间溢出效应。而长江上游地区，各城市距离相对较远，大部分人员更倾向于选择飞机等污染较大的交通工具出行，故高铁开通对城市绿色发展的空间溢出效应不太明显。

表8-10　地理区位异质性的空间溢出检验结果

变量	被解释变量（*poll*）		
	(1)	(2)	(3)
	长江下游	长江中游	长江上游
HSR	-0.003	-0.006	-0.016***
	(-1.32)	(-1.18)	(-3.21)
$W \times HSR$	-0.010*	-0.023**	-0.007
	(-1.83)	(-2.24)	(-0.87)
ρ	0.627***	0.165*	-0.111
	(15.78)	(1.88)	(-1.27)
控制变量	Yes	Yes	Yes
固定效应	Yes	Yes	Yes

续表

变量	被解释变量（poll）		
	(1)	(2)	(3)
	长江下游	长江中游	长江上游
观测值	377	429	481
R^2	0.426	0.110	0.828

注：*、**、*** 分别表示在10%、5%、1%的统计水平下显著。

2. 行政级别异质性

与传统双重差分相比，加入滞后项以后的空间计量模型回归结果如表8-11所示。这表明外围城市 *HSR* 的回归系数尽管有增大的趋势，但显著性水平有所降低，且中心城市回归结果依然不显著。核心解释变量 $W \times HSR$ 的系数在外围城市的回归中显著为负，中心城市则不显著，这说明高铁的开通对外围城市的绿色发展不仅有一定程度的本地直接影响，还有空间溢出效应所带来的影响。中心城市从高铁开通所带来的绿色发展影响中获益不甚明显，这是由于中心城市对外围城市的优质资源有较强的聚集力，随着高铁的不断修建，资源要素更多地向中心城市聚集，造成了大量企业在中心城市周边修建厂房，增加了污染源，导致高铁开通不仅没有促进中心城市的绿色发展，反而有抑制其绿色发展的趋势。

表8-11　行政级别异质性空间溢出检验结果

变量	被解释变量（poll）	
	(1)	(2)
	外围城市	中心城市
HSR	-0.004*	-0.005
	(-1.66)	(-0.40)
$W \times HSR$	-0.021***	0.001
	(-4.51)	(0.08)
ρ	0.209***	0.171*
	(3.97)	(1.87)
控制变量	Yes	Yes
固定效应	Yes	Yes
观测值	1131	156

续表

变量	被解释变量（poll）	
	(1)	(2)
	外围城市	中心城市
R^2	0.604	0.433

注：*、*** 分别表示在 10%、1% 的统计水平下显著。

3. 地理距离异质性

表 8-12 的回归结果表明，就地理距离而言，相较于传统 DID 回归结果，距离省会 ≤ 80 千米 的城市，*HSR* 回归系数的显著性大为降低，其核心解释变量 *W* × *HSR* 的系数显著为负，这说明高铁开通对距离省会较近城市绿色发展的促进作用主要是通过周边城市的空间溢出效应带来的；距离在 80~180 千米的城市，高铁开通对其绿色发展的影响只有本地效应；而距离≥180 千米的城市，本地效应与空间溢出效应均不显著。因此，高铁的开通对距离省会较近的城市资源要素流动的促进作用更强，且相距越近的城市，高铁的开通对人们改变出行方式的作用越大，从而促进绿色发展的效果越佳。

表 8-12　地理距离异质性空间溢出检验结果

变量	被解释变量（poll）		
	(1)	(2)	(3)
	≤80 千米	80~180 千米	≥180 千米
HSR	-0.004 (-0.78)	-0.007*** (-3.98)	-0.005 (-1.51)
W × *HSR*	-0.235** (-2.50)	-0.002 (-0.63)	-0.012 (-1.62)
ρ	0.339*** (5.74)	0.197*** (3.47)	0.320*** (4.20)
控制变量	Yes	Yes	Yes
固定效应	Yes	Yes	Yes
观测值	377	559	338
R^2	0.382	0.326	0.234

注：**、*** 分别表示在 5%、1% 的统计水平下显著。

4. 污染物种类异质性

相较于传统 DID 的回归结果，表 8-13 空间双重差分模型检验结果表明，高铁开通对各类污染物减排的效果存在一定的差异，从 $W \times HSR$ 的系数来看，高铁开通对二氧化硫的减排效应最为显著，主要因为二氧化硫是汽车尾气的排放物之一，而高铁的开通促使人们跨城市出行方式改变后，轿车的使用频率降低，相对减少了污染物排放。而对于工业废水、工业烟尘的减排也显现出一定效果，说明高铁开通对于污染物减排有一定的协同作用，对 $PM_{2.5}$ 的降低也具有一定的作用。这表明高铁的开通对于各类污染物减排均有一定的推进作用，从而促进了城市的绿色发展。

表 8-13 污染物种类异质性空间溢出检验结果

变量	(1)	(2)	(3)	(4)
	$\ln SO_2$	$\ln water$	$\ln smoke$	$\ln PM_{2.5}$
HSR	0.007	-0.051	-0.101*	-0.022
	(0.14)	(-1.30)	(-1.72)	(-1.08)
$W \times HSR$	-0.617***	-0.174**	-0.231*	-0.024
	(-6.18)	(-2.17)	(-1.92)	(-0.57)
ρ	0.512***	0.402***	0.437***	0.361***
	(15.95)	(10.57)	(13.10)	(9.78)
控制变量	Yes	Yes	Yes	Yes
固定效应	Yes	Yes	Yes	Yes
观测值	1287	1287	1287	1287
R^2	0.440	0.599	0.110	0.182

注：*、**、*** 分别表示在 10%、5%、1% 的统计水平下显著。

8.5 本章小结

经济高质量发展是现代化经济体系的本质特征，而推动经济社会绿色化、低碳化发展是实现高质量发展的关键环节。本章聚焦于长江经济带高铁开通对沿线城市绿色发展的影响，在理论模型分析的基础上，基于 2006—2018 年 99 个城市的面板数据，运用多期双重差分法、空间双重差分法等方法实证分析了长江经济带高铁开通对城市绿色发展产生的影响。研究结果表明：第一，从传统的双重差分回归结果来看，高铁的开通能够促进沿线城市的绿色发展，但存在城市异质性。对长江上游与下游地区的减污效应较为显著，而对长江中游地区的影响则不太显著。从行政级别、距离省会城市的远近来看，高铁开通对距离省会较近的城市以及外围城市的绿色发展有一定的促进作用。此外，实证结果显示，不同污染物种类在传统双重差分回归中无明显的异质性。第二，时间动态效应分析及安慰剂检验的稳健性分析表明基准回归结果具有一定的稳健性，即长江经济带高铁开通对城市绿色发展有显著的促进作用。第三，从空间双重差分模型的检验结果来看，总体上说，相较于传统的双重差分回归，空间双重差分回归结果的 *HSR* 系数大小及显著性都有下降的趋势，而 $W \times HSR$ 的回归系数均显著为负，说明高铁开通对城市绿色发展的影响主要是空间溢出效应所带来的。长江中游、下游地区在高铁开通后，周边城市能给高铁沿线城市的绿色发展带来空间溢出效应，而长江上游地区，高铁开通对城市绿色发展的空间溢出效应不太明显。不同行政级别的城市，高铁开通后的减污效应也有所不同，对于外围城市而言，周边城市能给其带来明显的空间溢出效应，而对中心城市的空间溢出效应并不显著。离省会城市越近的城市，高铁开通对其绿色发展的空间溢出效应越强；离省会城市距离居中的城市，高铁开通对其城市绿色发展只有本地效应；离省会城市距离较远的城市，本地效应与空间溢出效应均不明显。在各类污染物的分析中，高铁开通对二氧化硫减排的空间溢出效应最为明显，这符合高铁开通可改善城市居民跨城出行方式的预期。

基于以上研究结果，本章得出以下几点政策启示：一是加强绿色交通建设，使绿色交通成为经济绿色转型的助推器。高铁作为绿色交通的代表，在长江经济带的运营实践中它不仅带动了区域经济增长，还促进了沿线城市的绿色出行，其彰显的绿色交通特征代表了现代交通的建设方向。交通是经济社会的血脉，推动经济绿色转型，交通转型处于枢纽地位。建设绿色交通无论是改进传统交通还是开发新的交通方式都必须以技术创新为抓手。鉴于交通转型涉及线路材质要求、动力系统构建以及能源配用等，是一个庞大的系统工程，我们有必要立足长远、站在全局的高度做统筹规划，并在人、物、财力方面提供充分保证。二是建立有效的激励与惩处机制，确保绿色交通建设得以扎实推进。绿色交通建设是一项综合性革新活动，需要研发、生产、消费等各环节配合行动。为使这一革新活动得以稳步实施，不仅需要制定相应的法律法规作为刚性约束，还应采用严格的奖惩制度来助力。研发、生产单位由于前期会发生大量的净投入，政府应给予金融政策的强力支持，同时对生产单位配套优待性税收政策。对于采购及消费环保型现代交通工具则实行鼓励性价格政策。反之，对于违反环保法律法规造成恶劣影响或存在污染危害行为的单位及个人进行相应的处罚。由此增强单位与个人在环保方面的法治观念与政策观念，从而保证绿色交通建设得以扎实推进。三是采取综合应对措施，稳步推进绿色发展。外围城市等经济发展水平相对欠发达的区域应充分利用高铁开通所带来的绿色发展红利，因地制宜规划各具特色的绿色生态产业，如康养休闲产业、观光旅游产业等。而对于中心城市等经济发展水平较发达的区域，因高铁的修建导致人口与生产更加集聚，在总体上抵消了部分高铁所带来的减排效果，故应考虑采取其他多项措施以达到城市绿色发展的要求，如将更多的绿色技术引入企业以及建设更多的城市公园等，同时应引导人们在上班或外出活动中更多地选择绿色交通工具，如地铁、共享单车、高铁等，并利用价格政策鼓励有私家车需求者购买新能源汽车等环保交通工具。

9 环境规制、技术进步与区域绿色经济发展[①]

环境保护与经济发展之间的关系一直是社会发展过程中的热点话题。从18世纪60年代第一次工业革命到21世纪的信息化革命，人类社会生产效率得到显著提高，生产模式和生产方式发生了巨大改变。从单一追求发展经济到环境与经济发展并重，这一过程不仅体现出发展理念的革新，也体现出人类对自然环境前所未有的重视。随着人类活动范围的扩大，社会经济活动与自然环境接触频率越来越高，接触范围越来越大，联系也越来越紧密，保护环境与发展经济之间的矛盾逐渐凸显。这些矛盾是人类社会发展进程中必然面对的，因为人类从事经济生产活动会消耗大量自然资源，包括水资源、煤炭资源和森林资源等。自然资源作为人类社会前进和发展的重要因素，在人类社会发展进程中具有至关重要的作用，但是随着自然资源被逐渐耗尽以及自然环境被持续破坏，经济发展和环境保护之间的矛盾逐渐被放大，而想要解决这一矛盾就只有协调好两者之间的关系。

绿色经济是以市场为导向、以传统产业经济为基础、以经济与环境的和谐为目的而发展起来的一种新的经济形式。回顾中国经济发展历程，在以褐色经济为主导的发展初期，虽然经济和物质财富得到快速增长，但也出现了社会贫富差距变大、自然环境崩溃的现象。过去几十年，国内经济在保持持续高速增长态势的同时，生态环境也遭到严重破坏，若继续按照褐色经济轨道前进，将出现不可调和的环境矛盾。例如，高能源消耗需求

---

① 本章主要内容参见：何雄浪，白玉．环境治理、技术进步与绿色经济发展绩效[J]．南京审计大学学报，2023(2)：103－111．

和低能源供给之间的不平衡、高生活质量需求和环境污染之间的矛盾等。大力发展绿色经济是当前经济发展的新道路，只有走生态保护、绿色发展之路才符合中华民族长远利益。推动长江经济带绿色经济发展是以“生态优先、绿色发展”为核心理念的战略安排，是优化自然环境、经济环境和社会环境的战略部署。长江经济带作为新时代背景下经济发展共同体和生态文明共同体，在推动绿色发展中具有示范作用、引领作用和带动作用。从长远来看，加强环境治理是发展绿色经济的必要条件，只有保持良好的生态环境才能实现经济的绿色可持续发展。此外，发展绿色经济不能忽视技术进步的力量，技术进步是引领发展的第一动力，它为绿色经济发展提供强有力的保障。环境治理产生的有效需求推动环保技术不断创新，因此，明确技术进步在环境治理与绿色经济发展之间的关系，对政府与企业调整技术创新支持力度，加快绿色经济发展具有重要意义。

现有研究大多从环境规制与绿色经济发展之间的关系以及环境规制、技术进步和绿色发展三者之间的内在逻辑关系展开深入讨论。关于环境规制与绿色经济发展的研究主要存在三种观点：一是认为环境规制能促进绿色经济发展。例如，Telle 和 Larsson（2006）在研究挪威绿色经济与环境规制关系时发现，环境规制可以促进国内绿色经济增长，两者呈现显著的正相关关系。Berman 和 Bui（2001）研究美国洛杉矶南海岸地区环境规制对炼油企业生产效率的影响，发现环境规制会提高企业生产效率。Domazlieky 和 Weber（2004）通过研究美国环境规制对国内化工业生产效率的影响，发现环境规制可以促进化工业生产效率提高。Rubashkina 等（2015）通过分析欧洲国家环境规制对制造行业生产效率的影响，发现节能减排政策可以影响制造业生产效率，政策性规制越强，其促进生产效率提高的作用越明显。Andersen（2018）构建多部门一般均衡模型研究环境规制对生产效率的影响，发现在考虑异质性的情况下，环境规制有利于促进企业生产效率提高。涂正革等（2019）发现政府机构环境保护力度越大，越能促进企业节能减排和绿色经济增长。李光勤和刘莉（2018）发现加强环境规制不仅可以提高地方政府财政收入，还能提高地方绿色经济发展水平，加快经济转型。巩灿娟和张晓青（2020）发现环境规制可以提高绿色经济发展水平，且环境规制具有正向空间溢出效应。范丹和孙晓婷（2020）发现环境规制可以有效促进生产效率提升，提高绿色经济发展水平。二是认为环境规制抑制了绿色经济发展。Ambec 等（2013）发现严格的环境规制会增加企业财政支出，降低企业资金要素投入，抑制绿色经济发展。Kiuila 和 Peszko（2006）发现严格控制二氧化硫排放量的政策会抑制经济增长。金刚和沈坤荣（2018）使用 Durbin 模型和 SLX 模型分析地方政府出台的环境规制政策对城市经济效率的影响时发现，严格的环境规制不利于促进企业转型，会抑制绿色经济增长。三是认为环境规制和经济增长之间呈非线性关系。孙英杰和林春（2018）利用中国省际面板数据，通过实证分析发现环境规制在初始阶段对经济增长起到促进作用，在后期阶段对经济发展起到抑制作用，整体趋势呈倒“U”形。尹庆民和顾玉铃（2020）通过构建门槛回归模型，发现环境规制和绿色经济效率之间呈“N”形关系。李毅等（2020）以中国 273 个地级市的数据为研究样本，发现环境规制和绿色经济效率之间呈“U”形关系。

现有研究就环境规制通过推动技术进步影响绿色经济发展的探索形成了以下两种观点：一是赞同创新补偿效应。Porter 和 Vander（1995）认为环境规制可以促进企业进行相关技术创新，增加企业在市场中的竞争力。Yang 等（2012）利用 1997—2003 年行业面板数据，通过实证分析发现环境规制会提高企业竞争力，符合波特假说。沈能和刘凤朝（2012）以中国 1992—2009 年面板数据为研究样本，发现环境规制在跨过特定“门槛值”后符合波特假说。王兵和刘光天（2015）对绿色卢恩伯格生产率指标进行双重分解，利用中国 1992—2012 年的绿色全要素生产率进行实证分析，发现节能减排对提升企业生产水平和经济效率有重要作用，可以有效改变“高能耗、低生产”的情况。二是遵循成本论，认为环境规制对经济发展具有抑制作用。Robert 和 Gollop（1983）发现限制排放二氧化碳法规的出台会提高发电行业成本，导致发电行业生产效率降低。Bokusheva 和 Kumbhakar（2012）通过分析瑞士农业生产力在实施环境政策改革期间的演变，发现环境政策不利于农业产出的提高。何枫等（2015）通过分析中国钢铁工业绿色转型情况，发现环境规制强度与绿色技术效率之间存在负相关关系。张华等（2014）利用2000—2011年中国省级全要素生产率数据，发现环境规制和全要素生产效率之间存在从“创新补偿效应”向“遵循成本效应”转变的现象，环境规制在经济发展后期会抑制企业生产效率提高。

综上，研究环境规制与绿色经济发展的关系以及环境规制、技术进步和绿色发展三者之间内在逻辑的文献较多，但是从技术进步的角度出发探讨环境治理影响绿色经济发展绩效的研究有待完善。环境治理能够促进绿色经济发展吗？技术进步能够促进经济发展，对环境质量的高要求又能反过来推动技术进步，那么技术进步在环境治理影响绿色经济发展绩效的过程中又发挥什么样的作用？本章可能的边际贡献主要体现在以下方面：第一，构建绿色经济发展绩效衡量指标体系，运用熵值法测算绿色经济发展绩效；第二，探究环境治理和绿色经济发展绩效之间的非线性关系；第三，探讨环境治理影响区域绿色经济发展绩效的传导路径。

9.1 理论分析和研究假说的提出

环境规制、技术进步对绿色经济发展的影响机制是值得讨论的，因此，本章从命令控制型环境规制、市场调控型环境规制的角度分析环境规制对绿色经济发展的影响及其作用机理。环境规制对绿色经济发展的影响主要是通过政府出台相关规定，使市场重新配置资源要素，从而推动绿色创新，这种作用机理的最终影响效果取决于创新补偿效应和遵循成本效应之间的相互作用。

创新补偿效应是指环境规制对绿色经济发展起到促进作用，可以消除遵循成本效应的影响。主要体现在对生产部门进行制度约束和管制，减少企业在生产活动中的污染物排放，促使企业进行转型，加大技术创新的投入，并挤出行业内部的高污染企业。遵循成本效应是指环境规制会增加企业的资金压力，影响企业在市场中的竞争力和潜力。在环境规制实施过程中，要求生产者减少浪费和污染，以达到行业内部标准和制度要求。在遵循环境规制要求的前提下，生产者会加大资金投入和人力投入，这些均会增加生产者成本，减少生产者利润，挤占拓展市场和技术创新的资源。此外，环境规制还会对生产者的内部管理、生产流程等方面造成影响，从而影响绿色经济的发展。综合来看，环境规制对不同地区技术创新的影响存在差异性，当经济发展水平较低时，遵循成本效应在环境规制对技术创新的影响中占主导地位，只有当经济发展水平越过一定的门槛后，创新补偿效应才占主导地位。基于上述环境规制对绿色经济发展的作用机理，本章提出以下待检验假说：

H1：环境规制对绿色经济发展有正向促进作用。

H2：环境规制通过推动技术进步促进绿色经济发展。

新增长理论强调技术进步的内生作用，认为经济增长主要依靠科技发展，科技是经济增长的内生动力。Romer（1986）认为，知识和技术创新是经济发展的关键因素，内生技术创新是经济发展的核心条件。Lucas（1988）认为，人力资本的溢出效应会促进技术进步，技术进步成为经济增长的核心动力。传统的资源要素投入是促进经济增长的主要手段，为了降低能耗、污染和排放，技术进步将更加强调绿色、环保、节约的生产模式。技术进步的作用机理是通过引入新技术、开发新技术、优化资源配置等促使生产者主动或被动进行绿色技术创新，从而促进绿色经济发展。

从理论层面进行分析，技术进步可以促进绿色经济发展，但是由于现实生产活动中技术创新成本较高、研发周期较长，技术进步在不同地区和不同时间段对绿色经济发展起到的作用存在异质性。技术进步通过促进资源节约和环境保护、推动能源转型和可持续发展、加速传统行业转型升级等方式，不仅促进了绿色经济的持续发展，也提高了绿色经济的市场效益，但在短时间内技术创新和技术进步可能对绿色经济增长会有阻碍作用。根据上述技术进步对绿色经济发展的作用机制分析，本章提出以下研究假说：

H3：在不同分位数水平上，环境规制与技术进步对绿色经济发展的影响存在显著差异。

H4：环境规制与技术进步对长江经济带绿色经济发展具有正向溢出效应。

9.2 模型的构建和变量的说明

9.2.1 模型的构建

本章建立以下模型考察环境规制、技术进步对长江经济带绿色经济发展的影响，模型设计如下：

$$ge_{it} = \alpha_1 + \alpha_{11}cer_{it} + \alpha_{12}mer_{it} + \alpha_{13}tp_{it} + \gamma_1 X_{it} + \varepsilon_{1it} \quad (9-1)$$

其中：i 为地区；t 为时间；ge 为绿色经济发展水平；cer 为命令控制型环境规制；mer 为市场调控型环境规制；tp 为技术进步；X 为控制变量；α_1 、α_{11} 、α_{12} 、α_{13} 和 γ_1 为模型待估参数；ε 为随机误差项。

考虑到环境规制可能通过推动技术进步间接影响绿色经济发展，本章以技术进步为中介变量，利用中介效应模型检验环境规制影响绿色经济发展的作用机制。借鉴温忠麟（2004）中介效应检验流程，构建以下模型：

$$ge_{it} = \alpha_2 + c_{21}cer_{it} + c_{22}mer_{it} + \gamma_2 X_{it} + \varepsilon_{2it} \quad (9-2)$$

$$tp_{it} = \alpha_3 + \alpha_{31}cer_{it} + \alpha_{32}mer_{it} + \gamma_3 X_{it} + \varepsilon_{3it} \quad (9-3)$$

$$ge_{it} = \alpha_4 + c'_{11}cer_{it} + c'_{12}mer_{it} + b_1 tp_{it} + \gamma_4 X_{it} + \varepsilon_{4it} \quad (9-4)$$

其中，c_{21} 和 c_{22} 分别为命令控制型环境规制（ cer ）和市场调控型环境规制（ mer ）对长江经济带绿色经济发展的总效应。环境规制对长江经济带绿色经济发展产生的直接效应为 c'_{11} 和 c'_{12} ；命令控制型和市场调控型环境规制通过技术进步影响长江经济带绿色经济发展的中介效应分别为 $b_1\alpha_{31}$ 和 $b_1\alpha_{32}$ 。

9.2.2 变量的选取及界定

1. 被解释变量

绿色经济发展水平。从社会经济和自然环境两个维度出发，构建包含 12 个子指标的绿色经济发展水平综合指标体系，并利用熵值法综合衡量地区绿色经济发展水平，综合指标体系具体内容如表 9－1 所示。

表9－1 绿色经济发展水平综合指标评价体系

一级指标	二级指标	三级指标	指标属性
绿色经济发展水平	社会经济	人均可支配收入（万元）	正
		GDP增长率（%）	正
		产业结构高级化	正
		产业结构合理化	负
		城镇化水平（%）	正
		绿色实用新型专利占地区年度申请的实用新型专利总数百分比（%）	正
	自然环境	$PM_{2.5}$含量（微克/米^3）	负
		绿地占比（%）	正
		单位GDP二氧化硫排放量（吨/万元）	负
		生活垃圾无害化处理率（%）	正
		空气流通系数	正
		人均二氧化碳排放量（吨）	负

2. 核心解释变量

环境规制。一是命令控制型环境规制。借鉴陈诗一和陈登科（2019）的研究，采用环境词汇在政府文件中出现的频率来衡量。二是市场调控型环境规制。借鉴叶琴等（2018）的研究方法，以能源综合价格指数来衡量。

3. 中介变量

技术进步。技术进步以区域创新创业指数衡量，具体而言，从新建企业数量、吸引外来投资、吸引风险投资、专利授权数量和商标注册数量五个维度，构建区域创新创业指数，综合反映地区创新创业活力与绩效。

4. 控制变量

选用的控制变量。人口密度（ho），利用人口数量与市区面积之比来衡量；外商投资，利用实际使用外资金额占GDP的比重来衡量；市场化指数（mi），利用中国分省份市场化指数来衡量。

9.2.3 数据说明与描述性统计分析

本章所使用数据来自历年《中国城市统计年鉴》、统计公报和各省市统计年鉴，部分缺失数据采用插值法补全。本章最终选取长江经济带 108 个城市为研究对象。各变量的描述性统计分析如表 9 - 2 所示。

表 9 - 2 各变量描述性统计

变量	样本量	最小值	最大值	平均值	标准差	中位数
ge	2268	0. 094	0. 771	0. 311	0. 104	0. 300
cer	2268	0. 008	1. 450	0. 528	0. 417	0. 466
mer	2268	0. 052	0. 229	0. 132	0. 042	0. 132
tp	2268	0. 013	0. 997	0. 569	0. 271	0. 573
ho	2268	0. 006	0. 393	0. 091	0. 062	0. 077
FDI	2268	0. 002	20. 113	2. 139	2. 107	1. 476
mi	2268	1. 217	19. 694	9. 597	3. 428	9. 507

针对短面板数据可能存在的组间异方差、组间同期相关和组内自相关问题，还需对回归结果进行一系列检验以降低模型估计结果不准确的可能。数据性质检验结果如表 9 - 3 所示，Wald 检验值为 313. 850，Pearson 检验值为 39. 672，Wooldridge 检验值为 58. 083，均在 1% 的统计水平下显著，表明模型可能同时存在组间异方差、组间同期相关和组内自相关。考虑到实证分析过程中采用的数据是 108 个截面共 21 期的短面板数据，因此，可以不考虑模型中存在的组内自相关问题，而重点考察组间异方差和组间同期相关问题。

表 9 - 3 变量数据性质检验

检验类别	检验目的	检验值	*p* 值
Wald 检验	组间异方差	313. 850	0. 00
Pearson 检验	组间同期相关	39. 672	0. 00
Wooldridge 检验	组内自相关	58. 083	0. 00

9. 3 实证结果分析

9. 3. 1 基准回归分析

根据 Hausman 检验结果，固定效应模型优于随机效应模型，故选择固定效应模型检验环境规制、技术进步对地区绿色经济发展水平的影响，并使用城市层面的聚类稳健标准误，基准回归结果如表9－4所示。由表9－4可知，环境规制可以促进长江经济带绿色经济发展，故H1得到验证。究其原因，环境规制能促使企业减少生产过程中的废物排放，降低能源要素消耗，提高生产效率，兼具“精洗”和“压缩”的作用。环境规制不仅是长江经济带绿色经济实现健康发展的重要动力，也是整治长江经济带环境污染问题的有效手段。通过进一步分析可知，命令控制型和市场调控型环境规制均能显著促进长江经济带绿色经济发展，但市场调控型环境规制的促进作用明显更大。可能的原因是，长江经济带市场化水平较高，市场内部调节机制较为完善，市场调控在长江经济带绿色经济发展中的作用更加有效。同时，技术进步也能促进长江经济带绿色经济发展。从控制变量来看，人口密度的提升不利于长江经济带绿色经济发展，人口在空间上的过度集聚或成为长江经济带绿色经济发展的阻碍；外商投资也不利于长江经济带绿色经济发展，外商投资大部分集中在污染较为严重的制造业，大规模投资会加剧地区环境污染，对绿色经济发展产生不利影响；市场化水平的提高能促进长江经济带绿色发展。

表9－4　基准回归结果

变量	混合估计模型	固定效应模型	随机效应模型
	(1)	(2)	(3)
cer	0.037*** (10.794)	0.016*** (5.580)	0.019*** (6.484)
mer	1.098*** (24.775)	0.424*** (6.614)	0.651*** (11.045)
tp	0.068*** (13.403)	0.010* (1.932)	0.040*** (5.441)
ho	0.125*** (6.296)	－0.011 (－0.293)	0.075** (2.367)
FDI	0.003*** (5.291)	－0.002*** (－3.478)	－0.001** (－2.023)
mi	0.009*** (18.079)	0.020*** (25.055)	0.017*** (23.371)

续表

变量	混合估计模型	固定效应模型	随机效应模型
	(1)	(2)	(3)
常数项	0.011 *** (2.597)	0.056 *** (8.755)	0.029 *** (4.711)
R^2	0.809	0.838	0.835
观测值	2268	2268	2268

注：*、**、*** 分别表示在10%、5%、1%的统计水平下显著；括号内的数值为 t 值，以下各表同。

9.3.2　稳健性检验

2013年7月，习近平总书记在武汉调研时强调，“长江流域要加强合作，充分发挥内河航运作用，发展江海联运，把全流域打造成黄金水道”①，自此，长江经济带建设上升为国家层面的经济建设战略目标。为进一步检验基准模型设立的合理性和稳健性，以2013年为时间节点，将研究样本分为两个期间，具体如表9－5所示。由列（1）和列（2）可知，命令控制型和市场调控型环境规制对绿色经济发展起显著促进作用，且市场调控型环境规制的作用更大，这与基准回归结果保持一致。同样地，技术进步也能促进长江经济带绿色经济发展，这也与基准回归结果保持一致。调整时间窗口后的回归系数与基准回归系数的显著性水平和作用力方向基本未发生实质性改变，表明模型稳健可靠。在此基础上，通过替换核心变量进一步对模型稳健性进行检验。以下采取绿色全要素生产率衡量长江经济带绿色经济发展水平。其中，投入变量为资本、劳动力和能源，其分别用固定资产投资总额、年末单位从业人员和能源消费总量来度量，产出变量包括国内生产总值等期望产出和工业废水、工业二氧化硫和工业烟尘等非期望产出。绿色全要素生产率运用SBM模型的Malmquist－Luenberger指数来计算。替换变量后的基准回归结果如列（3）所示，替换被解释变量后的回归系数与基准回归系数的显著性水平和作用力方向

---

① 推动长江经济带发展领导小组办公室负责人就长江经济带发展有关问题答记者问[EB/OL].(2016－09－11). https://www.gov.cn/xinwen/2016－09/11/content_5107449.htm.

基本未发生实质性改变，表明模型稳健可靠，从而进一步论证了 H1 的可靠性。

表 9－5 稳健性检验

变量	调整时间窗口		替换变量
	2000—2013 年	2014—2020 年	
	(1)	(2)	(3)
cer	0.013** (2.019)	0.040** (2.093)	0.002** (2.09)
mer	0.768*** (8.527)	0.503*** (4.879)	0.089*** (4.04)
tp	0.016 (1.663)	0.022 (1.763)	0.003 (1.01)
ho	0.033 (0.668)	0.277*** (4.290)	0.009 (0.70)
FDI	-0.002*** (-2.638)	0.001 (0.443)	0.001*** (5.01)
mi	0.012*** (9.226)	0.029*** (27.222)	0.008*** (29.05)
常数项	0.072*** (9.059)	-0.099*** (-5.725)	0.918*** (16.35)
R^2	0.69	0.754	0.85

注：**、*** 分别表示在 5%、1% 的统计水平下显著。

9.3.3 异质性分析

考虑到地区的差异性，将长江经济带划分为上游、中游、下游 3 个地区进行异质性分析，上游地区包括四川、云南、贵州、重庆四省市，中游地区包括湖北、湖南、江西三省，下游地区包括安徽、江苏、浙江、上海四省市，异质性分析结果如表 9－6 所示。由列（1）可知，命令控制型和市场调控型环境规制都能显著促进长江经济带上游地区绿色经济发展，技术进步也能显著促进长江经济带上游地区绿色经济发展。由列（2）可知，命令控制型环境规制能显著促进长江经济带中游地区绿色经济发展，市场调控型环境规制对长江经济带中游地区绿色经济发展作用不显著。从技术进步的回归系数来看，技术进步对长江中游地区绿色经济发展的影响效应不显著。由列（3）可知，命令控制型和市场调控型环境规制都能显著促进长江经济带下游地区绿色经济发展，技术进步对长江经济带下游地区绿色经济发展的影响效应不显著。综上，命令控制型环境规制在长江经济带上游地区、中游地区和下游地区都能显著促进绿色经济发展，而且在下游地区的促进作用更为突出，原因可能是长江经济带下游地区企业较多，市场化程度更高，产业规模更大，产业体系更加成熟，具有转型优势，对命令控制型环境规制的响应更快，可以快速进行绿色生产。市场调控型环境规制在长江经济带上游地区和下游地区能显著促进绿色经济发展，但其对中游地区绿色经济发展作用不显著，原因可能是，中游地区长期依赖第二产业发展，产业转型较慢，市场调节作用效果较低。技术进步在长江经济带上游地区起到显著推动作用，原因可能是，长江经济带上游地区整体发展较为滞后，技术进步在上游地区对绿色经济发展起到的作用更加突出。

表 9-6 异质性分析结果

变量	长江上游地区	长江中游地区	长江下游地区
	(1)	(2)	(3)
cer	0.011** (2.187)	0.014** (2.383)	0.022*** (5.825)
mer	0.562*** (4.077)	0.104 (1.107)	0.695*** (7.275)
tp	0.040*** (5.092)	0.020 (1.579)	0.001 (0.062)
ho	0.124 (0.624)	0.032 (0.656)	0.087 (1.665)
FDI	0.002 (1.092)	0.001 (1.213)	-0.003*** (-4.216)
mi	0.017*** (9.084)	0.023*** (16.207)	0.021*** (18.042)
常数项	0.049*** (3.137)	0.053*** (5.662)	0.040*** (3.554)

续表

变量	长江上游地区	长江中游地区	长江下游地区
	(1)	(2)	(3)
R^2	0.776	0.848	0.893
观测值	651	756	861

注：**、*** 分别表示在5%、1%的统计水平下显著。

9.3.4 中介效应分析

为探究技术进步对环境污染治理的影响机制和内在机理，本章将技术进步作为中介变量，检验环境规制影响绿色经济发展的作用机制。为避免出现共线性问题，将所有变量进行中心化处理，结果如表9-7所示。由表9-7可知，列（1）的系数 c_{21}、c_{22} 均显著为正，列（2）和列（3）的回归系数 α_{31}、α_{32} 和 b_1 也显著为正，由列（3）可知系数 c'_{11} 和 c'_{12} 均显著，系数 b_1a_{31} 和 c'_{11} 同号，可得技术进步在命令控制型环境规制促进长江经济带绿色经济发展过程中发挥部分中介效应。系数 $b_1\alpha_{32}$ 和 c'_{12} 也是同号，那么，技术进步在市场调控型环境规制促进长江经济带绿色经济发展过程中发挥部分中介效应。因此，命令控制型和市场调控型环境规制可以通过技术进步这一路径促进长江经济带绿色经济发展，故H2得到验证。

表9-7 中介效应回归结果

变量	*ge*	*tp*	*ge*
	(1)	(2)	(3)
ho	0.212*** (10.913)	1.331*** (19.318)	0.100*** (4.989)
FDI	0.006*** (10.234)	0.030*** (14.405)	0.003*** (5.945)
mi	0.008*** (15.068)	-0.005*** (-2.942)	0.008*** (16.675)
cer	0.037*** (10.393)	0.033*** (2.634)	0.034*** (10.049)
mer	1.286*** (29.434)	2.738*** (17.672)	1.055*** (23.720)

续表

变量	ge	tp	ge
	(1)	(2)	(3)
tp			0.084*** (14.89)
常数项	0.025*** (6.127)	0.142*** (9.764)	0.013*** (3.293)
观测值	2268	2268	2268
R^2	0.736	0.44	0.76
$adj-R^2$	0.735	0.439	0.759

注：*** 表示在1%的统计水平下显著。

9.3.5 空间效应检验

为充分考虑空间关联，选择空间计量模型对环境规制和技术进步的空间溢出效应进行检验。在此之前，需首先对模型的空间相关性进行检验，验证地区之间是否存在空间溢出效应。选择莫兰指数测度空间相关程度，计算过程如下：

$$I = \frac{n\sum_{i=1}^{n}\sum_{j=1}^{n}w_{ij}(x_i-\bar{x})(x_j-\bar{x})}{\sum_{i=1}^{n}\sum_{j=1}^{n}w_{ij}\sum_{i=1}^{n}(x_i-\bar{x})^2}, S^2 = \frac{\sum_{i=1}^{n}(x_i-\bar{x})^2}{n}, \bar{x} = \frac{1}{n}\sum_{i=1}^{n}x_i \tag{9-5}$$

其中：I 为全局莫兰指数，常用于衡量地区之间的关联性；w_{ij} 为地区 i 和地区 j 之间的空间相邻权重矩阵；x_i 为地区 i 的相关指标；x_j 为地区 j 的相关指标。I 的取值范围为（-1,1），若 I 的取值大于 0 则表示正相关，若 I 的取值小于 0 则表示负相关，若 I 的取值为 0 则表示不存在相关性，I 的数值越接近 1 则表示正相关性越强，若 I 的数值越接近 -1 则表示负相关性越强。

表 9-8 列示了 2000—2020 年绿色经济发展水平、命令控制型环境规制、市场调控型环境规制和技术进步的莫兰指数，结果表明，绿色经济发展水平、市场调控型环境规制和技术进步的莫兰指数在研究期间内均显著

为正，表明其具有较强的空间正相关性，命令控制型环境规制在大多数年份中莫兰指数也显著为正，表明命令控制型环境规制也具有较强的空间正相关性。基于此，需要构建空间模型对环境规制与技术进步的空间效应进行检验。

表 9－8　主要变量的莫兰指数

年份	*ge*	*cer*	*mer*	*tp*
2000	0.290***	0.048	0.692***	0.244***
2001	0.386***	0.033	0.743***	0.261***
2002	0.364***	0.020	0.804***	0.334***
2003	0.314***	0.132**	0.834***	0.293***
2004	0.286***	0.069	0.847***	0.324***
2005	0.356***	0.000	0.853***	0.322***
2006	0.372***	0.241***	0.830***	0.334***
2007	0.523***	0.254***	0.785***	0.342***
2008	0.535***	0.255***	0.790***	0.316***
2009	0.514***	0.274***	0.769***	0.365***
2010	0.592***	0.206***	0.755***	0.380***
2011	0.450***	0.288***	0.749***	0.411***
2012	0.625***	0.069	0.785***	0.384***
2013	0.607***	0.005	0.761***	0.349***
2014	0.591***	0.111**	0.747***	0.399***
2015	0.599***	-0.010	0.701***	0.394***
2016	0.614***	0.156***	0.741***	0.406***
2017	0.635***	-0.034	0.805***	0.371***
2018	0.601***	0.091**	0.781***	0.397***
2019	0.571***	0.028	0.791***	0.370***
2020	0.494***	0.020	0.796***	0.356***

注：**、***分别表示在5%、1%的统计水平下显著。

本章选取空间杜宾模型检验环境规制、技术进步对区域绿色经济发展的空间溢出效应。由表9－9可知，命令控制型环境规制、市场调控型环境规制、技术进步、外商投资和市场化指数的空间溢出效应均显著。命令控制型环境规制的空间溢出效应为正，表明邻地命令控制型环境规制对本地的绿色经济发展起到促进作用；市场调控型环境规制的空间溢出效应为正，说明邻地市场调控型环境规制可以促进产业升级，改变传统生产方式，推动本地绿色经济发展。技术进步空间溢出效应为正，说明邻地技术进步可以促进生产方式转变和本地绿色经济发展。控制变量中，人口密度的空间溢出效应为负，说明邻地人口密度的空间效应抑制了本地绿色经济发展；外商投资的空间溢出效应为正，说明邻地外商投资促进本地绿色经济发展；市场化的空间溢出效应为正，表明邻地市场化对本地绿色经济发展起到显著促进作用。

表 9-9 空间效应检验结果

变量	系数	变量	系数
cer	0.004 (1.40)	$W \times cer$	0.004*** (3.19)
mer	1.561*** (19.35)	$W \times mer$	0.348*** (15.53)
tp	0.003 (0.39)	$W \times tp$	0.015*** (5.67)
ho	0.162** (4.95)	$W \times ho$	-0.057*** (-4.61)
FDI	-0.001 (-0.80)	$W \times FDI$	0.001** (2.41)
mi	0.004*** (4.19)	$W \times mi$	0.003*** (9.61)
ρ	0.290*** (211.48)	Sig2	0.001*** (32.53)

注：**、*** 分别表示在 5%、1% 的统计水平下显著。

9.4 本章小结

推动长江经济带绿色经济发展要求经济发展模式和发展方式的根本转变，这对环境监督和技术创新提出了更高的要求。厘清环境规制、技术进步和绿色经济发展之间的关系，是实现绿色经济发展的关键。本章以长江经济带 108 个城市为研究对象，运用面板固定效应模型、中介效应模型、分位数回归模型和空间计量模型等方法，实证分析环境规制、技术进步对长江经济带绿色经济发展产生的影响。研究结果显示：环境规制对绿色经济发展有正向促进作用；技术进步在环境规制对绿色经济发展影响过程中起部分中介作用；在不同分位数水平上，环境规制与技术进步对绿色经济发展的影响存在显著差异；环境规制与技术进步对长江经济带绿色经济发展具有正向溢出效应。

基于以上分析，进一步推进长江经济带绿色经济发展，可以从以下几个方面作出努力：第一，合理施行环境规制，助推绿色经济发展。长江经济带发展绿色经济要兼顾经济和生态，保护生态环境要依靠合理的环境监管制度，通过建立和实施相关环境监管制度与标准，为生态文明建设提供坚实的保障。第二，加强绿色经济技术创新，加快形成绿色发展。长江经济带的经济发展模式要从重视数量向重视质量转变，要从产业规模扩大向产业结构升级转变，要从要素驱动经济发展向技术创新驱动经济发展转变。第三，结合实际发展现状，探索绿色发展路径。要牢记“生态优先”“绿色发展”两个关键词，把长江经济带的生态文明建设作为重点工作推进。

10　环境规制、创新能力与区域经济韧性

改革开放以来，我国粗放型的经济发展方式与环境保护就像“鱼”与“熊掌”，不可兼得。大量资源的投入推动了经济的飞速增长，然而经济繁荣的背后是环境负担的日渐加重，这种以牺牲环境为代价的赶超式经济发展与建成富强民主文明和谐美丽的社会主义现代化强国和推进人类可持续发展的美好愿望背道而驰。为满足人民日益增长的优美生态环境需要，推动“绿水青山”和高质量发展齐头并进，我国不遗余力地改善生态环境，以期建设一个美好的生态家园。党的十八大以来，中央和地方政府采取各种政策和措施防治污染，环境保护工作取得重大成就。2021 年国务院印发的《“十四五”节能减排综合工作方案》为“十四五”时期我国坚持生态文明建设理念、实现环境保护和经济协调发展指明了方向。① 党的二十大报告指出，要深入推进环境污染防治，“持续深入打好蓝天、碧水、净土保卫战”②，环境规制是一项长期的、持久的、艰巨的工作。2023 年《政府工作报告》中提出，要“加强生态环境保护，促进绿色低碳发展”③。低碳环保已成为我国经济发展遵循的主要原则之一。

经济韧性是地区经济系统应对外部冲击时展现的综合能力。经济韧性

---

① 国务院关于印发“十四五”节能减排综合工作方案的通知[EB/OL].（2021－12－28）. https://www.gov.cn/gongbao/content/2022/content_5674299.htm.

② 习近平. 高举中国特色社会主义伟大旗帜　为全面建设社会主义现代化国家而团结奋斗——在中国共产党第二十次全国代表大会上的报告[EB/OL].（2022－10－25）. https://www.gov.cn/xinwen/2022－10/25/content_5721685.htm.

③ 政府工作报告——2023 年 3 月 5 日在第十四届全国人民代表大会第一次会议上[EB/OL].（2023－03－05）. https://www.gov.cn/zhuanti/2023lhzfgzbg/index.htm.

越强的城市应对冲击的能力越强，甚至可能突破原有发展路径，演化出新路径，实现经济的进一步增长，而经济韧性差的城市在遭遇冲击后可能会一蹶不振，经济逐步衰退。对区域经济外部冲击的分类大致分为突如其来的巨大冲击和长期存在的慢性干扰。巨大冲击是指金融危机、自然灾害、恐怖袭击等。慢性干扰是指一系列小的，但有显著影响的，经过长期积累的事件，如经济衰退、人口结构变化或环境变化（Foster，2007）。习近平总书记指出："我国经济具有巨大的发展韧性和潜力，长期向好的基本面没有改变。"[①] 经济韧性正逐渐成为我国经济发展关注的重要层面。长江经济带作为我国经济发展的主动脉之一，增强其经济韧性对构建新发展格局至关重要。

长江经济带的发展问题一直受到国家的密切关注和高度重视。2016 年以来，有关长江经济带发展的四次座谈会先后在重庆、武汉、南京、南昌召开，习近平总书记在会上作出许多重要指示，如："推动长江经济带发展必须坚持生态优先、绿色发展的战略定位"[②]；"推动长江经济带发展，前提是坚持生态优先，把修复长江生态环境摆在压倒性位置，逐步解决长江生态环境透支问题"[③]；"使长江经济带成为我国生态优先绿色发展主战场、畅通国内国际双循环主动脉、引领经济高质量发展主力军"[④]；"从长远来看，推动长江经济带高质量发展，根本上依赖于长江流域高质量的生态环境"[⑤]。习近平总书记的这些重要讲话表明长江经济带应牢固树立绿色发展的共识，扎实走好绿色发展征途，全面推进绿色转型进程。环境规制

---

① 习近平总书记主持召开中共中央政治局会议发表的重要讲话[EB/OL].（2023-07-24）. https://www.gov.cn/yaowen/liebiao/202307/content_6893950.htm.

② 习近平总书记在推动长江经济带发展座谈会上的讲话[EB/OL].（2016-01-07）. https://www.gov.cn/xinwen/2016-01/07/content_5031289.htm.

③ 习近平总书记在深入推动长江经济带发展座谈会上的讲话[EB/OL].（2019-08-31）. https://www.gov.cn/govweb/xinwen/2019-08/31/content_5426136.htm?eqid=dec2bca90005a80d000000036468e1f1.

④ 习近平总书记在全面推动长江经济带发展座谈会上的讲话[EB/OL].（2020-11-15）. https://www.gov.cn/xinwen/2020-11/15/content_5561711.htm.

⑤ 习近平总书记主持召开进一步推动长江经济带高质量发展座谈会发表的重要讲话[EB/OL].（2023-10-12）. https://www.gov.cn/yaowen/liebiao/202310/content_6908721.htm.

是实现“一江碧水向东流”美好愿景的助推器，在提升长江经济带经济韧性方面也发挥着重要作用。在“共抓大保护、不搞大开发”的发展理念下，实现环境保护和经济韧性建设的协同发展，有助于推进长江经济带经济高质量发展，描绘出一幅保护和发展相衬相应的绝美画卷。因此，无论是从短期还是从长期来看，理解环境规制与长江经济带经济韧性之间的联系变得至关重要。分析环境规制对经济韧性的影响效应与作用机制能够为制定环境规制政策，兼顾环境保护和增强经济韧性的双重目标提供事实依据和重要的参考价值。

关于环境规制对经济增长的影响效应研究大致有以下四种观点：一是环境规制正向影响经济增长。胡宗义等（2021）研究发现，环境规制能够通过多种途径促进经济增长，如增加政府公共支出、倒逼企业创新等。Yang 等（2012）利用 1997—2003 年中国台湾地区的数据，得出环境规制会使研发支出增加，进而提高生产力的结论。李丽娜和李林汉（2019）认为，环境规制与经济增长之间具有长期的动态联系，环境规制会促进经济增长，同时经济增长也会给予环境规制正向反馈。二是环境规制不利于经济增长。环境法规的设立会增加企业的运行成本，从而阻碍经济增长率的提高（Jorgenson and Wilcoxen，1990）。生产成本会因为环境规制的存在而逐渐增加，导致企业生产率增长受限，不利于经济增长（Gollop and Roberts，1983）。三是环境规制与经济增长间存在非线性关系。环境规制与经济增长存在正“U”形关系（熊艳，2011；李强和王琰，2019）、倒“U”形关系（孙英杰和林春，2018；陶静和胡雪萍，2019）、“N”形关系（郭然和梁艳，2022）。王群勇和陆凤芝（2018）认为，环境规制抑制了经济“量”的增长，但显著提高了经济增长的“质”，且这种影响存在单门槛效应，当环境规制强度低于门槛值时其对经济增长质量的影响显著为正；跨越门槛值后，其对经济增长质量的影响不显著。四是环境规制与经济增长间的关系并不明显。Shadbegian 和 Gray（2005）发现，污染减排支出对生产力并不存在显著影响。

经济韧性作为近年来的研究热点，其中产业结构、创新能力、人力资本、贸易开放度、企业家精神等被认为是影响经济韧性的重要因素

（Polèse，2010；Wang and Wei，2021）。一是产业结构。产业结构多样化会提升城市经济韧性（刘逸等，2020；徐园和张林玲，2019；Brown and Greenbaum，2017）。将产业结构多样化细分为相关多样化和无关多样化时，学者们又有不一样的观点。相关多样化和无关多样化的产业结构均会正向影响经济韧性，但其作用的机制有所不同（徐园和邓胡艳，2020）。彭荣熙等（2021）认为，产业结构相关多样化会促进城市长期经济韧性的提升，但产业结构无关多样化对经济韧性无显著影响。Tan 等（2020）同样发现产业结构多样化对经济韧性存在积极影响，但产业结构专业化会削弱经济韧性。二是创新能力。在应对技术变革、市场环境变化等问题时，创新能力对经济韧性非常重要（Clark et al.，2010）。地区的创新能力与抵御经济冲击的能力紧密相关，创新能力越高的地区其经济韧性越强（Bristow and Healy，2018；程广斌和靳瑶，2022）。Xiao 等（2018）利用 2004—2012 年 173 个欧洲地区的数据研究产业多样化的原因时，发现创新能力是影响经济韧性和产业结构多样化的关键因素。朱琳和董藩（2023）实证得到，中国经济韧性存在空间相关性，创新发展能够显著提升中国经济韧性，并且这种影响具有显著的空间溢出效应。三是人力资本。人力资本是抵御经济冲击的重要因素之一（Crescenzi et al.，2016）。胡艳和张安伟（2022）将人力资本划分为教育人力资本和健康人力资本，实证结果表明，教育人力资本对经济韧性的影响呈现正“U”形曲线特征，健康人力资本正向线性影响经济韧性。孙红雪等（2023）发现，高校扩招政策扩大了高质量人力资本规模，进而增强了中国城市经济韧性。Di Caro（2017）研究发现，人力资本和社会资本有利于创造一个增强韧性的环境，在这种环境中，熟练劳动力和人与人之间的信任能为应对外部压力提供正向反馈。此外，产业结构多样性、出口倾向也是影响经济韧性的积极因素，而金融约束会抑制经济韧性的增强。除了上述影响因素，还有一些影响经济韧性的因素，如公民资本（Wolfe，2010）、企业家精神（William and Vorley，2014）、社会资本（Crespo et al.，2014）、交通可达性（Chacon－Hurtado et al.，2020）、文化因素（Huggins and Thompson，2015）等。关于环境规制与经济韧性间关系的研究并不多。有学者将环境规制作为协调变量纳入研究，如高志刚和丁煜莹（2023）实证得出，环境规制在产业结构升级对区域经济韧性的作用中发挥调节作用，虽然此研究间接证明了环境规制与经济韧性间的相关关系，但并未说明两者存在的直接关联。张跃胜等（2022）探究异质性环境规制对经济韧性的影响，结果发现正式环境规制与非正式环境规制都会增强经济韧性，但两者对经济韧性的作用路径不同，前者推动产业结构合理化，后者通过倒逼产业结构高级化来提升经济韧性。

通过对上述文献的梳理与归纳，发现有关环境规制与经济增长和经济韧性影响因素的研究成果颇多，但有关环境规制与经济韧性关系的研究较少，尤其是集中于城市层面的研究不多。故本章可能存在的边际贡献如下：第一，本章构建了一个有关环境规制和经济韧性的理论模型，定性分析环境规制对经济韧性可能存在的影响，并进一步从创新能力的角度出发，阐述环境规制影响经济韧性的作用路径。第二，本章以长江经济带108个城市的面板数据为出发点，构建城市层面的经济韧性指标评价体系，实证研究环境规制对经济韧性的直接影响效应。第三，本章进一步探析环境规制对经济韧性的异质性影响，并从中间作用机制和门槛效应等方面分析了环境规制对经济韧性的间接影响。

10.1 理论模型与机制分析

本章首先构建一个环境规制与经济韧性之间关系的理论模型，从定性的角度分析环境规制对经济韧性可能产生的影响，在此基础上通过归纳相关文献研究探讨环境规制对经济韧性的作用机理。

10.1.1 理论模型分析

本章借鉴史贝贝等（2017）的分析思路，假设在一个经济系统中存在两个部门，分别是研发部门和生产部门，研发部门负责研发创新和提高生产率，生产部门负责生产产品。假设生产部门生产两种产品，即清洁型产品和污染型产品，以经济绩效（Y）作为经济韧性的替代变量，因为经济绩效是经济韧性的重要体现。假设经济系统整体的收益为 $T(Y)$，且满足

$T'(Y)>0$，$T''(Y)<0$。外部环境中存在技术性环境规制（ξ_1）和生产性环境规制（ξ_2），由于技术溢出效应的存在，技术性环境规制会影响研发部门和生产部门的经济绩效，而生产性环境规制则只对生产部门中的污染型产品生产有影响。假设市场的整体成本为 $C(Y)$，研发部门的成本为 $C_1(Y_1,\xi_1)$，生产部门的成本为 $C_2(Y_2,\xi_2)$，满足 $C_2=C_q+C_w$，$Y_2=Y_q+Y_w$，其中 Y_1 和 Y_2 分别为研发部门和生产部门的经济绩效，Y_q 为生产部门生产清洁型产品获得的经济绩效，Y_w 为生产部门生产污染型产品获得的经济绩效。假设研发部门和生产部门的成本函数二阶可导且边际成本递增，即满足以下条件：

$$C_1'(Y_1,\xi_1)=\frac{\partial C_1(Y_1,\xi_1)}{\partial Y_1}>0,\ C_1''(Y_1,\xi_1)=\frac{\partial^2 C_1(Y_1,\xi_1)}{\partial^2 Y_1}>0 \tag{10-1}$$

$$\frac{\partial C_1(Y_1,\xi_1)}{\partial \xi_1}>0,\ \frac{\partial^2 C_1(Y_1,\xi_1)}{\partial^2 \xi_1}>0 \tag{10-2}$$

$$C_2'(Y_2,\xi_2)=\frac{\partial C_2(Y_2,\xi_2)}{\partial Y_2}>0,\ C_2''(Y_2,\xi_2)=\frac{\partial^2 C_2(Y_2,\xi_2)}{\partial^2 Y_2}>0 \tag{10-3}$$

$$\frac{\partial C_2(Y_2,\xi_2)}{\partial \xi_2}>0,\ \frac{\partial^2 C_2(Y_2,\xi_2)}{\partial^2 \xi_2}>0 \tag{10-4}$$

整个经济系统的利润为

$$\max T(Y)-[C_1(Y_1,\xi_1)+C_2(Y_2,\xi_2)]=\max T(Y_1+Y_q+Y_w)-[C_1(Y_1,\xi_1)+C_q(Y_q)+C_w(Y_w,\xi_2)] \tag{10-5}$$

根据利润最大化原则，可得

$$T'(Y)=\frac{\partial C_1(Y_1,\xi_1)}{\partial Y_1} \tag{10-6}$$

$$T'(Y)=\frac{\partial C_2(Y_2,\xi_2)}{\partial Y_2} \tag{10-7}$$

由式（10-6）对 ξ_1 求导可得

$$T''(Y)\left(\frac{\partial Y_1}{\partial \xi_1}+\frac{\partial Y_2}{\partial \xi_1}\right)=C_1''(Y_1,\xi_1)\cdot\frac{\partial Y_1}{\partial \xi_1}+\frac{\partial C_1'(Y_1,\xi_1)}{\partial \xi_1} \tag{10-8}$$

$$T''(Y)\left(\frac{\partial Y_1}{\partial \xi_1}+\frac{\partial Y_2}{\partial \xi_1}\right)=C_2''(Y_2,\xi_2)\frac{\partial Y_2}{\partial \xi_1}=C_2''(Y_2,\xi_2)\left(\frac{\partial Y_q}{\partial \xi_1}+\frac{\partial Y_w}{\partial \xi_1}\right) \tag{10-9}$$

由式（10－7）对 ξ_2 求导可得

$$T''(Y)\frac{\partial Y_2}{\partial \xi_2}=C_2''(Y_2,\xi_2)\frac{\partial Y_2}{\partial \xi_2}+\frac{\partial C_2'(Y_2,\xi_2)}{\partial \xi_2} \tag{10-10}$$

因为生产性环境规制并不会对清洁型产品产生影响，故 $\frac{\partial Y_q}{\partial \xi_2}=0$，$\frac{\partial Y_2}{\partial \xi_2}=\frac{\partial Y_w}{\partial \xi_2}$，式（10－10）可以重新写为

$$T''(Y)\frac{\partial Y_w}{\partial \xi_2}=C_2''(Y_2,\xi_2)\frac{\partial Y_w}{\partial \xi_2}+\frac{\partial C_2'(Y_2,\xi_2)}{\partial \xi_2} \tag{10-11}$$

由式（10－8）、式（10－9）、式（10－11）组成联立方程，可以解出

$$\frac{\partial Y_1}{\partial \xi_1}=-\frac{\partial C_1'(Y_1,\xi_1)}{\partial \xi_1}\times\frac{1}{C_1''(Y_1,\xi_1)}\left[1-\frac{1}{1+\frac{C_1''(Y_1,\xi_1)}{C_2''(Y_2,\xi_2)}-\frac{C_1''(Y_1,\xi_1)}{T''(Y)}}\right] \tag{10-12}$$

$$\frac{\partial Y_2}{\partial \xi_1}=-\frac{\partial C_1'(Y_1,\xi_1)}{\partial \xi_1}\times\frac{1}{C_1''(Y_1,\xi_1)}\times\frac{1}{1+\frac{C_2''(Y_2,\xi_2)}{C_1''(Y_1,\xi_1)}-\frac{C_2''(Y_2,\xi_1)}{T''(Y)}} \tag{10-13}$$

$$\frac{\partial Y_w}{\partial \xi_2}=\frac{\partial C_2'(Y_2,\xi_2)}{\partial \xi_2}\times\frac{1}{T''(Y)-C_2''(Y_2,\xi_2)} \tag{10-14}$$

由于 $T''(Y)<0$，$\frac{\partial C_1'(Y_1,\xi_1)}{\partial \xi_1}>0$，$C_1''(Y_1,\xi_1)>0$，$C_2''(Y_2,\xi_2)>0$，$\frac{\partial C_2'(Y_2,\xi_2)}{\partial \xi_2}>0$，由此可得

$$\frac{\partial Y_1}{\partial \xi_1}<0,\ \frac{\partial Y_2}{\partial \xi_1}>0,\ \frac{\partial Y_w}{\partial \xi_2}<0 \tag{10-15}$$

$\frac{\partial Y_1}{\partial \xi_1}<0$ 表示技术性环境规制与研发部门的经济绩效呈反向变动关系，即当技术性环境规制强度增大时，研发部门需要投入更多的要素成本。$\frac{\partial Y_2}{\partial \xi_1}$

> 0 表示技术性环境规制与生产部门的经济绩效呈正相关关系，即由于技术溢出效应的存在，当技术性环境规制强度增大时，研发部门会被倒逼创新，以新技术投入生产，以此提高生产部门的经济绩效。$\frac{\partial Y_w}{\partial \xi_2} < 0$ 反映出生产性环境规制会负向影响污染型产品的经济绩效，从而对生产部门的经济绩效产生抑制效应，但当生产性环境规制力度增强时，生产部门有可能考虑调整其生产结构，将更多的生产要素投入清洁型产品中，实现转型升级。

综上所述，理论模型分析表明，环境规制对经济绩效的影响效应是多种力量的综合作用，经济绩效作为经济韧性的重要体现，故本章认为环境规制对经济韧性的影响是复杂的。

通过理论模型分析，本章认为环境规制与经济韧性间存在非线性关系。从短期来看，环境规制政策的强制实施，要求企业向国家缴纳排污费，或者支出额外的成本以处理污染物排放达到国家要求的标准，短期内企业的生产技术无法改变，治理污染的支出就会增加企业的生产成本，导致企业生产率降低，从而拉低整个区域的生产效率。此外，治理污染的支出对企业的研发投入具有挤出效应（韩超等，2017），挤出效应的存在限制了企业对新技术的研发，不利于地区创新能力的提升。从长期来看，为保证地区的正常生产和利润，当地企业会倾向寻求技术创新或转型升级以获取更为清洁的技术，从而避免额外的成本支出，获得更高的生产效率。从宏观角度来看，环境规制可能会通过倒逼地区创新的路径来激励经济发展韧性的提升，故有理由认为环境规制与经济韧性间绝不是简单的线性相关关系，两者间应该存在非线性的关系。基于此，本章提出以下假设：

H1：环境规制与区域经济韧性间呈正“U”形的非线性相关关系，环境规制存在一个阈值，在该阈值之前，环境规制负向影响区域经济韧性，超过该阈值，负向影响转变为正向影响。

10.1.2 环境规制对经济韧性的作用机制分析

经济学家对环境规制的传统观点是，环境规制不利于企业生产，环境规制政策的实施会迫使企业支出额外的成本用以污染物的处理以达到国家规定的排放要求，使企业利润减少，竞争力减弱，进而拉低整个区域的生产效率。此外，治理污染的支出对企业的研发投入具有挤出效应（韩超等，2017），在短期内研发支出的减少会降低企业进行创新的意愿，不利于企业进行技术创新（Gollop and Roberts，1983；Barbera and McConnell，1990），从而影响区域的创新积极性和创新效率，即环境规制的遵循成本效应。而波特假说认为严格且适当的环境规制会刺激企业创新，建立相对竞争优势（Porter and Vander，1995）。随着学者的进一步深入研究，Jaffe和Palmer（1997）将波特假说划分为强弱两个版本，其中弱波特假说认为环境规制会刺激企业创新，但对这种创新的好坏并没有加以说明。而强波特假说则表示环境规制带来的创新会抵消企业的遵循成本，这就是所说的创新补偿效应。根据强波特假说，从宏观层面来看，区域环境规制政策的实施会迫使地区为达到相应环保标准不断进行技术改造，增强区域创新能力。因此环境规制产生的净效应取决于创新补偿效应和遵循成本效应的相对大小，在短期内，地区的遵循成本效应可能大于创新补偿效应，而在长期内，创新补偿效应可能会发挥主要作用，故我们有理由认为，环境规制与区域创新能力间绝不是简单的线性关系，而是存在非线性关系。根据演化经济地理学理论，经济韧性是一个动态演化过程，其主要涉及适应能力和适应性两个方面。演化经济地理学家认为，创新能力是区域经济适应性的核心，创新能力可以帮助区域经济在遭受冲击时从冲击中适应调整，它可以为应对某些冲击提供巨大潜力，当经济环境发生变化时，企业具有利用现有知识和寻找新机会的潜在能力，以恢复原有状态，甚至突破原有路径，形成新路径进一步发展。这与熊彼特对创新的观点不谋而合，熊彼特认为在经济周期中，经济系统历经繁荣、衰退、萧条和复苏四个阶段，技术创新是从萧条时期向复苏时期过渡的主要驱动力（Schumpeter，1939，2013）。创新能力是一个包含多个层面的综合性概念，既可狭义地指企业的研究开发能力，也可泛指社会的创新能力、组织机构的创新能力。在面临危机时，研发投资支出越多的公司应对危机的能力越强，长期存活率越高（Coad，2009）。以技术和知识为基础的商业活动越多的地区表现出越强的复原力（Chapple and Lester，2010）。创新是开发新产品和服务的关键所在，甚至在经历巨大破坏和资源释放后，创新能力较强的地区能从破坏中寻找新的创新机会，获取资源形成新的比较优势，突破原有增长路径，以新的增长路径实现更快、更好的发展。区域经济会因为新产品和服务的出现将现有专业化部门进行分支，以发展更多元的经济，这种创新路径的产生不仅能够推动区域经济增长，也能对区域经济韧性建设发挥重要的促进作用（Isaksen and Trippl，2016）。创新不仅能激励经济韧性建设，也能对区域的社会、生态危机产生有利影响，从而构建区域韧性，实现区域可持续发展（Courvisanos，2012）。因此，当经济环境受到冲击时，创新作为区域发展的核心动力，能迅速地在不利条件下寻求新的发展机会，调整区域发展结构和方向，开辟新增长路径以实现区域的进一步发展。基于此，本章提出以下假设：

H2：在短期内，环境规制抑制区域创新，阻碍经济韧性的发展；在长期内，环境规制刺激区域创新，促进经济韧性的发展。

10.2 实证策略

本章以环境规制为切入视角，通过构建面板双向固定效应模型，从实证角度检验环境规制对长江经济带区域经济韧性建设的直接影响效应。

10.2.1 模型构建

为研究环境规制对经济韧性的直接影响，本章构建了一个普通面板模型，具体设定如下：

$$res_{it} = \beta_0 + \beta_1 er_{it} + \beta_2 er_{it}^2 + \beta X_{it} + \mu_i + \lambda_t + \varepsilon_{it} \quad (10-16)$$

其中：i 为城市；t 为年份；res 为经济韧性发展水平；er 为环境规制水平；X 为一系列会对区域经济韧性产生影响的控制变量；μ_i 为城市固定效应；λ_t 为年份固定效应；ε 为随机误差项。β_1 为 er 的估计系数，β_2 为 er^2 的估计系数。若 β_1 显著为正，β_2 显著为负，表明环境规制与经济韧性间呈倒“U”形关系；若 β_1 显著为负，β_2 显著为正，表明环境规制与经济韧性间呈正“U”形关系，即先抑制后促进。

10.2.2 变量说明

1. 被解释变量：经济韧性

关于经济韧性的衡量和测算，现有研究中提供了诸多方法。一是构建综合指标体系。选取多项指标运用主成分分析、熵值法、因子分析或聚类分析等方法进行综合测算。如 Briguglio 等（2006）从宏观经济稳定性、微观经济市场效率、政府治理和社会发展四个层面构建经济韧性的指标体系。Courvisanos 等（2016）结合地理位置、收入水平和行业类别将数据进行分类形成数据集，在此基础上对数据集进行 K - means 聚类分析，以此对比分析各区的经济韧性。二是以某一核心变量来替代经济韧性，如失业率（Brown and Greenbaum，2017）、就业人数的变化（Rocchetta and Mina，2019；陈安平，2022）、GDP 变化（李博等，2023）等。这种方法需要设定一个初始核心变量值，然后得到冲击后核心变量与初始变量的差值，以此表示经济体受到冲击的程度和恢复程度。三是采用计量模型测度经济韧性。如 Doran 和 Fingleton（2016）利用复杂空间计量模型对经济韧性进行测度。本章认为经济韧性是多个方面的综合体现，其代表的是一个地区遭遇冲击时的抵抗力、调整力和进化力。故本章在借鉴 Martin（2012）思路和方法的基础上，从数据的综合性、可获得性和代表性出发，从抵抗吸收能力、恢复调整能力和创新进化能力三个维度选取 10 个具体指标构建综合指标评价体系，指标的具体衡量如表 10 - 1 所示，并运用熵值法对 2006—2019 年长江经济带 108 个城市经济韧性发展水平进行测度。

表 10 - 1　区域经济韧性指标评价体系

一级指标	二级指标	三级指标	指标说明	属性
区域经济韧性	抵抗吸收能力	经济发展水平（元/人）	人均 GDP	正向
		就业水平（%）	从业人员数/GDP	正向
		对外开放水平（%）	外商直接投资/GDP	负向
	恢复调整能力	经济集聚水平（%）	规模以上工业企业数/城区面积	正向
		金融发展水平（%）	金融机构存贷款余额/GDP	正向
		信息化发展水平（%）	互联网宽带接入数/GDP	正向

续表

一级指标	二级指标	三级指标	指标说明	属性
区域经济韧性	创新进化能力	人力资本素质（%）	每万人在校大学生数（普通高等学校在校学生数/常住人口）	正向
		研发资金投入（%）	科技支出/GDP	正向
		研发人员投入（%）	每万人中从事科技活动的人数（从事科技活动的人员数/常住人口）	正向
		公共教育支出（%）	教育支出/GDP	正向

2. 核心解释变量：环境规制

对于环境规制的衡量，学者采用了诸多方法，包括采用单个指标来衡量环境规制强度的单一指标法（张成等，2011）、运用多个指标综合测算环境规制水平的综合指数法（沈坤荣等，2017）以及从不同环境规制手段、不同环境规制主体等视角进行测度（吴磊等，2020；孙景兵和孟玉玲，2022）。本章参考李虹和邹庆（2018）的研究，采用污水处理率、生活垃圾处理率和一般工业固体废物利用率三个指标运用熵值法进行测算。

3. 控制变量

除环境规制以外，还存在其他影响经济韧性的因素。因此，基于既有对经济韧性研究的文献以及指标的合理性与数据的可获得性，本章选取以下指标作为控制变量：①市场规模（*market*）。本章使用社会消费品零售总额与 GDP 的比值作为衡量市场规模的代理指标。②政府干预（*gov*）。参考刘成杰等（2023）的研究，政府干预水平使用财政支出占 GDP 的比重进行衡量，地方政府财政支出可以促进当地的创新创业、改善基础设施等，有助于推动区域经济的长期增长，为经济韧性的发展打下坚实基础。③人口密度（*pop_den*）。参考高志刚和丁煜莹（2023）的做法，用常住人口与城区面积的比值对人口密度进行衡量。人口是一切社会活动的来源，为社会生产生活提供支撑。高素质人才是激励创新的不竭动力，为应对突发危机提供强大支撑力。④财政自给水平（*fis*）。借鉴袁丰等（2023）的研究，使用地方政府一般预算支出与地方政府一般预算收入的比值来刻画财政自给水平，财政自给水平反映出一个地区的财政收支状况，财政状况越健康、越充裕的地区，在面对冲击时，越能及时运用财政手段适应和抵御冲击。⑤经济密度（*ecoden*）。参考李淑芬（2023）的研究，将 GDP 与城区面积的比值作为衡量经济密度的指标，经济密度带来集聚经济效应，以更大的市场优势促进了技术外溢以及中间品服务的多样化发展，进而有助于构建和增强区域经济韧性。

4. 中间变量

在中间变量的选取上，本章以创新能力进行衡量。环境保护政策的实施对区域创新能力产生影响，创新能力又是经济韧性的驱动力和核心引擎，故本章将专利授权数与常住人口的比值（inn_1）和专利申请数与常住人口的比值（inn_2）分别作为衡量创新能力的替代指标。

5. 门槛变量

考虑到长江经济带各城市经济发展水平存在较大的差异，经济发展水平可能会影响环境规制对经济韧性的作用效果，故本章运用人均 GDP 来衡量经济发展水平（*p*GDP）。

10.2.3 数据来源及变量平稳性检验

1. 数据来源

鉴于数据的可得性，本章采用 2006—2019 年长江经济带 108 个城市的面板数据[①]作为研究样本，原始数据主要来源于《中国城市统计年鉴》《中国城市建设统计年鉴》、国家知识产权局及各地方统计年鉴、EPS 数据库、国泰安数据库。个别数据缺失值采用插值法补全。

2. 变量平稳性检验

为保证计量回归结果的有效性，本章采用 HT 检验对面板回归涉及的主

① 在本章的分析中，长江经济带 108 个城市主要包括：长江上游地区的重庆、成都、自贡、攀枝花、泸州、德阳、绵阳、广元、遂宁、内江、乐山、南充、眉山、宜宾、广安、达州、雅安、巴中、资阳、贵阳、六盘水、遵义、安顺、昆明、曲靖、玉溪、保山、昭通、丽江、普洱、临沧 31 个城市；长江中游地区的南昌、景德镇、萍乡、九江、新余、鹰潭、赣州、吉安、宜春、抚州、上饶、武汉、黄石、十堰、宜昌、襄阳、鄂州、荆门、孝感、荆州、黄冈、咸宁、随州、长沙、株洲、湘潭、衡阳、邵阳、岳阳、常德、张家界、益阳、郴州、永州、怀化、娄底 36 个城市；长江下游地区的上海、南京、无锡、徐州、常州、苏州、南通、连云港、淮安、盐城、扬州、镇江、泰州、宿迁、杭州、宁波、温州、嘉兴、湖州、绍兴、金华、衢州、舟山、台州、丽水、合肥、芜湖、蚌埠、淮南、马鞍山、淮北、铜陵、安庆、黄山、滁州、阜阳、宿州、六安、亳州、池州、宣城 41 个城市。

要变量进行单位根检验，观察其是否平稳。从表 10－2 中可以看出，除经济密度外，其余变量均在 1% 的显著性水平下拒绝原假设。尽管经济密度不平稳，但对其一阶差分进行平稳性检验后发现其是平稳的，故而进一步运用 Westerlund 检验对其是否协整进行检验，Westerlund 检验的 p 值为 0.000，故笔者认为变量间存在协整关系，可以使用这些变量进行实证分析。

表 10－2　主要变量平稳性检验结果

变量	统计值	Z 值	p 值	是否平稳
res	0.329	－7.489	0.000	平稳
er	0.391	－5.201	0.000	平稳
market	0.361	－6.326	0.000	平稳
gov	0.090	－16.363	0.000	平稳
pop_den	0.316	－7.988	0.000	平稳
fis	0.202	－12.217	0.000	平稳
ecoden	0.491	－1.501	0.067	不平稳
D(ecoden)	－0.146	－22.677	0.000	平稳

10.3　实证结果分析

10.3.1　基准回归结果分析

在分析面板回归估计结果前，首先对面板回归模型做豪斯曼检验，其检验结果为负，表明应拒绝使用随机效应模型的原假设，故可以利用面板固定效应模型进行回归分析，经进一步检验确认，本章使用面板双向固定效应模型对后文的实证研究进行分析，结果如表 10－3 所示，其中列（1）和列（3）是未加入控制变量回归的结果，结果表明环境规制的一次项系数显著为负，二次项系数显著为正，这说明环境规制与经济韧性间存在显著的正“U”形关系。列（4）和列（5）是加入控制变量并分别控制城市固定效应以及同时控制城市固定效应与年份固定效应的回归结果。从列（5）的回归结果可以看出，在加入控制变量并控制城市固定效应和年份固定效应后，环境规制一次项系数在 1% 的水平下显著为负，环境规制二次项系数在 1% 的水平下显著为正，即环境规制与经济韧性间依然存在显著的正“U”形关系，这说明在短期内，环境规制水平的提高会抑制经济韧性增强，而在长期内，环境规制的抑制效应会转变为促进效应，由此验证了 H1。这可能是因为在短期内，企业因为环境规制政策的实施，会支出额外的成本以使污染物的排放达到国家要求的标准，这种成本支出不仅会降低企业竞争力，还会影响企业的研发投入，进而不利于区域经济韧性提升。而在长期内，为适应环境规制的政策标准，企业会进行创新以寻求更为清洁的技术，提高企业的生产力，刺激区域经济韧性增强。此外，由回归结果可知，*er* 的系数为 -0.267，er^2 的系数为 0.208，根据式（10-16）计算出对称轴 $X = -\beta_1/2\beta_2$，即环境规制与经济韧性的“U”形拐点值为 0.642，通过对考察期样本城市的环境规制水平进行梳理发现，截至 2019 年，长江经济带接近 2/3 的城市已经处于环境规制对经济韧性的促进效应大于抑制效应的阶段。从列（5）控制变量的回归结果看，人口密度和经济密度对经济韧性有显著的正向影响，而市场规模、政府干预及财政自给水平的影响并不显著。

表 10-3 基准回归结果

变量	被解释变量：经济韧性（*res*）				
	随机效应			固定效应	
	(1)	(2)	(3)	(4)	(5)
er	-0.256***	-0.216***	-0.257**	-0.217***	-0.267***
	(-2.64)	(-2.76)	(-2.17)	(-2.68)	(-3.05)
er^2	0.367***	0.219***	0.367***	0.218***	0.208***
	(4.27)	(3.14)	(3.39)	(2.96)	(2.68)
market		0.150***		0.153***	-0.004
		(11.84)		(5.69)	(-0.14)
gov		0.010***		0.011***	0.003
		(7.90)		(5.04)	(1.30)
pop_den		-0.002***		-0.002	0.003***
		(-4.32)		(-1.57)	(4.36)
fis		-0.042***		-0.037***	-0.006
		(-5.60)		(-2.69)	(-0.64)
ecoden		0.004***		0.004***	0.001*
		(16.88)		(8.51)	(1.67)

续表

变量	被解释变量：经济韧性（*res*）				
	随机效应			固定效应	
	(1)	(2)	(3)	(4)	(5)
常数项	0.152 ***	0.099 ***	0.153 ***	0.096 ***	0.161 ***
	(5.48)	(4.26)	(4.76)	(3.62)	(6.26)
城市固定效应	No	No	No	Yes	Yes
年份固定效应	No	No	No	No	Yes
观测值	1512	1512	1512	1512	1512
R^2	0.115	0.453	0.115	0.454	0.650

注：*、**、*** 分别表示在10%、5%、1%的统计水平下显著。

10.3.2 稳健性检验

1. 替换解释变量

环境规制的衡量由工业二氧化硫排放量、工业废水排放量、工业烟尘排放量、生活垃圾无害化处理率、污水厂集中处理率和一般工业固体废物综合利用率六个指标运用熵值法计算得出。由表10-4可知，在替换解释变量之后，回归结果与基准回归结果基本一致，故本章的基准回归结果具有一定的稳健性。

表10-4 替换解释变量的稳健性检验结果

变量	被解释变量：经济韧性（*res*）	
	(1)	(2)
er	-0.498 ***	-0.361 **
	(0.180)	(0.174)
er^2	0.368 ***	0.261 *
	(0.140)	(0.134)
常数项	0.260 ***	0.202 ***
	(0.058)	(0.056)
控制变量	No	Yes
城市固定效应	Yes	Yes
年份固定效应	Yes	Yes
观测值	1512	1512

续表

变量	被解释变量：经济韧性（res）	
	(1)	(2)
R^2	0.606	0.647

注：*、**、*** 分别表示在10%、5%、1%的统计水平下显著。

2. 剔除部分样本

在一个经济系统中，直辖市、省会城市往往具有较高的经济发展水平、相对丰富的资源禀赋，并且政府在制定各类经济政策时也会向这类城市倾斜，这可能会导致环境规制对经济韧性的作用效果受其他各类政策因素的影响。因此，本章借鉴孙红雪等（2023）的方法，将研究样本中剔除上海、重庆、南京、杭州、合肥、南昌、武汉、长沙、成都、贵阳和昆明11个中心城市，再进行回归分析，结果如表10-5所示，说明本章的基准回归结果具有一定的可靠性。

表10-5 剔除部分样本的稳健性回归结果

变量	被解释变量：经济韧性（res）	
	(1)	(2)
er	-0.346***	-0.286***
	(0.079)	(0.068)
er^2	0.295***	0.243***
	(0.069)	(0.059)
常数项	0.177***	0.144***
	(0.022)	(0.021)
控制变量	No	Yes
城市固定效应	Yes	Yes
年份固定效应	Yes	Yes
观测值	1358	1358
R^2	0.617	0.677

注：*** 表示在1%的统计水平下显著。

3. 缩尾处理

在基准回归中，极端值可能会对回归结果产生干扰。为避免极端值对回归结果产生的影响，本章借鉴刘莉和陆森（2023）的方法，对被解释变量进行1%缩尾处理后再进行回归，估计结果如表10-6所示。缩尾处理后的结果显示，环境规制的系数符号未发生改变且依然显著，表明本章的基准回归结果具有一定的可靠性。

表10-6 缩尾处理的稳健性检验结果

变量	被解释变量：经济韧性（*res*）	
	(1)	(2)
er	-0.332***	-0.265***
	(0.094)	(0.087)
er^2	0.266***	0.208***
	(0.084)	(0.077)
常数项	0.194***	0.160***
	(0.026)	(0.026)
控制变量	No	Yes
城市固定效应	Yes	Yes
年份固定效应	Yes	Yes
观测值	1512	1512
R^2	0.613	0.654

注：*** 表示在1%的统计水平下显著。

10.4 进一步分析

为进一步研究环境规制对经济韧性的影响，本节从异质性、创新能力的中间作用和门槛效应等方面进行实证分析。

10.4.1 异质性分析

由于各城市地理位置的差异、人口规模的不同，初始资源禀赋及经济特征大不相同。探究不同类型城市的异质性，有助于进一步了解环境规制对经济韧性的影响。

1. 地理区位异质性

长江经济带作为区域性经济带，涉及11个省市，横跨东、中、西部三个地区，其自然资源禀赋和国家战略政策等存在差异。因此，本章选取长江经济带108个城市为研究对象，按照长江上游、中游、下游地区进行划分，进一步探究环境规制对长江经济带经济韧性的影响，结果如表10－7所示。根据表10－7的结果，长江下游地区的环境规制与经济韧性间存在显著的正“U”形关系，而长江上游地区和中游地区的环境规制对经济韧性的影响效应并不显著。可能的原因是长江下游地区较为发达，短期内环境规制会抑制经济韧性，但从长期来看，这种抑制效应会转变为刺激效应。因为随着经济发展水平的提升，社会民众的环保意识显著增强，进而激发了企业积极投身绿色生产的热情与动力，有力促进了经济韧性的增强与发展。长江上游、中游地区的经济发展水平较长江下游地区来说相对较低，为了更好地发展，这些地区会选择牺牲环境，故而这些地区目前的环境规制对经济韧性的影响不显著。

表10－7 地理区位异质性回归结果

变量	被解释变量：经济韧性（*res*）		
	长江下游地区	长江中游地区	长江上游地区
	(1)	(2)	(3)
er	－0.274**	－0.237	－0.143
	(0.110)	(0.183)	(0.192)
er^2	0.220***	0.187	0.085
	(0.078)	(0.164)	(0.188)
常数项	0.200***	0.182***	0.091*
	(0.037)	(0.048)	(0.053)
控制变量	Yes	Yes	Yes
城市固定效应	Yes	Yes	Yes
年份固定效应	Yes	Yes	Yes
观测值	574	504	434
地区数	41	36	31
R^2	0.727	0.736	0.601

注：*、**、***分别表示在10%、5%、1%的统计水平下显著。

2. 城市规模异质性

就城市规模而言，大城市因具有资源优势，更容易吸引人才的流入，也更容易产生经济的聚集效应。本章将长江经济带的城市按照常住人口分为两类，一类是常住人口大于300万的大城市，另一类是常住人口小于

300万的中小城市，以评价不同城市规模下环境规制对经济韧性的异质性影响效应，结果如表10-8所示。根据表10-8的结果，我们认为在大城市，环境规制与经济韧性间呈显著的正“U”形关系，而在中小城市，环境规制对经济韧性存在显著的负向影响。这可能是因为在大城市，环境规制在短期内确实会影响企业的生产效应，阻碍经济韧性的提升，但在长期内，企业会被迫创新转型，从而有利于经济韧性的增强。而中小城市在环境规制的压迫下，没有足够的动力进行创新转型，受限于资源匮乏与企业发展条件有限，在这种情况下，环境规制水平的提高反而成为中小城市经济韧性增强的阻碍因素。

表10-8　城市规模异质性回归结果

变量	被解释变量：经济韧性（*res*）	
	大城市	中小城市
	(1)	(2)
er	-0.234**	-0.210*
	(0.111)	(0.120)
er^2	0.186*	0.150
	(0.095)	(0.109)
常数项	0.158***	0.119***
	(0.034)	(0.036)
控制变量	Yes	Yes
城市固定效应	Yes	Yes
年份固定效应	Yes	Yes
观测值	1022	490
R^2	0.656	0.696

注：*、**、*** 分别表示在10%、5%、1%的统计水平下显著。

10.4.2　创新能力的中间作用

根据前文所述的理论机制分析，创新能力是环境规制影响经济韧性的中间传导机制，为检验环境规制对经济韧性的作用渠道，本章首先以创新能力作为被解释变量，以环境规制为核心解释变量，构建式（10-17）和式（10-18）来检验环境规制对创新能力的影响。其次为验证创新能力的中间作用，构建式（10-19）和式（10-20）来检验创新能力对经济韧性的影响。

$$inn_{1it} = \delta_0 + \delta_1 er_{it} + \delta_2 er_{it}^2 + \delta X_{it} + \mu_i + \lambda_t + \varepsilon_{it} \qquad (10-17)$$

$$inn_{2it} = \delta_0 + \delta_1 er_{it} + \delta_2 er_{it}^2 + \delta X_{it} + \mu_i + \lambda_t + \varepsilon_{it} \qquad (10-18)$$

$$res_{it} = \delta_0 + \delta_1 inn_{1it} + \delta X_{it} + \mu_i + \lambda_t + \varepsilon_{it} \qquad (10-19)$$

$$res_{it} = \delta_0 + \delta_1 inn_{2it} + \delta X_{it} + \mu_i + \lambda_t + \varepsilon_{it} \qquad (10-20)$$

分别对上述四个模型进行回归，表 10－9 即为创新能力作为中间传导机制的回归结果。由表 10－9 中列（1）和列（2）的回归结果可知，环境规制与创新能力间存在显著的正“U”形关系，即环境规制在短期内会对创新能力产生负向影响，但在长期内这种抑制效应会转变为促进效应。这表明环境规制最开始由于遵循成本效应抑制了区域创新能力的提升，但之后创新补偿效应占主导地位，所以环境规制对区域创新能力产生显著的正向影响。由此可知，这种回归结果验证了理论机制中的分析，即环境规制与创新能力间存在非线性关系。从列（3）和列（4）的回归结果中可以看出，创新能力会对经济韧性产生显著的促进作用，即面对外部风险冲击时，创新能力越强的城市抵御外部冲击的能力也越强，且可能依靠创新开辟出一条新增长路径。故表 10－9 的回归结果验证了环境规制能够通过创新能力影响经济韧性，进而 H2 得到了验证。

表 10－9　创新能力的中间机制

变量	(1)	(2)	(3)	(4)
	inn_1	inn_2	res	res
er	−0.607*** (0.173)	−1.088*** (0.272)		
er^2	0.341** (0.148)	0.674*** (0.237)		
inn_1			0.063*** (0.019)	
inn_2				0.045*** (0.011)
常数项	0.186*** (0.054)	0.355*** (0.089)	0.082*** (0.009)	0.081*** (0.009)

续表

变量	(1)	(2)	(3)	(4)
	inn_1	inn_2	res	res
控制变量	Yes	Yes	Yes	Yes
城市固定效应	Yes	Yes	Yes	Yes
年份固定效应	Yes	Yes	Yes	Yes
观测值	1512	1512	1512	1512
R^2	0.501	0.529	0.661	0.664

注：**、*** 分别表示在5%、1%的统计水平下显著。

10.4.3 门槛效应

1. 门槛回归模型构建

考虑到长江经济带各城市经济发展水平存在较大的差异，经济发展水平可能会影响环境规制对经济韧性的作用效果，基于此，为了探究环境规制对经济韧性的调节作用，借鉴 Hansen（1999）提出的门槛回归思想，将经济发展水平作为门槛变量，构建的门槛效应模型具体形式如下：

$$res_{it} = \alpha_0 + \alpha_1 er_{it} \times I(q_{it} \leqslant \gamma_1) + \alpha_2 er_{it} \times I(\gamma_1 < q_{it} \leqslant \gamma_2) + \alpha_3 er_{it} \times I(q_{it} > \gamma_2) + \alpha X_{it} + \mu_i + \lambda_t + \varepsilon_{it} \tag{10-21}$$

其中：q_{it} 为门槛变量；α_1、α_2 和 α_3 为核心解释变量环境规制在不同门槛区间下的回归系数；γ_1、γ_2 为待估计门槛变量的门槛值；α 为控制变量的回归系数；$I(\cdot)$ 为示性函数。

2. 门槛效应的存在性检验

在使用面板门槛分析前，首先需要对是否存在门槛效应，以及存在几个门槛进行相应检验。本章先通过“自助法”（Bootstrap）反复抽样 300 次对面板门槛的存在性进行检验，检验结果如表 10-10 所示。从表 10-10 中可以看出，经济发展水平门槛变量通过了双重门槛检验，未通过三重门槛检验，故本章认为应进一步进行双重门槛模型实证分析，以观察在门槛值前后，环境规制对经济韧性的影响效应有何差异。

表 10 – 10 门槛存在性检验结果

门槛变量	指标说明	指标	F 统计量	Bootstrap 抽样得到的 p 值
经济发展水平	人均 GDP	单一门槛	70.40***	0.000
		双重门槛	21.75**	0.027
		三重门槛	15.01	0.207

注：**、*** 分别表示在 5%、1% 的统计水平下显著。

3. 门槛效应的回归结果分析

由表 10 – 11 的回归结果可知，环境规制对经济韧性的影响被经济发展水平划分为三个区间。当经济发展水平低于 γ_1 时，环境规制对经济韧性存在显著的负向影响；当经济发展水平处于 γ_1 和 γ_2 之间时，环境规制仍对经济韧性存在负向抑制影响，但这种抑制效应已大大降低；当经济发展水平超过 γ_2 后，环境规制的抑制效应转变为促进效应，表明随着经济发展水平的不断提高，环境规制对经济韧性的负向影响转变为正向影响。

表 10 – 11 门槛效应回归结果

被解释变量：经济韧性（res）	
$er \times I(pGDP \leqslant \gamma_1)$	−0.025* (0.015)
$er \times I(\gamma_1 < pGDP \leqslant \gamma_2)$	−0.003 (0.014)
$er \times I(pGDP > \gamma_2)$	0.020 (0.017)
常数项	0.092*** (0.011)
控制变量	Yes
城市固定效应	Yes
年份固定效应	Yes
观测值	1512
R^2	0.668

注：*、*** 分别表示在 10%、1% 的统计水平下显著。

10.5 本章小结

本章从环境规制的视角切入，运用双固定效应模型研究环境规制对长江经济带经济韧性的影响及作用机制。首先，构建一个有关环境规制和经济韧性的理论模型，在梳理、归纳相关文献的基础上，从创新能力的角度分析了环境规制对经济韧性的间接影响效应。在此基础上，本章建立了包括 3 个方面 10 个指标的长江经济带城市层面的经济韧性指标评价体系，通过熵值法测度了 2006—2019 年长江经济带 108 个城市的经济韧性水平。其次，就环境规制对经济韧性的直接影响、异质性影响、作用机制及门槛效应分别做了实证检验。通过上述分析，本章得到以下结论：总体来说，环境规制与经济韧性间存在显著的正“U”形关系。在经过替换解释变量、删除部分样本和缩尾处理等多种稳健性检验后，这种关系仍然成立。进行异质性分析后，就地理区位的异质性回归结果而言，我们发现环境规制与经济韧性间显著的正“U”形关系只存在于长江下游地区的城市中，在长江上游地区和中游地区的城市中，这种正“U”形关系并不显著。就城市规模的异质性回归结果而言，在大城市，环境规制与经济韧性间呈显著的正“U”形关系，而在中小城市，环境规制对经济韧性存在显著的负向影响。本章对创新能力的中间传导机制做了实证检验，结果显示，在短期内，环境规制对经济韧性的负向影响是通过抑制创新起作用，而在长期内，环境规制可通过刺激创新对经济韧性产生正向影响。最后，为了探究环境规制对经济韧性的调节作用，本章采用面板门槛模型进行研究，结果发现区域经济发展水平确实存在调节作用。

基于本章的研究结论，提出以下对策建议：第一，制定差异化环境规制标准，灵活调整环境规制强度。首先，针对不同地区、产业、行业和企业，结合其各自的生产特点，执行差异化的环境规制标准，明确各地区、各产业、各行业和各企业的污染物排放标准、违规处罚标准。其次，长江经济带各城市的污染型企业可能是实时调整的，这些污染型企业因为环境规制标准的调整发生迁入迁出，因此需灵活调整各城市的环境规制强度。第二，建立引导刺激机制，积极鼓励长江经济带各城市创新。在环境规制的初期，处理污染物的额外成本支出会挤占企业的生产投入和研发投入，不利于企业进行技术创新，降低了企业竞争力。此时，地方政府应通过税收减免、政策优惠和财政补贴等方式引导并鼓励企业进行技术创新。同时，应进一步提高绿色环保意识，营造良好的创新氛围，鼓励企业生产清洁型产品甚至进行绿色转型。第三，从全局出发，推进长江经济带各城市平衡发展。环境规制对经济韧性的影响效应在不同地理区位和不同城市规模中表现出显著的差异性，需注意城市间经济韧性的差异化发展趋势，制定政策时应从区域整体战略出发，在实施具体的环境规制时要注意城市间因各种因素所带来的政策效果差异，在持续推进整体经济韧性稳定增强的过程中，致力于长江经济带各城市间的平衡发展。

11 人口流动、空间溢出与区域创新能力[①]

从《中华人民共和国2021年国民经济和社会发展统计公报》的数据来看，2021年末全国总人口为14.13亿人，其中流动人口3.85亿人，约占总人口的1/4[②]，人口的跨区域流动已成为当前中国的一大主要趋势。创新是第一生产力，习近平总书记在党的二十大报告中强调指出，要"完善科技创新体系，坚持创新在我国现代化建设全局中的核心地位，健全新型举国体制，强化国家战略科技力量，提升国家创新体系整体效能，形成具有全球竞争力的开放创新生态"[③]。我国经济发展的目标已从追求"数量"向追求"质量"转化，要实现经济高质量发展必须注重创新能力的提高，增强自主创新能力是当前发展阶段的重要任务。《中国区域科技创新评价报告2022》显示，长江经济带创新表现突出，科技创新能力稳步增强，其中长三角地区已成为国内最具竞争力的区域创新共同体。[④] 长江经济带整体创新水平不断提高，为把我国建设成为创新型国家和世界科技强国提供了强有力的支撑。根据第七次全国人口普查数据，长江经济带流动人口总

① 本章主要内容参见：何雄浪，陈贤青．人口流动对区域创新能力的影响与空间效应：长江经济带三大城市群70城市的例证[J]．西部论坛，2023(4)：109－124.

② 中华人民共和国2021年国民经济和社会发展统计公报[EB/OL]．(2022－02－28). https://www.gov.cn/xinwen/2022－02/28/content_5676015.htm.

③ 习近平．高举中国特色社会主义伟大旗帜　为全面建设社会主义现代化国家而团结奋斗——在中国共产党第二十次全国代表大会上的报告[EB/OL]．(2022－10－25)．https://www.gov.cn/xinwen/2022－10/25/content_5721685.htm.

④ 《中国区域科技创新评价报告2022》正式发布[EB/OL]．(2022－12－07)．http://www.casted.org.cn/channel/newsinfo/9180.

数高达 1.56 亿人，约占全国总流动人口的 41.4%。[①] 创新的主体是人，其在空间上的流动为长江经济带区域创新提供所需的劳动力、资本和技术等多种资源，因此研究长江经济带人口流动与区域创新是否存在内在联系是值得探索的议题。一方面，流动人口是活跃的劳动力资源，作为创新要素之一，如何激发创新活力对长江经济带高质量发展至关重要；另一方面，长江经济带包含长三角城市群、长江中游城市群和成渝城市群，地域范围横跨我国东、中、西三大板块，研究其人口流动对区域创新能力的影响能为增强我国创新整体实力提供经验证据。

国内外关于人口流动与创新相关关系的研究主要集中于以下两个视角：一是从文化多元性的视角出发，研究人口迁移带来的多元文化对创新产生的影响。有学者认为，人口迁移会形成多元化的文化，文化的交流共享会促进创新产出。如 Niebuhr（2010）认为，来自不同地区的工人文化背景不一，其知识和能力的差异可以提高研发部门的绩效。但也有研究表明，不同文化之间存在壁垒，文化异质性会阻碍生产力的发展。Ottaviano 和 Peri（2006）研究得出，虽然外来劳动力会对当地劳动力的能力进行补充，但是文化无法融合的问题会阻碍群体间的交流，从而阻碍生产力的发展。二是关注迁移人口的质量。在创新中，人才是重中之重，技术人才的流入会提高人力资本水平。Gagliardi（2015）发现，技术移民的流入会增加平均人力资本，从而提升英国当地的创新绩效。同样地，Hunt 等（2010）在分析技术移民对美国创新的影响程度时得出，在美国的大学生移民中，移民人口每增加 1% 会增加 9% ~18% 的人均专利数。也有学者认为，高学历流动人口对创新的影响存在空间溢出效应，如夏基洋和张越（2020）以长三角城市群的 26 个城市为研究对象，发现高学历流动人口对城市的创新能力存在显著的正向空间溢出效应。Wigger（2022）认为，在移民群体中，来自发达地区且拥有博士学位的高技能移民会通过提升自身能力及加强与国际的交流合作对创新产生正向影响，同时来自欠发达地区

① 第七次全国人口普查公报[EB/OL].（2021-05-13）. https://www.gov.cn/guoqing/2021-05/13/content_5606149.htm? eqid=fd8369b80007768a000000036472cbe8.

且无博士学位的高技能移民会间接刺激创新。Bernstein 等（2022）发现，高技能移民不仅直接对美国的创新作出贡献，并且通过与当地人的合作产生间接溢出效应，其中美国总体创新的80%来自移民与当地人的合作，移民中高技能人才对美国创新生产有至关重要的作用。由此可见，技术人才的移民对创新发展至关重要。但也有学者认为技术移民并不能对创新产生显著影响。如 Blit 等（2020）对比研究美国与加拿大的技术移民对创新的影响，结果发现加拿大的技术移民对其专利率的影响显著小于美国，对加拿大来说，通过技术移民来增强自身的创新能力并不现实。

通过梳理现有文献发现，人口迁移产生的文化多样性对创新的影响存在争议，技术人才和高学历人口流动对创新的作用目前还没有统一的结论，考虑不同年龄流动人口的文献还相对较少，以非对称空间权重矩阵来衡量人口流动对创新能力空间溢出效应的文献也不多。基于对现有文献的梳理，本章的贡献主要如下：第一，在进行理论分析时，本章不仅阐述了人口流动与创新能力的理论关系，也剖析了不同年龄人口流动对创新能力产生的影响；第二，从实证研究角度出发，本章既研究人口流动与区域创新能力的相关关系，也充分考虑空间相关性，在构建常见的空间权重矩阵的基础上加入经济联系引力矩阵，通过空间计量模型来测度人口流动对区域创新能力空间溢出效应的影响；第三，在研究深度上，为确保分析结果更符合各城市的实际情况，本章进一步拆分流动人口年龄结构，分析劳动力人口和老年人口对区域创新能力产生的异质作用，同时从城市人口规模、距离省会城市远近等角度出发，划分多种样本进行差异性探究。

11.1 理论分析与研究假设

人口流动[①]会重塑城市人口空间布局，显然，流动人口是资本、技术、信息、知识和文化等多种要素的载体，因此，人口流动必然会对区域创新产生显著的影响。

① 在没有特别说明的情况下，本章所说的人口流动是指人口流入。

11.1.1 人口流动与创新能力的关系分析

人口流动对创新能力的影响是多种因素共同作用的结果，具体可从以下几个方面进行剖析：第一，人口流动会使创新要素在空间上实现重新配置。一方面，人口流动会增加本地市场劳动力的数量，使得市场劳动力要素增加，从而降低生产成本，直接影响创新产出。另一方面，流动人口中的高素质人才会带来新的知识、文化与技术，将这些新的知识、文化与技术进行完善可运用到创新中，高素质人口数量的增加会直接促进创新产出（吕拉昌等，2018）。此外，外来高素质人才还可提高创新效率。第二，人口流动形成的人力资本效应会显著影响创新活力。人力资本外部性被认为是经济内生增长的推动力，因为它能促进技术创新，也可以提高生产力（Gagliardi，2015）。流动人口作为人力资本的载体，能改变人力资本的空间分布格局，影响人力资本的利用效率。在人口流动过程中，流动个体会因激烈的竞争和危机感而增加对子女后代人力资本的投资，从而促进整个社会人力资本存量的积累（侯力，2003）。另外，这些外来人力资本可将新思想引入本地市场，外来人口和本地人口间可以相互学习，创造协同创新的共赢局面（张萃，2019）。第三，人口流动会改变产业结构。流动人口中蕴含丰富的劳动力资源，劳动力的增加会使产业结构从第一产业向第二、第三产业转移，从而实现产业结构升级。产业升级可从需求拉动效应、地区协同效应和国际贸易效应等方面带动自主创新（吴丰华和刘瑞明，2013）。第四，人口流动会对城市化进程产生影响。人口一般向经济条件更好的地区流动，更倾向于从农村流向城市，以此推动城市的发展建设，推进城市化进程（何雄浪和史世姣，2021）。相比农村，城市具有如专业性和多样化环境等多种优势，这些优势共同发挥作用，促进技术创新的产生，提高技术创新水平（程开明，2010）。

新经济地理学理论证明创新活动存在明显的空间溢出效应。城市是创新最合适的“孵化器”，城市间的创新活动会通过溢出效应彼此影响，从而改变区域创新的空间分配格局（马静等，2017）。创新是一个开放性的过程，人口流动为创新提供了更多的可能性。人口在城市间相互流动有利于知识、技术、信息等多种要素的交换，降低交流成本，促进多种要素的扩散（张萃，2019），产生知识溢出效应，实现知识、技术和信息的转移转化。知识和技术溢出是一种不可限制的空间行为，人口在空间中流动产生的知识和技术溢出可使各城市更容易共享来自外部的创新系统福利，从而降低创新成本，以此影响本地区和周边地区的创新发展。

基于以上分析，本章提出以下假设：

H1：人口流动对区域创新能力有显著影响，且存在较强的空间溢出效应。

11.1.2 异质性分析

按照我国人口结构的统计标准，我国人口可以按照年龄划分为0～14岁的少儿人口、15～64岁的劳动力人口和65岁及以上的老年人口。劳动力人口的流动会提高地区的人力资本水平，人力资本是影响创新的关键因素之一。在人的整个生命周期中，劳动力人口的人力资本水平处于最高阶段，劳动力人口的流入会增加地区的劳动年龄人口占比，从而提高人力资本存量刺激创新。劳动力人口在空间上流动必然伴随着知识、技术等要素的共享，引发创新知识和技术的空间溢出。老年人口的流入会给技术创新带来负面影响（Aksoy et al.，2019），随着年龄的增长，老年人的学习能力和认知能力下降，很难花费时间和精力进行创新，加上其对工资的主观期望不高，导致其创新意识不强，老年人口的流入还会给劳动力人口带来赡养负担，从而阻碍创新。但是，老年人口拥有“干中学”的实践积累以及教育和工作的经验所得，通过与劳动力人口进行交流学习，会加速城市人力资本积累，从而对创新产生促进作用。起初，抑制效应和促进效应相互抵消，但当流入的老年人口达到一定规模时，会诱发消费需求效应，此时为满足老年人的消费需求，老龄产业兴起，迫使产业转型升级，由此促进创新（汪伟等，2015）。

基于以上分析，本章提出以下假设：

H2：人口流动对创新能力的影响随着人口年龄结构的变化而变化。劳动力人口的空间流动会对区域创新能力产生显著影响且存在空间溢出效应，而老年人口的流入起初不会对创新有显著影响，但当其达到一定规模时，会提升区域创新能力。

人口的空间流动会改变城市人口空间分布格局，人口规模较大的城市通常是一线城市，其强大的经济实力、完善的基础设施、丰富的教育资源等都会吸引人口流入。人口流入会进一步扩大城市规模，产生聚集经济效应，从而提升城市的创新能力（高翔，2015）。同时，流动人口会与本地人口进行文化、思想、技能等多方面的交流，产生知识溢出效应，因此人口流动会影响一线城市创新能力的空间溢出。人口流动带来益处的同时，也会使城市的容纳度出现问题，但一线城市具备更高的管理能力与疏通能力，人口密度的提高反而会缓解城市的拥堵问题（陆铭，2019），故而不会对创新产生负向影响。

某些城市因为优越的地理位置、丰富的资源禀赋等条件优势，会快速发展为中心城市。流动人口的流量在各城市不尽相同，相较于外围城市，中心城市的就业质量、生活环境及教育资源等更为优质，对流动人口的吸引力更强。相对于距离中心城市较远的城市而言，人口更可能在中心城市及其周边城市流动，创新溢出效应受地理邻近性的影响（Cortinovis and Oort，2019）。距离中心城市较近的城市更容易受到中心城市溢出效应的影响，接受来自中心城市的溢出效应从而更好地提升创新能力，进而对周围地区产生涓滴效应。对距离中心城市较远的城市来说，其受到中心城市创新溢出效应辐射的可能性小，人口的流动并不活跃，其很难对创新产生影响，更不会对创新的空间溢出发挥作用。对于长江经济带三大城市群而言，中心城市主要是指各省会城市，笔者认为距离省会城市越近，人口流动对创新能力的正向影响和空间溢出效应越强。

基于以上分析，本章提出以下假设：

H3：在不同的城市人口规模下，人口流动对创新能力的影响不同。在城市人口规模越大的城市，人口流动对创新能力的作用和空间溢出效应越强。

H4：人口流动对创新能力产生的异质性影响与地理区位条件有关。与中心城市间的地理距离越小，人口流动对创新能力产生的影响和空间溢出效应越强。

11.2 计量方法与模型设定

根据上述理论分析与研究假设，本章将进一步通过构建实证模型来研究人口流动与区域创新能力的内在关系。

11.2.1 计量模型建立

本章分别构建基准面板模型和空间计量模型进行实证分析。

1. 基准面板模型建立

为研究人口流动对区域创新能力的影响，本章构建一个线性模型进行测度，具体模型如下：

$$innov_{it} = \alpha_0 + \alpha_1 flo_{it} + \alpha_2 X_{con} + \varepsilon_{it} \quad (11-1)$$

其中：i 为地区；t 为时间；$innov$ 为创新能力；flo 为人口流动；X_{con} 为一系列的控制变量；ε 为随机干扰项，服从随机正态分布。

2. 空间计量模型设定

为研究人口流动对创新能力空间溢出效应的影响，本章将构建适合的空间计量模型进行实证分析。空间计量模型主要包括空间自回归模型、空间误差模型及空间杜宾模型等，模型的具体选择需经过相关检验才能得出结果。本章模型具体形式如下：

$$innov_{it} = \alpha_0 + \rho W \times innov_{it} + \alpha_1 flo_{it} + \alpha_2 X_{con} + \varepsilon_{it} \quad (11-2)$$

$$innov_{it} = \alpha_0 + \alpha_1 flo_{it} + \alpha_2 X_{con} + \gamma_{it}\ ,\ \gamma_{it} = \lambda W\mu_{it} + \varepsilon_{it} \quad (11-3)$$

$$innov_{it} = \alpha_0 + \rho W \times innov_{it} + \alpha_1 flo_{it} + \alpha_2 X_{con} + \theta_1 W \times flo_{it} + \theta_2 W \times X_{con} + \varepsilon_{it} \quad (11-4)$$

其中：α_1 、α_2 分别为各变量的回归系数；模型中 ρ 为空间自回归系数；λ 为空间误差系数；W 是空间权重矩阵；$W\mu_{it}$ 为空间滞后误差变量，是其他相邻地区观测值的误差冲击的加权平均值；γ_{it} 和 μ_{it} 为服从独立分布的扰动项；θ_1 为人口流动的空间回归系数，反映人口流动的空间溢出；θ_2 为其他控制变量的空间回归系数；$\varepsilon_{it} \sim N(0,\sigma^2 I_n)$ 。式（11－2）、式（11－3）、式（11－4）分别表示空间自回归模型、空间误差模型和空间杜宾模型。为减小模型估计误差，本章均采用极大似然估计法进行估计。

考虑到长江经济带不同城市群间经济发展程度和地理空间分布的差异性，本章参考何雄浪和叶连广（2020）的研究，分别构建以下空间权重矩阵来考察城市间的创新能力关联性。地理距离权重矩阵 $W_1 = 1/d_{ij}^2$，其中 d_{ij} 为以两城市间经纬度测算出的地理距离。经济距离权重矩阵 $W_2 = 1/|\overline{Y}_i - \overline{Y}_j|$，$\overline{Y}_i$、$\overline{Y}_j$ 分别为城市 i 和城市 j 2006—2020 年人均 GDP 的平均值①。经济地理距离权重矩阵 $W_3 = W_1 \times W_2$，即为前两个矩阵的乘积。

上述空间矩阵中经济距离权重矩阵和经济地理距离权重矩阵虽然对两城市间的经济联系作出了量化，可其均为对称化的空间权重矩阵，但是两城市间的经济联系往来并不具备对称性，因此本章试图构造一个非对称的空间权重矩阵来衡量城市间的空间联系。本章借鉴李响（2011）的做法，采用经济联系引力模型来测算城市间的经济联系强度。具体计算公式为

$$R_{ij} = k_{ij} \frac{\sqrt{P_i G_i} \times \sqrt{P_j G_j}}{D_{ij}^2}, \quad k_{ij} = \frac{G_i}{G_i + G_j} \tag{11-5}$$

其中：R_{ij} 为城市 i 与城市 j 的经济联系；k_{ij} 为修正系数，表示城市 i 对经济联系的贡献率；P_i、P_j 分别为城市 i 和城市 j 的常住人口数；G_i、G_j 分别为城市 i 和城市 j 的实际 GDP；D_{ij} 为两城市间的地理距离。根据式（11-5）计算出城市间的经济联系引力矩阵，求出引力矩阵各行的平均值，大于平均值的取值为 1，即代表两城市间存在经济联系，小于平均值的取值为 0，表示两城市间不存在经济联系，由此构建出社会网络矩阵下的空间权重矩阵 W_4。

11.2.2 变量选取

1. 被解释变量（*innov*）：创新能力

学术界衡量创新能力一般使用专利授权量、专利申请量及创新指数等单一指标来替代，但这种测度方法较为片面，因此本章从创新投入、创新产出及创新环境 3 个方面共选取 6 个指标综合测度创新能力，具体如

① 本章以 2004 年为基期，使用 GDP 平减指数对名义 GDP 进行处理。

表11-1所示。通过熵值法的计算，得到创新能力的综合得分，以此作为本章的被解释变量。

表11-1 创新能力综合指标体系

指标	度量方法
创新投入	每万人中从事科技活动的人员数（%）
	财政支出中科技支出占GDP的比重（%）
创新产出	专利授权数占当年总授权数的比重（%）
	专利申请数占当年总申请数的比重（%）
创新环境	财政支出中教育支出所占比重（%）
	每万人中在校大学生所占比重（%）

2. 核心解释变量（*flo*）：人口流动率

本章用人口流动率来衡量每个城市的人口流动情况。人户分离状态是界定人口流动群体的核心，人口流动是从户籍地流出，流入常住地的过程（刘涛等，2022）。经过对文献的研究整理发现，许多学者在衡量人口流动情况时，均会涉及常住人口数及户籍人口数两个指标（叶文平等，2018；王丽艳等，2017）。因此本章对人口流动率的衡量方式参考以上学者的思路，计算公式为人口流动率=1-户籍人口数/常住人口数。其中：人口流动率大于0表示人口流入大于人口流出，即该地区为人口流入地；人口流动率小于0表示人口流入小于人口流出，则该地区是人口流出地。

3. 控制变量

（1）政府干预（*gov*）。

本章借鉴孙莉娜和倪志良（2022）的做法，采用财政支出占地区实际GDP的比重来表示政府干预。政府财政支出的规模，作为衡量其对经济活动介入深浅的直接指标，深刻影响着创新活动的兴起与繁荣，政府适度干预可以促进创新发展，一旦政府过度干预，反而可能抑制创新氛围。

（2）工业企业规模（*ie*）。

参考吕拉昌等（2018）的处理办法，用工业企业数的对数来衡量一个城市的工业企业规模，工业企业规模可在一定程度上反映出城市的产业结构水平，产业转型升级会促进城市创新产出。

（3）对外开放水平（*open*）。

借鉴陈大峰等（2021）的处理方法，本章采用实际利用外资额的对数来表示对外开放水平，且根据年平均汇价进行换算。外商直接投资不仅会促进本地企业的发展，同时外资的引入会带来技术的引进与交流，通过技术溢出效应影响区域创新（杨博旭等，2023）。

11.2.3 数据来源与说明

本章主要研究2006—2020年长江经济带三大城市群70个城市①，包括长江三角洲城市群的26个城市、长江中游城市群的28个城市和成渝城市群的16个城市。数据主要来源于《中国城市统计年鉴》《中国统计年鉴》以及各地方统计年鉴，国家统计局、国家知识产权局和各城市知识产权局统计数据。对于缺失值，采用线性插值法补全。针对绝对值指标作对数处理，相对指标不取对数。主要变量的描述性统计如表11－2所示。

表11－2 主要变量的描述性统计

变量	变量名称	均值	标准差	最小值	最大值
innov	创新能力	0.850	0.976	0.050	6.974
flo	人口流动率	-3.958	18.150	-102.204	42.902
gov	政府干预	20.767	10.733	5.493	136.015
ie	工业企业规模	5.818	0.978	0.000	6.777
open	对外开放水平	12.265	1.696	6.593	16.393

11.3 实证结果分析

本章首先使用普通面板回归模型初步研究人口流动对区域创新能力的影响，为进一步观察其空间溢出效应，先采用全局自相关分析验证创新能

① 在本章的分析中，70个城市包括长江上游地区的重庆、成都、自贡、泸州、德阳、绵阳、遂宁、内江、乐山、眉山、南充、宜宾、广安、达州、雅安、资阳16个城市，长江中游地区的南昌、景德镇、九江、新余、湘潭、吉安、宜春、湖州、上饶、武汉、黄石、宜昌、襄阳、鄂州、荆门、孝感、荆州、黄冈、咸宁、长沙、株洲、鹰潭、衡阳、岳阳、常德、益阳、娄底、萍乡28个城市，长江下游地区的上海、南京、无锡、常州、南通、盐城、扬州、镇江、泰州、杭州、宁波、嘉兴、抚州、绍兴、金华、舟山、台州、合肥、芜湖、马鞍山、铜陵、安庆、滁州、苏州、池州、宣城26个城市。

力的空间相关性，然后运用空间面板回归模型分析人口流动对区域创新空间溢出效应的影响。

11.3.1 基准面板回归结果分析

表11-3中的列（1）至列（3）分别为混合效应、固定效应及随机效应估计，为确定本章的回归模型，我们进行了豪斯曼检验和F检验，从结果来看，本章选用固定效应模型进行回归更为恰当。从列（2）中可以看出，人口流动的回归系数为正，且通过了1%的显著性检验，表明人口流动率增加会提高区域创新能力。这是因为人口流动使得要素配置更加合理，人力资本水平提高，产业结构升级，城市化进程加快，从而提高创新能力，这验证了H1。同时从控制变量的回归系数来看，政府干预的回归系数为正，且通过了1%的显著性检验，说明政府对科技创新的投入越大，其对创新的重视程度越高，越有利于向外界释放良好的信号，吸引新企业的加入，从而提高创新活力；对外开放水平回归系数在1%的水平上显著为正，代表对外开放程度越高，对创新能力的刺激效果越强；工业企业规模的系数为正但不显著，这可能是因为工业企业中多数带有国有化属性，在市场竞争和政治风险双重挑战下，企业的创新主体意愿并不强烈（冯宗宪等，2011）。

表11-3 普通面板回归结果

变量	被解释变量：创新能力（*innov*）		
	混合效应	固定效应	随机效应
	（1）	（2）	（3）
flo	0.028***	0.029***	0.029***
	(2.83)	(2.97)	(3.29)
gov	0.013**	0.026***	0.024***
	(2.45)	(3.96)	(4.07)
ie	-0.003	0.003	0.003
	(-0.05)	(0.08)	(0.06)
open	0.146***	0.161***	0.158***
	(2.81)	(3.11)	(3.85)
常数项	-1.807	-1.549**	-1.497**
	(-1.34)	(-2.19)	(-2.51)

续表

变量	被解释变量：创新能力（innov）		
	混合效应	固定效应	随机效应
	（1）	（2）	（3）
观测值	1050	1050	1050
R^2	0.428	0.413	0.415

注：解释变量括号外数字表示系数，括号内数字表示 t 检验统计量；**、*** 分别表示在 5%、1% 的统计水平下显著。

11.3.2　空间自相关分析

为检验地区间创新活动是否相互影响，本章进行了空间自相关检验。计算了 2006—2020 年长江经济带三大城市群区域创新能力全局莫兰指数，如表 11－4 所示。列（1）至列（4）分别为不同空间权重矩阵下创新能力的空间相关性，从整体来看，2006—2020 年创新能力空间相关性显著为正，说明区域创新能力在空间上存在正向溢出效应。

表 11－4　2006—2020 年长江经济带三大城市群区域创新能力全局莫兰指数

年份	W_1		W_2		W_3		W_4	
	（1）		（2）		（3）		（4）	
	Moran's I	p	Moran's I	p	Moran's I	p	Moran's I	p
2006	0.053	0.107	0.156	0.024	0.028	0.019	0.129	0.000
2007	0.108	0.006	0.250	0.001	0.060	0.000	0.197	0.000
2008	0.135	0.001	0.255	0.001	0.072	0.000	0.220	0.000
2009	0.185	0.000	0.292	0.000	0.109	0.000	0.272	0.000
2010	0.220	0.000	0.326	0.000	0.134	0.000	0.314	0.000
2011	0.241	0.000	0.352	0.000	0.153	0.000	0.330	0.000
2012	0.255	0.000	0.396	0.000	0.163	0.000	0.345	0.000
2013	0.231	0.000	0.386	0.000	0.149	0.000	0.340	0.000
2014	0.224	0.000	0.391	0.000	0.137	0.000	0.340	0.000
2015	0.228	0.000	0.388	0.000	0.143	0.000	0.349	0.000
2016	0.222	0.000	0.358	0.000	0.136	0.000	0.335	0.000
2017	0.193	0.000	0.309	0.000	0.114	0.000	0.301	0.000
2018	0.200	0.000	0.304	0.000	0.121	0.000	0.314	0.000

续表

年份	W_1		W_2		W_3		W_4	
	(1)		(2)		(3)		(4)	
	Moran's I	p	Moran's I	p	Moran's I	p	Moran's I	p
2019	0. 164	0. 000	0. 278	0. 000	0. 098	0. 000	0. 269	0. 000
2020	0. 182	0. 000	0. 283	0. 000	0. 112	0. 000	0. 288	0. 000

11. 3. 3 空间面板回归结果分析

由空间自相关分析的结果可知，各地区的创新能力存在明显的空间溢出效应。因此，在研究人口流动与区域创新能力之间的联系时，有必要考虑空间因素的影响。为确定空间模型的类型，本章进行 LM 检验。表 11 –5是在四种不同的空间权重矩阵下进行的空间误差和空间滞后 LM 检验结果，除在经济地理距离权重矩阵和社会网络矩阵下的空间权重矩阵下的 R – LMerror 检验结果不显著外，其他检验结果均通过了显著性检验，因此我们认为选择空间杜宾模型进行计量分析更为恰当。

表 11 –5　空间面板模型的 LM 检验

统计量	W_1	W_2	W_3	W_4
LM – Lag	113. 666***	21. 496***	209. 846***	71. 368***
LM – error	63. 356***	8. 484***	142. 802***	45. 063***
R – LMLag	56. 056***	15. 496***	67. 045***	26. 510***
R – LMerror	5. 745**	3. 840**	0. 001	0. 205

注：**、***分别表示在5%、1%的统计水平下显著。

根据豪斯曼检验的结果，我们发现采用固定效应模型进行回归更为恰当，表 11 –6 中的列（1）至列（4）分别是不同空间权重矩阵下空间杜宾模型的回归结果。综合来看，对比其他三种矩阵，在社会网络矩阵下的空间权重矩阵（W_4）下，人口流动的空间溢出效应更为显著，因此本章选取在经济联系引力矩阵下的空间杜宾模型估计结果来分析人口流动对区域创新能力的空间溢出效应。从表 11 –6 中的列（4）可以看出，人口流动的系数为 0. 019，通过了 1% 的显著性检验，且与普通面板回归结果表 11 –3 列（2）中人口流动的系数相比更小，证明确实存在空间溢出效应。从自变量的空间自回归系数来看，人口流动具有显著正向的空间溢出效应，说明邻近地区的人口流动会对本地创新能力产生促进作用，这是因为人口在周边地区的流动会产生知识扩散效应，验证了 H1。

表 11－6 长江经济带城市群总体回归结果

变量	被解释变量：创新能力（*innov*）			
	W_1	W_2	W_3	W_4
	(1)	(2)	(3)	(4)
flo	0.020***	0.022***	0.019***	0.019***
	(0.003)	(0.003)	(0.003)	(0.003)
gov	0.006***	0.007***	0.004**	0.005**
	(0.002)	(0.002)	(0.002)	(0.002)
ie	0.031**	0.027*	0.034**	0.036**
	(0.015)	(0.016)	(0.015)	(0.015)
open	−0.069***	−0.037	−0.082***	−0.084***
	(0.025)	(0.025)	(0.025)	(0.025)
$W \times flo$	0.023**	0.011*	0.029*	0.036***
	(0.010)	(0.007)	(0.017)	(0.012)
$W \times gov$	0.027***	0.036***	0.020*	0.028***
	(0.006)	(0.005)	(0.011)	(0.007)
$W \times ie$	−0.008	0.008	−0.037	0.014
	(0.050)	(0.027)	(0.091)	(0.055)
$W \times open$	0.208***	0.215***	0.259*	0.421***
	(0.070)	(0.050)	(0.135)	(0.077)
ρ	0.392***	0.159***	0.510***	0.228***
	(0.059)	(0.039)	(0.078)	(0.064)
观测值	1050	1050	1050	1050
R^2	0.294	0.290	0.287	0.178

注：解释变量括号外数字表示系数，括号内数字表示标准误差；*、**、*** 分别表示在 10%、5%、1% 的统计水平下显著。

由于空间回归模型中包含了邻近观测值的信息，并不能直观区分解释变量对本地和周边地区的影响大小，需要通过效应分解将其拆分为直接效应和间接效应进行更加详细的分析。因此，本章参考 LeSage 和 Pace（2009）的做法，运用回归模型偏微分方法对空间溢出效应进行分解，分解结果如表 11－7 所示。就直接效应而言，人口流动的回归系数在 1% 的统计水平下显著为正，这意味着，人口流动对本地创新产生了正向的作用，同时其他所有控制变量均通过了 1% 的显著性检验，其中政府干预和工业企业规模的回归系数显著为正，而对外开放水平的回归系数显著为负，表明外商直接投资的增加会与本地资本形成一定的竞争关系，从而抑制本地创新能力的提升。对于间接效应来说，人口流动的系数显著为正，说明邻近地区的人口流动对本地创新形成正向效应，这是因为人口流动的过程是不断交流融合的过程，知识、技术等会因此得到传播和改进，从而给创新带来积极影响。控制变量中政府干预和对外开放水平的系数在 1% 的统计水平下显著为正，说明增加政府财政支出和提高对外开放水平对周边地区产生了正向溢出效应，这可能是因为地方政府间的跨区域合作促进城市间创新的技术进步，从而产生创新溢出，但工业企业规模的系数并不显著，故其不存在空间溢出效应。

表 11－7　长江经济带城市群空间效应分解

变量	被解释变量：创新能力（*innov*）		
	直接效应	间接效应	总效应
	(1)	(2)	(3)
flo	0.020***	0.052***	0.072***
	(0.003)	(0.015)	(0.016)
gov	0.005***	0.038***	0.043***
	(0.002)	(0.008)	(0.008)
ie	0.038***	0.030	0.068
	(0.014)	(0.075)	(0.080)
open	－0.077***	0.511***	0.434***
	(0.024)	(0.097)	(0.100)

注：*** 表示在 1% 的统计水平下显著。

11.4　异质性分析

为进一步考察人口流动对区域创新能力的影响，下面从人口流动方向、人口年龄结构、城市群、城市人口规模、地理距离等方面进行异质性分析。[①]

11.4.1 人口流动方向

非空间面板回归结果表明，人口流动对区域创新具有稳健的正向作用，但是人口的不同流向是否会对区域创新产生不同的影响目前尚未得出一致的结论，因此参考何雄浪和史世姣（2021）的做法，将观测期内所有年份人口流动率均大于0的地区认定为人口净流入为正的地区，所有年份人口流动率均小于0的地区认定为人口净流入为负的地区，同时将观测期内年份中既存在人口流动率大于0又存在人口流动率小于0的地区认定为其他地区。

表11－8中列（1）至列（3）即为分人口流动方向回归的空间面板估计结果，从回归系数来看，对于人口净流入为正的地区来说，其回归系数为0.051，且通过了1%的显著性检验，即代表人口流入的增量越大，城市创新能力的提升效应越强。而人口净流入为负的地区回归系数为－0.003，在10%的水平下通过显著性检验，说明人口流出不利于城市的创新。其他地区的人口流动系数为0.012，说明人口流入产生的影响更大，从而对创新能力产生正向影响。综合来看，整个长江经济带城市群的回归系数为正，即人口流入的正向影响大于人口流出的负面影响。这可能是因为对于长江经济带城市群来说，其人口流入的增量更大，人口的流入会增加地区的人口多样性，通过面对面的方式进行知识交流与传播，提高人力资本水平，进而对创新作出贡献，同时人口流动会丰富劳动力市场，使资源要素增多，从而在一定程度上提高创新能力。从空间自回归系数来看，人口净流入为正的地区系数为负，说明其存在负向的空间相关关系，这可能是因为一般人口向经济发展水平较高的城市流动，而这些城市间人口规模和市场条件相似，资源抢夺引发的挤占效应比协同效应更大（余泳泽，2015），从而产生负向空间溢出。由自变量的空间自回归系数可知，对于人口净流入为正的地区，邻近地区人口流动会促进本地创新能力的提升，而人口净

① 本章在异质性分析中并未展示控制变量的回归结果。同时，在异质性分析中使用空间权重矩阵 W_4 进行回归分析。

流入为负的地区，其人口流动的系数为负，这说明人口流出不利于创新效应向周边地区溢出。

表 11 -8　分人口流动方向空间回归结果

变量	被解释变量：创新能力（*innov*）		
	人口净流入为正的地区	人口净流入为负的地区	其他地区
	(1)	(2)	(3)
flo	0.051***	-0.003*	0.012***
	(0.006)	(0.002)	(0.003)
$W \times flo$	0.034*	-0.006*	-0.018***
	(0.017)	(0.003)	(0.006)
ρ	-0.443***	0.356***	0.112
	(0.133)	(0.062)	(0.105)
观测值	285	555	210
R^2	0.545	0.066	0.352

注：*、*** 分别表示在 10%、1% 的统计水平下显著。

11.4.2　人口年龄结构

为考察流动人口中不同年龄段人口对创新能力的影响，本章以前文中划分的人口净流入为正的地区为研究样本，将劳动力人口与总人口的比重乘以人口流动率视为流入的劳动力人口（*flo_adult*），将老年人口占总人口的比重乘以人口流动率视为流入的老年人口（*flo_old*），其中 *flo_old_2* 为流入老年人口的平方项，由于城市人口年龄结构数据获取较为困难，因此本章用省级数据进行代替。从表 11 -9 中可以看出，劳动力人口的流入能显著刺激创新，*flo_old* 的系数为正但不显著，*flo_old_2* 的系数在 10% 的统计水平下显著为正，说明老年人口的流入开始并不会对创新产生影响，但是当流入的老年人达到一定数量时，就会对创新产生促进作用。空间自回归系数均为负，与前文中人口流入地一致，结果吻合。从自变量的空间自回归系数来看，劳动力人口流动的系数为正，老年人口流动的空间溢出效应不显著，故验证了 H2。

表 11－9 人口年龄结构空间回归结果

变量	被解释变量：创新能力（innov）	
	劳动力人口	老年人口
	(1)	(2)
flo_adult	0.065*** (0.007)	
flo_old		0.121 (0.180)
flo_old_2		2.306* (1.315)
$W \times$ *flo_adult*	0.049** (0.023)	
$W \times$ *flo_old*		0.187 (0.426)
$W \times$ *flo_old_2*		0.313 (2.951)
ρ	−0.459*** (0.131)	−0.433*** (0.141)
观测值	285	285
R^2	0.528	0.613

注：*、**、*** 分别表示在 10%、5%、1% 的统计水平下显著。

11.4.3 城市群

由于长江经济带三大城市群间的创新能力存在差异，故对其分别进行考察更能发现其自身的特点，因此本章对三个城市群分别进行空间面板估计，结果如表 11－10 所示。从自变量的回归系数来看，三大城市群的人口流动系数均为正，人口流动对区域创新产生的影响差异较大，从长三角城市群到长江中游城市群再到成渝城市群呈现逐渐递减的趋势。这可能是因为长三角城市群作为较发达的地区，是人口流入的主要区域，而长江中游城市群和成渝城市群人口流入量相对较小。从空间自回归系数来看，长三角城市群和长江中游城市群为正，而成渝城市群为负，这可能是因为成渝城市群以成都、重庆为主要增长极，两者产生的虹吸效应使得资源要素不断向其聚集，从而使城市群内部的集聚效应远大于辐射效应，形成负向的空间溢出。从人口流动的空间自回归系数来看，对于长三角城市群来说，其自身的创新能力较强，创新主要依靠内部实力，人口流动发挥的作用并不显著，而长江中游城市群人口流动主要集中于省会城市，这导致创新要素集中在某些地区，从而抑制创新效应向周边地区溢出，而在成渝城市群中，邻近地区的人口流动会促进本地创新。

表 11－10　城市群空间回归结果

变量	被解释变量：创新能力（*innov*）		
	长三角城市群	长江中游城市群	成渝城市群
	(1)	(2)	(3)
flo	0.034***	0.020***	0.011***
	(0.007)	(0.002)	(0.004)
$W \times flo$	－0.003	－0.018***	0.082*
	(0.033)	(0.006)	(0.046)
ρ	0.381***	0.543***	－2.073***
	(0.088)	(0.072)	(0.387)
观测值	390	420	240
R^2	0.477	0.394	0.550

注：*、*** 分别表示在 10%、1% 的统计水平下显著。

11.4.4　城市人口规模

根据 2014 年国务院划分城市规模的标准①，我们将 70 个城市划分为人口在 500 万以上的超特大城市、人口在 100 万～500 万的大城市和人口在 100 万以下的中小城市，回归结果如表 11－11 所示。由表 11－11 可知，人口规模越大的城市，人口流动对创新能力产生的促进作用越强，这可能是因为人口规模越大的城市，人口流入量越大，从而提供的劳动力资源越多，人力资本水平越高，从而增强其创新能力。从空间自回归系数来看，超特大城市的系数为负，说明其存在负向的空间溢出效应，这可能是因为超特大城市间经济发展水平、人口规模等具有相似性，挤占效应大于协同

① 城市规模划分标准参考 2014 年国务院印发的《国务院关于调整城市规模划分标准的通知》。

效应，从而周围城市创新能力的提高不利于本地创新发展。而大城市和中小城市存在正向的创新空间溢出效应，说明其协同效应更大。从自变量的空间自回归系数来看，在超特大城市中，人口流动会对创新能力产生正向的空间溢出效应，在大城市和中小城市中，系数不显著，验证了 H3。

表 11－11　城市人口规模空间回归结果

变量	被解释变量：创新能力（*innov*）		
	超特大城市	大城市	中小城市
	(1)	(2)	(3)
flo	0.037***	0.011***	0.003
	(0.003)	(0.003)	(0.002)
$W \times flo$	0.017*	0.003	－0.000
	(0.009)	(0.008)	(0.003)
ρ	－0.367***	0.245***	0.311***
	(0.128)	(0.068)	(0.062)
观测值	135	615	300
R^2	0.246	0.089	0.308

注：*、*** 分别表示在 10%、1% 的统计水平下显著。

11.4.5　地理距离

中心城市一般会带动其周边城市的发展，由地理衰减效应可知，外围城市距离中心城市的地理距离越远，其受到中心城市的影响越小。对长江经济带三大城市群来说，中心城市一般为各省会城市，因此本章按照其他城市距离省会城市的直线距离的标准将样本划分为三类①：≤100 千米、100～200 千米以及≥200 千米，回归结果如表 11－12 所示。从空间自回归系数来看，空间溢出效应在距离省会城市≤100 千米和 100～200 千米的城市中存在，在距离省会城市≥200 千米的城市中不明显。距离省会城市≤100 千米的城市，其人口流动率的回归系数与空间自回归系数均显著为正。距离省会城市 100～200 千米的城市，其人口流动率的回归系数显著为正，而空间自回归系数为负且不显著，说明人口流动对创新能力的影响只有本

① 在测算三类样本时均包含了 7 个省会城市，分别为南京、杭州、合肥、南昌、武汉、长沙、成都，删除了上海、重庆 2 个直辖市。

地效应。而距离省会城市≥200千米的城市，其本地效应不显著且不具有空间溢出效应。综合来看，人口流动带来的影响只存在于距离省会城市200千米以内的城市中，创新能力的正向空间溢出效应也是如此，说明人口在距离省会城市较近的地区才能对创新能力产生影响，而距离因素影响要素流动，故创新的空间溢出在距离省会城市较远的地区不会发生，验证了H4。

表11－12 地理距离空间回归结果

变量	被解释变量：创新能力（*innov*）		
	≤100千米	100～200千米	≥200千米
	（1）	（2）	（3）
flo	0.026***	0.032***	0.005
	（0.005）	（0.004）	（0.003）
$W \times flo$	0.054***	-0.016	0.007
	（0.014）	（0.014）	（0.011）
ρ	0.237***	0.282***	0.065
	（0.068）	（0.068）	（0.087）
观测值	375	510	345
R^2	0.322	0.466	0.465

注：***表示在1%的统计水平下显著。

为确保本章估计结果的准确性和有效性，本章分别对普通面板和空间面板进行了稳健性检验。首先，对普通面板进行稳健性检验，考虑到人口流动带来的影响具有一定的滞后性，因此本章将人口流动率的滞后一期作为解释变量纳入模型中，这在一定程度上也能缓解内生性。其次，进行空间面板稳健性检验，本章选择删除部分年份样本进行空间回归，普通面板和空间面板估计结果均显示，核心解释变量的符号和显著性与前文得出的结果基本一致，说明人口流动对区域创新产生了正向影响，同时具有正向的空间溢出效应，表明本章的实证结果具有稳健性。

11.5 本章小结

创新是引领经济发展的第一驱动力，我们应不断增强创新实力，提高我国在国际市场上的竞争力。2022 年 12 月，习近平总书记在中央经济工作会议上指出，“要着力发展实体经济，依靠创新培育壮大发展新动能。推动传统产业改造升级，支持战略性新兴产业和现代服务业发展，促进大众创业万众创新纵深发展，最大限度释放全社会的创新创造潜能”①。创新是实现我国高质量发展的重要出路，增强自主创新能力，解决“卡脖子”的技术难题，才能真正意义上实现自立自强。本章在理论分析的基础上，利用 2006—2020 年长江经济带三大城市群 70 个城市的面板数据，通过构建基准面板模型和空间计量模型，探讨人口流动对区域创新的影响。普通面板模型的实证结果表明，人口流动对区域创新能力有显著的正向影响；空间相关性检验说明城市间的创新能力相互影响，因此有必要研究其空间溢出效应。经相关检验，本章选取空间杜宾模型进行回归，该回归结果支持普通面板模型的回归结果，人口流入会促进创新，而人口流出会抑制创新，人口流入的正向影响远大于流出的负向影响。考虑空间依赖性后，结果发现区域整体创新能力呈现正相关，人口流动对区域创新能力的影响有较强的正向空间溢出效应。本章进一步考察了不同年龄段人口在空间上的流动，发现对区域创新能力产生显著正向影响的是劳动力人口的流入，流入的劳动力人口对创新能力存在正向的空间溢出效应，老年人口的流入在开始时并不会对创新产生影响，但当流入数量达到一定规模时，就会提升区域创新能力。我们发现在人口净流入为正的地区、成渝城市群和超特大城市中，创新能力存在负向的空间溢出效应。人口流动对长三角城市群区域创新能力的影响最大，对长江中游城市群、成渝城市群的影响依次递减，在长江中游城市群，人口流动有负向的空间溢出效应，而人口流动在成渝城市群具有正向的空间溢出效应。人口在超特大城市流动对创新能力

① 中央经济工作会议举行 习近平李克强李强作重要讲话[EB/OL].(2022-12-16). https://www.gov.cn/xinwen/2022-12/16/content_5732408.htm.

产生的正向影响远大于大城市，在中小城市不显著，且人口流动对创新能力的正向空间溢出效应只存在于超特大城市中。从地理距离来看，对于距离省会城市较近的城市，人口流动会促进其创新能力的提高且有正向空间溢出效应，而对于距离省会城市较远的城市，人口流动的作用并不显著。

根据上述研究结论，为了合理引导人口流动，促进区域创新，本章提出以下对策建议：第一，挖掘各年龄段人口的潜力，充分利用劳动力人口和老年人口具备的优势。提高城市对劳动力人口的吸引力，注重劳动力人口素质培养，着重提高劳动力人口质量，合理调整劳动力人口的空间布局。有效调动老年人参与社会活动的积极性，支持鼓励老年人再就业，合理运用老年人力资本，让老年人持续释放余热。第二，各城市结合自身情况，因地制宜地采取行动。对于人口净流入地来说，要提高城市的容纳管理能力，完善外来人口落户措施，切实保障外来人口的住房、教育、医疗等多方面的权利，增加基础设施、公共服务等方面的供应。针对人口过密的地区，需适当转移过剩人口，引导城市相关产业向周边地区转移。对于人口净流出地来说，适当地减量规划发展，盘活存量资源，实施更为有效的公共财政资源的转移支付。认清当前人口形势，从内部梳理人口流出的关键因素，出台吸引人口回流的相关政策。第三，对于不同人口规模的城市，制定差别化的人口流动引导政策。对于大城市，要维持现有优势，适当调整产业结构，为流动人口提供更多就业岗位，采取适当的措施，降低人口空间错配效应，引导劳动力人口有序流动，防止人口过度集中在某一区域，降低拥挤效应带来的成本。对于中小城市，要积极鼓励人口流入，改善生产生活环境，切实保障流入人口的社会福利。

12 人口数量红利、人口质量红利与城市经济韧性①

人口是影响经济社会发展的关键变量，是实现中国式现代化的目标主体。人口规模巨大是我国的基本国情，也是促进综合国力提升、经济持续发展的重要因素。正确认识人口和现代化之间的辩证关系，科学识别人口的机会窗口，是推进社会主义现代化强国建设，实现我国第二个百年奋斗目标的基本要求。城市作为一个复杂系统，在为人类提供民生福祉的同时会面对各种外部冲击，为有效应对这些冲击，就需要提升城市经济韧性，在不断实现新平衡状态的基础上获得创新性发展，这是未来城市发展需要关注的重大命题，它已成为我国现代化建设的重要内容。党的十九届五中全会首次提出“建设韧性城市”的概念②，党的二十大报告中进一步强调要“打造韧性城市”③，由此可见，建设韧性城市是未来一段时期我国城市发展的基本要求。人口作为灵活的微观经济主体，它是城市经济韧性建设中的重要影响因素（Glaeser，2005），对城市创新（Ayda，2016）、产业结构升级（倪克勤等，2011）等会产生积极作用。目前，我国正处于“人口红利”尚未消失，“人才红利”逐渐形成的阶段，统计数据显示，我国16~59岁劳动年龄人口近9亿，每年新增劳动力超过1500万人，新增劳

① 本章主要内容参见：何雄浪，王诗语．人口数量红利、人口质量红利与城市经济韧性[J/OL]．重庆大学学报（社会科学版），https://link.cnki.net/urlid/50.1023.C.20240126.1036.002.

② 中共中央关于制定国民经济和社会发展第十四个五年规划和二〇三五年远景目标的建议[EB/OL].(2020-11-03). https://www.gov.cn/zhengce/2020-11/03/content_5556991.htm.

③ 习近平．高举中国特色社会主义伟大旗帜 为全面建设社会主义现代化国家而团结奋斗——在中国共产党第二十次全国代表大会上的报告[EB/OL].(2022-10-25). https://www.gov.cn/xinwen/2022-10/25/content_5721685.htm.

动力平均受教育年限达 14 年，并且我国接受高等教育的人口已超过 2.4 亿。[①] 在我国“人口红利”加速向“人才红利”转变的过程中，长江经济带作为横跨东、中、西三大区域，覆盖11 个省市的重点地带，人口规模和经济总量占据全国半壁江山，是我国重要的经济中心，在我国经济高质量发展中具有重要的引擎作用，其经济发展正处于韧性强、潜力大的发展阶段。那么，人口数量红利、人口质量红利对区域内各城市经济韧性具有何种影响？它们的影响效应在不同地区是否存在差异？作用路径又是什么？探究这一问题对于着力提高我国人口整体素质，以人口高质量发展支撑中国式现代化具有重要的战略意义。

“人口红利”一词是西方学者在研究“东亚奇迹”时首次提出的概念（Bloom and Williamson，1998），指人口转变过程中在满足消费的前提下提高投资和储蓄的有利条件（Lee and Mason，2006）。早期有关人口红利的研究，通常将人口红利描述成一种特定的人口结构特征，即适龄劳动人口的增长和总抚养比的降低所形成的“中间大、两头小”的人口年龄结构（Bloom and Williamson，1998；王学义和徐宏，2009；陆旸和蔡昉，2016），认为这一人口结构会使劳动力供给和储蓄增多并降低社会负担（Bloom et al.，2003；Cai et al.，2005），为经济高速增长提供重要的保障，同时这一影响还存在显著的空间溢出效应，促进劳动力合理流动是充分发挥其外溢效应的重要途径（钟水映和李魁，2010）。但也有学者认为，人口年龄结构所形成的人口红利主要源于生育率下降提高了人力资本水平，这种单纯依靠资本的积累和劳动的投入，缺乏生产率实质性进步的人口红利，终会因边际报酬递减规律以及适龄劳动力人口下降、老年抚养比上升使经济发展具有不可持续性（Krugman，1994；蔡昉，2010）。

近年来，随着我国市场化进程加速和经济发展阶段变迁，我国人口结构迅速演变，人口老龄化问题凸显，基于人口数量红利的观点认为，现阶段我国人口数量红利正在逐渐消失，经济发展从中继续获利的难度加大。

---

① 李强．我国“人口红利”没有消失，“人才红利”正在形成［EB/OL］．（2023－03－13）［2023－04－07］．http://www.moe.gov.cn/jyb_xwfb/xw_zt/moe_357/jjyzt_2022/2022_zt18/yw/202304/t20230407_1054694.html.

一方面，劳动力供给数量下降、成本上涨，劳动力供求市场日益严峻，制约了经济发展（黄凡和段成荣，2022）；另一方面，人口老龄化问题加剧，增加了社会养老负担和福利支出，挤占了教育科研等投资（逯进等，2018）。目前，我国劳动力供求关系变化导致数量和低成本优势逐渐消失的现象，再度激活人口红利面临的“危”与“机”，有研究认为，通过有效的公共政策建立能够激励养老储蓄和提高劳动生产率的机制，如完善社会养老保险体系、加强人力资本投资等，有可能形成新的有利于经济高速增长的投资和消费局面，创造出第二次人口红利（蔡昉，2020；李竞博和原新，2020）。因此，研究人力资本（人口质量红利）与经济发展的关系成为当前的热门话题，在经济持续快速增长的过程中，人们普遍认为，这种增长不仅依赖于劳动力数量的增加，更重要的是，劳动力质量的显著改善和提升也起到了至关重要的作用。人口质量红利能为经济发展提供持久而稳定的动力（李德煌和夏恩君，2013；丁小浩等，2022）。随着一个地区经济的不断发展，教育对该地区经济发展的贡献会变得越来越大（Petrakis and Stamatakis，2002），但其影响效应在不同教育阶段和不同性别中表现出差异性（Kalaitzidakis et al.，2001）。也有学者将人口质量红利进行了进一步拓展，认为人力资本不仅包括凝聚在劳动力身上的知识、技能等要素，健康人力资本也是人口质量红利的一个方面，良好的健康状况有利于缓解人口老龄化带来的劳动力要素投入绝对数量的下降，促进劳动参与率和劳动生产效率的提高（余静文和苗艳青，2019），从而推动经济发展，但当健康投资过度挤占物质资本积累时，可能会对经济增长产生不利的影响（王弟海等，2008）。林毅夫（2017）则认为，不论是人口数量红利还是人口质量红利所带来的经济增长效应均离不开人口流动下配置效率的提高，劳动力在产业间和产业内部的流动会促使配置效率提高，从而产生人口红利，这一红利被称为配置型人口红利，配置型人口红利通过赋予劳动者更大的社会价值，以增加投资于人力资本的回报，提高整个社会的经济效益。

此外，还有学者从其他视角探讨了人口红利的影响效应。颜色等（2022）分析了人口红利与产业结构调整的关系，认为提高全要素生产率和降低劳动力转移成本可以对冲劳动力供给下降的不利影响，是继续推动中国产业结构转型的重要动力。钱瑛等（2019）则从出口贸易方面进行了分析，研究发现城市人口结构变动对出口的影响会伴随人力资本水平的提升而逐渐弱化，即存在人口结构变动影响出口的人力资本效应。自“建设韧性城市”提出以来，区域经济韧性也成了研究热点，有学者从生态环境（冯洁瑶等，2020）、数字经济（王静田和付晓东，2023）、高铁建设（徐圆和陈爱华，2023）等角度探究了影响区域经济韧性的因素，也有少部分学者从人力资本视角进行了讨论，认为人力资本对城市韧性的影响呈倒“U”形关系，即有先促进后抑制的作用。而依托长江经济带研究城市经济韧性的文献，仅有学者从经济结构调整方面进行了探讨，认为长江经济带城市经济韧性存在显著的正向空间关联，产业结构、要素结构以及消费结构调整对长江经济带城市经济韧性产生“结构红利”，人口结构调整则与城市经济韧性呈倒“U”形关系（邝嫦娥和李文意，2023）。

梳理现有文献发现，有关人口红利对经济增长的影响效应已形成丰富的研究成果，但长期以来人口红利的研究绝大部分仅是从单一视角进行探讨，要么侧重人口年龄结构变化所带来的人口数量红利对经济发展的影响，要么侧重劳动力价值和人力资本储蓄的变化所带来的人口质量红利对经济发展的影响，鲜有学者将人口数量红利、人口质量红利对经济增长的有利性同时进行考量，更未从异质型人口数量红利、人口质量红利等方面分析其在城市经济韧性中的支撑作用。此外，目前有关人口红利对区域经济韧性影响的研究多数停留在全国层面进行分析，鲜有学者依托长江经济带等国家重大发展战略和导向性的重点地带进行讨论。因此，本章的边际贡献主要体现在以下三个方面：第一，有关人口方面的研究，多数学者采用的是省级层面数据对全国的人口数量红利或者人口质量红利进行单一角度的分析，本章依托长江经济带城市层面数据进行讨论，并将人口数量红利、人口质量红利同时纳入对城市经济韧性影响的考量中。第二，根据人力资本的内涵，将人口质量红利划分为人口质量水平和人口质量利用效率，分别运用医院、卫生机构床位数和科技研发人员数来表征，从异质性人力资本角度探讨其对经济韧性的作用差异，并按照不同城市类型进行分类，分析人口红利影响效应的异质性。第三，劳动力流动是人口红利发挥作用的重要因素，但鲜有文献基于劳动力流动视角就人口红利影响城市经济韧性的内在机理进行讨论。本章考虑到，一方面，基础设施建设是促进劳动力流动的重要因素；另一方面，劳动力流动所形成的人口聚集将会对城市经济韧性产生影响。本章将从基础设施建设效应以及人口聚集效应两个方面，剖析人口数量红利、人口质量红利对城市经济韧性影响的作用机制。

12.1 理论分析

人口红利是用于描述人口动态变化过程中对经济发展产生的影响，基于人力资源和人力资本，可以将其进行细化。一方面，适龄劳动人口的增加对实际投资和人均有效产出会产生影响，其带来的经济增长效应是人力资源的数量增长效应，称为人口数量红利；另一方面，在人口转变过程中，由于人口偏好结构变化带来的人力资本的质量增长效应，称为人口质量红利，它会推动专业技能结构和人力资本配置效率提高从而促进经济发展。本章将从人口数量红利、人口质量红利两个方面分析人口红利对城市经济韧性的影响及其内在作用机理。

12.1.1 人口数量红利、人口质量红利对城市经济韧性的影响

1. 人口数量红利对城市经济韧性的影响

人口数量优势是提高社会韧性水平的现实基础。一方面，适龄劳动人口越多的地区，其具有的市场规模和消费潜力优势也就越大，庞大的消费市场是夯实经济发展的底盘，是提升经济韧性、挖掘发展潜力的关键要素。在外部风险叠加的环境下，人口数量优势可以通过激活多样化消费需求，使国内市场表现出较强的弹性和韧性，为地区经济发展赢回主动，同时，劳动力市场的群聚对就业市场有规模递增效应，即会有更低的匹配成本、更高的匹配效率、更高的工资溢价，使企业家拥有更大的市场规模和更多的创业机会，对劳动力的需求将会增加（Beaudry et al.，2018），就业率也会提高，就业率的提高意味着劳动者将有更多的市场需求和消费潜

力，使地区能够通过激活自身内部市场的消费潜力来缓解外部冲击造成的需求波动，提高城市应对冲击的能力。另一方面，人口过快增长使人口规模扩大，对经济增长、资源环境造成负向影响，将导致中低收入国家陷入人均收入在低水平徘徊的“马尔萨斯陷阱”，不利于提升城市经济韧性。基于上述分析，本章提出以下假设：

H1a：人口数量红利对提升城市经济韧性具有推动作用。

H1b：人口数量红利对提升城市经济韧性具有抑制作用。

2. 人口质量红利对城市经济韧性的影响

高质量人口是中国式现代化建设的基石，也是在日益激烈的国际竞争中保持核心竞争力的法宝。高素质人力资本具有稀缺的资源配置能力及技术创新能力，它有助于催生具有更强动态能力的新产业，推动相关产业复苏（Ayda，2016），故其对应的生产率会更高，对社会生产的贡献也就更大，带给城市更强的自我转型能力和发展潜力（Martin，2012）。进一步可以将人口质量红利分为人口质量利用效率和人口质量水平（詹韵秋和王军，2020）。人口质量利用效率的提高可以更好地配置、更新和重建各种要素资源，提高创新水平，使产业能够更加迅速地应对外部变化，从而提高经济韧性。人口质量水平的提高，一方面，有利于改善个体健康状况，增加劳动者的生产时间并提高其生产效率（Arora and Health，2001），并且健康人力资本积累又具有规模报酬递增的特点，其有利于提升社会总储蓄率对经济增长的边际效应，故健康人力资本对加强城市抵御风险的能力具有积极作用（谢智康和杨晶，2020）；另一方面，健康人力资本会挤占物质资本积累，给经济增长带来不利的影响（王弟海等，2008）。基于上述分析，本章提出以下假设：

H2：人口质量利用效率提高可以通过提高资源配置效率，使产业发展能够迅速应对外部变化，增强经济韧性。

H3a：健康人力资本的积累（人口质量水平的提升）可以提高劳动参与率和生产率，增强城市抵御风险的能力，从而提升城市经济韧性。

H3b：健康人力资本投资（人口质量水平的提升）会挤占物质资本积

累，给经济增长带来不利的影响，从而阻碍城市经济韧性提升。

12.1.2 人口数量红利、人口质量红利对城市经济韧性的作用机制

人口是经济发展中的基础性要素，劳动力通过跨区域流动形成人口集聚效应，促进资源合理配置，并通过劳动者之间的知识溢出和相互学习，提高劳动者生产效率，带动产业技术创新以适应新的经济发展需求，为应对外部冲击和恢复经济提供基本保障。基于此，本节从基础设施建设效应以及人口集聚效应来探究人口数量红利、人口质量红利对城市经济韧性的作用机制。

1. 基础设施建设效应

数量型和质量型人口红利的开发均离不开人口流动下配置效率的提高。人口红利只有在经济社会发展政策与人口机会充分匹配时才可能触发经济增长效应。劳动力通过在地区间、产业间、部门间流动可以实现有效配置，使其获得更大的劳动价值，从而增加投资于人力资本的回报，提高整个社会的经济效益，增强抵御外部冲击的能力。基础设施建设对劳动力要素流动的积极作用已被证实（张军等，2021；郭凯明等，2020），越完善的城市基础设施建设，越可能在遭受外部冲击后为城市人口聚集提供更好的生活质量和经济发展条件，有助于缓冲城市的就业市场压力（陈靖等，2022）。

一方面，交通基础设施建设能够改善地区间通达性，增强沿线城市的“向心力”，促使更多的要素资源向沿线城市聚集，使中心城市借助自身强大的市场潜力形成更具规模的劳动力蓄水池，劳动力积累越丰富，城市所具有的消费能力也就越大。另外，交通基础设施建设能够促进以人为载体的信息、知识、技术溢出推动城市创新，也可以使地区实现适应性产业结构调整，并获得持续的经济韧性（徐圆和张林玲，2019）。信息基础设施建设的经济增长效应本质是信息资源要素能够突破空间限制，为人们有效获取信息提供便利，通过降低信息搜寻成本，提高传播效率（韩宝国和朱平芳，2019），增加适龄劳动人口就业机会，提高就业率。同时，信息基

础设施建设还可以通过缓解劳动力错配、加速人力资本积累对劳动力就业状况产生积极影响（夏海波等，2021），从而提高劳动人口收入水平，激发其消费潜力，不断提升城市经济韧性。

另一方面，基础设施建设可能会使人口过分集聚在城市中心而偏离人口最优规模，使经济活动在空间上呈现先聚集后扩散演化的分布形态（颜银根等，2020），即尽管基础设施打破了“中心—外围”城市之间的隔阂，降低人员旅行成本和信息搜寻成本，进而促进多要素流动，但要素资源的过度集中会造成当地通勤成本、物价成本上升，形成市场拥挤效应，使企业生产成本增加，大批企业会转移至其他地区，导致“城市空心化”，城市就业机会将减少，进而不利于城市创新发展，对提高经济韧性产生不利影响。

基于上述分析，本章提出以下假设：

H4：不同阶段、不同类型的基础设施建设在人口红利提升城市经济韧性中发挥的调节作用方向和强度可能不一致。

2. 人口集聚效应

人口集聚直接表现为地区人口规模扩大，人口规模作为城市规模的一个重要衡量方面，其变化会影响城市承受危机和恢复经济的能力（Faggian et al.，2018）。一方面，人口集聚高的城市往往代表着该地区具有良好的经济发展基础和发展速度，依靠较为完整的产业链和较高的生产效率产生规模效应，使其能够较好地抵御外部冲击。此外，良好的经济发展条件能够吸引和留住高质量人力资本促成人才聚集，通过知识专利和技术创新提高全要素生产率，带动危机后城市经济恢复。人口集聚还会产生劳动力池效应，促使多样化企业集聚，推进城市产业结构转型升级并呈现出多样化发展态势。产业多样化又可以增强城市分担危机和恢复经济的能力，使其具有较强的经济韧性。人口集聚还将缩短技术传播距离，提高传播效率，使产业间劳动力逐步共享，构建出多元的共享劳动力市场，为城市产业长期升级提供丰厚的劳动力支持，从而不断加强城市经济韧性。另一方面，根据新经济地理理论，当资源要素过度集聚在一个地区时，会产生市场拥挤效应，使资源无法实现最优配置。当城市人口规模过于庞大时，将会对政府公共服务能力提出巨大的挑战，医疗、教育等公共服务水平将大打折扣（Henderson，2000），使人口集聚无法形成规模效应从而带来经济增长。同时，当人口过分集聚于某一地区偏离最优规模时，会导致资源分配不均衡，进而影响劳动者的生活成本和消费能力。当生活成本过高时，劳动者的可支配收入就会减少，从而限制了他们的消费潜力，当劳动者的市场消费潜能无法支撑其抵御外部冲击的能力时，对增强城市经济韧性产生相反作用。基于上述分析，本章提出以下假设：

H5：人口数量红利、人口质量红利对城市经济韧性的作用因受人口集聚因素的影响而呈非线性关系。

12.2 研究设计

本章分别从人口数量红利、人口质量红利两个方面，通过构建基准回归模型、调节效应检验模型以及门槛效应检验模型，检验其对长江经济带城市经济韧性的影响效应及其作用机理。

12.2.1 实证模型设计

1. 基准回归模型

人口数量红利、人口质量红利仅是影响城市经济韧性的两个因素，为合理测度二者对城市经济韧性的作用，本章参考已有研究（陈靖等，2022；王静田和付晓东，2023；徐圆和陈爱华，2023），将政府干预程度、对外开放程度、科技创新支持力度、基础设施建设水平、城镇化率等其他可能对城市经济韧性产生影响的因素纳入回归模型中作为控制变量，并且考虑到本章研究的样本涵盖2010—2021年长江经济带107个城市的数据，因此认为选择双向固定效应模型更为合适，具体模型为

$$res_{it} = \alpha_0 + \alpha_1 pop_{it} + \beta_j \sum Control_{it} + \mu_i + v_t + \varepsilon_{it} \qquad (12-1)$$

其中：i 为地区；t 为时间；res 为城市经济韧性；α_0 为常数项；pop 为本章的核心解释变量，即人口红利，将分别从人口数量红利——人口从业人员规模（$SYDW$）、非农产业从业人员规模（CY），人口质量红利——人口质量利用效率（RDP）、人口质量水平（$lHSZ$）两方面选取4个具体指

标进行分析；α_1 为核心解释变量对应系数，表示人口数量红利、人口质量红利对城市经济韧性的影响效应；*Control* 为一系列控制变量；β_j 为控制变量对应的系数；μ_i 、v_t 分别为城市固定效应和年份固定效应；ε 为随机误差项。

2. 调节效应检验模型

基于前文的理论分析，为考察交通基础设施建设、信息基础设施建设在人口数量红利、人口质量红利对城市经济韧性影响中发挥的调节作用，本章分别构建以下计量模型进行检验：

$$res_{it} = \gamma_0 + \gamma_1 pop_{it} + \gamma_2 pop_{it} \times HSR_{it} + \beta_j Control_{it} + \mu_i + v_t + \varepsilon_{it} \tag{12-2}$$

$$res_{it} = \gamma'_0 + \gamma'_1 pop_{it} + \gamma'_2 pop_{it} \times broadband_{it} + \beta'_j Control_{it} + \mu_i + v_t + \varepsilon_{it} \tag{12-3}$$

其中：i 为地区；t 为时间；*HSR* 为高铁是否开通，开通赋值为 1，否则为 0；*broadband* 为该城市是否获批设立“宽带中国”示范城市，获批赋值为 1，否则为 0；γ_0 、γ'_0 为常数项；γ_1 、γ'_1 为核心解释变量对应系数，表示人口数量红利、人口质量红利对城市经济韧性的影响效应；γ_2 、γ'_2 是该模型需要重点关注的系数，分别代表交通基础设施建设、信息基础设施建设对城市经济韧性的作用方向和强度；*Control* 为一系列控制变量；β 为各控制变量的回归系数，其选取与基准回归部分一致；μ_i 、v_t 分别为城市固定效应和年份固定效应；ε 为随机误差项。

3. 门槛效应检验模型

为验证人口集聚在人口数量红利、人口质量红利对城市经济韧性影响中的非线性作用，本章以城镇化率作为衡量城市人口集聚程度的门槛效应变量，通过构造面板门槛效应模型进行检验，具体为

$$res_{it} = \varphi_0 + \lambda_1 pop_{it} \times I(th_i \leqslant r_1) + \lambda_2 pop_{it} \times I(r_1 < th_i \leqslant r_2) + \cdots + \lambda_n pop_{it} \times I(th_i > r_n) + \beta_j \sum Control_{it} + \mu_i + v_t + \varepsilon_{it} \tag{12-4}$$

其中：i 为地区；t 为时间；$I(\cdot)$ 为示性函数；*th* 为门槛变量；r_1 ，r_2 ,⋯ ，r_n 为待估门槛变量的门槛值；λ_1 ，λ_2 ，⋯，λ_n 为待估系数；φ_0 为常

数项；*Control* 为一系列控制变量，与基准回归部分一致；β 为各控制变量的回归系数；μ_i 、v_t 分别为城市固定效应和年份固定效应；ε 为随机误差项。

12.2.2 变量选取与具体说明

1. 被解释变量：城市经济韧性（*res*）

经济韧性是指某一区域在遭遇外部冲击后，通过资源重新配置适应新环境，恢复经济发展并创造发展新路径的能力（Martin，2012；孙红雪等，2023）。目前，有关经济韧性的测度方式学术界尚未达成共识，多数学者采用指标构建法、敏感度分析法以及经济周期模型法来进行分析。本章借鉴 Martin（2012）、Cainelli 等（2019）、王静田和付晓东（2023）的研究方法，采用各城市实际 GDP（以 2009 年为基期进行平减）对全国 272 个城市的经济韧性水平进行测度，具体计算公式如下：

$$res_{it} = \frac{\Delta GDP_{it}^{c} - \Delta GDP_{it}^{R}}{\Delta GDP_{it}^{R}}$$

$$\Delta GDP_{it}^{c} = \frac{GDP_{it}^{c} - GDP_{it-1}^{c}}{GDP_{it-1}^{c}} \qquad (12-5)$$

$$\Delta GDP_{it}^{R} = \frac{GDP_{it}^{R} - GDP_{it-1}^{R}}{GDP_{it-1}^{R}}$$

其中：GDP_{it}^{c} 、GDP_{it-1}^{c} 分别为在 t 年、$t-1$ 年的地区生产总值；GDP_{it}^{R}、GDP_{it-1}^{R} 则分别为在 t 年、$t-1$ 年的国内生产总值；ΔGDP_{it}^{c} 为城市 i 经济运行变化率，用来衡量城市 i 经济产出的真实变化情况；ΔGDP_{it}^{R} 为全国经济运行情况的均值变化率，用来代表预期产出变化。当 $res > 0$ 时，表示城市经济增长率高于全国水平，即视为高经济韧性；反之则视为低经济韧性。

2. 解释变量

（1）人口数量红利。

人口数量红利对经济增长的作用机制源于适龄劳动人口的增加对实际投资和人均有效产出产生的影响（Bloom et al.，2003），充足的劳动力供给和高储蓄率形成了有利于经济社会发展的人口条件，给予经济增长一个额外的动力源泉。由此，本章借鉴张同斌（2016）的研究方法，利用《中国城市统计年鉴》各城市年末单位从业人员数占户籍人口数的比重，第二、第三产业从业人员数占户籍人口数的比重作为代理变量对人口数量红利进行衡量，分别记为 *SYDW* 、*CY* 。

（2）人口质量红利。

人口质量红利是指特定人口具有的一定属性，它能反映人口总体内在质量的规定性（李竞能，2001）。在人口转变过程中，由于人口偏好结构转变带来的人口内在质量提高包括人口质量水平和人口质量利用效率的提高，前者反映人口健康水平，后者则反映劳动力专业技能结构和人力资本配置效率（詹韵秋和王军，2020）。由此，本章借鉴王弟海等（2008）的处理方式，从异质型人力资本的角度选取指标对人口质量红利进行衡量，认为劳动力的健康情况，即人口质量水平取决于所在地区健康医疗投资水平，故将医院、卫生机构床位数取对数作为衡量人口质量水平的代理指标，记为 *lHSZ* ；劳动力专业技能结构和人力资本配置效率则取决于科技研发人员数量，运用各城市 R&D 人员数与户籍人口数的比值对人口质量利用效率进行衡量，记为 *RDP* 。

3. 调节变量

本章借助高铁建设、“宽带中国”战略试点虚拟变量从交通基础设施建设、信息基础设施建设两方面表征各城市基础设施建设水平，并通过高铁建设与人口红利的交互项（ $HSR_{it} \times pop_{it}$ ）、“宽带中国”战略试点与人口红利的交互项（ $broadband_{it} \times pop_{it}$ ）分别考察交通基础设施建设、信息基础设施建设在人口红利对城市经济韧性影响中发挥的调节作用。

4. 门槛变量

城市有效合理地吸引人口集聚并构建韧性网络是城市经济恢复的重要动力，当城市发展与人口集聚不相匹配时，可能形成市场拥挤效应，这种效应会抵消聚集效应原本带来的经济收益，最终导致经济发展衰退。因此，本章选用城镇化率作为衡量人口集聚的代理指标，以检验人口集聚在人口红利对长江经济带城市经济韧性影响中的门槛作用。

5. 控制变量

除人口数量红利、人口质量红利外，城市经济韧性还受其他因素的影响，因此，基于已有对城市经济韧性研究的文献以及指标的合理性与数据的可获得性，本章选取了以下指标作为控制变量加入模型中。①政府干预程度（*gov*）。当城市面临外部风险造成经济冲击时，政府可以通过一系列的政策对产业结构和经济制度进行调整以应对当前的危机，但城市也有可能受过多的政府干预，使市场无法对经济变化作出迅速反应，故政府干预程度对城市经济韧性影响的作用方向是不确定的。本章采用政府一般公共支出占地区生产总值的比重来表示政府干预程度。②对外开放水平（*lFDI*）。对外开放水平可以通过技术溢出效应和投资增长效应对经济韧性产生影响（王静田和付晓东，2023），一般来说，开放度越高，与外部联系越强，经济体越容易遭受外部冲击，而经济进入恢复期后，其与经济韧性的关系表现复杂。本章采用各城市外商直接投资额按照当年美元与人民币的平均汇率转换后对其取对数来衡量对外开放水平。③科技创新支持力度（*RDI*）。越注重科技研发投入的城市往往创新水平越高，而创新能力作为城市在经受冲击后恢复经济的基本条件，创新能力越强预示着城市越能迅速投入新产业生产以恢复经济。本章采用 R&D 投入金额占地区生产总值之比来衡量科技创新支持力度。④基础设施建设水平（*road*）。基础设施建设水平越完善的地区，其与周围地区的联系越紧密。在地区遭受外部冲击时，能够通过高效率的交流联系，组织周围城市一起抵御外部冲击并恢复经济（徐圆和陈爱华，2023）。本章采用人均道路面积作为代理变量来表征基础设施建设水平。⑤城镇化率（*town*）。城市作为承载劳动力的主体，对创造就业发挥着重要的作用，人口在城市聚集对就业市场有正外部性的作用，是稳定经济、培育发展动力的重要源泉（陈靖等，2022）。故本章采用城市常住人口占城市总人口数来表征城镇化率。

12.2.3 数据来源与描述性统计

考虑到数据的可得性，本章选取 2010—2021 年长江经济带 107 个主要城市的面板数据作为研究样本①。原始数据大部分来源于《中国城市统计年鉴》《中国城市建设统计年鉴》以及各省市统计年鉴，包括政府一般公共支出，外商直接投资额，科技研发投入，医院、卫生机构床位数等。高铁开通数据来自“12306”网站以及其他公开数据，“宽带中国”战略试点城市来自工信部和国家发展改革委在2014年、2015年和2016年分别遴选的“宽带中国”战略试点。个别数据缺失值采用插值法进行填补。主要变量的描述性统计结果见表12－1。

表12－1　主要变量的描述性统计结果

变量	观测值	标准差	均值	最大值	最小值
res	1284	1.032	0.091	6.956	−7.260
CY	1284	0.086	0.119	0.504	0.024
SYDW	1284	0.137	0.123	3.767	0.025
RDP	1284	0.005	0.004	0.032	2.96×10^{-5}
lHSZ	1284	0.695	9.786	12.090	7.931
gov	1284	0.089	0.193	0.261	0.076
lFDI	1284	1.844	3.042	7.289	−6.202
road	1284	330.5	549.8	1140.0	1.0
RDI	1284	0.013	0.016	0.115	4.95×10^{-5}
town	1284	0.132	0.546	0.896	0.181
HSR	1284	0.496	0.568	1	0
broadband	1284	0.440	0.262	1	0

12.3　实证结果分析

本章构建双向固定效应下的基准回归模型，从实证角度分析人口数量

① 在本章的分析中，长江经济带107个主要城市包括长江下游地区的上海、南京、无锡、常州、苏州、徐州、南通、连云港、淮安、盐城、扬州、镇江、泰州、宿迁、杭州、宁波、温州、嘉兴、湖州、绍兴、金华、衢州、舟山、台州、丽水、合肥、芜湖、蚌埠、淮南、马鞍山、淮北、铜陵、安庆、黄山、滁州、阜阳、宿州、六安、亳州、池州、宣城41个城市，长江中游地区的南昌、景德镇、萍乡、九江、新余、鹰潭、赣州、吉安、宜春、抚州、上饶、武汉、黄石、十堰、宜昌、襄阳、鄂州、荆门、孝感、荆州、黄冈、咸宁、随州、长沙、株洲、湘潭、衡阳、邵阳、岳阳、常德、张家界、益阳、郴州、永州、怀化、娄底36个城市，长江上游地区的重庆、成都、自贡、攀枝花、泸州、德阳、绵阳、广元、遂宁、内江、乐山、南充、眉山、宜宾、广安、达州、雅安、巴中、资阳、贵阳、六盘水、遵义、安顺、昆明、曲靖、玉溪、保山、昭通、丽江、临沧30个城市。

红利、人口质量红利对长江经济带城市经济韧性的影响效应，并且考虑到各城市初始资源禀赋及经济特征的千差万别，可能会导致人口红利的影响效应存在差异。因此，按照不同城市类型分类，进一步探讨人口数量红利、人口质量红利对长江经济带城市经济韧性影响的异质性。

12.3.1　基准回归

根据上文的研究设计，采用双向固定效应下的基准回归模型分析人口数量红利、人口质量红利对城市经济韧性的影响，回归结果如表 12－2 所示。由列（1）和列（2）可知，人口数量红利尽管对长江经济带城市经济韧性有提升作用，但不明显，即单位从业人员数量占比的增加，第二、第三产业从业人员占比的提升对增强城市经济韧性的效果不显著。由列（3）和列（4）回归结果可知，不同方面的人口质量红利对城市经济韧性都能起到显著的提升作用，即科研人员数量占比的扩大和人口质量水平的提高均是提升城市经济韧性的重要动力，表明高质量人力资本是促进经济发展的基石，也是在激烈的市场竞争中适应经济变化应对外部冲击的关键要素，这一结论验证了 H2 和 H3a。由此，我们认为在我国人口结构转型的背景下，应加强医疗卫生等公共服务建设，提高劳动力技能，加快推动“人口数量红利”向“人口质量红利”的转变，增强城市抵御外部冲击和恢复经济的能力。

从控制变量来看，政府干预程度的提高不利于城市提升经济韧性，可能的原因是市场是配置资源最有效的途径，若政府过多地干预经济，可能会使市场难以对外部冲击迅速作出反应而进行结构调整以恢复经济。此外，提高对外开放水平有增强长江经济带城市经济韧性的趋势，加大科技创新支持力度、提升城镇化水平、加强基础设施建设对长江经济带城市经济韧性则有相反作用趋势。

表 12－2　基准回归结果

变量	被解释变量（*res*）			
	(1)	(2)	(3)	(4)
CY	0.746 (0.70)			

续表

变量	被解释变量（res）			
	(1)	(2)	(3)	(4)
SYDW		0.114 (0.42)		
RDP			54.930*** (3.20)	
lHSZ				0.785** (2.50)
gov	-1.327** (-2.13)	-1.325** (-2.12)	-1.432** (-2.31)	-1.353** (-2.18)
lFDI	0.083* (1.85)	0.081* (1.82)	0.084* (1.90)	0.068 (1.51)
road	-0.0002 (-1.27)	-0.0002 (-1.33)	-0.0002 (-1.37)	-0.0001 (-1.03)
RDI	-4.981 (-0.92)	-5.123 (-0.95)	-11.600** (-2.01)	-4.683 (-0.87)
town	-0.473 (-0.45)	-0.456 (-0.44)	-1.087 (-1.02)	-0.521 (-0.50)
常数项	0.424 (0.75)	0.483 (0.86)	0.742 (1.32)	-6.852** (-2.30)
控制变量	Yes	Yes	Yes	Yes
城市固定效应	Yes	Yes	Yes	Yes
年份固定效应	Yes	Yes	Yes	Yes
观测值	1284	1284	1284	1284

注：*、**、***分别表示在10%、5%、1%的统计水平下显著。

12.3.2 内生性问题

我国政府通常会周期性地制定各类规划政策对地区产业调整进行约束，从而对经济发展产生影响，人口聚集到一定程度时又受到各城市内经济政策的影响。因此，本章借鉴陈东景和刘卫毅（2023）的研究方法，在基准回归模型中引入年份固定效应和城市固定效应的交互项，以缓解因城市层面政策变动而导致的内生性问题，检验结果如表12－3所示。结果表明，人口数量红利对提升城市经济韧性的作用不甚明显，而人口质量红利，不论是人口质量水平的提高还是人口质量利用效率的提升，在增强长江经济带城市经济韧性中均起到了显著作用，这一结论与基准回归结果一致，表明本章核心研究结论具有一定的稳健性。

表 12－3　交互固定效应的回归结果

变量	被解释变量（*res*）			
	(1)	(2)	(3)	(4)
CY	0.349 (0.43)			
SYDW		0.101 (0.49)		
RDP			55.060*** (4.21)	
lHSZ				0.733*** (3.04)
控制变量	Yes	Yes	Yes	Yes
城市固定效应	Yes	Yes	Yes	Yes
年份固定效应	Yes	Yes	Yes	Yes
年份和城市的双固定效应	Yes	Yes	Yes	Yes
观测值	1284	1284	1284	1284

注：*** 表示在1%的统计水平下显著。

12.3.3　稳健性检验

为确保基准回归结果的可靠性，本章采用剔除中心城市、增加解释变量、排除政策影响效应的方法就人口数量红利、人口质量红利对长江经济带城市经济韧性的影响效应进行稳健性检验。

1. 剔除中心城市

直辖市、省会城市以及计划单列市往往具有较高的经济发展水平和相对丰富的资源禀赋，并且政府在制定各类经济政策时也会向这类城市倾斜，这可能导致人口红利对城市经济韧性作用效果受到其他各类政策因素的影响。因此，本章借鉴孙红雪等（2023）的方法，剔除研究样本中该类城市共计 12 个[①]，再次进行回归分析，结果如表 12 - 4 所示。由表 12 - 4 可知，人口数量红利对城市经济韧性有正向作用，但不显著，而人口质量红利对城市经济韧性则有显著的提升作用，这说明本章的基准回归结果具有一定的可靠性。

表 12 - 4 剔除中心城市的回归结果

变量	被解释变量（*res*）			
	(1)	(2)	(3)	(4)
CY	0.988 (0.75)			
SYDW		0.101 (0.35)		
RDP			63.810*** (2.96)	
lHSZ				0.801** (2.36)
控制变量	Yes	Yes	Yes	Yes
城市固定效应	Yes	Yes	Yes	Yes
年份固定效应	Yes	Yes	Yes	Yes
观测值	1140	1140	1140	1140

注：**、*** 分别表示在 5%、1% 的统计水平下显著。

2. 增加解释变量

Lucas（1988）和 Romer（1990）在其新增长理论模型中将物质资本、人力资本、技术进步同时纳入经济增长函数中，认为人口数量红利和人口质量红利共同影响经济发展，并且两者存在互为因果的关系。考虑到城市经济韧性是衡量经济发展的重要方面，本章将人口数量红利、人口质量红利两个维度的 4 个解释变量同时纳入模型中进行回归分析，分析结果如表 12 - 5 所示，回归结果与基准回归一致，表明本章的研究结论具有一定的稳健性。

① 本章样本中剔除的中心城市包含上海、重庆 2 个直辖市，宁波 1 个计划单列市，以及南京、杭州、合肥、南昌、武汉、长沙、成都、贵阳、昆明 9 个省会城市。

表 12-5 增加解释变量的回归结果

变量	被解释变量（*res*）	
	(1)	(2)
CY	1.256 (1.13)	1.224 (1.10)
SYDW	0.087 (0.31)	0.072 (0.25)
RDP	41.870*** (2.63)	58.490*** (3.40)
lHSZ	0.954*** (3.06)	0.877*** (2.79)
控制变量	No	Yes
城市固定效应	Yes	Yes
年份固定效应	Yes	Yes
观测值	1284	1284

注：*** 表示在1%的统计水平下显著。

3. 排除政策影响效应

一些重大政策事件也可能会对城市经济韧性产生作用，从而影响实证回归结果的准确性。已有研究表明，信息基础设施建设（Zhou et al.，2021）、加强高铁服务供给（徐圆和陈爱华，2023）均能对城市经济韧性提升起到促进作用。因此，本章分别选取“宽带中国”战略政策试点、高铁开通作为代理变量来衡量各城市信息基础设施建设水平和高铁服务供给水平，若该城市获批设立“宽带中国”示范城市，赋值为1，否则为0；同理，若该城市开通高铁且有高铁停靠，赋值为1，否则为0。并将它们纳入基准回归模型中，就人口数量红利、人口质量红利对长江经济带城市经济韧性的影响效应进行进一步检验，回归结果如表12-6所示，结果与本章基准回归结果一致，表明人口质量红利是提升城市经济韧性的重要动力，人口数量红利有增强城市经济韧性的趋势。

表 12-6　排除政策影响效应的回归结果

变量	被解释变量（*res*）			
	(1)	(2)	(3)	(4)
CY	0.793 (0.74)			
SYDW		0.120 (0.44)		
RDP			55.860*** (3.21)	
lHSZ				0.789** (2.51)
HSR	0.009 (0.09)	0.000 (0.00)	0.041 (0.40)	0.009 (0.09)
broadband	-0.035 (-0.31)	-0.030 (-0.27)	0.010 (0.09)	-0.034 (-0.31)
控制变量	Yes	Yes	Yes	Yes
城市固定效应	Yes	Yes	Yes	Yes
年份固定效应	Yes	Yes	Yes	Yes
观测值	1284	1284	1284	1284

注：**、*** 分别表示在 5%、1% 的统计水平下显著。

12.3.4　异质性分析

考虑到我国经济发展具有不平衡性，区域之间存在较大的差异，各地区人口结构以及经济发展水平会因区域发展差异而呈现出不同的特征，故人口数量红利、人口质量红利对长江经济带城市经济韧性的影响可能会存在区域异质性。因此，本节将研究样本按照不同地理区位、不同城市规模以及不同城市经济发展水平三个方面进行划分，深入研究人口数量红利、人口质量红利影响效应的异质性特点。

1. 地理区位异质性

受不同地区政治、文化、社会环境等影响，我国不同地区呈现出明显的空间梯度格局，主要表现为东、中、西部地区存在显著的发展差距，为了进一步探究不同地理区位的人口数量红利、人口质量红利对城市经济韧性的影响，本章将长江经济带107个主要城市按照长江上游、中游、下游划分进行地理区位异质性的讨论，回归结果如表12-7所示。结果表明，人口数量红利在长江下游和长江中游地区对城市经济韧性的提升具有一定的促进作用。可能的原因是长江上游地区属于我国西部地区，其经济发展水平相对落后、资源禀赋相对稀缺，导致人口红利对城市经济韧性作用不明显，仅有提升的趋势，而长江中游、下游地区大部分属于我国中东部地区，特别是长江下游地区，其经济资源禀赋相对丰富，人口增长通过规模扩张效应对经济发展起到积极作用，这也验证了李竞博和姜全保（2023）的研究结论。人口质量利用效率仅在长江下游地区起到显著的正向影响效应，但其对长江中、上游城市经济韧性均有提升趋势，这说明提高科技研发人员占比是增强长江经济带城市经济韧性的重要动力。而人口质量水平仅在长江上游地区有显著的正向作用，这可能是因为长江中、下游特别是下游地区是我国人口聚集地，过多的人口集聚对政府公共服务能力提出巨大的挑战，使医疗、教育等公共服务水平大打折扣（Henderson，2000）。

表12-7 地理区位异质性的回归结果

变量	被解释变量（*res*）											
	长江下游				长江中游				长江上游			
	（1）	（2）	（3）	（4）	（5）	（6）	（7）	（8）	（9）	（10）	（11）	（12）
CY	1.988* （2.09）				-3.743 （-0.67）				-1.594 （-1.05）			
SYDW		1.030 （1.40）				7.255* （1.82）				-0.032 （-0.15）		
RDP			34.490** （2.69）				20.390 （0.19）				32.570 （0.73）	
lHSZ				-0.271 （-0.71）				1.043 （1.36）				1.536*** （3.66）
控制变量	Yes	Yes	Yes	Yes	Yes	Yes	Yes	Yes	Yes	Yes	Yes	Yes
城市固定效应	Yes	Yes	Yes	Yes	Yes	Yes	Yes	Yes	Yes	Yes	Yes	Yes
年份固定效应	Yes	Yes	Yes	Yes	Yes	Yes	Yes	Yes	Yes	Yes	Yes	Yes

续表

变量	被解释变量（res）											
	长江下游				长江中游				长江上游			
	(1)	(2)	(3)	(4)	(5)	(6)	(7)	(8)	(9)	(10)	(11)	(12)
观测值	492	492	492	492	432	432	432	432	360	360	360	360

注：*、**、*** 分别表示在 10%、5%、1% 的统计水平下显著。

2. 城市规模异质性

人口规模对经济发展具有重要影响，一方面，在资源短缺、生产力低下的情况下，人口增长不利于经济发展；另一方面，在经济资源相对丰裕的情况下，人口增长通过规模扩张效应对经济发展起到积极作用（李竞博和姜全保，2023），因此，地区人口的疏密程度可能会直接影响人口红利对城市经济韧性的作用。本章将长江经济带的城市按照常住人口在 500 万以上的城市为特大城市、人口在 300 万～500 万的城市为大城市、人口在 300 万以下的城市为中小城市进行分类，并以此进行城市规模异质性分析，回归结果如表 12－8 所示。结果表明，在特大城市中，不论是人口数量红利还是人口质量红利，对城市经济韧性的影响作用均不显著，特别是人口数量红利，还有削弱城市经济韧性的趋势；在大城市中，人口质量水平和人口质量利用效率均能显著提升城市经济韧性，人口数量红利的作用不甚明显；在中小城市中，仅有人口质量利用效率对城市经济韧性的提升作用明显。

表 12－8　城市规模异质性的回归结果

变量	被解释变量（res）											
	特大城市				大城市				中小城市			
	(1)	(2)	(3)	(4)	(5)	(6)	(7)	(8)	(9)	(10)	(11)	(12)
CY	-0.169 (-0.12)				0.721 (0.68)				1.542 (-0.71)			
SYDW		-0.196 (-0.23)				0.109 (0.40)				-0.004 (-0.01)		
RDP			15.020 (0.59)				51.550*** (3.06)				79.950** (2.56)	

续表

变量	被解释变量（*res*）											
	特大城市				大城市				中小城市			
	(1)	(2)	(3)	(4)	(5)	(6)	(7)	(8)	(9)	(10)	(11)	(12)
lHSZ				0.691 (1.53)				0.780** (2.49)				0.553 (0.79)
控制变量	Yes	Yes	Yes	Yes	Yes	Yes	Yes	Yes	Yes	Yes	Yes	Yes
城市固定效应	Yes	Yes	Yes	Yes	Yes	Yes	Yes	Yes	Yes	Yes	Yes	Yes
年份固定效应	Yes	Yes	Yes	Yes	Yes	Yes	Yes	Yes	Yes	Yes	Yes	Yes
观测值	600	600	600	600	348	348	348	348	336	336	336	336

注：**、*** 分别表示在5%、1%的统计水平下显著。

3. 城市经济发展水平异质性

经济发展水平对城市经济韧性的提升作用存在明显的时空分异（冯洁瑶等，2020），因此，人口数量红利、人口质量红利的影响效应可能会因各城市经济发展水平的不同而产生异质性。本章分别计算各城市 2010—2021 年的 GDP 均值，并将各城市 GDP 均值与全国 GDP 均值进行比较，大于全国 GDP 均值的城市作为经济发展水平较好的城市，其余则为经济发展水平较低的城市，并以此进行异质性分析，回归结果如表 12－9 所示。人口数量红利对城市经济韧性的影响在不同经济发展水平的城市中无明显异质性，影响作用均不显著。从异质型人力资本来看，人口质量利用效率在经济发展较好的城市中能够显著增强城市经济韧性，而人口质量水平能显著提高经济发展水平较低城市的经济韧性。

表 12－9　城市经济发展水平异质性的回归结果

变量	被解释变量（*res*）							
	经济发展水平较好的城市				经济发展水平较低的城市			
	(1)	(2)	(3)	(4)	(5)	(6)	(7)	(8)
CY	0.472 (0.41)				1.378 (0.53)			

续表

变量	被解释变量（res）							
	经济发展水平较好的城市				经济发展水平较低的城市			
	(1)	(2)	(3)	(4)	(5)	(6)	(7)	(8)
SYDW		0.965 (-1.08)				-0.013 (-0.04)		
RDP			42.790** (2.90)				61.690 (0.78)	
lHSZ				0.391 (0.79)				1.107** (2.68)
控制变量	Yes	Yes	Yes	Yes	Yes	Yes	Yes	Yes
城市固定效应	Yes	Yes	Yes	Yes	Yes	Yes	Yes	Yes
年份固定效应	Yes	Yes	Yes	Yes	Yes	Yes	Yes	Yes
观测值	504	504	504	504	780	780	780	780

注：** 表示在5%的统计水平下显著。

12.4 进一步分析

基于前文的理论分析，为探寻人口数量红利、人口质量红利影响长江经济带城市经济韧性的内在机理，本章分别构建基准回归模型、调节效应检验模型、门槛效应检验模型检验基础设施建设效应以及人口集聚效应在人口数量红利和人口质量红利的影响效应中发挥的作用。

12.4.1 基础设施建设效应

基础设施建设对促进劳动力、信息等多要素在地区间流动具有积极作用，越完善的城市基础设施建设，越可能在外部冲击后为城市人口聚集提供更好的生活质量和经济发展条件，有助于缓冲城市的就业市场冲击。在我国加快建设“交通强国”“网络强国”“数字中国”的背景下，交通基础设施建设、信息基础设施建设是我国基础设施建设的重要方面，它们分别通过降低人员旅行成本促进劳动力流动、降低信息搜寻成本促进信息要素流动，从而影响城市应对外部冲击的能力。本章借助高铁建设、“宽带中国”战略试点虚拟变量表征各城市交通基础设施建设、信息基础设施建设情况，并通过高铁开通与人口红利的交互项、“宽带中国”战略试点与人口红利的交互项分别考察两类基础设施建设效应在人口数量红利、人口质量红利对长江经济带城市经济韧性的影响中发挥的调节作用，检验结果如表 12－10 所示。结果表明，信息基础设施建设不论是在人口数量红利对城市经济韧性的影响中还是在人口质量红利对城市经济韧性的影响中，其发挥的调节作用均不明显，而高铁建设在人口质量水平对城市经济韧性的影响中发挥显著的正向调节作用，有利于增强城市经济韧性，但在人口质量利用效率对城市经济韧性的影响中作用不显著，甚至有削弱趋势，这一结论验证了 H4。

表 12－10　基础设施建设效应机制检验结果

变量	被解释变量（*res*）							
	高铁建设				信息基础设施建设			
	(1)	(2)	(3)	(4)	(5)	(6)	(7)	(8)
SYDW	1.133 (1.07)				0.149 (0.20)			
SYDW × *HSR*	−1.059 (−0.99)							
SYDW × *broadband*					−0.031 (−0.04)			
CY		1.414 (1.09)				0.690 (0.61)		
CY × *HSR*		−1.078 (−0.90)						
CY × *broadband*						0.224 (0.25)		
RDP			72.060*** (2.89)				51.120*** (2.92)	
RDP × *HSR*			−22.520 (−0.91)					
RDP × *broadband*							20.550 (1.35)	
lHSZ				0.623* (1.94)				0.703** (2.20)

续表

变量	被解释变量（res）							
	高铁建设				信息基础设施建设			
	(1)	(2)	(3)	(4)	(5)	(6)	(7)	(8)
lHSZ × *HSR*				0.267** (2.21)				
lHSZ × *broadband*								0.166 (1.37)
控制变量	Yes	Yes	Yes	Yes	Yes	Yes	Yes	Yes
城市固定效应	Yes	Yes	Yes	Yes	Yes	Yes	Yes	Yes
年份固定效应	Yes	Yes	Yes	Yes	Yes	Yes	Yes	Yes
观测值	1284	1284	1284	1284	1284	1284	1284	1284

注：*、**、*** 分别表示在10%、5%、1%的统计水平下显著。

12.4.2 人口集聚效应

基于前文的理论分析，人口集聚会产生劳动力池效应，促使多样化企业集聚，推进城市产业结构转型升级并呈现出多样化发展态势，而产业多样化又可以增强城市分担危机和恢复经济的能力，使其具有较强的经济韧性，但当人口集聚到一定程度时会造成地区通勤成本、物价成本等的上升，形成市场拥挤效应，使企业因生产成本增加而大量转移至其他地区，导致城市就业机会减少，经济发展放缓，从而削弱其抵御外部冲击的能力。为探究人口集聚在人口红利对长江经济带城市经济韧性的影响中可能存在的门槛作用，本章将城镇化率作为人口集聚的代理变量，通过门槛效应检验模型进行检验。

1. 门槛存在性和个数检验结果

在使用面板门槛分析前，首先需要对是否存在门槛效应，以及存在几个门槛进行相应检验。本章采用Bootstrap方法重复抽样1000次检验门槛效应的F统计量、p值、临界值来确定门槛个数以及门槛值，检验结果如表12－11所示。从表12－11中不难看出，城镇化率在人口质量红利对城市经济韧性的影响中通过了单一门槛值显著性水平检验，未通过双重门槛检验，而人口数量红利未通过单一门槛值显著性水平检验，说明在运用门槛效应检验模型进行回归时，仅需要运用单门槛面板回归模型就城镇化率在人口质量红利对城市经济韧性影响中的门槛作用进行回归分析。

表 12－11 门槛存在性和个数检验结果

门槛变量	被解释变量	指标	*F* 统计量	Bootstrap 抽样得到的 *p* 值	1% 水平下临界值	5% 水平下临界值	10% 水平下临界值
城镇化率	*SYDW*	单一门槛	2.38	0.812	29.153	22.068	14.667
	CY	单一门槛	8.65	0.113	14.942	10.772	8.932
	RDP	单一门槛	13.15	0.013	13.666	9.635	8.095
		双重门槛	2.81	0.741	17.091	10.544	8.469
	lHSZ	单一门槛	11.72	0.038	13.800	10.750	9.015
		双重门槛	4.80	0.511	16.222	11.327	9.167

2. 门槛效应回归结果

表 12－12 中列（1）和列（2）分别报告了城镇化率在人口质量利用效率、人口质量水平对长江经济带城市经济韧性影响中的门槛作用。检验结果表明，在迈过城镇化率门槛值之前，人口质量利用效率对长江经济带城市经济韧性的提升作用更强，在迈过门槛值以后，尽管人口质量利用效率对城市经济韧性依然有提升作用，但其显著性和系数大小均有所减小。这表明在人口集聚初期，人口集聚会产生劳动力池效应，促使多样化企业集聚，推进城市产业结构转型升级并呈现出多样化发展态势，从而增强城市承受危机和恢复经济的能力，使其具有较强的经济韧性，但当人口集聚到一定程度时会造成地区通勤成本、物价成本等上升，形成市场拥挤效应，使企业因生产成本增加而大量转移，导致城市就业机会减少，经济发展放缓，从而削弱抵御外部冲击的能力，这一结论验证了 H5。此外，数据统计发现，2010 年，研究样本中共有 33 个城市的城镇化率迈过门槛值，主要包括上海等直辖市，南京、合肥、成都等省会城市以及经济发展状况较好的城市，如苏州、常州、无锡、深圳等。而经过 12 年的发展，到 2021 年，研究样本中未迈过门槛值的城市仅有 32 个，其中的大部分城市

处于我国经济相对欠发达地区，如安顺、巴中、玉林、保山、内江等，长江中游、下游地区则鲜有城市未迈过门槛值，说明长江上游等经济相对欠发达地区的城市人口容纳度还未达到其所需的最优规模，可以通过吸引并留住人才形成规模效应，使人口红利进一步释放，而长江上游、中游经济相对发达地区则需要将注意力转移到促进人才科技创新、提高劳动生产率等方面以充分释放人口红利，因此，要更加注重长江上游地区人力资本积累，以增强城市抵御风险和恢复经济的能力。

表 12－12　门槛效应回归结果

门槛区间	被解释变量（*res*）	
	(1)	(2)
RDP(*town* ≤ 0.549)	145.786*** (4.15)	
RDP(*town* > 0.549)	41.625** (2.58)	
lHSZ(*town* ≤ 0.549)		0.218 (1.30)
lHSZ(*town* > 0.549)		0.178 (1.08)
控制变量	Yes	Yes
城市固定效应	Yes	Yes
年份固定效应	Yes	Yes
观测值	1284	1284

注：**、*** 分别表示在 5%、1% 的统计水平下显著。

12.5　本章小结

人口作为社会经济活动的主体，参与社会再生产的全部过程，人口的定向聚集与经济产业的良性互动是经济社会发展的重要基石，人口发展被认为是“国之大者”。在我国人口结构发生转变的现实背景下，本章从理论上分析了人口数量红利、人口质量红利对城市经济韧性的影响，并运用长江经济带 107 个城市 2010—2021 年的面板数据进行了实证检验。研究结果表明：第一，从总体上看，人口质量红利能够显著增强城市经济韧性，人口数量红利的影响效应则不明显，在处理了内生性问题以及经过多种稳健性检验后该结论依然成立。第二，异质性检验结果表明，人口数量红利的影响在不同经济发展水平的城市、不同人口规模的城市中不存在显著的城市异质性，对任何一类城市的经济韧性提升作用均不明显，在地理区位异质性中，人口数量红利在长江中游和长江下游地区具有更显著的影响。人口质量利用效率在长江下游地区、人口规模相对较小的城市以及经济发展水平较好的城市对城市经济韧性的提升作用明显，人口质量水平则在经济发展水平相对较低的城市、长江上游城市以及大城市中有显著提升作用。第三，调节效应检验结果表明，高铁建设在人口质量水平对城市经济韧性的影响中发挥出显著的正向调节作用，即有效增强了人口质量水平对城市经济韧性的提升作用，而信息基础设施建设的影响作用不明显，甚至有削弱人口质量红利提升城市经济韧性的趋势。第四，门槛效应检验结果表明，人口集聚在人口质量红利对城市经济韧性的影响中存在门槛效应，迈过门槛值以后，人口质量红利对城市经济韧性的正向影响作用将减弱。

基于上述研究结论，为充分激发我国人口红利在提升城市经济韧性中的作用，本章提出以下政策建议：第一，推动“人口红利”向“人才红利”转变。提升城市经济韧性的重要举措是不断储备知识型、技术型、创新型人才。因此，要全面提升高等教育质量，加快建设具有中国特色的世界一流大学和优势学科，着力培养创新型科技研发人才；要大力发展职业教育培训，推动职业教育更好地与市场需求接轨，化解人才供需错配，以提升劳动生产率；要不断完善全民终身学习推进机制，营造“人人皆学、时时可学、处处能学”的良好社会氛围，为把我国人口规模巨大的优势转化为经济发展的持续动能和为抵御外部市场冲击创造有利条件。第二，加强公共卫生体系建设。城市获得持续的经济韧性离不开健康人力资本的积累，要坚持推进健康中国建设，全面提高医疗卫生服务能力，从以治病为中心转变为以人民健康为中心；要持续优化医疗卫生资源布局，夯实基层医疗卫生服务基础，加快推进公共卫生体系建设，将更加优质、贴心的医疗服务送到居民身边；加强健康教育，增强公众的健康意识，推广预防医学，建立健全医疗保障体系，实现全民健康，为城市经济发展获得持续动能提供重要保障。第三，加大高铁等交通基础设施建设投入力度。人口红利的开发离不开人口流动下配置效率的提高，高铁等交通基础设施在促进劳动力流动的同时提高其劳动生产率。要逐步完善较发达地区高铁交通设施建设，形成高铁网络，并应在后续的投资规划中考虑欠发达地区及中等城市的需要，建成高铁干线，为人口红利提供更好的发展环境和保障，使劳动力资源实现合理配置，充分激活“人口红利”。第四，因地制宜地制定人才政策，让人才“留得住，用得好”。不同地区在发展阶段、经济结构、社会需求、形势变化等方面存在差异，要根据实际情况制定与之契合的人才引进政策，做到精准定位。长江上游等我国相对欠发达地区要通过构建更加高效的政策机制，设计人才分类需求清单、建立评价标准体系，探索更加具有竞争优势的人才税收和补贴优惠政策；长江中游、下游等相对发达地区，要用联系、全面、发展的眼光识别和选拔人才；要科学、辩证地对待人才，充分了解人才的专业特长和兴趣爱好，做到取其所长；要以宽广的眼界和开阔的心胸善待人才，坚持包容个性、尊重特点、善待差异，充分释放人才红利，为城市承受外部冲击和恢复经济提供持续的人力资本储备。

13 创新关联网络、创新能力与地区全要素生产率[①]

习近平总书记指出："发展是第一要务，人才是第一资源，创新是第一动力。"[②] 创新是实现经济增长的关键驱动力，是建设创新型国家的核心要素，更是提高国家竞争力和综合国力的长久引擎。当前，城市经济发展的主流是创新驱动。科技部在2022年1月6日发布的《关于支持新一批城市开展创新型城市建设的通知》中提出："各城市要以创新型城市作为实施创新驱动发展战略的抓手，进一步强化顶层设计与规划布局，加强组织领导，完善工作机制，加快提升城市科技创新能力和高质量发展水平。"[③] 科技部、住房和城乡建设部于2022年11月18日印发的《"十四五"城镇化与城市发展科技创新专项规划》中提出要"全面支撑建设宜居、创新、智慧、绿色、人文、韧性城市"[④]。创新发展已成为实现地区经济高质量发展的重要动力。当前中国经济已从高速增长阶段向高质量发展阶段转变，满足人民日益增长的美好生活需要是我们现阶段奋斗的重点目标，推动经济高质量发展能为早日实现该目标凝聚力量。习近平总书记在党的二十大报告中指出，要

---

① 本章主要内容参见：何雄浪，陈贤青．区域创新绩效对全要素生产率的影响研究：以长江经济带为例[J]．武汉科技大学学报（社会科学版），2024(2)：1-16.

② 习近平总书记在参加广东代表团审议时的讲话 习近平：发展是第一要务，人才是第一资源，创新是第一动力[EB/OL]．(2018-03-07)．https://www.gov.cn/xinwen/2018-03/07/content_5272045.htm.

③ 科技部关于支持新一批城市开展创新型城市建设的通知[EB/OL]．(2022-01-09)．https://www.gov.cn/zhengce/zhengceku/2022-01/09/content_5667250.htm.

④ 科技部 住房和城乡建设部关于印发《"十四五"城镇化与城市发展科技创新专项规划》的通知[EB/OL]．(2022-12-06)．https://www.gov.cn/zhengce/zhengceku/2022-12/06/content_5730293.htm.

“坚持以推动高质量发展为主题，把实施扩大内需战略同深化供给侧结构性改革有机结合起来，增强国内大循环内生动力和可靠性，提升国际循环质量和水平，加快建设现代化经济体系，着力提高全要素生产率”①。全要素生产率是衡量经济高质量发展的主要指标之一，如何通过提升全要素生产率实现经济的提质增效是值得深思的关键性问题。长江经济带作为我国经济发展的重要示范区，覆盖11个省市，囊括三大城市群，横跨东、中、西三大板块，为促进我国经济发展发挥着重要的作用，因此研究其创新绩效对全要素生产率的影响效应能够为推动我国经济高质量发展提供重要参考。

关于创新与全要素生产率之间的关系，国内外学者已有许多研究成果，主要有以下几种视角。一是创新投入对全要素生产率影响的研究。第一种观点认为，加大R&D投入会提升全要素生产率。Chudnovsky等（2006）、Ho等（2009）、Junior等（2020）均认为加大R&D投入能提升全要素生产率。朱有为和徐康宁（2007）实证研究了中国高技术产业研发资本与生产率增长之间的相关关系，结论显示研发资本累积显著促进了高技术产业生产率的增长，且这种影响存在行业差异性。纪尧等（2021）在分析中国研发创新的影响因素时，发现提高研发资助比例能在一定程度上提高全要素生产率，加大专利保护力度会显著提升生产率，但在短期存在不利影响。第二种观点则认为，R&D会抑制全要素生产率的增长或者没有影响。例如李小平和朱钟棣（2006）认为，国内本行业R&D及其他行业R&D对全要素生产率的增长起抑制作用，而国际贸易渠道的R&D溢出会促进全要素生产率的提升。张海洋（2005）研究发现，R&D对生产率没有显著影响，但会推动技术进步。二是自主研发和技术引进对全要素生产率的差异性影响研究。Cameron等（2005）在分析英国制造业产业的生产率增长情况时，发现加大R&D投入会刺激创新率，促进生产率的提高，主要通过加快国际贸易的技术转让来实现。周新苗和唐绍祥（2011）认为，

① 习近平．高举中国特色社会主义伟大旗帜　为全面建设社会主义现代化国家而团结奋斗——在中国共产党第二十次全国代表大会上的报告［EB/OL］．（2022－10－25）．https://www.gov.cn/xinwen/2022－10/25/content_5721685.htm.

自主研发和技术引进对企业全要素生产率都有积极影响，但自主研发的作用更大。Hu 等（2005）、吴延兵（2008）认为，自主研发和国外技术引进会促进生产率的提升，但国内技术引进对生产率没有影响。此外，前者认为自主研发和国外技术引进为互补关系，共同影响生产率的增长，后者则认为自主研发较弱的吸收能力会限制国外技术引进对生产率的促进作用。陶长琪和齐亚伟（2010）研究得出，技术引进并不能改善技术进步和技术效率，自主研发虽然正向影响全要素生产率，但还不能完全脱离技术引进和技术溢出的影响，还不能以自主创新的方式去提升全要素生产率。朱娟和李永发（2019）研究发现，技术引进对全要素生产率具有正向促进作用，购买国内技术对全要素生产率没有影响。三是创新能力对全要素生产率是否存在积极影响，学者们还未有一致的看法。有学者认为提升创新能力能提高全要素生产率，如章立军（2006）在研究创新环境和创新能力对全要素生产率的影响时，发现提升创新综合能力能正向促进全要素生产率。在创新环境中，除创业水平对创新能力没有显著影响外，基础设施水平等多种创新环境因素均能提升创新能力。冉征和郑江淮（2021）基于技术差异视角分析创新能力对全要素生产率的影响，结果发现专利数的增加并不会对经济高质量发展产生显著影响，但以技术复杂度表征的创新能力能显著促进经济高质量发展。但也有学者持不同观点，如周国富和张春红（2019）认为，创新能力不能对全要素生产率产生显著影响。

通过对现有文献的梳理，我们发现目前的研究多从创新投入、自主研发或技术引进的视角研究对全要素生产率的影响，从复杂网络视角和创新能力两个层面去分析区域创新绩效影响全要素生产率的研究还较少。因此，本章的贡献主要体现在以下三个方面：第一，在理论分析方面，本章从创新关联网络空间结构和创新能力两个层面去剖析创新绩效与全要素生产率间的理论关系。通过理论分析，我们认为节点中心性与全要素生产率呈非线性变化关系，而创新能力正向影响城市全要素生产率。第二，本章利用引力模型构建创新空间联系矩阵，通过社会网络分析法，从整体网络、中心性和块模型等方面实证探究长江经济带区域创新关联网络的结构特征。此外，用度数中心性去刻画创新关联网络，为研究创新绩效对全要素生产率的影响提供新思路。第三，在异质性分析方面，本章从长江上游、中游、下游和节点强度两个层面出发，探究创新绩效对全要素生产率的差异性影响，也进一步使用面板门槛模型和面板分位数模型去分析创新绩效对全要素生产率存在的异质性影响。

13.1 理论分析

厘清创新绩效与全要素生产率的理论脉络有助于我们更深刻地把握两者的内在联系。本章从区域创新关联网络和区域创新能力两个方面分析创新绩效与全要素生产率的相关关系。

13.1.1 区域创新关联网络与全要素生产率

区域创新关联网络将所有城市纳入统一的生产体系中，不同网络节点之间创新资源实现流动置换，达到优势互补的目的，以此降低创新成本和风险，实现外部规模经济和范围经济（Huggins and Prokop，2017）。创新活动具备外部性，网络关系的建立会加快溢出效应的产生。城市间通过建立空间关联关系实现信息共享与合作。因此，创新关联网络对全要素生产率的积极影响主要体现在以下几个方面：第一，优化资源配置。区域创新关联网络的构建能促进区域内资源要素流动，实现区域资源要素重新配置。节点中心性是区域创新关联网络最直接的体现，反映各节点城市在网络结构中的地位与影响力。新经济地理学从生产要素的空间分布解释生产效率的提升机制，认为各城市能以其自身要素禀赋参与区域创新的某一环节，提升其在区域创新关联网络中的节点中心性，吸引资源要素向其流动，从而达到降低生产成本、提高全要素生产率的目的（梁经伟等，2022）。第二，增强溢出效应。创新关联网络的形成会加强各城市间的知识和技术的交流，学习节点强度低的城市可借鉴学习节点强度高的城市所拥有的技术，通过模仿和“干中学”渠道获得知识溢出（吴虹仪和殷德生，2021）。同时，高技能人才间面对面交流和学习的机会增加了，知识空间溢出效应的传播范围扩大了，各城市创新成果增多了，进而全要素生产率得到提升。第三，信息共享与合作。区域创新关联网络能促使区域内不同层级城市的信息共享与合作，打破城市间存在的“行政壁垒”，促进区域协调发展。空间相关关系的建立有助于破除各城市间的行政壁垒，打破创新活动的时空距离障碍，降低各城市间的信息不对称程度，增强彼此的信任度，降低机会主义成本，实现交流与协作，提高城市的创新效率，进而促进全要素生产率的提升。

区域创新关联网络的形成一方面能促进全要素生产率的提升，另一方面会对全要素生产率产生消极影响。当创新关联网络发展到一定程度，节点中心性达到一定的阈值后，此时可能会形成创新联系过度的问题，反而不利于全要素生产率的提升。这可能是因为此时网络结构中的核心城市即节点强度高的城市会进一步加强“虹吸效应”，不断吸纳其他城市的创新生产要素，会出现创新联系过度造成资源要素与信息高度集聚于核心城市的现象（盛彦文等，2020），从而造成其他城市尤其是边缘城市因缺乏资源要素而丧失经济增长动力。核心城市可能会因联系固化、资源信息同质等问题导致创新效率提升不明显，甚至抑制地区创新活动的发生（盛彦文等，2020）。而其他城市特别是边缘城市受资源缺乏等的影响，自主创新积极性进一步被打击，进而阻碍区域整体全要素生产率的提升。

基于以上理论分析，本章提出以下假设：

H1：区域创新关联网络与全要素生产率之间呈非线性关系。节点中心性存在一个阈值，在该阈值之下，节点中心性会提升全要素生产率；超过该阈值，不利于全要素生产率的提升。

13.1.2 区域创新能力与全要素生产率

创新是促进技术进步和生产率提升的关键因素，区域全要素生产率的提高依赖于创新能力的提升。创新能力主要从创新投入、创新产出和创新环境三个方面进行衡量。创新投入主要是科研人员及经费投入。无论是模仿创新还是自主创新，人才都是其中必不可缺的要素之一，科研人员能利用自身具备的知识、经验、创造能力以及对新技术的学习吸收能力将创新成果具象化（李平，2016）。科研经费投入能提高技术吸收能力和创造新信息能力，促进整个区域创新能力的提高。专利是衡量创新产出的重要指标，其代表着科研人员的智慧与努力，专利数量的变化可以在一定程度上反映区域创新能力的强弱和技术进步的速度。格林沃德－斯蒂格利茨定理认为，不完备市场、信息不对称、非完全竞争才是现实中的常态，在无外力干预的情况下，市场不能自行达到帕累托最优状态（Greenwald and Stiglitz，1986）。波特（Porter，1990）提出的钻石理论认为，一个国家产业竞争力的关键在于能否形成竞争环境，推动创新。同样地，我们认为良好的创新环境对创新能力的提升也至关重要。创新活动具有显著的外部性，虽然研发资源是一种私人的、排他性的投入，但个人想法是一种公共产品，具有外部性的特点。如果个人想法在空间上更容易传播扩散，那么其可以被视为完全的公共产品（Bottazzi and Peri，2003）。当创新活动出现成果，知识传播和技术扩散产生的空间溢出效应就可以惠及邻近地区。此时，邻近地区会主动接受来自本地区创新的技术外溢效应，并且将这种技术外溢效应吸收转化为自身创新能力，从而促进全要素生产率的提升。

基于以上理论分析，本章提出以下假设：

H2：区域创新能力与全要素生产率间存在线性正相关关系，即区域创新能力会正向影响全要素生产率。

13.2 区域创新关联网络的特征事实

为观察区域创新关联网络的结构特征和演变趋势，本章基于空间引力模型构建创新关联网络，采用社会网络分析法对长江经济带创新关联网络的构建、结构特征及演变趋势、节点特征和块模型进行分析。

13.2.1 创新关联网络的构建

区域创新关联网络是各城市创新关系的集合，各城市是区域网络中的“点”，而城市与城市间的创新联系是网络中的“线”，“点”和“线”连接形成的网状式结构便是区域创新关联网络。刻画城市间的空间关联关系是构建区域创新关联网络的关键，本章借鉴叶连广等（2023）的研究，构造创新联系引力矩阵，具体设定如下：

$$I_{ij} = k_{ij} \frac{\sqrt{P_i Z_i} \times \sqrt{P_j Z_j}}{D_{ij}^{\alpha}}, k_{ij} = \frac{Z_i}{Z_i + Z_j} \tag{13-1}$$

其中：I_{ij} 为城市 i 和城市 j 之间的创新联系强度；P_i、P_j 分别为城市 i 和城市 j 的常住人口数；Z_i、Z_j 分别为城市 i 和城市 j 的专利授权数；α 为距离衰减系数，本章设定为1；k_{ij} 为修正系数。根据式（13－1）算出矩阵平均值，将创新联系强度大于平均值的设定为1，表明两地区间存在创新关联，反之设定为0，即两地无联系，由此得到创新关联矩阵 M。

13.2.2 创新关联网络的结构特征及演变趋势

根据创新关联矩阵 M，本章使用社会网络分析软件 UCINET 6 计算得到长江经济带的整体网络特征，如表 13－1 所示。总体来看，从 2006 年到 2020 年①，整体网络密度从 0.144 增长到 0.164，关联关系数从 1661 对显著增加到 1891 对，这一增长明确指出了长江经济带在区域创新方面的空间关联性正在逐渐增强。然而，如果考虑到长江经济带内各城市间理论上可能存在的最大关联关系数高达 11556 对，而实际存在的关联关系数与此相比存在巨大差距，这便揭示了目前城市间的关联关系仍处于一个相对较低的层次。换言之，整个区域内部形成的空间关联网络显得较为稀疏，尚未达到紧密连接的状态，因此可以判断该网络属于低密度网络类型。未来，在增强长江经济带的区域创新关联网络方面，我们还得作出更多的努力。网络效率呈现下降趋势，说明“冗余关系”在增多，即空间溢出渠道存在重合。网络等级度正经历着显著的弱化趋势，在长江经济带内，传统的严格层级划分及非对称关系正逐步被打破。然而，值得注意的是，尽管这一趋势表明层级与非对称性问题有所改善，但网络等级度依然维持在较高的水平，这反映出尽管有所改善，但层级差异和非对称性问题仍然相对突出，需要进一步的努力来加以缓解。在样本考察期内，网络关联度处于一个稳定的高水平状态，但还未达到1，说明仍有“孤立点”存在，还未建立完整的空间关联关系。

① 表 13－1 中仅展示 2006 年和 2020 年创新关联网络整体特征分析结果。

表 13-1　创新关联网络整体特征分析

年份	网络密度	关联关系数	网络效率	网络等级度	网络关联度
2006	0.144	1661	0.761	0.737	0.927
2020	0.164	1891	0.742	0.580	0.927

13.2.3 创新关联网络的节点特征

在社会网络分析中，度数中心性是最常用来刻画各节点在网络中的影响力和控制力的指标，能衡量一个节点与其他节点联系的密切程度，揭示该节点是否在网络中处于核心位置。中间中心性是衡量一个节点在多大程度上居于其他两个节点之间，其主要用于表达节点作为“媒介”的控制能力。度数中心性和中间中心性的具体计算公式分别为

$$Cend_i = \frac{D_i}{N-1} \tag{13-2}$$

$$Cenb_i = \frac{\sum_{j<k} g_{jk}(i)/g_{jk}}{(N-1)(N-2)} \tag{13-3}$$

其中：$Cend_i$ 、$Cenb_i$ 分别为节点城市 i 的度数中心性[①]和中间中心性；D_i 表示 i 城市与其他节点的关联关系数；$g_{jk}(i)$ 为节点 j 和节点 k 经过节点 i 的捷径数；g_{jk} 为节点 j 和节点 k 间的捷径总数；N 为网络结构中节点总数。

表 13-2 是按度数中心性选出的分别在 2006 年和 2020 年排在前 15 位的城市。从表 13-2 中可以看出，在 2006 年长江经济带的区域创新关联网络中，上海、重庆、成都、武汉、杭州、长沙、南京 7 个省会城市及直辖市在网络中占据中心位置，整个网络呈现多中心趋势。到 2020 年，排在前 15 位的省会城市及直辖市增加到 9 个，包括上海、重庆、成都、武汉、杭州、长沙、南京、合肥、南昌。长江中、下游地区的所有省会城市和直辖市均已占据中心位置，上游地区形成以重庆、成都为双核心的网络结构。比较点出度和点入度可知，各节点城市的点出度始终大于点入度，发出关系居多，说明前 15 个城市在区域创新关联网络中处于核心位置，发挥着中心主导作用。

① 度数中心性可分为点出度中心性和点入度中心性。

表 13－2 2006 年和 2020 年长江经济带区域创新关联网络中心性分析

排名	2006 年				2020 年			
	地区	点出度	点入度	中间中心性	地区	点出度	点入度	中间中心性
1	上海	0.93	0.21	12.95	重庆	0.91	0.26	15.85
2	重庆	0.93	0.21	13.77	上海	0.88	0.26	9.07
3	成都	0.81	0.19	9.76	成都	0.84	0.21	11.84
4	武汉	0.80	0.21	5.12	苏州	0.81	0.25	5.07
5	杭州	0.79	0.21	4.77	武汉	0.80	0.28	4.90
6	长沙	0.75	0.21	4.02	杭州	0.79	0.26	4.11
7	苏州	0.74	0.21	3.13	南京	0.73	0.28	2.67
8	南京	0.71	0.23	2.60	长沙	0.70	0.26	2.43
9	宁波	0.71	0.21	2.39	合肥	0.69	0.30	2.07
10	金华	0.69	0.21	2.18	宁波	0.67	0.25	1.81
11	温州	0.68	0.21	1.97	无锡	0.65	0.25	1.57
12	无锡	0.64	0.21	1.59	温州	0.65	0.24	1.60
13	台州	0.62	0.21	1.27	金华	0.62	0.25	1.29
14	绍兴	0.53	0.21	0.71	常州	0.56	0.27	0.84
15	徐州	0.50	0.24	0.58	南昌	0.50	0.28	0.73

13.2.4 创新关联网络的块模型分析

本章基于社会网络分析法中的 CONCOR 分析方法，利用 2020 年的数据，对长江经济带 108 个城市进行块模型分析，结果如表 13－3 所示。借鉴 Wasserman 和 Faust（1994）的研究，将创新关联网络板块划分为主溢出板块、双向溢出板块、净受益板块和孤立者板块四种类型。根据结果可知，长江经济带下游地区大多数城市属于主溢出板块，说明地处下游地区的城市在整个创新关联网络中扮演着发起者和推动者的角色，它们往往具有良好的创新能力和资源条件，与其他城市的联系紧密。长江经济带中游的城市分散在双向溢出板块和净受益板块中，这些城市主要扮演中介者的角色，一方面，部分城市能从整个区域创新关联网络的双向溢出效应中获益；另一方面，部分城市通过承接来自其他板块的溢出效应成为净受益者。中游地区的城市通过嵌入长江经济带下游的城市中成为整个区域创新关联网络中的受益者和获利者。而孤立者板块中所包含的城市主要属于长江经济带上游地区，这些节点城市大多属于边缘型城市，经济发展水平较低、地理区位条件较差，这意味着上游地区的城市以内部创新联动为主，与其他地区城市的创新关联关系较少，因此它们还需加强与长江中游、下游城市间的创新关联，提高其创新开放水平。

表 13-3 长江经济带区域创新关联网络板块划分

板块划分	板块属性	所属城市
第一板块	主溢出板块	上海、南京、无锡、徐州、常州、苏州、南通、盐城、扬州、镇江、泰州、宿迁、杭州、宁波、温州、嘉兴、湖州、绍兴、金华、台州、芜湖、南昌、赣州、合肥、武汉、长沙、重庆、成都
第二板块	双向溢出板块	淮安、马鞍山、宿州、舟山、连云港、蚌埠、衢州、阜阳、黄冈、九江、安庆、上饶、宣城、淮南、普洱、宜春、亳州、保山、丽水、滁州、丽江、临沧、六安
第三板块	净受益板块	淮北、黄山、铜陵、景德镇、萍乡、襄阳、新余、鹰潭、孝感、十堰、宜昌、咸宁、鄂州、荆门、池州、荆州、吉安、邵阳、岳阳、常德、遵义、益阳、衡阳、永州、怀化、随州、抚州、株洲、郴州、黄石、昆明、南充、绵阳、娄底、湘潭、贵阳
第四板块	孤立者板块	张家界、自贡、攀枝花、泸州、德阳、广元、遂宁、内江、乐山、眉山、宜宾、广安、达州、雅安、巴中、资阳、六盘水、安顺、曲靖、玉溪、昭通

13.3 实证策略

本章运用 DEA - Malmquist 指数法计算全要素生产率，为了研究创新绩效对全要素生产率的影响，我们通过构建基准回归模型、面板门槛回归模型和面板分位数模型进行实证分析。

13.3.1 模型设定

1. 基准回归模型

为研究创新绩效对全要素生产率的影响，本章首先构建一个基准回归模型进行估计，模型具体形式设定如下：

$$TFP_{it} = \alpha_0 + \beta_1 Cend_{it} + \beta_2 innov_{it} + \theta X_{it} + \mu_i + \lambda_t + \varepsilon_{it} \quad (13-4)$$

前文分析表明度数中心性与全要素生产率间可能存在非线性关系，因此在式（13-4）的基础上加入度数中心性的二次项，模型的形式为

$$TFP_{it} = \alpha_0 + \beta_1 Cend_{it} + \beta_2 Cend_{it}^2 + \beta_3 innov_{it} + \theta X_{it} + \mu_i + \lambda_t + \varepsilon_{it} \tag{13-5}$$

其中：i 为城市；t 为时期；TFP_{it} 为全要素生产率；$Cend_{it}$ 为度数中心性；$Cend_{it}^2$ 为度数中心性的二次项；$innov_{it}$ 为创新能力；X_{it} 为一系列控制变量；μ_i 为城市固定效应；λ_t 为年份固定效应；ε_{it} 为随机干扰项，服从随机正态分布。

2. 面板门槛回归模型

本章借鉴 Hansen（1999）提出的门槛模型，其基本形式为

$$y_{it} = \mu_i + \delta_1 x_{it} I(q_{it} \leqslant \gamma) + \delta_2 x_{it} I(q_{it} > \gamma) + \varepsilon_{it} \tag{13-6}$$

其中：x_{it} 为解释变量；q_{it} 为门槛变量；γ 为门槛值；$I(\cdot)$ 为示性函数；当门槛变量 q_{it} 处于不同范围时，计量模型中的某些变量会因门槛值的范围变化得出不同系数值。因此，本章参考以上模型，构造以下面板门槛回归模型，其设定形式为

$$\begin{aligned} TFP_{it} = {} & \delta_0 + \delta_1 Cend_{it} \times I(Cend_{it} \leqslant \gamma) + \delta_2 Cend_{it} \times I(Cend_{it} > \gamma) + \\ & \delta_3 innov_{it} \times I(Cend_{it} \leqslant \gamma) + \delta_4 innov_{it} \times I(Cend_{it} > \gamma) + \\ & \delta_5 X_{con} + \varepsilon_{it} \end{aligned} \tag{13-7}$$

3. 面板分位数模型

式（13-4）和式（13-5）一般采用最小二乘法进行估计，两者都属于均值回归模型，考察的是解释变量 x 对被解释变量 y 的条件均值 $E(y|x)$ 的影响，使用式（13-8）进行估计：

$$E(y_{it} | x_{it}) = \alpha_i + x_{it}^T \beta \tag{13-8}$$

条件均值 $E(y|x)$ 刻画的是条件分布 $y|x$ 的集中趋势,前提是 $y|x$ 是对称分布。但 $y|x$ 如果是非对称分布,那 $E(y|x)$ 就不能很好地解释整个条件分布。相较于普通最小二乘回归，分位数回归更能精确地描述自变量对于因变量的变化范围以及条件分布形状的影响，分位数回归的估计结果比 OLS 估计的结果更稳健。Koenker 和 Bassett（1978）提出的线性分位数回归理论能很好地弥补最小二乘法存在的缺陷。与式（13-8）不同，固定效应面板分位数回归采用式（13-9）进行估计：

$$Q_{yit}(\tau | x_{it}) = \alpha_i + x_{it}^T \beta(\tau) \tag{13-9}$$

与传统的可加性面板分位数模型相比，Powell（2022）提出的非可加性固定效应面板分位数模型（QRPD）估计结果更加准确，因为其保留了不可分扰动项，还可以考虑加入工具变量缓解内生性，故而本章采用QRPD模型研究创新绩效对全要素生产率的影响效应。

13.3.2 变量选取

1. 被解释变量：全要素生产率

计算全要素生产率的方法分为参数法和非参数法两种，其中参数法以随机前沿方法（Stochastic Frontier Approach，SFA）为代表，非参数法主要是数据包络分析方法（Data Envelopment Analysis，DEA）。DEA 是一种在多项投入和多项产出下测度综合效率最常用的方法，对投入产出函数形态、决策单元没有特殊要求，无须设置函数关系，可以避免由于人为设置函数错误而导致结果偏离。且在处理数据时，无须考虑因数据单位不一致而给测算结果带来影响。本章采用 DEA－Malmquist 方法计算全要素生产率，Malmquist 生产率指数是利用距离函数的比率来测算投入产出比的方法，其具体原理如式（13－10）所示：

$$M_i^{t+1}(x_i^t,y_i^t,x_i^{t+1},y_i^{t+1}) = \left[\frac{D_i^t(x_i^{t+1},y_i^{t+1})}{D_i^t(x_i^t,y_i^t)} \times \frac{D_i^{t+1}(x_i^{t+1},y_i^{t+1})}{D_i^{t+1}(x_i^t,y_i^t)}\right]^{1/2} \tag{13-10}$$

其中：x_i^t 、x_i^{t+1} 分别为城市 i 在 t 和 $t+1$ 时期的投入向量；y_i^t 、y_i^{t+1} 分别为城市 i 在 t 和 $t+1$ 时期的产出向量；$D_i^t(x_i^t,y_i^t)$ 、$D_i^{t+1}(x_i^{t+1},y_i^{t+1})$ 分别为以 t 时期的技术 T^t 为参照的时期 t 和时期 $t+1$ 的距离函数。式（13－10）可进一步变形为

$$M_i^{t+1}(x_i^t,y_i^t,x_i^{t+1},y_i^{t+1}) = \underbrace{\frac{D_i^{t+1}(x_i^{t+1},y_i^{t+1})}{D_i^t(x_i^t,y_i^t)}}_{EF_i^{t+1}}\underbrace{\left[\frac{D_i^t(x_i^t,y_i^t)}{D_i^{t+1}(x_i^t,y_i^t)} \times \frac{D_i^t(x_i^{t+1},y_i^{t+1})}{D_i^{t+1}(x_i^{t+1},y_i^{t+1})}\right]^{1/2}}_{TC_i^{t+1}} \tag{13-11}$$

其中：EF 为生产效率从 t 时期到 $t+1$ 时期产生的变化；TC 为从 t 时期到 $t+1$ 时期技术的变化率。

产出指标为实际GDP。以2006年为基期，使用GDP平减指数计算实际GDP。投入指标主要是劳动和资本，劳动投入以从业人员数来衡量，资本投入以全社会固定资产投资总额替代，借鉴张军等（2004）的做法，采用永续盘存法进行计算，其公式为$K_{it+1} = K_{it}(1-\delta) + I_{it+1}$，其中，初始资本存量采用全社会固定资产投资总额乘以平均系数来代替，平均系数是由公式$\lambda = (X+\gamma)/2$计算得出，其中上限值系数的计算公式为$X = (1+g)/(g+\delta)$，下限值系数的计算公式为$\gamma = 1/(g+\delta)$，折旧率δ设定为9.6%，g表示投资增长率，以2006年前后经济增长率的平均值近似替代；全社会固定资产投资总额以2006年为基期，利用固定资产投资价格指数对其进行平减。

由于采用DEA－Malmquist方法计算出来的只是全要素生产率的增长率，因此参考薛钢等（2015）的做法，以2006年为基期，通过累计相乘的方式得到全要素生产率。

2. 核心解释变量

（1）度数中心性。

由式（13－2）计算得出该值，考虑到度数中心性可能小于1，我们进行$\ln(C+1)$处理。

（2）创新能力。

创新能力主要通过创新投入、创新产出和创新环境三个方面进行衡量，其中：创新投入以每万人中从事科技活动的人员数和财政支出中科技支出占GDP的比重两个指标来表示；创新产出以专利申请量占当年专利授权总数的比重来表示；创新环境则以财政支出中教育支出所占比重和每万人中在校大学生所占比重进行衡量。我们运用熵值法计算得到创新能力综合得分，以此表示区域创新能力。

3. 控制变量

（1）对外开放水平。

本章借鉴郭金花等（2022）的做法，用外商直接投资的对数来表示对外开放水平，通过年平均汇率将其换算为人民币。

(2) 工业企业规模。

参考吕拉昌等(2018)的处理办法,用工业企业数的对数来衡量一个城市的工业规模水平。

(3) 产业结构。

借鉴冉征和郑江淮(2021)的研究,用第三产业产值占GDP的比重来表示产业结构。

13.3.3 数据来源与描述性统计分析

由于数据的可得性,我们的研究对象为2006—2020年长江经济带108个城市[①]。数据主要来源于《中国城市统计年鉴》、各地方统计年鉴、国家知识产权局和各城市知识产权局统计数据。对于缺失值采用插值法补全。主要变量的描述性统计分析如表13-4所示。

表13-4 主要变量的描述性统计分析

变量	观测值	均值	标准差	最小值	最大值
TFP	1620	0.940	0.217	0.093	2.116
Cend	1620	2.706	1.114	0.000	4.568
innov	1620	8.054	8.671	0.663	66.995
ie	1620	6.142	0.987	0.000	7.091
open	1620	12.030	1.887	3.010	16.393
ind	1620	0.405	0.088	0.000	0.731

13.4 回归结果分析

本章分别从基准回归结果、异质性回归结果以及稳健性检验结果三个方面初步分析创新绩效对全要素生产率的影响。

---

① 本章分析中,长江经济带108个城市主要包括:长江上游地区的重庆、成都、自贡、攀枝花、泸州、德阳、绵阳、广元、遂宁、内江、乐山、南充、眉山、宜宾、广安、达州、雅安、巴中、资阳、贵阳、六盘水、遵义、安顺、昆明、曲靖、玉溪、保山、昭通、丽江、普洱、临沧31个城市;长江中游地区的南昌、景德镇、萍乡、九江、新余、鹰潭、赣州、吉安、宜春、抚州、上饶、武汉、黄石、十堰、宜昌、襄阳、鄂州、荆门、孝感、荆州、黄冈、咸宁、随州、长沙、株洲、湘潭、衡阳、邵阳、岳阳、常德、张家界、益阳、郴州、永州、怀化、娄底36个城市;长江下游地区的上海、南京、无锡、徐州、常州、苏州、南通、连云港、淮安、盐城、扬州、镇江、泰州、宿迁、杭州、宁波、温州、嘉兴、湖州、绍兴、金华、衢州、舟山、台州、丽水、合肥、芜湖、蚌埠、淮南、马鞍山、淮北、铜陵、安庆、黄山、滁州、阜阳、宿州、六安、亳州、池州、宣城41个城市。

13.4.1 基准回归结果分析

首先进行基准回归，经过 F 检验和豪斯曼检验，本章最终选择固定效应模型进行回归，回归结果如表 13-5 所示。对比列（1）与列（2）的数据，可以看出在未加入平方项时，虽然度数中心性对全要素生产率存在正向影响，但不显著，在考虑度数中心性的平方后，度数中心性的一次项系数在 5% 的水平下显著为正，二次项系数显著为负。观察列（3）与列（4）的数据，在加入控制变量后，同样支持上述结论。由列（4）的回归结果可以发现，度数中心性一次项系数与全要素生产率的变动呈正相关关系，而二次项系数与全要素生产率的变动呈负相关关系，这表明度数中心性对全要素生产率的影响呈倒"U"形。虽然网络结构的形成会使区域内各城市的要素流动更加自由，交流合作增多及溢出效应扩散，对全要素生产率形成正向影响，但如果度数中心性过高，导致创新关联过度，反而会抑制全要素生产率的增长。创新能力的系数在 1% 的水平下显著为正，这表明提高创新能力能显著促进全要素生产率的提升。从控制变量的系数来看，工业企业规模的系数在 10% 的水平下显著为正，这说明工业企业规模的扩大会促进全要素生产率的提高，这可能是规模经济效应发挥的作用，也有可能是工业企业通过技术创新来提升全要素生产率。对外开放程度的系数在 10% 的水平下显著为负，意味着城市的外商直接投资还未起到应有的作用。产业结构的系数虽为正但不显著，这表示与第二产业相比，第三产业还未对全要素生产率产生显著积极的影响。

表 13-5 基准回归结果分析

变量	被解释变量：全要素生产率（*TFP*）			
	(1)	(2)	(3)	(4)
Cend	0.004 (0.10)	0.122** (2.52)	0.005 (0.11)	0.105** (2.34)
Cendsq		-0.027** (-2.43)		-0.023* (-2.08)
innov	0.005** (2.31)	0.005** (2.87)	0.004** (2.68)	0.005*** (3.34)

续表

变量	被解释变量：全要素生产率（*TFP*）			
	(1)	(2)	(3)	(4)
ie			0.010** (2.38)	0.009* (1.98)
open			-0.011** (-2.06)	-0.010* (-1.99)
ind			0.092 (0.32)	0.086 (0.30)
常数项	0.970*** (7.69)	0.880*** (7.57)	0.995*** (3.58)	0.907*** (3.67)
观测值	1620	1620	1620	1620
时间固定效应	Yes	Yes	Yes	Yes
个体固定效应	Yes	Yes	Yes	Yes
R^2	0.189	0.193	0.195	0.198

注：解释变量括号外数字表示系数，括号内数字表示 t 检验统计量；*、**、*** 分别表示在10%、5%、1%的统计水平下显著。

13.4.2 异质性分析

本章从地区和节点强度两个方面来观察创新绩效对全要素生产率的异质性影响。

1. 分上、中、下游地区回归

由表13-6的回归结果可知，位于长江经济带下游地区的城市，其度数中心性对全要素生产率的影响呈倒“U”形变化，提高城市创新能力会显著提升全要素生产率；对于长江经济带中游地区的城市而言，度数中心性会正向促进全要素生产率的提升，创新能力未能显著促进城市全要素生产率的提升；就长江经济带上游地区的城市而言，无论是度数中心性、度数中心性的二次项还是创新能力的系数均不显著，这意味着在长江经济带上游地区的城市度数中心性还未能对全要素生产率产生显著影响，其创新能力还较弱，并不能显著地促进全要素生产率的提升，究其原因可能是，长江经济带上游地区的城市，其度数中心性相对较低，与网络中其他节点城市的联系还不够密切，同时其创新能力不足，未能对全要素生产率产生显著影响。

表 13－6 分上、中、下游地区回归结果

变量	被解释变量：全要素生产率（*TFP*）		
	长江下游地区	长江中游地区	长江上游地区
	(1)	(2)	(3)
Cend	0.620***	0.157**	0.008
	(4.31)	(2.12)	(0.23)
Cendsq	−0.135***	−0.024	−0.004
	(−3.66)	(−1.56)	(−0.39)
innov	0.002*	0.003	0.002
	(1.86)	(1.16)	(0.87)
ie	0.002	0.009	0.005
	(0.42)	(1.64)	(0.45)
open	−0.001	−0.004	−0.013**
	(−0.08)	(−0.31)	(−2.33)
ind	−0.640	0.792***	−0.216
	(−1.07)	(4.00)	(−1.59)
常数项	0.760**	0.430**	1.161***
	(2.32)	(2.14)	(7.08)
观测值	615	540	465
时间固定效应	Yes	Yes	Yes
个体固定效应	Yes	Yes	Yes

注：*、**、*** 分别表示在 10%、5%、1% 的统计水平下显著。

2. 分节点强度回归

为分析不同节点城市在创新能力方面的差异性，参考梁经伟等（2022）的做法，设置度数中心性与创新能力的交互项。本章根据度数中心性的大小设置虚拟变量 D_1 和 D_2，其中：$D_1 = 1$，表示度数中心性排名前 14% 的城市，否则为 0；$D_2 = 1$，表示度数中心性排名后 50% 的城市，否则为 0。除以上两类被定义的城市外的节点称为中间城市。由表 13－7 的回归结果可以看出，创新能力与 D_1 的交互项系数显著为正，与 D_2 的交互项系数为负且不显著，这表明不同节点强度城市的创新能力具有非对称性。对于度数中心性排名前 14% 的城市来说，它们的创新能力对全要素生产率的影响效应更大，而对于度数中心性排名后 50% 的城市而言，它们的

创新能力对全要素生产率的影响效应趋弱。

表 13-7　分节点强度回归结果

变量	被解释变量：全要素生产率（*TFP*）
Cend	0.129*** (2.79)
Cendsq	-0.030*** (-2.90)
innov	0.002 (1.28)
$innov \times D_1$	0.003* (1.77)
$innov \times D_2$	-0.003 (-1.41)
ie	0.009** (2.28)
open	-0.009 (-1.64)
ind	0.080 (0.68)
常数项	0.899*** (8.88)
观测值	1620
时间固定效应	Yes
个体固定效应	Yes

注：*、**、*** 分别表示在 10%、5%、1% 的统计水平下显著。

13.4.3　稳健性检验

为确保本章回归结果的有效性和准确性，需对基准回归结果进行稳健性检验，回归结果如表 13-8 所示。由于城市创新能力与全要素生产率之间可能存在双向因果关系，两者间会产生内生性问题。面板工具变量法在一定程度上能解决内生性问题，因此本章以 *innov* 的滞后一期作为工具变量进行回归，结果如表 13-8 中列（1）所示。不可识别检验中，Anderson LM 统计量的 p 值为 0.000，这表示拒绝“工具变量识别不足”的原假设，同时 Cragg - Donald Wald F 统计量显示的结果表明不存在弱工具变量，故而本章所使用的工具变量是有效的。回归结果显示，度数中心性的一次项和二次项及创新能力的系数与基准回归结果基本一致，说明在控制内生性问题后，本章的基准回归结果仍然成立。同时利用更换解释变量的方法来进行重新估计，其中列（2）是将度数中心性替换为接近中心性（*Cenc*），列（3）是将创新能力用专利申请数来衡量，列（4）是将两个解释变量同时替换。通过回归结果可知，在替换解释变量之后，回归结果与基准回归结果基本一致，说明本章的基准回归结果具有稳健性。

表 13 - 8　稳健性检验结果

变量	被解释变量：全要素生产率（*TFP*）			
	(1)	(2)	(3)	(4)
Cend	-0.069*** (-3.23)		0.113** (2.63)	
Cendsq	0.015*** (3.23)		-0.024* (-2.05)	
Cenc		0.172* (2.11)		0.228* (1.98)
Cencsq		-0.063* (-2.07)		-0.082* (-2.03)
innov	0.003** (2.52)	0.005*** (2.99)	0.002*** (7.74)	0.002*** (8.17)
ie	0.021*** (3.91)	0.010** (2.42)	0.001* (1.86)	0.010** (2.31)
open	0.010* (1.85)	-0.011* (-2.00)	-0.008* (-1.86)	-0.010* (-1.89)
ind	0.127 (1.40)	0.085 (0.32)	0.061 (0.22)	0.058 (0.22)
常数项		1.039*** (7.86)	0.907*** (3.83)	1.059*** (8.12)
观测值	1512	1620	1620	1620

注：*、**、*** 分别表示在 10%、5%、1% 的统计水平下显著。

13.5 进一步分析

为进一步观察创新绩效对全要素生产率的异质性影响，本章从面板门槛回归和面板分位数回归两个方面进行实证分析。

13.5.1 面板门槛回归

在进行面板门槛回归模型估计之前，首先进行门槛存在性检验，结果如表 13－9 所示。由 p 值可以判断，双重门槛的假设在 10% 的显著性水平上被拒绝，单一门槛的假设在 5% 的显著性水平上被接受，故本章选择单一门槛模型进行估计。

表 13－9 门槛存在性检验结果

门槛变量	门槛检验	p 值	门槛值	结论
Cend	单一门槛	0.027	3.231	存在单一门槛
	双重门槛	0.103	3.598	不存在双重门槛

从表 13－10 的结果来看，当度数中心性低于门槛值 3.231 时，度数中心性系数为正；而当度数中心性高于门槛值时，系数转变为负。这说明当度数中心性低于门槛值时，度数中心性正向影响全要素生产率；当度数中心性高于门槛值时，度数中心性会抑制全要素生产率的提升。从创新能力的系数可知，当度数中心性低于门槛值时，创新能力的系数值为负，而高于门槛值时转变为正。这表示在一些度数中心性较低的城市，创新能力对全要素生产率存在负向影响，而在度数中心性较高的城市，创新能力会促进全要素生产率的提升。

表 13－10 面板门槛回归模型的估计结果

变量	估计值	p 值
$Cend(I \leq \gamma)$	0.020	0.465
$Cend(I > \gamma)$	－0.023	0.403
$innov(I \leq \gamma)$	－0.021	0.003
$innov(I > \gamma)$	0.001	0.735
ie	0.009	0.099
open	－0.273	0.016
ind	0.001	0.993

13.5.2 面板分位数回归

由表 13-11 可知，面板分位数回归结果在不同分位点上表现出异质性，从 0.1 分位点到 0.9 分位点，度数中心性的一次项系数的绝对值逐渐减小，度数中心性二次项系数的绝对值也逐渐减小，因此我们认为度数中心性对低分位点城市的影响大于高分位点城市。创新能力的系数呈现下降趋势，说明创新能力对低分位点城市的影响更大。究其原因，可能是处于高分位点的城市，如上海、南京等凭借自身的优势，在整个创新关联网络中已经占据中心位置，度数中心性的微小变化并不会对全要素生产率起作用，度数中心性的变化足够大时才能正向影响全要素生产率。对低分位点的城市来说，其与其他城市的联系相对较少，如果增加与其他城市的创新空间关联，获得更多的资源要素，那提升全要素生产率的可能性就会增大。对高分位点城市来说，其创新能力的提高对全要素生产率的影响相对较小，可能是因为高分位点城市的创新水平较高，进一步提高创新水平的空间较小，从而更不易获得全要素生产率的提升。

表 13-11 面板分位数回归结果

变量	被解释变量：全要素生产率（*TFP*）		
	10%	50%	90%
	(1)	(2)	(3)
Cend	0.234*	0.202***	-0.044
	(1.94)	(4.92)	(-1.34)
Cendsq	-0.053**	-0.033***	0.014*
	(-2.12)	(-3.85)	(1.70)
innov	0.028	0.006***	0.005***
	(1.52)	(9.51)	(4.48)
ie	0.004	0.002	0.001
	(0.27)	(1.14)	(0.58)
open	0.139	-0.005	-0.014***
	(0.96)	(-1.29)	(-2.71)
ind	0.521	-0.029	-0.009
	(0.86)	(-0.88)	(-0.09)

续表

变量	被解释变量：全要素生产率（*TFP*）		
	10%	50%	90%
	(1)	(2)	(3)
观测值	1620	1620	1620
时间固定效应	Yes	Yes	Yes
个体固定效应	Yes	Yes	Yes

注：*、**、*** 分别表示在 10%、5%、1% 的统计水平下显著。

13.6 本章小结

我国已进入新发展阶段，经济高质量发展的重点在于创新。只有不断坚持创新，才能为建设现代化强国持续助力，不断满足人民日益增长的美好生活需要。本章在理论分析和研究假设的基础上，以 2006—2020 年长江经济带 108 个城市的面板数据为研究对象，利用社会网络分析法对创新关联网络进行事实分析，采用 DEA - Malmquist 指数法计算得到全要素生产率，并构建基准回归模型、面板门槛回归模型和面板分位数模型实证研究创新绩效对全要素生产率的影响。回归结果表明，度数中心性与全要素生产率间并不是简单的线性关系，而是显著的倒“U”形关系，即度数中心性的提高开始会促进全要素生产率的提升，当度数中心性增加到一定阈值时，会抑制全要素生产率的提升。同时，创新能力始终正向影响全要素生产率；区位异质性分析发现，度数中心性对全要素生产率的倒“U”形影响只存在于长江经济带下游地区，对于中游地区而言，度数中心性会正向促进全要素生产率的提升，而度数中心性对全要素生产率的影响效应在上游地区并不显著。同时结果显示，下游地区的创新能力能显著促进全要素生产率的提升，但在上游、中游地区，这种影响并不显著。此外，研究发现，不同节点强度城市的创新能力具有非对称性。对于度数中心性排名前 14% 的城市，这些城市的创新能力对全要素生产率的影响更强；而度数中心性排名后 50% 的城市，其创新能力对全要素生产率的影响趋弱。进一步分析发现，度数中心性通过单一门槛检验，当度数中心性低于门槛值时，其会正向影响全要素生产率；当度数中心性高于门槛值时，度数中心性会抑制全要素生产率的提升。在度数中心性较低的城市，创新能力对全要素生产率存在负向影响；在度数中心性较高的城市，创新能力会促进全要素生产率的提升。不同分位点上创新绩效对全要素生产率的影响呈现异质性，在低分位点上度数中心性和创新能力对全要素生产率的影响较大，在高分位点影响相对较小。

根据以上研究结论，本章提出以下对策和建议：第一，充分考虑各城市间的联动性，推动创新关联网络发展。加强长江经济带各城市间的创新联动，增强创新空间联通的深度与广度。消除地区间创新要素流动障碍，促使多种要素在长江经济带各城市间自由流动，建立健全区域创新要素流动的体制与机制，使要素真正实现空间最优配置。打破各城市间的壁垒，促进城市间的信息共享，提高彼此间的信任度，降低机会主义成本，深化各城市的交流合作。第二，长江经济带上游、中游、下游地区应分区施策，因地制宜制定区域创新发展政策。针对下游地区，保持各城市创新能力的稳定提升，加强核心城市与边缘城市间的创新空间联系。对于上、中游地区，既要继续推进区域内部创新关联网络的形成，也要加强外部空间关系的构建。认清上游、中游地区的实际情况，不要盲目追求创新能力的提升，需合理配置本地的要素资源。鼓励下游地区创新成果通过外溢效应、“干中学”效应等向上游、中游地区进行转移。第三，进一步加强创新环境建设，全面提高各城市创新能力。创造公平的市场竞争环境，建立提升创新能力的内生性制度。提高对科技创新的重视程度，营造积极创新、热爱创新的氛围，鼓励人才加强交流合作，完善创新资助体系，奖励企业创新行为，为提高城市创新质量提供良好的外部环境，促进地区创新能力的提升，最终推动长江经济带经济高质量发展。

14 推动长江经济带高质量发展的主要对策措施

2023年10月12日，习近平总书记在进一步推动长江经济带高质量发展座谈会上指出，要“谋长远之势、行长久之策、建久安之基”①。长江经济带横贯东西、连接南北、联通国内国际两个市场、两种资源，推动长江经济带高质量发展是奋力谱写中国式现代化新篇章的必然选择。在进一步推动长江经济带高质量发展进程中，一要深入贯彻和落实新发展理念，将“共抓大保护、不搞大开发”落实在经济发展全过程；二要统筹兼顾，树立“一盘棋”思维，将自身发展融入协同发展大局当中，形成高质量发展合力；三要改革创新，坚持“创新引领发展”思想，以创新推动经济发展质量变革、效率变革、动力变革；四要谋长远，确立“久久为功”理念，推动长江经济带全域共建、全面发展、持久繁荣。本书的理论与实证结论反复昭示我们，要聚四方发展之力，乘联动发展之势，才能推动长江经济带高质量发展之路走深走实。根据前面章节的研究结论，我们提出以下对策措施，以促进长江经济带经济高质量发展。

14.1 协同推动长江经济带产业联动发展

产业联动发展对区域经济的外部环境要求较高，需要有充分自由的要素市场、统一的资源市场、适宜的产业联盟组织和健全的区域协同治理机制。其中，最为关键的是要处理好政府与市场的关系，建立以市场为主

① 习近平主持召开进一步推动长江经济带高质量发展座谈会强调：进一步推动长江经济带高质量发展 更好支撑和服务中国式现代化[EB/OL].(2023-10-12). https://www.gov.cn/yaowen/liebiao/202310/content_6908721.htm.

体、政府为补充的区域协调治理机制。当前，长江经济带产业联动效益已经初步显现，但其区域内部依旧存在较大的发展差距，区域间联动发展不足、联动效益不突出和联动机制不健全等制约长江经济带一体化发展的体制和机制问题仍然没有得到有效解决。鉴于此，为进一步释放区域产业联动效应和推动长江经济带高质量发展，本章提出以下政策和建议。

14.1.1 大力推进区域产业共同体建设

建立在分工合作基础上的产业集群发展与跨区域的产业联动发展是区域产业发展的主要趋势，长江经济带城市群正逐步由竞争走向竞合并开始形成分工与合作并存的差异化竞争格局。随着区域内统一要素市场和产品市场的建立以及区域一体化进程的推进，原来相对封闭的产业集群需要适应区域经济整体化发展的要求，通过地区间产业结构的转移和调整等方式，来实现整个区域产业位置的攀升和应对潜在市场冲击的目标。根据李春成（2020）的研究，产业共同体是建立在产业集群基础上，解决产业连接的一体化问题的新型产业组织形态。推动长江经济带城市群产业共同体建设，一是要打造具有世界影响力的产业集群和产业带。根据长江经济带现有的资源禀赋和产业发展状况，可以在电子信息、高端装备、汽车、家电和纺织服装等领域，通过引导相关产业集聚，形成与资源环境承载力相适应的产业空间布局，培育具有国际先进水平的产业集群和产业带。二是要推动区域间企业的联盟。企业联盟的建立可以为企业提供联动发展的桥梁和平台，帮助企业共同应对市场外部性冲击的风险，具体而言，企业之间可以通过建立跨地区的生产联盟、技术联盟、创新联盟、销售联盟等方式实现产业联动发展。三是要加强地区间对话与交流，通过区域分工与合作机制的建立，有效避免区域产业同质化竞争。为了优化长江经济带的发展，我们需要明确界定长江经济带各城市群在产业分工中的具体角色和定位，确保它们能够充分发挥各自在产业分工体系中的独特功能与作用。这一举措旨在有效预防因区域间产业结构的相似性而引发的同质化竞争，进而减少低端产品和无效供给的产生，推动经济带内产业结构的升级与高质量发展。

14.1.2 加强制度供给和健全保障机制

加强产业联动的制度供给和健全产业联动的保障机制是有效解决城市群联动发展不足、联动效益不突出和联动机制不健全等问题的关键所在。加强制度供给和健全保障机制，一是要求各级政府制定契合整个长江经济带城市群一体化发展的配套政策，打破城市间经济发展壁垒，加速城市间经济要素的自由流动，推进城市间经济活动的高效开展，促进城市间产业间合作，尤其是第三产业和高新技术产业间的交流与合作，加快建立健全有利于区域间要素充分流动的体制机制以充分释放各市场参与主体活力和提高经济活动的效率（何雄浪和叶连广，2020）。二是要加快建立和完善地方政府间的利益协调机制，建立区域性常设议事机构，加强统一规划，制定具有法律约束力的区域政策。各地区应从整个区域经济发展的全局出发，积极融入长江经济带一体化建设，消除各种地方保护主义现象。三是要充分发挥产业自治组织在区域产业联动发展中的作用，通过行业规范与标准的制定来约束各成员间的非理性行为。

14.1.3 正确处理好政府与市场的关系

区域产业联动涉及的参与主体较多，形成了各种各样复杂的关系群，在诸多关系中，政府与市场的关系居于核心地位，发挥统率作用。区域产业联动发展既需要市场作用的自由发挥，也需要政府的规则约束，从而形成区域产业良性竞争的发展格局。解决诸如区域共同市场建设、要素市场改革、环境协同治理以及跨区域公共产品供给等一系列复杂问题，同样有赖于清楚界定政府与市场的职能边界。在当前的管理体系内，依旧面临诸多挑战，包括地方保护主义盛行、户籍制度限制、GDP 导向的硬性考核机制，以及行政空间管理上的制约，这些因素共同阻碍了区域产业间的联动发展。我们认为，区域产业能否实现高效联动，既是对政府服务效能的直接考验，也是对市场机制能否充分发挥其决定性作用的检验。为了促进区域产业联动发展的顺利进行，需要精准定位并优化政府与市场的作用。一方面，应积极构建服务型政府，通过改革政府管理方式，将重点从区域行政管辖转向空间经济治理。这要求政府实现职能与角色的深刻转变，强调

“服务”为核心的管理理念，在公共产品供给上强化区域间的协调性和公平性，同时在产业规划与政策制定上，更加注重区域间的分工协作与共赢发展。另一方面，需借助要素市场改革和共同市场建设等手段，加速区域市场化进程，旨在进一步提升市场资源的配置效率。这不仅能促进资源的自由流动与优化配置，还能激发市场活力，为区域产业联动提供坚实的市场基础。

14.1.4　加强区域间技术创新合作

长江经济带内的城市群在产业层次上尚显不足，其产业在全球产业链分工中主要占据中低端环节。为了显著提升这些城市的产业联动效应及核心竞争力，关键在于深化区域间的技术创新合作，加速推广适宜技术，并以此为契机，聚焦于产业链的延伸（拓链）、缺失环节的补充（补链）以及关键环节的强化（强链），从而推动产业实现跨区域的协同发展，提升整体产业链水平。首先，欠发达地区要借鉴发达地区成功经验，探索符合本地特色的科技创新发展道路，要注重自身科技创新能力的提高，通过多种方式和途径培育本土创新环境，适当地借鉴科技创新产业园区的成功经验，在充分考虑自身经济实力和科研实力的基础上，找出一条适合本地区科技水平发展的道路。其次，要深入融合科技链与产业链，以产业链各环节耦合中出现的问题和难点作为科技创新的重点攻关点，聚焦和突破产业升级过程中的关键性技术和瓶颈问题，解决产业链各环节耦合性欠佳的问题。在产业链与科技链融合过程中，要建立一套涵盖产、学、研的研发和管理体系，确保生产环节、研发环节和管理环节的科学化运营。通过科技创新要素的流动以及科技创新元素与产业生产过程的有机耦合，实现地区间产业链上、下游之间的有效衔接，以产业为抓手带动科技创新体系的健全和完善。最后，推动共享型科技成果的转化与运用。各级政府在科技创新发展战略中，必须重视共享型科技创新在产业生产中的作用，鼓励共享型科技创新成果的转化与运用。

14.2 扎实推动长江经济带高质量协调发展

党的十八大以来，习近平总书记先后四次主持召开座谈会，为长江经济带发展谋篇布局、把脉定向，强调要“坚定不移贯彻新发展理念，推动长江经济带高质量发展，谱写生态优先绿色发展新篇章，打造区域协调发展新样板，构筑高水平对外开放新高地，塑造创新驱动发展新优势，绘就山水人城和谐相融新画卷，使长江经济带成为我国生态优先绿色发展主战场、畅通国内国际双循环主动脉、引领经济高质量发展主力军”①。党的二十大报告明确指出要“促进区域协调发展”，并作出一系列重大战略部署，为新形势下促进区域协调发展提供了根本遵循。长江经济带覆盖沿江 11 个省市，人口规模和经济总量占据全国半壁江山，是推动区域协调发展的示范带。推动长江经济带区域协调发展是实现经济提质增效，全面建成社会主义现代化强国的必然要求，我们要通过加强基础设施建设、全面推进乡村振兴战略、发挥城市群的“合体”效应、厚植高质量发展生态底色，把长江经济带建设成为流通更顺畅、经济更协调、市场更统一、生态更优美的黄金经济带。

14.2.1 加强基础设施建设，打通长江经济带经济协调发展的卡点、堵点

党的二十大报告提出要“优化基础设施体系的布局、结构、功能和系统集成，构建现代化基础设施体系”②。长江经济带作为一条横跨东、中、西部的经济带，其内部发展存在显著的不均衡性，尤其是基础设施建设方面差距较大。优化长江经济带的基础设施结构，对于扩大总体内需、促进产业转型升级、释放内陆地区潜在需求具有重要意义，并能有效疏通区域经济循环中的卡点、堵点，推动区域间协调发展。为实现这一目标，首先，

① 习近平总书记在全面推动长江经济带发展座谈会上的讲话[EB/OL].（2020-11-15）. https://www.gov.cn/xinwen/2020-11/15/content_5561711.htm.

② 习近平. 高举中国特色社会主义伟大旗帜　为全面建设社会主义现代化国家而团结奋斗——在中国共产党第二十次全国代表大会上的报告[EB/OL].（2022-10-25）. https://www.gov.cn/xinwen/2022-10/25/content_5721685.htm.

弥补传统基础设施建设的不足。传统基础设施是经济增长与产业升级的关键支撑，需依托长江水道，结合区域间铁路、公路、基础设施（简称“铁公基”）网络的发展差异，统一规划，构建高效立体的交通体系。这包括提升交通网络的连通性和覆盖面，强化跨省市交通基础设施的互联互通，形成一体化现代综合交通运输体系。同时，特别关注欠发达地区及中等城市，尤其是农村地区的交通通达性，确保基础设施建设的均衡性。此外，还需强化网络型基础设施建设，如交通、能源、水利等，以提升整体网络效益。其次，加速新型基础设施建设（“新基建”）是当前经济发展的新引擎。鉴于长江经济带内“新基建”发展的区域差异，需加强顶层设计，促进上游、中游、下游地区的协同联动，确保政策实施的统一性和协调性。同时，根据不同区域的经济基础、资源条件及环境承载能力，差异化推进“新基建”项目，如大城市侧重于人工智能、大数据中心等高投入、高科技领域，而中小城市则更多关注5G基站、新能源汽车充电桩等贴近民生、提升生活品质的项目，以促进区域内部的经济、环境与社会协调发展。最后，均衡化建设民生基础设施是缩小城乡、区域及贫富差距的关键。这包括加大居住、环境领域的基础设施投资，通过改善民生条件来刺激消费、促进消费升级；同时，强化教育、医疗卫生等领域的投资，提升居民教育水平和健康保障，为人口高质量发展和人力资本积累奠定坚实基础，从而满足人民群众对美好生活的向往。

14.2.2 全面推进乡村振兴战略，促进长江经济带城乡融合发展

乡村振兴战略是新时代破解“三农”问题的总抓手，是解决城乡发展不平衡、农村发展不充分问题的重要手段。“千村示范、万村整治”工程，深刻改变了浙江乡村面貌，使浙江成为全国乡村经济最活、乡村环境最美、农民生活最优、城乡区域最协调的省份之一。“千万工程”是引领乡村全面振兴的先行工程，是探索共同富裕道路所做的重要尝试，为推动城乡融合发展开辟了新途径，我们要深刻认识学习运用浙江“千万工程”经验，发挥长江经济带农村丰富生态资源的优势，推动美丽生态、美丽经济、美好生活有机融合，助力加速乡村振兴、建设和美乡村、推进城乡融

合、实现共同富裕。长江经济带深入践行“千万工程”，一是要坚持生态优先，推动绿色发展。以整治环境“脏乱差”为先手棋，全面推进农村环境“三大革命”，全力推进农业田园污染治理，开展“无废乡村”建设，实施生态修复，不断擦亮生态底色。着力创建生态品牌、挖掘打造人文景观，培育“美丽乡村 +”新业态，推动田园变公园、村庄变景区、农房变客房、村民变股东，把“生态优势”变成“民生福利”。二是要坚持以人为本，打造共建共享新格局。始终将增进人民福祉、促进人的全面发展作为出发点和落脚点，从实际出发推进农村人居环境整治，充分尊重农民的意愿，调动农村基层干部和广大农民群众的积极性和创造性，在进行决策、推进改革时，厘清政府和农民的职责边界，做到各司其职、各尽其责。三是要坚持塑形铸魂，助力乡村振兴。要推动农村物质文明和精神文明和谐并进，注重硬件与软件深度融合，努力把农村建设成农民身有所栖、心有所依的美好家园。要在文化设施建设和文化活动组织上融入乡土特色，紧贴农民实际需求，转变方式，变硬性推广为潜移默化，变“文化下乡”为“扎根在乡”。此外，应把握“新基建”带来的发展契机，在未来乡村建设中积极推动教育资源和文化资源的数字化进程，着力打造乡村网络文化活力高地。

14.2.3 发挥城市群的“合体”效应，促进长江经济带区域内部协调发展

长江经济带有长三角、长江中游、成渝以及黔中、滇中“三大两小”城市群。在新发展阶段，中心城市和城市群日益成为承载各类发展要素的主要空间载体和形式，《中华人民共和国国民经济和社会发展第十四个五年规划和2035年远景目标纲要》明确指出，要“以中心城市和城市群等经济发展优势区域为重点，增强经济和人口承载能力，带动全国经济效率整体提升”①。推动长江经济带区域内部协调发展，要以长三角城市群建设为重

① 中华人民共和国国民经济和社会发展第十四个五年规划和2035年远景目标纲要[EB/OL].(2021-03-13). https://www.gov.cn/xinwen/2021-03/13/content_5592681.htm?eqid=a1446870000173Of000000026480655e.

点，提高其创新资源集聚能力和全球资源配置能力，构建规则协同、产业合作、设施共建、服务共享、政策联动的一体化新格局，打造高质量发展的引擎和典范。在长江上游、中游地区，诸如长江中游城市群、成渝地区双城经济圈等有条件的地区，以中心城市为引领，提高城市群功能，加快工业化城镇化进程，形成高质量发展的重要区域。此外，充分发挥长江上游、中游、下游比较优势，下游地区要发挥科技创新、高端要素集聚、制度型开放等优势，特别是长三角城市群的城市要发挥龙头带动作用，引领科技产业创新，率先建立全方位开放型经济体系，推动产业梯度转移，强化对长江经济带高质量发展的辐射带动能力；中游地区要发挥区位条件优越、产业基础扎实等优势，按照主体功能定位，增强武汉、长沙、南昌中心城市功能，提高粮食安全保障能力，增强农业综合效益，积极承接新兴产业布局和转移，提升对长江经济带发展的重要支撑作用；上游地区要发挥生态环境优美、劳动力丰富等优势，在构筑生态安全屏障的前提下，持续稳定地提高优质生态产品供给能力，促进与中、下游生态产品供需对接，发挥成渝地区双城经济圈对长江经济带的绿色发展示范作用，走出一条将生态优势转化为发展优势的新路子。

14.2.4　厚植高质量发展生态底色，推动长江经济带区域协调发展走深走实

绿色是经济高质量发展的底色，在实施区域协调发展战略中，要注重协同推进生态保护和绿色发展。习近平总书记指出："长江和长江经济带的地位和作用，说明推动长江经济带发展必须坚持生态优先、绿色发展的战略定位。"[①] 保护好长江生态环境，既是维护区域生态环境安全的基本要求，也是推动流域社会经济高质量发展的重要内容。一方面，要加强水生生物生态环境修复。完善和实施好《中华人民共和国长江保护法》，为"十年禁渔"提供法律保障，并切实提高基层执法能力，深化非法捕捞和

① 习近平在推动长江经济带发展座谈会上强调　走生态优先绿色发展之路　让中华民族母亲河永葆生机活力[EB/OL].(2016－01－07).https://www.gov.cn/xinwen/2016－01/07/content_5031289.htm.

市场销售非法渔获物打击整治。另一方面，要推动生态治理提质增效。要持续推进湖区生态水网体系建设，实施湖盆疏浚，复苏湖泊水生态功能，严格落实长江经济带发展负面清单指南及其实施细则，对违反自然保护区、风景名胜区、饮用水水源保护区、水产种质资源保护区、蓄滞洪区、湿地保护有关规定的岸线利用项目加强整治。此外，长江经济带潜在的生态产品极为丰富，其丰沛的水资源，占全国比例超过35%，拥有204个国家级水产种质资源保护区、128个国家级自然保护区，这些都可作为生态产品的优势资源。因此，在保护好生态环境的基础上，要将长江经济带这些生态产品蕴含的经济价值转化为经济效益，使之成为绿色发展的新增长点。习近平总书记多次指出，“要积极探索推广绿水青山转化为金山银山的路径，选择具备条件的地区开展生态产品价值实现机制试点”①。为有效推动长江经济带生态产品价值的实现，首先，要建立生态产品价值核算机制。科学度量生态产品的实物量与货币价值，将“绿水青山”及其所提供生态产品的经济价值显现出来，是生态资产交易与生态产品开发经营的基础和前提。通过发布相关生态产品价值核算指南等地方标准，破解生态产品价值不易度量的难题。要以算准“生态账”、定好“生态价”，调动生态产品生产者的积极性，为生态产品价值实现打牢基础，为生态文明建设作出新贡献。其次，要探索建立生态产品价值实现的市场机制、政策机制和技术路径。通过搭建生态产品市场交易平台，对生态资源生产要素进行市场化配置，创建诸如“赣抚农品”等生态产品区域公用品牌，提高生态产品溢价价值，并依托良好的自然生态景观资源，发展生态旅游，促进自然生态系统美学文化价值的实现。最后，要完善生态补偿机制。针对多数生态产品是公共产品的属性，发挥政府在公共生态产品配置中的主导作用，完善补偿范围、补偿对象、补偿标准、补偿方式等方面的机制，确立破坏者、使用者、受益者付费原则和保护者补偿原则，并推动生态受益地区向生态输出地区进行补偿，助力生态产品市场化开发。

---

① 习近平总书记在深入推动长江经济带发展座谈会上的讲话[EB/OL].(2019-08-31). https://www.gov.cn/govweb/xinwen/2019-08/31/content_5426136.htm?eqid=dec2bca90005a80d000000036468e1f1.

14.3　深入推进长江经济带文旅融合发展

长江流域是中华文明的重要发祥地，孕育了厚重且独特的历史文化和生物多样性，其丰富的人文遗产和壮丽的生态景观更是构成我国文化和旅游资源的重要组成部分。长江经济带覆盖11个省市，横跨东、中、西三大区域，面积约205万平方千米，人口和生产总值均超过全国的40%。推动长江经济带发展，是以习近平同志为核心的党中央作出的重大决策，是关系国家发展全局的重大战略。充分挖掘长江经济带的文化和旅游资源，打造独具魅力的文化旅游产品，实现文化和旅游的深度融合，已成为推动长江经济带实现高质量发展的关键领域和重要抓手。习近平总书记指出："文化产业和旅游产业密不可分，要坚持以文塑旅、以旅彰文，推动文化和旅游融合发展，让人们在领略自然之美中感悟文化之美、陶冶心灵之美。"① 深入学习贯彻习近平文化思想，推进长江经济带文旅融合发展，是实现我国旅游业由大变强，由量的扩张向质的提升转变的重要方式之一。我们要深入挖掘和利用长江流域丰富的文化旅游资源，坚持宜融则融、能融尽融，推动文化和旅游工作各领域、多方位、全链条深度融合，提高长江经济带的整体竞争力，使之成为推动我国高质量发展的重要引擎，更好地满足人民群众对美好生活的新期待。

14.3.1　强化整合文旅资源，打造长江经济带文旅融合新业态

传统的旅游体验通常围绕着吃、住、行、游、娱、购等基本要素展开，而文旅融合的新趋势，则在这些传统要素的基础上进一步丰富了旅游业态，引入了文、商、学、养、闲、情、奇等全新的旅游要素。习近平总书记指出，"长江造就了从巴山蜀水到江南水乡的千年文脉，是中华民族的代表性符号和中华文明的标志性象征，是涵养社会主义核心价值观的重要源泉。要把长江文化保护好、传承好、弘扬好，延续历史文脉，坚定文

① 推动文旅融合　陶冶心灵之美——习近平总书记在教育文化卫生体育领域专家代表座谈会上的重要讲话引发热烈反响［EB/OL］.（2020－09－24）. https://www.mct.gov.cn/whzx/whyw/202009/t20200924_875385.htm.

化自信”①。我们要充分利用长江经济带丰富的人文资源和多样的自然景观，促进文化资源和旅游资源要素深度融合与互补，共同推动文化产业和旅游产业的协同发展。一是构建长江文化展示及交流体系，深化文化内涵。一方面，通过建立长江文旅文化馆、扶持发展文化创意产业、举办文化旅游节和文化交流活动等，搭建展示和交流长江文化的平台，让游客在旅行中了解和体验长江文化，营造全社会共同参与保护长江文化的社会氛围；另一方面，建立开放的文旅资源共享机制，实现区域内文化旅游资源和信息互通互享，提高资源利用效率，避免重复投资，吸引更多的企业和个人参与文旅资源的开发与创新。二是强化文旅专业人才队伍建设。要推动长江经济带文旅融合新业态的发展，离不开一支既懂文化又懂旅游，既具备创新思维又拥有实践经验的人才队伍。要优化教育资源配置，引进国内外相关专业的优秀人才，加强文旅行业的人才培养，做好人才工作的“选、育、用、留”，有效提高长江经济带文旅工作的专业水平。三是完善文化保护与旅游开发的协同管理机制。在文旅资源的开发过程中，不仅要注重旅游业的发展，也要高度重视文化资源的保护与传承。确保在保护文化遗产的基础上，通过环保旅游、社区参与、设立文旅融合发展基金等创新管理模式，实现文化保护与旅游开发的协同发展。以浙江省安吉县为例，通过强化人才保障、提升从业者归属感，并结合本地特色文化活动与农业产业的深度融合，成功探索出一条文旅融合发展的新路径，为其他地区提供了宝贵经验。

14.3.2 扎实推进文旅创新，引领长江经济带文旅融合新潮流

通过创新驱动赋能文化和旅游产业，不断为文旅融合发展开辟新的路径。习近平总书记指出：“着力赓续中华文脉、推动中华优秀传统文化创造性转化和创新性发展。”② 文化是旅游的灵魂，旅游是文化的载体，要创

① 习近平主持召开全面推动长江经济带发展座谈会并发表重要讲话[EB/OL]. (2020－11－15). https://www.gov.cn/xinwen/2020－11/15/content_5561711.htm.

② 守正不守旧 尊古不复古——深刻理解“着力赓续中华文脉、推动中华优秀传统文化创造性转化和创新性发展”[EB/OL]. (2023－12－20). http://www.cppcc.gov.cn/zxww/2023/12/20/ARTI1703039416502209.shtml.

新文化和旅游融合方式方法，融入最新科技成果，实现文化和旅游深度融合。首先，加强顶层设计，统筹规划文旅创新发展。一方面，要将文旅创新发展纳入长江经济带的总体发展规划之中，充分利用政策引导和政策激励，最大化地推动文旅创新活动的开展，形成一批可复制、可推广的文旅融合模式；另一方面，要建立健全创新支持体系，构建完整的文旅创新产业链、平台和园区，提供一站式创新服务，吸引并培育创新主体，营造有利于文旅创新持续发展的良好环境。其次，建立跨区域跨行业的合作机制。要加强长江经济带内部及与相关企业、政府间的深度合作，通过资源共享，减少创新成本，提高创新效率，并加速创新成果的转化和应用，加强文旅创新的智慧产权保护，保障创新主体的合法权益，从而推动更多创新活动的顺利开展。最后，推动尖端科技与文旅产业的深度融合。要充分利用大数据、云计算、人工智能、数字讲解、VR 展示等高新科技，为文旅创新提供技术支持和解决方案，推动文旅产业创新和文旅融合发展。例如，江苏省扬州市将 5G、VR、天幕 LED 和密室逃脱等各种新颖的技术运用到中国大运河博物馆中，游客在多元化的沉浸式体验中对运河文化有了更加深入的了解。

14.3.3 大力培育文旅产品，擦亮长江经济带文旅融合新品牌

文旅产品是文旅资源整合及文旅创新转化的价值实现，推动更多文化资源转化为高品质旅游产品，满足人民群众多样化、多层次需求，提高长江经济带文旅产业的品牌价值。习近平总书记指出：“深入发掘长江文化的时代价值，推出更多体现新时代长江文化的文艺精品。”[①] 高质量的文旅产品是文旅融合发展的基石，是推动文旅产业实现快速增长的重中之重。一是强化品牌意识，提高产品质量。一方面，要对文旅产品进行规范化、标准化的设计和生产，严格保证产品质量，逐步树立品牌形象，同时，对产品的使用效果、用户体验进行持续跟踪和不断改进，以满足消费者的多

① 习近平主持召开进一步推动长江经济带高质量发展座谈会强调 进一步推动长江经济带高质量发展 更好支撑和服务中国式现代化[EB/OL].（2023－10－12）. https://www.gov.cn/yaowen/liebiao/202310/content_6908721.htm.

元化需求；另一方面，要加快产品的更新迭代，增强产品的地域特色，针对市场的变化和消费者的需求，及时推出新的、贴合当下热点的文旅产品，从而增强品牌的竞争力。二是打造文旅产业链闭环。通过整合长江经济带的相关企业资源，形成涵盖原材料供应、生产制造、销售推广到售后服务的完整产业链集群。利用“互联网+”的模式，如电商、社交媒体等网络渠道，向全球推广长江经济带的文旅产品，拓宽市场覆盖范围，提高品牌影响力。三是加强与“一带一路”共建国家的文旅合作。要积极打造与“一带一路”主题相契合的文旅产品，将“一带一路”相关的历史文化、经济活动等内容融入文旅产品的设计中，如丝绸文旅之路、海上丝绸之路、文化遗产穿越等，使长江经济带的文旅品牌与“一带一路”产生紧密联系；要实现与“一带一路”共建国家在文旅产业等方面的资源共享和市场互联，促进长江经济带文旅产业和共建“一带一路”的融合。以四川省成都市为例，通过举办文创产品推介会等活动，成功打造并推广了如杜甫草堂的“草堂即事·竹节香薰”、四川博物院的“蜀印·王系列项链”等特色文旅产品，不仅在国内市场广受好评，还远销海外，有效提升了地区文旅品牌的国际影响力。

14.3.4 持续优化文旅服务，开启长江经济带文旅融合新体验

公共文化服务和公共旅游服务建设齐头并进，居民和游客共建共享，形成宜居宜业宜游的服务标准。习近平总书记指出：“要把需求牵引和供给创造有机结合起来，推进上、中、下游协同联动发展，强化生态环境、基础设施、公共服务共建共享。”① 亲和的服务氛围和完善的文旅综合服务基础设施是衡量地区文旅产业发展水平的关键。一是强化文旅安全，维护文旅环境。我们要从行业规范制定、设施设备安全、服务人员专业素质等多角度保障文旅活动的安全性，建立有效的应急处理机制，及时解决旅游中可能出现的各类问题，确保游客权益；我们要加强文旅宣传教育，提高公众的旅游文明素养，帮助游客更好地欣赏和理解文化遗产，充分体验旅

① 习近平主持召开全面推动长江经济带发展座谈会并发表重要讲话[EB/OL].(2020-11-15).https://www.gov.cn/xinwen/2020-11/15/content_5561711.htm.

游的乐趣，促使他们更加爱护文旅环境，严格遵守公共秩序。二是以人为本，丰富游客体验。我们要充分理解并尽量满足游客的合理需求，提供个性化、差异化的文旅服务，如定制旅行线路、在线旅行咨询等；我们要联动企业助力文旅推广，如联合企事业单位组织线上、线下活动，在游客到访时，可以策划一些特色活动，进一步提升游客体验，实现旅游活动的高度量和高参与度。三是优化文旅综合配套设施，提高服务效能。要加大投入改善文旅基础设施、营造更加舒适美观的文旅环境；要运用云计算、人工智能和物联网等现代信息技术，精准把握客户需求，实现与游客的精准对接，提高服务效率。以安徽省三瓜公社为例，其通过政府与企业合作的创新模式，成功将农旅、商旅、文旅深度融合，不仅保留了乡村的原汁原味，还实现了文旅软硬件的全面跃升，为乡村振兴树立了典范。

15 本书的研究结论、研究不足与展望

长江经济带是我国人口、经济、资源相对集中的地区，作为我国经济的增长引擎，取得了显著的发展成果。然而，在高速发展的同时，长江经济带也面临着诸如环境污染、生态退化、资源枯竭等问题。面对日趋紧张的环境约束，环境保护成了长江经济带未来发展不可回避的重大议题。如何在保障经济发展的同时，有效应对环境压力，实现两者的和谐共生，是当前制约该区域高质量发展的关键难题与瓶颈所在，亟须探索新的发展模式与路径。推动长江经济带实现高质量且可持续的发展，不仅是确保国家经济社会持续健康发展的内在要求，更是关乎中华民族长远福祉与永续发展的战略考量。鉴于此，本书立足地理空间载体的环境约束研究推动长江经济带高质量发展的新路径，这一研究不仅是对高质量发展理论体系的丰富与拓展，也将对优化国家经济空间布局、维护国家生态安全底线、促进区域间协调均衡发展、开辟绿色高效发展新模式，以及强化长江经济带在中国式现代化建设中的支撑与服务功能，具有深远的意义和不可估量的价值。

本书以基础设施建设（交通基础设施建设和信息基础设施建设）、环境规制、城镇化建设、人口流动、人口红利、产业联动网络等方面为切入点，从理论和实证两方面探讨环境约束下推动长江经济带高质量发展的可能路径。首先，研究加强基础设施建设在推动城乡融合发展、经济高质量发展收敛中的作用，为基础设施建设如何更好地服务于长江经济带高质量发展提供思路；其次，深入分析环境规制对绿色发展和区域经济韧性的影响作用，进一步探讨了不同环境规制政策影响经济发展的异质性特征，以

期找到环境保护和经济发展之间的平衡点，制定更加有效的环境规制政策。此外，本书还探讨了人口流动对长江经济带三大城市群区域创新能力的影响机制，以及如何更好地利用人口质量红利提升城市经济韧性。同时，关注产业联动网络在促进区域高质量一体化发展中的作用，以及如何构建更加有效的产业联动网络。本书旨在通过多角度、全方位的研究，为环境约束下推动长江经济带高质量发展提供理论支持和经验证据，并根据上述研究结论提出具有针对性的政策和建议，以期为推动长江经济带高质量发展和实现国家发展战略目标作出贡献。

15.1 本书的研究结论

面对日趋紧张的资源环境约束，探寻资源环境约束下长江经济带内部产业有序联动和地区间协同发展的有关规律，不仅是进一步推动长江经济带高质量发展的必要举措，也对加快形成以国内大循环为主体、国内国际双循环相互促进的新发展格局具有重要意义。基于此，本书以新发展理念为指导，从协同融合、绿色发展、创新引领三个方面，围绕基础设施建设与城乡融合发展、经济高质量发展收敛以及城市绿色发展之间的关系，环境规制与区域绿色经济发展、城市经济韧性之间的内在逻辑关系以及经济关联与空间溢出、城镇化与环境污染、人口流动与区域创新能力、人口红利与经济韧性、创新能力与全要素生产率、产业联动网络与区域一体化等进行深入探讨。本书的主要研究结论体现在以下方面：

第一，本书的第 2 章以长江经济带 2005—2019 年 101 个主要城市的面板数据为样本，运用多期双重差分法、中介效应模型等方法实证分析高铁建设对城乡融合发展的影响及其内在机理。研究发现：从总体上看，高铁的开通对城乡融合发展具有显著的促进作用；高铁的修建对长江中、下游的城市以及特大城市的城乡融合发展有显著的促进作用，而对长江上游的城市和中小城市则表现出相反的结果；高铁的修建促进了沿线城市的经济增长和产业结构的优化升级，也吸引了大量投资，为城市的基础设施建设、产业升级和公共服务提升提供了强有力的资金支持，进一步推动了长江经济带内城乡之间的融合发展。

第二，本书的第 3 章将“宽带中国”战略试点视为准自然实验，运用长江经济带 2010—2019 年 101 个城市的面板数据，实证分析“新基建”对长江经济带城乡融合发展的影响。研究发现：“新基建”对长江经济带城乡融合发展具有显著的推动作用；在社会经济发展较好的城市，如长江下游的城市、特大城市中促进作用更明显，而在中小城市则影响不显著；市场规模效应、劳动力转移效应是“新基建”影响长江经济带城乡融合发展的重要渠道；“新基建”对长江经济带城乡融合发展存在空间溢出效应，其能够推动相邻城市的城乡融合发展。

第三，本书的第 4 章以长江经济带 2003—2020 年 107 个地级市面板数据为样本，实证检验长江经济带高质量发展的收敛性，以及交通基础设施建设对高质量发展收敛效应的影响。研究发现，长江经济带高质量发展存在显著的绝对收敛、俱乐部收敛和条件收敛效应。分地区来讲，长江经济带中游地区收敛效应最强，下游地区次之，上游地区最弱；分城市规模来讲，超大城市收敛效应最强，大城市次之，特大城市最弱。交通基础设施建设对长江经济带高质量发展收敛效应存在一定程度的促进作用，并且高速铁路建设的作用强于公路设施建设的作用。分地区来看，交通基础设施建设对长江经济带上游和下游地区的高质量发展收敛存在显著的促进作用，但在中游地区则存在抑制作用。从城市规模来看，无论是公路设施的建设还是高速铁路的建设均存在一定程度的促进收敛效应的作用。

第四，本书的第 5 章在长江经济带城市群 2007—2016 年 70 个主要城市面板数据的基础上，运用空间计量分析方法及广义熵值法，研究三大城市群之间的经济关联、生产要素的空间溢出效应和要素禀赋差异。研究发现：长江经济带城市群之间呈现出极强的空间相关性和空间集聚性特征；投入要素的增加对地区经济增长产生较强的推动作用，而地方政府干预市场能力的增强则会产生负面的影响；第三产业发展、外商直接投资受地域限制较小，空间溢出效应更加明显；城市间经济投入要素熵值和人均 GDP 分布结果基本一致。

第五，本书的第 6 章以 2007—2018 年长江经济带城市群为研究对象，通过修正空间引力模型并采用社会网络分析法探究产业联动网络与区域高质量一体化发展之间的关系。研究发现：长江经济带城市群产业联动网络和区域高质量一体化发展格局已初步形成，并具有明显的梯度特征和集聚趋势；产业联动网络对区域高质量一体化发展的效应显著为正，产业联动网络的完善能促进区域高质量一体化发展；产业联动网络通过改善劳动要素和资本要素的配置不平衡和促进区域技术溢出来推动区域高质量一体化发展。

第六，本书的第7章利用2009—2018年长江经济带106个城市面板数据，构建空间杜宾模型，实证分析城镇化进程给环境质量带来的影响，并利用系统GMM模型以及面板门槛回归模型验证结论的稳健性。研究发现：环境污染存在明显的空间关联及空间异质性特征；城镇化水平对环境污染的影响整体上存在显著的正"U"形关系；城市环境污染的空间溢出效应显著；不同区域的城镇化进程对环境污染呈现差异性特征，中游地区表现出明显的正"U"形关系，而上游和下游地区的正"U"形关系并不显著，且非沿江城市的正"U"形关系比沿江城市显著；城镇化发展与环境污染之间存在双重门槛效应，城镇化对环境污染的影响会随着经济发展而呈现阶段性变化。

第七，本书的第8章将高铁开通视为准自然实验，在理论模型分析的基础上，聚焦于长江经济带2006—2018年99个主要城市的面板数据，运用多期双重差分法、空间双重差分法等方法实证分析高铁开通对城市绿色发展的影响。研究发现：从总体上看，高铁开通对城市绿色发展具有显著的促进作用，但存在城市异质性；相较于传统双重差分模型，空间双重差分法的实证结果表明高铁开通对沿线城市绿色发展的促进作用主要来源于空间溢出效应；高铁开通对长江上游、下游地区以及行政级别相对较低的城市绿色发展的促进作用更为明显，距离省会较近的城市从高铁开通所带来的绿色发展影响中获益更大，高铁开通对于各类污染物减排均有一定的推进作用，对二氧化硫的减排效果最为显著。

第八，本书的第9章以长江经济带108个城市为研究对象，运用面板固定效应模型、中介效应模型、分位数回归模型和空间计量模型等方法，实证分析环境规制、技术进步对长江经济带绿色经济发展产生的影响。研究发现：环境规制对长江经济带绿色经济发展有正向促进作用；技术进步在环境规制对绿色经济发展影响过程中起部分中介作用；在不同分位数水平上，环境规制和技术进步对促进长江经济带绿色经济发展存在显著差异；环境规制和技术进步对长江经济带绿色经济发展具有空间溢出效应。

第九，本书的第 10 章建立了包括 3 个方面 10 个指标的长江经济带城市层面的经济发展韧性指标体系，通过熵值法测度了 2006—2019 年长江经济带 108 个城市的经济韧性水平，就环境规制对经济发展韧性的直接影响、异质性影响、作用机制及门槛效应分别做了实证检验。研究发现：环境规制与经济韧性间存在显著的正“U”形关系；在短期内，环境规制对经济韧性的负向影响是通过抑制创新起作用，而在长期内，环境规制可通过刺激创新对经济韧性产生正向影响。

第十，本书的第 11 章利用 2006—2020 年长江经济带三大城市群 70 个城市的面板数据，运用普通面板模型和空间计量模型分析人口流动对区域创新的影响。研究发现：人口流动（人口流入）对区域创新能力会产生显著的提升效应，考虑空间依赖性后，人口流动不仅会直接提高区域的创新能力，还存在较强的空间溢出效应；劳动力人口的空间流动对区域创新能力产生显著影响，而老年人口的流入在开始时并不会发挥作用，但当其达到一定规模时，流入的老年人口会促进区域创新能力提高；人口流动对区域创新能力的影响效应具有显著的空间分异特征，其对长三角城市群、超特大城市及距离省会城市较近的城市作用更为显著，而对长江中游城市群、成渝城市群和大城市的创新能力影响相对较小。

第十一，本书的第 12 章运用长江经济带 2010—2021 年 107 个城市的面板数据，就人口数量红利、人口质量红利对城市经济韧性的影响进行了探讨。研究发现：人口质量红利对提升城市经济韧性有显著的促进作用，人口数量红利对城市经济韧性的提升作用在长江中游、下游地区显著；人口质量利用效率能够显著增强长江下游各城市、人口规模相对较小的城市以及经济发展水平相对较好城市的经济韧性，人口质量水平则对长江上游城市、大城市以及经济发展水平相对较低的城市有正向影响；交通基础设施建设增强了人口质量红利对城市经济韧性的提升作用，而信息基础设施建设的影响作用则不显著；人口集聚是影响人口质量红利提升城市经济韧性的门槛变量，迈过门槛值以后，人口质量红利对城市经济韧性的正向影响作用减弱。

第十二，本书的第 13 章基于长江经济带 2006—2020 年 108 个城市的面板数据，采用基准回归模型、面板门槛模型和面板分位数模型实证研究创新绩效对全要素生产率的影响。研究发现：度数中心性与全要素生产率间存在显著的倒“U”形关系，创新能力正向影响全要素生产率；度数中心性对全要素生产率的倒“U”形影响存在于下游地区，度数中心性促进中游地区的全要素生产率提升；下游地区的创新能力促进全要素生产率提升；不同节点强度城市的创新能力具有非对称性；度数中心性排名前 14% 的城市，创新能力对全要素生产率的影响更强；当度数中心性低于门槛值时，其对全要素生产率产生积极影响，当度数中心性高于门槛值时，则会抑制全要素生产率提升；不同分位点上创新绩效对全要素生产率的影响呈现差异性。

根据本书探讨的关于长江经济带高质量发展的一系列问题，我们得到了一些一致的结论：基础设施建设能够显著促进城乡融合发展；长江经济带高质量发展存在显著的绝对收敛、俱乐部收敛和条件收敛效应，交通基础设施建设推动了区域高质量发展收敛；长江经济带城市群之间呈现出极强的空间相关性和空间集聚性特征，投入要素的增加对区域经济增长产生较强的推动作用，而地方政府干预市场能力的增强则会产生负面影响；产业联动网络对区域高质量一体化发展的效应显著为正，产业联动网络有利于区域高质量一体化发展；产业联动网络通过改善劳动要素和资本要素的配置不平衡和促进区际技术溢出来推动区域高质量一体化发展；环境污染存在明显的空间相关性及空间异质性特征，城镇化发展与环境污染之间呈现显著的正“U”形关系；交通基础设施建设对城市经济绿色发展具有显著的促进作用；环境规制通过技术进步促进区域绿色经济发展；环境规制与区域经济韧性间呈正“U”形关系；人口流动对区域创新能力会产生显著的提升效应；人口质量红利能显著提升城市经济韧性；城市在区域网络中的影响力和控制力与该城市全要素生产率间存在显著的倒“U”形关系，创新能力正向影响全要素生产率。

15.2 本书的研究不足与展望

本书的上述研究结论是对我国高质量发展相关研究领域的有益补充，为在环境约束下如何推动长江经济带高质量发展提供创新性思路。然而，环境约束下如何推动长江经济带高质量发展是综合且复杂的课题，在未来的研究中，诸多方面值得我们进一步地深入探讨。

第一，加强理论体系的构建。当前，环境约束下长江经济带高质量发展的理论体系研究尚不完善，尚未形成一个完整的理论体系，需要对环境约束下影响高质量发展的因素、作用机制及其影响后果之间的内在逻辑关系进行更深入的讨论和阐述，包括对高质量发展内涵的界定、环境约束的分类和评估方法等。未来的研究应着力完善理论体系，加强环境约束下长江经济带高质量发展的理论研究，以期为推动长江经济带高质量发展提供更加有力的理论支持。

第二，拓宽研究维度和角度。首先，可以进一步研究环境约束下长江经济带的可持续发展问题，特别是探索如何在环境约束下平衡经济增长与生态环境保护的关系，进一步优化产业结构，提高资源利用效率，推动绿色发展和生态保护。同时，还可以关注环境约束对长江经济带发展路径、产业结构和区域竞争力的影响。其次，可以进一步研究长江经济带的创新驱动发展。创新是推动经济高质量发展的重要动力。我们可以关注创新政策、创新体系和创新环境对长江经济带创新能力的影响，进一步提高长江经济带的创新能力和竞争力。同时，还可以研究创新与产业协同发展之间的关系，促进产业链上下游的协同创新，提高整体经济效益。

第三，丰富研究内容。在长江经济带高质量发展研究中，我们主要从经济和环境的角度进行分析，但还有其他因素可能对高质量发展产生影响，如政策、政府治理、社会文化、国际经济环境、政策变动等。此外，要积极探索大数据、人工智能等新技术在长江经济带环境治理和高质量发展中的应用，提高研究的前沿性和实用性。在未来的研究中，可以从更加广泛的研究方向出发，考虑这些因素给长江经济带高质量发展带来的影响，以获得更为全面的研究结果。

第四，拓宽研究视角。首先，要加强跨学科研究，从多维度探讨环境约束下长江经济带高质量发展的影响因素和应对策略，以期在多学科交叉的基础上，为环境约束下长江经济带高质量发展提供更全面、更深入的理论和实践指导。其次，要从全球视野出发，关注全球环境治理和可持续发展理念，借鉴国际经验，为长江经济带高质量发展提供国际视野，并将其应用到我国长江经济带高质量发展的路径和模式研究中，进一步丰富和拓展本书的研究。

第五，提高数据收集、整理的质量。在长江经济带高质量发展研究中，数据的质量是一个关键问题。由于数据收集和整理具有难度，所以本书在数据收集和分析方面存在局限性，可能存在数据缺失、数据不准确等问题，影响研究结果的可靠性和有效性。因此，在未来的研究中，需要加强数据质量的监控和管理，尽量采用更加多样化的数据来源和更加先进的数据分析方法，确保数据的准确性和完整性。

第六，研究方法多元化。在研究中，我们使用了多种经济学方法进行分析，但这些方法仍然存在一定的局限性。例如，在面板数据分析中，我们可能无法完全解决内生性问题，导致研究结果存在一定的偏差。在未来的研究中，可以尝试运用多种研究方法，考虑采用其他更加精细的方法来验证和补充研究结果，如实验研究、理论模型定性分析等，从多角度深入探讨长江经济带高质量发展的相关问题。

总之，研究环境约束下推动长江经济带高质量发展具有重要的理论意义和实践价值，但也是一个复杂且具有挑战性的研究方向，需要综合运用多种学科知识和研究方法，进行长期不懈的探索。希望以上研究展望与不足能为后续研究提供一定的参考，未来的研究应在此基础上不断拓展和深化，为长江经济带高质量发展提供有力支持。

参考文献

[1]Ahlfeldt G M, Feddersen A. From periphery to core: Measuring agglomeration effects using high - speed rail[J]. Journal of Economic Geography, 2018, 18(2): 355 -390.

[2]Ahmadi Z, Dehaghi M R, Meybodi M E, et al. Pollution levels in Iranian economy sectors using input - output analysis and TOPSIS technique: An approach to sustainable development[J]. Procedia Social and Behavioral Sciences, 2014(141): 1363 -1368.

[3]Ahme N, Muir J F, Garnett S T. Bangladesh needs a "blue - green revolution" to achieve a green economy[J]. Ambio, 2012(41): 211 -215.

[4]Aksoy Y, Basso H S , Smith R P , et al. Demographic structure and macroeconomic trends [J]. American Economic Journal: Macroeconomics, 2019, 11(1): 193 -222.

[5]Ala - Mantila S , Heinonen J, Junnila S. Relationship between urbanization, direct and indirect greenhouse gas emissions, and expenditures: A multivariate analysis[J]. Ecological Economics, 2014(104):129 - 139.

[6]Alonso W. Urban zero population growth[J]. Daedalus, 1973(102): 191 -206.

[7]Alonso W. The historic and the structural theories of urban form: Their implications for urban renewal[J]. Land Economics, 1964, 40(2): 227 -231.

[8]Ambec S , Cohen M A , Elgie S , et al. The porter hypothesis at 20: Can environmental regulation enhance innovation and competitiveness? [J]. Re-

view of Environmental Economics and Policy, 2013, 7(1): 2 - 22.

[9] Andersen D C. Accounting for loss of variety and factor reallocations in the welfare cost of regulations [J]. Journal of Environmental Economics and Management, 2018, 88(3): 69 - 94.

[10] Anselin L. Interactive techniques and exploratory spatial data analysis [C]. Technical Issues, Management Issues and Applications, 1988.

[11] Arora S. Health, human productivity, and long - term economic growth [J]. The Journal of Economic History, 2001, 61(3): 699 - 749.

[12] Aschauer D A. Is public expenditure productive? [J]. Journal of Monetary Economics, 1989, 23(2): 177 - 200.

[13] Ayda E. Attributes and characteristics of regional resilience: Defining and measuring the resilience of Turkish Regions [J]. Regional Studies, 2016, 50 (4):600 - 614.

[14] Bai J S. Panel data models with interactive fixed effects [J]. Journal of Econometrics, 2009, 77(4): 1229 - 1279.

[15] Barbera A J, McConnell V D. The impact of environmental regulations on industry productivity: Direct and indirect effects [J]. Journal of Environmental Economics and Management, 1990, 18(1): 50 - 65.

[16] Baron R M, Kenny D A. The moderator - mediator variable distinction in social psychological research: Conceptual, strategic, and statistical considerations [J]. Journal of Personality and Social Psychology, 1986, 51(6): 1173.

[17] Barro R J, Sala - i - Martin X. Convergence [J]. Journal of Political Economy, 1992, 100(2): 223 - 251.

[18] Beaudry P, Green D A, Sand B M. In search of labor demand [J]. American Economic Review, 2018, 108(9): 2714 - 2757.

[19] Behrens K. International integration and regional inequalities: How important is national infrastructure? [J]. The Manchester School, 2011, 79 (5): 952 - 971.

[20] Bel G, Rosell J. Effects of the 80 km/h and variable speed limits on

air pollution in the metropolitan area of Barcelona[J]. Transportation Research Part D: Transport and Environment, 2013(23): 90-97.

[21]Ben Dhiab L, Dkhili H. Impact of income, trade, urbanization, and financial development on CO_2 emissions in the GCC countries[J]. International Journal of Advanced and Applied Sciences, 2019, 6(7): 36-42.

[22]Berman E, Bui L T M. Environmental regulation and productivity: Evidence from oil refineries [J]. The Review of Economics and Statistics, 2001 (83): 498-510.

[23]Bernard A B, Durlauf S N. Convergence in international output[J]. Journal of Application Economics, 1995, 10(2): 97-108.

[24]Bernstein S, Diamond R, Mcquade T J, et al. The contribution of high-skilled immigrants to innovation in the United States[R]. National Bureau of Economic Research, 2022.

[25]Blit J, Skuterud M, Zhang J. Can skilled immigration raise innovation? Evidence from Canadian cities[J]. Journal of Economic Geography, 2020, 20(4): 879-901.

[26]Bloom D, Canning D, Sevilla J. The demographic dividend: A new perspective on the economic consequences of population change[M]. California: RAND Corporation, 2003.

[27]Bloom D E, Williamson J G. Demographic transitions and economic miracles in emerging Asia[J]. The World Bank Economic Review, 1998, 12 (3): 419-455.

[28]Bokusheva R, Kumbhakar S C, Lehmann B. The effect of environmental regulations on Swiss farm productivity[J]. International Journal of Production Economics, 2012, 136(1): 93-110.

[29]Bottazzi L, Peri G. Innovation and spillovers in regions: Evidence from European patent data[J]. European Economic Review, 2003, 47(4): 687-710.

[30]Boudeville J B. Problems of regional development[M]. Edinburgh:

Edinburgh University Press, 1966.

[31] Briguglio L , Cordina G , Farrugia N , et al. Conceptualizing and measuring economic resilience [J]. Building the economic resilience of small states, Malta: Islands and Small States Institute of the University of Malta and London: Commonwealth Secretariat, 2006(3): 265 – 288.

[32] Bristow G , Healy A. Innovation and regional economic resilience: An exploratory analysis [J]. The Annals of Regional Science, 2018, 60 (2): 265 – 284.

[33] Brown L , Greenbaum R T. The role of industrial diversity in economic resilience: An empirical examination across 35 years[J]. Urban Studies, 2017, 54(6): 1347 – 1366.

[34] Bruinsma F , Rietveld P. The accessibility of European cities: Theoretical framework and comparison of approaches[J]. Environment and Planning A, 1998, 30(3): 499 – 521.

[35] Burger M J , Meijers E J. Agglomerations and the rise of urban network externalities[J]. Papers in Regional Science, 2016, 95(1): 5 – 15.

[36] Burton E. The compact city: Just or just compact? A preliminary analysis[J]. Urban Studies, 2000, 37(11): 1969 – 2001.

[37] Cai F , Wang D W. China's demographic transition: Implications for growth[M]. The China Boom and Its Discontents, Canberra: Asia Pacific Press, 2005.

[38] Cainelli G , Ganau R , Modica M. Industrial relatedness and regional resilience in the European Union[J]. Papers in Regional Science, 2019, 98(2): 755 – 778.

[39] Cameron G , Proudman J , Redding S. Technological convergence, RD, trade and productivity growth[J]. European Economic Review, 2005, 49 (3): 775 – 807.

[40] Cartone A , Postiglione P , Hewings G J. Does economic convergence hold? A spatial quantile analysis on European regions[J]. Economic Modelling,

2021(95): 408 -417.

[41]Chagas A L S , de Almeida A N , Azzoni C R. Sugar cane burning and human health: A spatial difference - in - difference analysis[M]. Saint Paul :FEA/USP, 2014.

[42]Chacon - Hurtado D , Kumar I , Gkritza K , et al. The role of transportation accessibility in regional economic resilience[J]. Journal of Transport Geography, 2020(84): 102695.

[43]Chapple K , Lester T W. The resilient regional labour market? The US case[J]. Cambridge Journal of Regions, Economy and Society, 2010, 3(1): 85 -104.

[44]Chen X , Nordhaus W D. Using luminosity data as a proxy for economic statistics[J]. Proceedings of the National Academy of Sciences, 2011, 108(21): 8589 -8594.

[45]Chen Z , Haynes K E. Impact of high - speed rail on regional economic disparity in China[J]. Journal of Transport Geography, 2017(65): 80 -91.

[46]Chudnovsky D , Lopez A , Pupato G. Innovation and productivity in developing countries: A study of Argentine manufacturing firms' behavior (1992 -2001)[J]. Research Policy, 2006, 35(2): 266 -288.

[47]Clark J , Huang H I. , Walsh J P. A typology of "innovation districts": What it means for regional resilience[J]. Cambridge Journal of Regions, Economy and Society, 2010, 3(1): 121 -137.

[48]Coe N M ,Dicken P ,Hess M. Global production networks:Realizing the potential[J]. Journal of Economic Geography, 2008, 8(3): 271 -295.

[49]Coad A. The growth of firms: A survey of theories and empirical evidence[M]. UK:Edward Elgar Publishing, 2009.

[50]Cortinovis N , Van Oort F. Between spilling over and boiling down: Network - mediated spillovers, local knowledge base and productivity in European regions[J]. Journal of Economic Geography, 2019, 19(6): 1233 -1260.

[51]Courvisanos J , Jain A ,Mardaneh K. Economic resilience of regions

under crises: A study of the Australian economy[J]. Regional Studies, 2016, 50(4): 629 -643.

[52]Courvisanos J. Cycles, crises, innovation: Path to sustainable development a kaleckian - schumpeterian synthesis[M]. UK: Edward Elgar Publishing, 2012.

[53]Crescenzi R, Luca D , Milio S. The geography of the economic crisis in Europe: National macroeconomic conditions, regional structural factors and short - term economic performance[J]. Cambridge Journal of Regions, Economy and Society, 2016, 9(1): 13 -32.

[54]Crescenzi R , Rodríguez - Pose A. Infrastructure endowment and investment as determinants of regional growth in the European Union[J]. European Investment Bank Papers, 2008, 13(2): 62 -101.

[55]Crespo J , Suire R , Vicente J. Lock - in or lock - out? How structural properties of knowledge networks affect regional resilience[J]. Journal of Economic Geography, 2014, 14(1): 199 -219.

[56]Crosby M. Patents, innovation and growth[J]. Economic Record, 2007, 76(234): 225 -262.

[57]Czernich N , Falck O , Kretschmer T , et al. Broadband infrastructure and economic growth[J]. The Economic Journal, 2011, 121(552): 505 -532.

[58]Dalkic G , Balaban O , Tuydes - Yaman H , et al. An assessment of the CO_2 emissions reduction in high speed rail lines: Two case studies from Turkey[J]. Journal of Cleaner Production, 2017(165): 746 -761.

[59]Davis L W. The effect of driving restrictions on air quality in Mexico City[J]. Journal of Political Economy, 2016, 116(1): 38 -81.

[60]Démurger S. Infrastructure development and economic growth: An explanation for regional disparities in China? [J]. Journal of Comparative Economics, 2001, 29(1): 95 -117.

[61]Desli E, Gkoulgkoutsika A. Economic convergence among the world's top - income economies[J]. The Quarterly Review of Economics and Finance,

2021(80): 841 -853.

[62]Di Caro P. Testing and explaining economic resilience with an application to Italian regions[J]. Papers in Regional Science, 2017, 96(1): 93 -113.

[63]Diao X, McMillan M, Rodrik D. The recent growth boom in developing economies: A structural - change perspective[M]. Switzerland: Springer International Publishing, 2019.

[64]Domazlicky B R, Weber W L. Does environmental protection lead to slower productivity growth in the chemical industry? [J]. Environmental and Resource Economics, 2004(28): 301 -324.

[65]Donaldson D. Railroads of the raj: Estimating the impact of transportation infrastructure[J]. American Economic Review, 2018, 108(4 -5): 899 -934.

[66]Donaldson D, Hornbeck R. Railroads and American economic growth: A "market access" approach[J]. The Quarterly Journal of Economics, 2016, 131(2): 799 -858.

[67]Doran J, Fingleton B. Employment resilience in Europe and the 2008 economic crisis: Insights from micro - level data[J]. Regional Studies, 2016, 50(4): 644 -656.

[68]Dubé J, Legros D, Thériault M, et al. A spatial difference - in - differences estimator to evaluate the effect of change in public mass transit systems on house prices[J]. Transportation Research Part B: Methodological, 2014(64): 24 -40.

[69]Duranton G, Morrow P M, Turner M A. Roads and trade: Evidence from the US[J]. Review of Economic Studies, 2014, 81(2): 681 -724.

[70]Escudero M, Lozano A, Hierro J, et al. Urban influence on increasing ozone concentrations in a characteristic mediterranean agglomeration[J]. Atmospheric Environment, 2014(99): 322 -332.

[71]Faber B. Trade integration, market size, and industrialization: Evidence from China's National Trunk Highway System[J]. Review of Economic Studies, 2014, 81(3): 1046 -1070.

[72] Faggian A , Gemmiti R , Jaquet T , et al. Regional economic resilience: The experience of the Italian local labor systems [J]. Annals of Regional Science, 2018, 60(2): 393 - 410.

[73] Fang C L , Liu H M , Li G D. International progress and evaluation on interactive coupling effects between urbanization and the eco - environment [J]. Journal of Geographical Sciences, 2016, 26(8): 1081 - 1116.

[74] Feng H L. Does foreign direct investment harm the host country's environment? Evidence from China [J]. Current Topics in Management, 2014 (14): 105 - 121.

[75] Freeman L C. Centrality in social networks: Conceptual clarification [J]. Social Networks, 1979, 1(3): 239 - 251.

[76] Friedman J R. Regional development policy: A case study of Venezuela [M]. Cambridge: MIT Press, 1966.

[77] Fujita M , Krugman P. The new economic geography: Past, present and the future [J]. Fifty Years of Regional Science, 2004(4): 139 - 164.

[78] Gagliardi L. Does skilled migration foster innovative performance? Evidence from British local areas [J]. Papers in Regional Science, 2015, 94(4): 773 - 794.

[79] Giroud X. Proximity and investment: Evidence from plant - level data [J]. The Quarterly Journal of Economics, 2013, 128(2): 861 - 915.

[80] Glaeser E L. Reinventing Boston: 1630 - 2003 [J]. Journal of Economic Geography, 2005, 5(2): 119 - 153.

[81] Gollop F M , Roberts M J. Environmental regulations and productivity growth: The case of fossil - fueled electric power generation [J]. Journal of Political Economy, 1983, 91(4): 654 - 674.

[82] Greenwald B C , Stiglitz J E. Externalities in economies with imperfect information and incomplete markets [J]. The Quarterly Journal of Economics, 1986, 101(2): 229 - 264.

[83] Grossman M. On the concept of health capital and the demand for

health[M]. Determinants of Health: An Economic Perspective, Columbia University Press, 2017.

[84]Grossman G M , Krueger A B. Economic growth and the environment [J]. The Quarterly Journal of Economics, 1995, 110(2):353 –377.

[85]Grossman G , Krueger A B. Environmental impacts of a North American free trade agreement [J]. CEPR Discussion Papers, 1992, 8(2):223 –250.

[86]Gunnar M. Economic theory and underdeveloped regions[M]. New York:Harper & Row, 1957.

[87]Han L , Zhou W , Pickett S T A , et al. An optimum city size? The scaling relationship for urban population and fine particulate ($PM_{2.5}$) concentration[J]. Environmental Pollution, 2016(208): 96 –101.

[88]Hanley D , Li J , Wu M. High – speed railways and collaborative innovation[J]. Regional Science and Urban Economics, 2022(93): 103717.

[89]Hansen B E. Threshold effects in non – dynamic panels: Estimation, testing, and inference[J]. Journal of Econometrics, 1999, 93(2): 345 –368.

[90]Helland E , Whitford A B. Pollution incidence and political jurisdiction: Evidence from the TRI[J]. Journal of Environmental Economics & Management, 2003, 46(3): 403 –424.

[91]Henderson J V , Storeygard A , Weil D N. Measuring economic growth from outer space[J]. American Economic Review, 2012, 102(2): 994 –1028.

[92]Henderson J V. The effects of urban concentration on economic growth [J]. NBER Working Paper, 2000(1): 7503.

[93]Hirschman A O. The strategy of economic development[M]. New Haven: Yale University Press, 1958.

[94]Ho Y P , Wong P K , Toh M H. The impact of RD on the Singapore economy: An empirical evaluation[J]. The Singapore Economic Review, 2009, 54(1): 1 –20.

[95] Holl A. Manufacturing location and impacts of road transport infrastructure: Empirical evidence from Spain[J]. Regional Science and Urban Eco-

nomics, 2004, 34(3): 341 -363.

[96]Hu A G , Jefferson G H , Jinchang Q. RD and technology transfer: Firm - level evidence from Chinese industry[J]. Review of Economics and Statistics, 2005, 87(4): 780 -786.

[97]Huang H D , Li D. Relationship between urbanization and environmental pollution in China[C]. Proceedings of 2017 2nd International Conference on Economics and Management Innovations, 2017.

[98]Huggins R , Prokop D. Network structure and regional innovation: A study of university - industry ties[J]. Urban Studies, 2017, 54(4): 931 -952.

[99]Huggins R , Thompson P. Local entrepreneurial resilience and culture: The role of social values in fostering economic recovery[J]. Cambridge Journal of Regions, Economy and Society, 2015, 8(2): 313 -330.

[100]Hunt J , Gauthier - Loiselle M. How much does immigration boost innovation? [J]. American Economic Journal: Macroeconomics, 2010, 2(2): 31 -56.

[101]Huybrechts D , Verachtert E , Vander Aa S , et al. Polluted rainwater runoff from waste recovery and recycling companies: Determination of emission levels associated with the best available techniques[J]. Waste Management, 2016(54): 74 -82.

[102]Isaksen A , Trippl M. Path development in different regional innovation systems: A conceptual analysis[M]//Innovation drivers and regional innovation strategies. London:Routledge, 2016: 66 -84.

[103]Jaffe A B , Palmer K. Environmental regulation and innovation: A panel data study[J]. Review of Economics and Statistics, 1997, 79(4): 610 -619.

[104]Jorgenson D W , Wilcoxen P J. Environmental regulation and US economic growth[J]. The RAND Journal of Economics, 1990(6): 314 -340.

[105]Junior A A B , Faria W R , Montenegro R L G , et al. Research and development, productive structure and economic effects: Assessing the role of

public financing in Brazil[J]. Economic Modelling, 2020(90): 235 - 253.

[106]Kalaitzidakis P, Mamuneas T P, Savvides A, et al. Measures of human capital and nonlinearities in economic growth[J]. Journal of Economic Growth, 2001(6): 229 - 254.

[107]Kiuila O, Peszko G. Sectoral and macroeconomic impacts of the large combustion plants in Poland: A general equilibrium analysis[J]. Energy Economics, 2006, 28(3): 288 - 307.

[108]Knaap T, Oosterhaven J. Measuring the welfare effects of infrastructure: A simple spatial equilibrium evaluation of Dutch railway proposals[J]. Research in Transportation Economics, 2011, 31(1): 19 - 28.

[109]Koenker R, Bassett Jr G. Regression quantiles[J]. Econometric: Journal of the Econometric Society, 1978(3): 33 - 50.

[110]Krugman P. Past and prospective causes of high unemployment[J]. Reducing Unemployment: Current Issues and Policy Options, 1994(2): 49 - 80.

[111]Krugman P. Increasing returns and economic geography[J]. Journal of Political Economy, 1991, 99(3): 483 - 499.

[112]Krugman P. Scale economies, product differentiation, and the pattern of trade[J]. The American Economic Review, 1980, 70(5): 950 - 959.

[113]Kühl Teles V, Cesar Mussolini C. Infrastructure and productivity in Latin America: Is there a relationship in the long run? [J]. Journal of Economic Studies, 2012, 39(1): 44 - 62.

[114]Lee R, Mason A. What is the demographic dividend? [J]. Finance & Development, 2006(3): 16 - 17.

[115]LeSage J, Pace R K. Introduction to spatial econometrics[M]. New York: Chapman and Hall/CRC, 2009.

[116]Li N, Chen J P, Tsai I C, et al. Potential impacts of electric vehicles on air quality in Taiwan[J]. Science of the Total Environment, 2016(566): 919 - 928.

[117]Liddle B. Demographic dynamics and per capita environmental im-

pact: Using panel regressions and household decompositions to examine population and transport[J]. Population and Environment, 2004, 26(1): 23-39.

[118]Liu Z, He C, Zhang Q, et al. Extracting the dynamics of urban expansion in China using DMSP-OLS nighttime light data from 1992 to 2008[J]. Landscape and Urban Planning, 2012, 106(1): 62-72.

[119]Lu S R, Wang Y W. Convergence, technological interdependence and spatial externalities: A spatial dynamic panel data analysis[J]. Applied Economics, 2015, 47(18): 1833-1846.

[120]Lucas Jr R E. On the mechanics of economic development[J]. Journal of Monetary Economics, 1988, 22(1): 3-42.

[121]Luo K, Li G D, Fang C L, et al. $PM_{2.5}$ mitigation in China: Socioeconomic determinants of concentrations and differential control policies[J]. Journal of Environmental Management, 2018(213): 47-55.

[122]Martin R. Regional economic resilience, hysteresis and recessionary shocks[J]. Journal of Economic Geography, 2012, 12(1): 1-32.

[123]Martinez Z I, Maruotti A. The impact of urbanization on CO_2 emissions: Evidence from developing countries[J]. Ecological Economics, 2011, 70(7): 1344-1353.

[124]Massey D B. Spatial divisions of labor: Social structures and the geography of production[M]. London: Macmillan, 1984.

[125]McGranahan G, Jacobi P, Songsore J, et al. The citizens at risk: From urban sanitation to sustainable cities[J]. International Journal of Sustainability in Higher Education, 2001, 24(2): 455-456.

[126]Mol A P J, Spaargaren G. Ecological modernisation theory in debate: A review[J]. Environmental Politics, 2000(1): 17-49.

[127]Myrdal G. Economic theory and under-developed regions[M]. London: Duckworth, 1957.

[128]Nakamura H, Ueda T. The impacts of the Shinkansen on regional development[C]. The Fifth World Conference on Transport Research, Yokoha-

ma,1989.

[129]Niebuhr A. Migration and innovation: Does cultural diversity matter for regional RD activity? [J]. Papers in Regional Science, 2010, 89(3): 563-585.

[130]Nye J S. Comparative regional integration: Concept and measurement [J]. International Organization, 1968, 22(4): 855-880.

[131]Ottaviano G I, Peri G. The economic value of cultural diversity: Evidence from US cities[J]. Journal of Economic Geography, 2006, 6(1): 9-44.

[132]Paunov C, Rollo V. Has the internet fostered inclusive innovation in the developing world? [J]. World Development, 2016(78): 587-609.

[133]Perrone M G, Larsen B R, Ferrero L, et al. Sources of high $PM_{2.5}$ concentrations in Milan, Northern Italy: Molecular marker data and CMB modelling[J]. Science of the Total Environment, 2012(414): 343-355.

[134]Perroux F. Economic space: Theory and applications[J]. The Quarterly Journal of Economics, 1950, 64(1):89-104.

[135]Petrakis P E, Stamatakis D. Growth and educational levels: A comparative analysis[J]. Economics of Education Review, 2002, 21(5): 513-521.

[136]Pokharel R, Bertolini L, te Brömmelstroet M, et al. Spatio-temporal evolution of cities and regional economic development in Nepal: Does transport infrastructure matter? [J]. Journal of Transport Geography, 2021(90): 102-904.

[137]Polèse M. The resilient city: On the determinants of successful urban economies[M]// Paddison R, Hutton T. Cities and Economic Change. London: Forthcoming Press, 2010.

[138]Porter M E. Competitive advantage: Creating and sustaining superior performance: With a new introduction[M]. New York: Free Press, 1985.

[139]Porter M E, Vander L C. Toward a new conception of the environment-competitiveness relationship[J]. Journal of Economic Perspectives, 1995, 9(4): 97-118.

[140]Powell D. Quantile regression with nonadditive fixed effects[J]. Empirical Economics, 2022, 63(5): 2675 -2691.

[141]Puga D. Agglomeration and cross - border infrastructure[J]. EIB Papers, 2008, 13(2): 102 -124.

[142]Rahman M M, Alam K. Clean energy, population density, urbanization and environmental pollution nexus: Evidence from Bangladesh[J]. Renewable energy, 2021(172): 1063 -1072.

[143]Ren W W, Zhong Y, Meligrana J, et al. Urbanization, land use and water quality in Shanghai: 1947 - 1996[J]. Environment International, 2003, 29(5): 649 -659.

[144]Roberts M, Deichmann U, Fingleton B, et al. Evaluating China's road to prosperity: A new economic geography approach[J]. Regional Science and Urban Economics, 2012, 42(4): 580 -594.

[145]Romer P M. Endogenous technological change[J]. Journal of Political Economy, 1990, 98(5): 71 -102.

[146]Romer P M. Increasing returns and long - run growth[J]. Journal of Political Economy,1986, 94(5): 1002 -1037.

[147]Royuela V, Garcia G A. Economic and social convergence in Colombia[J]. Regional Studies, 2015, 49(2): 219 -239.

[148]Rubashkina Y, Galeotti M, Verdolini E. Environmental regulation and competitiveness: Empirical evidence on the Porter Hypothesis from European manufacturing sectors[J]. Energy Policy, 2015, 83(8): 288 -300.

[149]Schmitz H. Global competition and local cooperation: Success and failure in the Silicon Valley, Brazil[J]. World Development, 1999, 27(9): 1627 -1650.

[150]Schumpeter J A. Capitalism, socialism and democracy[M]. London: Routledge, 2013.

[151]Schumpeter J A. Business cycles[M]. New York: Mcgraw - hill, 1939.

[152] Scott A J. The changing global geography of low - technology, labor - intensive industry: Clothing, footwear, and furniture[J]. World Development, 2006, 34(9):1517 - 1536.

[153] Scott A J , Storper M. Regions, globalization, development[J]. Regional Studies, 2003, 37(6): 579 - 593.

[154] Selden Thomas M , Song D Q. Neoclassical growth, the J curve for abatement, and the inverted U curve for pollution[J]. Journal of Environmental Economics & Management, 1995, 29(2):162 - 168.

[155] Shadbegian R J , Gray W B. Pollution abatement expenditures and plant - level productivity: A production function approach[J]. Ecological Economics, 2005, 54(2 - 3): 196 - 208.

[156] Solow R M. A contribution to the theory of economic growth[J]. The Quarterly Journal of Economics, 1956, 70(1): 65 - 94.

[157] Spiekermann K , Wegener M. The shrinking continent: New time—space maps of Europe[J]. Environment and Planning B: Planning and Design, 1994, 21(6): 653 - 673.

[158] Starrett D. Market allocations of location choice in a model with free mobility[J]. Journal of Economic Theory, 1978(17): 21 - 37.

[159] Stiroh K J. Information technology and the US productivity revival: What do the industry data say? [J]. American Economic Review, 2002, 92(5): 1559 - 1576.

[160] Tan J , Hu X , Hassink R , et al. Industrial structure or agency: What affects regional economic resilience? Evidence from resource - based cities in China[J]. Cities, 2020(106): 102 - 906.

[161] te Velde D W. Regional integration, growth and convergence[J]. Journal of Economic Integration, 2011, 26(1): 1 - 28.

[162] Telle K , Larsson J. Do environmental regulations hamper productivity growth? How accounting for improvements of plants' environmental performance can change the conclusion [J]. Ecological Economics, 2006 (2):

438 -445.

[163] Vickerman R. Location, accessibility and regional development: The appraisal of trans - European networks [J]. Transport Policy, 1995, 2(4): 225 -234.

[164] Wang Z, Wei W. Regional economic resilience in China: Measurement and determinants[J]. Regional Studies, 2021, 55(7): 1228 -1239.

[165] Wasserman S, Faust K. Social network analysis: Methods and applications[M]. Cambridge: Cambridge University Press, 1994.

[166] Wigger C. Who with whom? Untangling the effect of high - skilled immigration on innovation[J]. Journal of Economic Geography, 2022, 22(2): 449 -476.

[167] Williams N, Vorley T. Economic resilience and entrepreneurship: Lessons from the Sheffield City Region[J]. Entrepreneurship & Regional Development, 2014, 26(3 -4): 257 -281.

[168] Wolfe D A. The strategic management of core cities: Path dependence and economic adjustment in resilient regions[J]. Cambridge Journal of Regions, Economy and Society, 2010, 3(1): 139 -152.

[169] Xiao J, Boschma R, Andersson M. Industrial diversification in Europe: The differentiated role of relatedness[J]. Economic Geography, 2018, 94(5): 514 -549.

[170] Xu B, Luo L Q, Lin B Q. A dynamic analysis of air pollution emissions in China: Evidence from nonparametric additive regression models[J]. Ecological Indicators, 2016(63): 346 -358.

[171] Xu B, Lin B Q. How industrialization and urbanization process impacts on CO_2 emissions in China: Evidence from nonparametric additive regression models[J]. Energy Economics, 2015(48): 188 -202.

[172] Xu W, Zhou J, Yang L. The implication of high - speed rail for Chinese cities: Connectivity and accessibility[J]. Transportion Research, 2018(116):308 -326.

[173]Yang Z , Li C , Jiao J , et al. On the joint impact of high - speed rail and megalopolis policy on regional economic growth in China[J]. Transport Policy, 2020(99): 20 - 30.

[174]Yu N , De Roo G , De Jong, et al. Does the expansion of a motorway network lead to economic agglomeration? Evidence from China[J]. Transport Policy, 2016(45): 218 - 227.

[175]Yu N , De Jong M , Storm S , et al. The growth impact of transport infrastructure investment: A regional analysis for China (1978 - 2008)[J]. Policy and Society, 2012, 31(1): 25 - 38.

[176]Zhou B , Wen Z , Yang Y. Agglomerating or dispersing? Spatial effects of high - speed trains on regional tourism economies[J]. Tourism Management, 2021(87): 104392.

[177]Zhou Q , Zhu M K , Qiao Y R ,et al. Achieving resilience through smart cities? Evidence from China[J]. Habitat International, 2021(111): 102348.

[178]白俊红,刘宇英. 对外直接投资能否改善中国的资源错配[J]. 中国工业经济,2018(1):60 - 78.

[179]卞元超,吴利华,白俊红. 高铁开通、要素流动与区域经济差距[J]. 财贸经济,2018(6):147 - 161.

[180]蔡昉. 如何开启第二次人口红利?[J]. 国际经济评论,2020(2):4,9 - 24.

[181]蔡昉. 人口转变、人口红利与刘易斯转折点[J]. 经济研究,2010(4):4 - 13.

[182]蔡宏波,钟超,韩金镕. 交通基础设施升级与污染型企业选址[J]. 中国工业经济,2021(10):136 - 155.

[183]曹静,王鑫,钟笑寒. 限行政策是否改善了北京市的空气质量?[J]. 经济学(季刊),2014,3(13):1091 - 1126.

[184]陈安平. 集聚与中国城市经济韧性[J]. 世界经济,2022(1):158 - 181.

[185]陈大峰,陈媛,王文鹏. 中国城市创新空间溢出及其影响因素:基

于行政边界效应的视角[J]. 审计与经济研究,2021(5):118 - 127.

[186]陈东景,刘卫毅. 人口集聚与生态福利绩效:效应与机制[J]. 西北人口,2023(3):12 - 26.

[187]程广斌,靳瑶. 创新能力提升是否能够增强城市经济韧性?[J]. 现代经济探讨,2022(2):1 - 11,32.

[188]陈靖,李慧璇,徐建国,等. 城市规模与就业冲击:基于新冠疫情后的网络招聘数据分析[J]. 经济学(季刊),2022(6):2125 - 2146.

[189]陈林,万攀兵. 城镇化建设的乡镇发展和环境污染效应[J]. 中国人口·资源与环境,2021(4):62 - 73.

[190]陈文玲,胡顺华. 长三角商贸流通产业影响因素及空间溢出实证研究[J]. 商业经济研究,2019(2):135 - 137.

[191]陈阳,王守峰,李勋来. 网络基础设施建设对城乡收入差距的影响研究:基于"宽带中国"战略的准自然实验[J]. 技术经济,2022,41(1):123 - 135.

[192]陈毅辉,洪碧云. 数字经济对农业高质量发展的影响研究[J]. 技术经济与管理研究,2022(2):105 - 109.

[193]成艾华,喻婉. 长江经济带产业转移、产业分工与一体化发展[J]. 中南民族大学学报(人文社会科学版),2018 (6):128 - 133.

[194]程开明. 城市化促进技术创新的机制及证据[J]. 科研管理,2010(2):26 - 34.

[195]程名望,张家平. 新时代背景下互联网发展与城乡居民消费差距[J]. 数量经济技术经济研究,2019(7):22 - 41.

[196]程中海,柴永乐. 交通基础设施、对外贸易与全要素生产率[J]. 华东经济管理,2021,35(5):91 - 99.

[197]戴宏伟,回莹. 京津冀雾霾污染与产业结构、城镇化水平的空间效应研究[J]. 经济理论与经济管理,2019(5):4 - 19.

[198]邓荣荣,张翱祥,陈鸣. 长江经济带高铁开通对城市生态效率的影响:基于 DID 与 SDID 的实证分析[J]. 华东经济管理,2021,35(5):1 - 11.

[199]邓涛涛,赵磊,马木兰. 长三角高速铁路网对城市旅游业发展的

影响研究[J]. 经济管理,2016(1):137－146.

[200]邸勍,袁晓玲,王书蓓. 城镇化影响环境质量的典型机制与差异化研究[J]. 当代经济科学,2021(3):94－106.

[201]丁翠翠. FDI、城市化与环境污染关系的实证检验[J]. 统计与决策,2014(14):143－145.

[202]丁如曦,刘梅,李东坤. 多中心城市网络的区域经济协调发展驱动效应:以长江经济带为例[J]. 统计研究,2020(11):93－105.

[203]丁小浩,高文娟,黄依梵. 从人口数量红利到人口质量红利:基于143个国家面板数据的实证分析[J]. 教育研究,2022(3):138－148.

[204]东童童,邓世成. 中国城市化进程对雾霾污染的影响及趋势预测[J]. 城市问题,2019(4):12－21.

[205]杜雯翠,何浩然,张平淡. 小城镇、城市群与环境污染[J]. 城市问题,2014(5):97－101.

[206]段博川,孙祥栋. 城镇化进程与环境污染关系的门槛面板分析[J]. 统计与决策,2016(22):102－105.

[207]范丹,孙晓婷. 环境规制、绿色技术创新与绿色经济增长[J]. 中国人口·资源与环境,2020(6):105－115.

[208]方大春,马为彪. 中国省际高质量发展的测度及时空特征[J]. 区域经济评论,2019(2):61－70.

[209]冯洁瑶,刘耀龙,王军,等. 经济发展水平、环境压力对城市韧性的影响:基于山西省11个地级市面板数据[J]. 生态经济,2020(9):101－106,163.

[210]冯宗宪,王青,侯晓辉. 政府投入、市场化程度与中国工业企业的技术创新效率[J]. 数量经济技术经济研究,2011(4):3－17,33.

[211]高丽娜,朱舜,李洁. 创新集聚与溢出、空间效应与长三角城市群协同发展[J]. 华东经济管理,2016(5):81－85.

[212]高伟,聂锐,张燚,等. 区际产业联动的研究进展及展望[J]. 中国软科学,2011(5):83－93.

[213]高伟. 区际产业联动的内涵、模式与调控[J]. 高校理论战线,

2012(7):26－30.

[214]高翔．城市规模、人力资本与中国城市创新能力[J]．社会科学，2015(3):49－58.

[215]高志刚，丁煜莹．产业结构升级、环境规制对区域韧性的影响：基于全国30个省份面板数据的实证分析[J]．河南师范大学学报(哲学社会科学版)，2023(4):35－41.

[216]巩灿娟，张晓青．中国区域间环境规制对绿色经济效率的空间效应及其分解[J]．现代经济探讨，2020(4):41－47，58.

[217]郭佳，何雄伟，薛飞．人口城镇化、经济增长对地区环境污染的影响[J]．企业经济，2018(7):143－149.

[218]郭金花，陈鑫，郭檬楠．创新政策试点、要素集聚与城市全要素生产率增长[J]．南京财经大学学报，2022(4):12－22.

[219]郭凯明，潘珊，颜色．新型基础设施投资与产业结构转型升级[J]．中国工业经济，2020(3):63－80.

[220]郭明杉，张陆洋．高新技术产业集群的区域经济一体化效应分析[J]．哈尔滨工业大学学报(社会科学版)，2007(1):93－96.

[221]郭然，梁艳．环境规制、财政分权与经济高质量增长[J]．大连理工大学学报(社会科学版)，2022(3):51－61.

[222]郭阳，徐志刚．耕地流转市场发育、资源禀赋与农地规模经营发展[J]．中国农村经济，2021(6):60－75.

[223]胡宗义，张晔，邓晶晶，等．环境规制强化的经济增长效应与机制研究[J]．湖南大学学报(社会科学版)，2021(5):50－59.

[224]韩宝国，朱平芳．宽带对中国经济增长影响的实证分析[J]．统计研究，2014(10):49－54.

[225]韩超，张伟广，冯展斌．环境规制如何"去"资源错配：基于中国首次约束性污染控制的分析[J]．中国工业经济，2017(4):115－134.

[226]韩先锋，宋文飞，李勃昕．互联网能成为中国区域创新效率提升的新动能吗[J]．中国工业经济，2019(7):119－136.

[227]郝凤霞，张诗葭．长三角城市群交通基础设施、经济联系和集聚：

基于空间视角的分析[J]. 经济问题探索,2021(3):80-91.

[228]何大安,任晓. 互联网时代资源配置机制演变及展望[J]. 经济学家,2018(10):63-71.

[229]何枫,祝丽云,马栋栋,等. 中国钢铁企业绿色技术效率研究[J]. 中国工业经济,2015(7):84-98.

[230]何凌云,陶东杰. 高铁开通对知识溢出与城市创新水平的影响测度[J]. 数量经济技术经济研究,2020(2):125-142.

[231]何雄浪,王诗语. 交通基础设施升级有利于工业企业新建吗:来自中国工业企业的微观证据[J]. 南开经济研究,2023(2):83-101.

[232]何雄浪,史世姣. 人口流动、环境规制与城市经济高质量发展[J]. 财经科学,2021(12):78-91.

[233]何雄浪,史世姣. 人口流动对区域经济增长的影响:基于中国地级市面板数据的实证分析[J]. 金融与经济,2021(3):63-70.

[234]何雄浪. 空间经济学及其新发展:新经济地理学[J]. 西南民族大学学报(人文社会科学版),2021(1):88-97.

[235]何雄浪. 多要素流动、技术溢出与资本创造[J]. 西南民族大学学报(人文社科版),2020(2):130-141.

[236]何雄浪,叶连广. 长江经济带城市群经济关联、空间溢出与经济增长[J]. 现代财经(天津财经大学学报),2020(1):16-28.

[237]侯力. 劳动力流动对人力资本形成与配置的影响[J]. 人口学刊,2003(6):34-39.

[238]胡晶晶,黄浩. 二元经济结构、政府政策与城乡居民收入差距:基于中国东、中、西部地区省级面板数据的经验分析[J]. 财贸经济,2013(4):121-129.

[239]胡艳,朱文霞. 交通基础设施的空间溢出效应:基于东中西部的区域比较[J]. 经济问题探索,2015(1):82-88.

[240]胡祖光. 基尼系数理论最佳值及其简易计算公式研究[J]. 经济研究,2004(9):60-69.

[241]黄凡,段成荣. 从人口红利到人口质量红利:基于第七次全国人

口普查数据的分析[J]. 人口与发展,2022(1):117-126.

[242]黄文,张羽瑶. 区域一体化战略影响了中国城市经济高质量发展吗:基于长江经济带城市群的实证考察[J]. 产业经济研究,2019(6):14-26.

[243]黄永春,宫尚俊,邹晨,等. 数字经济、要素配置效率与城乡融合发展[J]. 中国人口·资源与环境,2022,32(10):77-87.

[244]纪尧,周圆,樊凯欣. 中国研发创新的影响因素以及技术提升效果:基于内生增长 DSGE 模型的分析[J]. 经济问题探索,2021(11):1-14.

[245]贾文通,黄震方,刘俊,等. 高铁对区域旅游"时空压缩"效应的测度与分析:以长江经济带为例[J]. 地理研究,2021,40(6):1785-1802.

[246]蒋洪强,张静,王金南,等. 中国快速城镇化的边际环境污染效应变化实证分析[J]. 生态环境学报,2012(2):293-297.

[247]金春枝,李伦. 我国互联网数字鸿沟空间分异格局研究[J]. 经济地理,2016,36(8):106-112.

[248]金刚,沈坤荣. 以邻为壑还是以邻为伴:环境规制执行互动与城市生产率增长[J]. 管理世界,2018(12):43-55.

[249]邝嫦娥,李文意. 经济结构调整对城市经济韧性的影响研究:以长江经济带为例[J]. 软科学,2023(5):1-13.

[250]来逢波,刘春梅,荣朝和. 高速铁路对区域经济发展的影响效应及实证检验[J]. 东岳论丛,2016(6):120-127.

[251]雷菁,钟业喜,冯兴华,等. 基于交通信息流的长江经济带城市中心性及其影响因素[J]. 经济地理,2021(8):97-105.

[252]李博,曲艺,王泽宇,等. 长三角城市产业演化路径依赖对经济韧性的影响[J]. 地理研究,2023(8):2036-2052.

[253]李春成. 产业共同体:概念模型及发展路径[J]. 创新科技,2020(1):62-69.

[254]李德煌,夏恩君. 人力资本对中国经济增长的影响:基于扩展 Solow 模型的研究[J]. 中国人口·资源与环境,2013(8):100-106.

[255]李广昊,周小亮. 推动数字经济发展能否改善中国的环境污染:

基于“宽带中国”战略的准自然实验[J]. 宏观经济研究,2021(7):146-160.

[256]李光勤,刘莉. 环境规制、财政分权与中国绿色经济效率[J]. 华东经济管理,2018(1):39-45.

[257]李虹,邹庆. 环境规制、资源禀赋与城市产业转型研究:基于资源型城市与非资源型城市的对比分析[J]. 经济研究,2018(11):182-198.

[258]李红昌,Linda T,胡顺香. 中国高速铁路对沿线城市经济集聚与均等化的影响[J]. 数量经济技术经济研究,2016(11):127-143.

[259]李红锦,张丁山. 数字普惠金融对城乡融合的影响研究[J]. 金融经济学研究,2022,37(3):146-160.

[260]李建明,罗能生. 高铁开通改善了城市空气污染水平吗?[J]. 经济学(季刊),2020,19(4):1335-1354.

[261]李敬,陈澍,万广华,等. 中国区域经济增长的空间关联及其解释:基于网络分析方法[J]. 经济研究,2014(11):4-16.

[262]李竞博,姜全保. 人口规模、人口老龄化与经济增长[J]. 人口学刊,2023(2):55-66.

[263]李竞博,原新. 如何再度激活人口红利:从劳动参与率到劳动生产率:人口红利转型的实现路径[J]. 探索与争鸣,2020(2):131-139,160.

[264]李竞能. 人口理论新编[M]. 北京:中国人口出版社,2001.

[265]李兰冰,阎丽,黄玖立. 交通基础设施通达性与非中心城市制造业成长:市场势力、生产率及其配置效率[J]. 经济研究,2019(12):182-197.

[266]李丽娜,李林汉. 环境规制对经济发展的影响:基于省际面板数据的分析[J]. 四川师范大学学报(社会科学版),2019(3):43-52.

[267]李平. 提升全要素生产率的路径及影响因素:增长核算与前沿面分解视角的梳理分析[J]. 管理世界,2016(9):1-11.

[268]李强,唐幼明. 城市蔓延与长江经济带环境污染[J]. 统计与决策,2023(13):90-95.

[269]李强,王亚仓. 高铁开通与长江经济带高质量发展[J]. 南京财经

大学学报,2021(3):25－35.

[270]李强. 高铁开通对长江经济带城乡收入差距的影响研究[J]. 南通大学学报(社会科学版),2021,37(2):32－42.

[271]李强,王琰. 环境规制与经济增长质量的U型关系:理论机理与实证检验[J]. 江海学刊,2019(4):102－108.

[272]李淑芬. 金融集聚、创新创业活跃度与城市经济韧性[J]. 经济经纬, 2023(4): 26－36.

[273]李响. 基于社会网络分析的长三角城市群网络结构研究[J]. 城市发展研究,2011 (12):80－85.

[274]李小平,朱钟棣. 国际贸易、RD溢出和生产率增长[J]. 经济研究,2006(2):31－43.

[275]李晓钟,杜添豪. 数字经济对区域经济增长及其收敛性的影响[J]. 统计与决策,2022(21):19－24.

[276]李毅,胡宗义,何冰洋. 环境规制影响绿色经济发展的机制与效应分析[J]. 中国软科学,2020(9):26－38.

[277]梁经伟,钟世川,毛艳华. 全球生产网络是否提升了全要素生产率?[J]. 北京工商大学学报(社会科学版),2022(4):99－112.

[278]梁伟,杨明,张延伟. 城镇化率的提升必然加剧雾霾污染吗:兼论城镇化与雾霾污染的空间溢出效应[J]. 地理研究,2017(10):1947－1958.

[279]梁远,张越杰,毕文泰. 劳动力流动、农地流转对农户收入的影响[J]. 农业现代化研究,2021(4):664－674.

[280]林毅夫. 新结构经济学、自生能力与新的理论见解[J]. 武汉大学学报(哲学社会科学版),2017(6):5－15.

[281]刘伯龙,袁晓玲,张占军. 城镇化推进对雾霾污染的影响:基于中国省级动态面板数据的经验分析[J]. 城市发展研究,2015(9):23－27,80.

[282]刘成杰, 苏虹, 高兴波, 等. 数字经济发展与城市韧性提升:水平测度和影响机制分析[J]. 城市问题, 2023(11): 94－103.

[283]刘冲,刘晨冉,孙腾. 交通基础设施、金融约束与县域产业发展:基于“国道主干线系统”自然实验的证据[J]. 管理世界(月刊),2019(7):

78－88,203.

[284]刘传明,马青山．网络基础设施建设对全要素生产率增长的影响研究:基于“宽带中国”试点政策的准自然实验[J]．中国人口科学,2020(3):75－88,127－128.

[285]刘凤芹,苏丛丛．“新基建”助力中国经济高质量发展理论分析与实证研究[J]．山东社会科学,2021(5):136－141.

[286]刘佳,黄晓凤,陈俊．高铁与城市经济高质量发展:基于地级市数据的实证研究[J]．当代财经,2021(1):14－26.

[287]刘莉，陆森．数字经济、金融发展与经济韧性[J]．财贸研究，2023（7）：67－83.

[288]刘满凤,谢晗进．我国工业化与城镇化的环境经济集聚双门槛效应分析[J]．管理评论,2017(10):21－33.

[289]刘生龙,胡鞍钢．交通基础设施与中国区域经济一体化[J]．经济研究,2011（3):72－82.

[290]刘生龙,胡鞍钢．交通基础设施与经济增长:中国区域差距的视角[J]．中国工业经济,2010(4):14－23.

[291]刘生龙,胡鞍钢．基础设施的外部性在中国的检验:1988—2007[J]．经济研究,2010(3):4－15.

[292]刘涛,张家瑞,曹广忠．人口流动对区域老龄化进程的影响:一个方法论探讨[J]．地理研究,2022(10):2680－2696.

[293]刘晓光,张勋,方文全．基础设施的城乡收入分配效应:基于劳动力转移的视角[J]．世界经济,2015（3):145－170.

[294]刘逸,纪捷韩,张一帆,等．粤港澳大湾区经济韧性的特征与空间差异研究[J]．地理研究,2020(9):2029－2043.

[295]刘耀彬,冷青松．城市化、人口集聚与雾霾变化:基于门槛回归和空间分区的视角[J]．生态经济,2020(3):92－98.

[296]刘钊．区域产业联动网络测度研究:以环渤海区域为例[J]．安徽大学学报(哲学社会科学版),2011(2):150－156.

[297]刘钊,马军海．产业联动网络及其形成演进机制研究[J]．国家行

政学院学报,2008(6):104-107.

[298]鲁万波,贾婧. 高速铁路、城市发展与区域经济发展不平等:来自中国的经验数据[J]. 华东经济管理,2018,32(2):2,5-14.

[299]陆大道. 关于“点—轴”空间结构系统的形成机理分析[J]. 地理科学,2002(1):1-6.

[300]陆铭. 城市人口疏散可能适得其反[J]. 上海城市管理,2019(6):2-3.

[301]陆旸,蔡昉. 从人口红利到改革红利:基于中国潜在增长率的模拟[J]. 世界经济,2016(1):3-23.

[302]逯进,刘璐,郭志仪. 中国人口老龄化对产业结构的影响机制:基于协同效应和中介效应的实证分析[J]. 中国人口科学,2018(3):15-25,126.

[303]吕拉昌,孙飞翔,黄茹. 基于创新的城市化:中国270个地级及以上城市数据的实证分析[J]. 地理学报,2018(10):1910-1922.

[304]吕有金,高波. 新型城镇化对环境污染的直接影响与空间溢出:以长江经济带108个城市为例[J]. 大连理工大学学报(社会科学版),2021(5):41-51.

[305]马静,邓宏兵,蔡爱新. 中国城市创新产出空间格局及影响因素:来自285个城市面板数据的检验[J]. 科学学与科学技术管理,2017(10):12-25.

[306]马丽君,肖洋. 长江中游城市群旅游经济增长空间关联性分析[J]. 江南大学学报(人文社会科学版),2018(6):90-98.

[307]马青山,何凌云,袁恩宇. 新兴基础设施建设与城市产业结构升级:基于“宽带中国”试点的准自然实验[J]. 财经科学,2021(4):76-90.

[308]马为彪,吴玉鸣. 数字经济发展对中国城市创新能力的影响[J]. 经济体制改革,2022(6):43-51.

[309]苗艳青,陈文晶. 空气污染和健康需求:Grossan模型的应用[J]. 世界经济,2010(6):140-160.

[310]倪克勤,赵颖岚,徐凤. 劳动生产率对我国贸易收支的传导效应

研究[J]. 经济研究,2011(10):123－136.

[311]倪维秋,廖茂林. 高速铁路对中国省会城市旅游经济联系的空间影响[J]. 中国人口·资源与环境,2018(3):160－168.

[312]聂华林,赵超. 我国区际产业转移对西部产业发展的影响[J]. 兰州大学学报(社会科学版),2000(5):11－15.

[313]聂锐,高伟. 区际生产要素流动的网络模型研究[J]. 财经研究,2008,34(7):87－97.

[314]牛子恒,崔宝玉. 网络基础设施建设与劳动力配置扭曲:来自"宽带中国"战略的准自然实验[J]. 统计研究,2022,39(10):133－148.

[315]彭国华. 中国地区收入差距、全要素生产率及其收敛分析[J]. 经济研究,2005(9):19－29.

[316]彭荣熙,刘涛,曹广忠. 中国东部沿海地区城市经济韧性的空间差异及其产业结构解释[J]. 地理研究,2021(6):1732－1748.

[317]钱瑛,张明志,陈榕景. 人口结构转型、人口红利演进与出口增长:来自中国城市层面的经验证据[J]. 经济研究,2019(5):164－180.

[318]仇怡,黄丹. 城镇化水平对雾霾污染的影响研究:以我国地级及以上城市为例[J]. 湖南科技大学学报(社会科学版),2020(4):59－69.

[319]邱洋冬. 网络基础设施建设提升企业创新绩效的路径与异质性:来自"宽带中国"示范城市的经验证据[J]. 西部论坛,2022(4):89－107.

[320]冉征,郑江淮. 创新能力与地区经济高质量发展:基于技术差异视角的分析[J]. 上海经济研究,2021(4):84－99.

[321]饶品贵,王得力,李晓溪. 高铁开通与供应商分布决策[J]. 中国工业经济,2019(10):137－154.

[322]单豪杰. 中国资本存量K的再估算:1952—2006年[J]. 数量经济技术经济研究,2008(10):17－31.

[323]单勤琴,李中. 经济高质量发展水平的地区差异及时空收敛性研究[J]. 经济地理,2022(9):50－58.

[324]沈能,刘凤朝. 高强度的环境规制真能促进技术创新吗:基于"波特假说"的再检验[J]. 中国软科学,2012(4):49－59.

[325]沈坤荣，金刚，方娴．环境规制引起了污染就近转移吗？[J]．经济研究，2017(5)：44－59.

[326]盛晓菲，史书华．交通基础设施、经济高质量发展与雾霾污染[J]．经济问题，2021(1)：32－38.

[327]盛彦文，苟倩，宋金平．城市群创新联系网络结构与创新效率研究：以京津冀、长三角、珠三角城市群为例[J]．地理科学，2020(11)：1831－1839.

[328]石大千，李格，刘建江．信息化冲击、交易成本与企业TFP：基于国家智慧城市建设的自然实验[J]．财贸经济，2020(3)：117－130.

[329]舒季君，周建平，陈亦婷，等．中国省域数字经济的空间演化特征及其城乡融合效应[J]．经济地理，2022(8)：103－111.

[330]宋晓丽，李坤望．交通基础设施质量提升对城市人口规模的影响：基于铁路提速的实证分析[J]．当代经济科学，2015，37(3)：19－26，124－125.

[331]宋学明．中国区域经济发展及其收敛性[J]．经济研究，1996(9)：38－44.

[332]苏春红，李真．财政分权、支出偏向与城乡融合发展[J]．经济问题探索，2022(6)：107－123.

[333]苏红键．数字城乡建设：通往城乡融合与共同富裕之路[J]．电子政务，2022(10)：88－98.

[334]孙景兵，孟玉玲．异质性环境规制对区域经济高质量发展溢出效应研究[J]．统计与决策，2022(13)：122－126.

[335]孙传旺，罗源，姚昕．交通基础设施与城市空气污染：来自中国的经验证据[J]．经济研究，2019(8)：136－151.

[336]孙红雪，朱金鹤，王雅莉．高质量人力资本与中国城市经济韧性：基于高校扩招政策的实证分析[J]．当代财经，2023(5)：15－28.

[337]孙娜，张梅青．基于高铁流的中国城市网络结构特征演变研究[J]．地理科学进展，2020，39(5)：727－737.

[338]孙文杰，严文沁．我国通信基础设施对城乡收入差距的影响研

究:基于空间溢出的视角[J]. 中国经济问题,2021(6):33 -46.

[339]孙英杰,林春. 试论环境规制与中国经济增长质量提升:基于环境库兹涅茨倒U型曲线[J]. 上海经济研究,2018(3):84 -94.

[340]孙早,徐远华. 信息基础设施建设能提高中国高技术产业的创新效率吗:基于2002—2013年高技术17个细分行业面板数据的经验分析[J]. 南开经济研究,2018(2):72 -92.

[341]孙长学,刘晓萍. 坚持共同富裕导向 推进城乡融合发展[J]. 宏观经济管理,2021(11):23 -26.

[342]台德进,蔡荣. 数字经济赋能城乡经济融合:内在机理与实证检验[J]. 当代经济管理,2022,44(10):59 -70.

[343]陶长琪,齐亚伟. 中国全要素生产率的空间差异及其成因分析[J]. 数量经济技术经济研究,2010(1):19 -32.

[344]陶静,胡雪萍. 环境规制对中国经济增长质量的影响研究[J]. 中国人口·资源与环境,2019(6):85 -96.

[345]滕堂伟,林蕙灵,胡森林. 长三角更高质量一体化发展:成效进展、空间分异与空间关联[J]. 安徽大学学报(哲学社会科学版),2020(5):134 -145.

[346]田坤,行伟波,黄坤. 交通基础设施升级与旅游经济高质量发展:基于高铁开通的实证研究[J]. 经济学报,2023(4):227 -251.

[347]童伟伟,张建民. 环境规制能促进技术创新吗:基于中国制造业企业数据的再检验[J]. 财经科学,2012(11):66 -74.

[348]涂正革,周涛,谌仁俊,等. 环境规制改革与经济高质量发展:基于工业排污收费标准调整的证据[J]. 经济与管理研究,2019(12):77 -95.

[349]汪德根,章鋆. 高速铁路对长三角地区都市圈可达性影响[J]. 经济地理,2015(2):53,54 -61.

[350]汪伟,刘玉飞,彭冬冬. 人口老龄化的产业结构升级效应研究[J]. 中国工业经济,2015(11):47 -61.

[351]王兵,刘光天. 节能减排与中国绿色经济增长:基于全要素生产率的视角[J]. 中国工业经济,2015(5):57 -69.

[352]王弟海,龚六堂,李宏毅. 健康人力资本、健康投资和经济增长:以中国跨省数据为例[J]. 管理世界(月刊),2008(3):27-39.

[353]王宏宇,刘刊,范德成. 地区工业发展与资源禀赋协同吗:基于产业、要素、技术资源的视角[J]. 运筹与管理,2019(5):117-123.

[354]王华星,石大千. 新型城镇化有助于缓解雾霾污染吗:来自低碳城市建设的经验证据[J]. 山西财经大学学报,2019(10):15-27.

[355]王静田,付晓东. 数字经济、产业结构与城市经济韧性[J]. 区域经济评论,2023(2):70-78.

[356]王军,肖华堂. 数字经济发展缩小了城乡居民收入差距吗?[J]. 经济体制改革,2021(6):56-61.

[357]王丽艳,马光荣. 帆随风动、人随财走:财政转移支付对人口流动的影响[J]. 金融研究,2017(10):18-34.

[358]王群勇,陆凤芝. 高铁开通的经济效应:"减排"与"增效"[J]. 统计研究,2021,38(2):29-44.

[359]王群勇,陆凤芝. 环境规制能否助推中国经济高质量发展:基于省际面板数据的实证检验[J]. 郑州大学学报(哲学社会科学版),2018(6):64-70.

[360]王松茂,尹延晓,徐宣国. 数字经济能促进城乡融合吗:以长江经济带11个省份为例[J]. 中国软科学,2023(5):77-87.

[361]王松茂,尹延晓. 数字经济对城乡融合具有空间溢出效应吗:以长江经济带11省(市)为例[J]. 农林经济管理学报,2022(6):725-735.

[362]王素凤,Champagne P,潘和平,等. 工业集聚、城镇化与环境污染:基于非线性门槛效应的实证研究[J]. 科技管理研究,2017(11):217-223.

[363]王贤彬,黄亮雄. 夜间灯光数据及其在经济学研究中的应用[J]. 经济学动态,2018(10):75-87.

[364]王学义,徐宏. 人口经济效益的另类解释:我国"人口红利"研究述评[J]. 天府新论,2009(2):44-48.

[365]王亚飞,黄勇,唐爽. 城镇化、产业结构与城乡收入差距[J]. 现代

管理科学,2014(9):45－47,120.

[366]王垚,年猛. 高速铁路带动了区域经济发展吗? [J]. 上海经济研究,2014(2):82－91.

[367]王玉,张占斌. 数字经济、要素配置与区域一体化水平[J]. 东南学术,2021(5):129－138.

[368]王振华,李萌萌,江金启. 交通可达性对城市经济高质量发展的异质性影响[J]. 经济与管理研究,2020,41(2):98－111.

[369]王智勇. 市场化、重工业化与“新东北现象”:基于东北37个地级市1989—2012年面板数据的分析[J]. 当代经济科学,2018(5):90－102,127－128.

[370]魏后凯. 区域开发理论研究[J]. 地域研究与开发, 1988(1):16－19.

[371]温忠麟,叶宝娟. 中介效应分析:方法和模型发展[J]. 心理科学进展,2014(5):731－745.

[372]温忠麟,张雷,侯杰泰,等. 中介效应检验程序及其应用[J]. 心理学报,2004(5):614－620.

[373]吴丰华,刘瑞明. 产业升级与自主创新能力构建:基于中国省际面板数据的实证研究[J]. 中国工业经济,2013(5):57－69.

[374]吴昊,张馨月. 高铁对沿线城市旅游业发展影响研究:以京广高铁为例[J]. 经济问题,2020(11):85－94.

[375]吴虹仪,殷德生. 专利流动与中国工业企业全要素生产率[J]. 经济管理,2021(4):21－38.

[376]吴磊,贾晓燕,吴超,等. 异质型环境规制对中国绿色全要素生产率的影响[J]. 中国人口·资源与环境,2020(10):82－92.

[377]吴延兵. 自主研发、技术引进与生产率:基于中国地区工业的实证研究[J]. 经济研究,2008(8):51－64.

[378]夏海波,刘耀彬,沈正兰. 网络基础设施建设对劳动力就业的影响:基于“本地—邻地”的视角[J]. 中国人口科学,2021(6):96－109,128.

[379]夏基洋,张越. 基于城市创新力的长三角城市群高学历流动人口

空间溢出效应研究[J]. 地域研究与开发,2022(1):162－168.

[380]向铮. 浙江省城市经济空间关联性及溢出效应研究[D]. 杭州:浙江理工大学,2017.

[381]肖卫东. 产业地理集聚理论演进:分工—空间外部性视角[J]. 云南财经大学学报,2013(6):3－11.

[382]谢呈阳,王明辉. 交通基础设施对工业活动空间分布的影响研究[J]. 管理世界,2020(12):52－64,65－66,161.

[383]谢丹. 县域经济增长的空间关联实证分析[D]. 秦皇岛:燕山大学,2012.

[384]谢锐,陈严,韩峰,等. 新型城镇化对城市生态环境质量的影响及时空效应[J]. 管理评论,2018(1):230－241.

[385]谢文栋. "新基建"与城市创新:基于"宽带中国"战略的准自然实验[J]. 经济评论,2022(5):18－34.

[386]谢智康,杨晶. 政府卫生支出、健康人力资本与农村经济增长[J]. 统计与决策,2020(7): 41－45.

[387]辛金国,马帅西. 数字经济对城乡融合发展的空间溢出及门槛效应研究:以浙江省为例[J]. 调研世界,2022(8):67－77.

[388]徐康宁,陈丰龙,刘修岩. 中国经济增长的真实性:基于全球夜间灯光数据的检验[J]. 经济研究,2015(9):17－29,57.

[389]徐维祥,王敏吉,郑金辉,等. 长江经济带城镇化与绿色化耦合协调的时空演化特征及驱动因素[J]. 长江流域资源与环境,2023(8):1561－1572.

[390]徐圆,陈爱华. 高铁网络、区位优势与城市经济韧性[J]. 财经科学,2023(6):71－87.

[391]徐圆,邓胡艳. 多样化、创新能力与城市经济韧性[J]. 经济学动态,2020(8):88－104.

[392]徐圆,张林玲. 中国城市的经济韧性及由来:产业结构多样化视角[J]. 财贸经济,2019(7):110－126.

[393]许红梅,李春涛,刘亚楠. 交通基础设施建设与西部经济高质量

发展[J]. 东北财经大学学报,2020(3):39 - 50.

[394]薛成,孟庆玺,何贤杰. 网络基础设施建设与企业技术知识扩散:来自“宽带中国”战略的准自然实验[J]. 财经研究,2020(4):48 - 62.

[395]薛飞,周民良,刘家旗. 数字基础设施降低碳排放的效应研究:基于“宽带中国”战略的准自然实验[J]. 南方经济,2022(10):19 - 36.

[396]薛钢,陈思霞,蔡璐. 城镇化与全要素生产率差异:公共支出政策的作用[J]. 中国人口·资源与环境,2015(3):50 - 55.

[397]熊艳. 基于省际数据的环境规制与经济增长关系[J]. 中国人口·资源与环境,2011(5):126 - 131.

[398]颜色,郭凯明,杭静. 中国人口红利与产业结构转型[J]. 管理世界,2022(4):15 - 28.

[399]颜银根,倪鹏飞,刘学良. 高铁开通、地区特定要素与边缘地区的发展[J]. 中国工业经济, 2020(8): 118 - 136.

[400]杨博旭,柳卸林,常馨之. “强省会”战略的创新效应研究[J]. 数量经济技术经济研究,2023(3):168 - 188.

[401]杨水根,王露. 长三角城市群经济关联、空间溢出与经济增长:基于空间面板计量模型的实证研究[J]. 系统工程,2017(11):99 - 109.

[402]杨蔚. 财政分权、地方政府行为与环境污染[D]. 南京:南京大学,2012.

[403]杨吾扬. 区位论原理[M]. 兰州:甘肃人民出版社, 1989.

[404]姚成胜,曹紫怡,韩媛媛. 工业集聚、人口城镇化、土地城镇化与环境污染[J]. 地域研究与开发,2020(5):145 - 149.

[405]姚永玲,赵倚仟. 高铁的空间溢出、劳动力流入与城市经济增长[J]. 华东经济管理,2022,36(4):1 - 9.

[406]叶连广,何雄浪,邓菊秋. 产业联动网络促进区域高质量一体化发展的效应研究:以长江经济带城市群为例[J]. 经济纵横,2023(1):102 - 111.

[407]叶文平,李新春,陈强远. 流动人口对城市创业活跃度的影响:机制与证据[J]. 经济研究,2018(6):157 - 170.

[408]殷德生,吴虹仪,金桩．创新网络、知识溢出与高质量一体化发展:来自长江三角洲城市群的证据[J]．上海经济研究,2019(11):30－45.

[409]尹庆民,顾玉铃．环境规制对绿色经济效率影响的门槛模型分析:基于产业结构的交互效应[J]．工业技术经济,2020(8):141－147.

[410]尹庆民,朱康宁．基于改进STIRPAT模型的城镇化水平对工业废水排放的影响:以长江经济带为例[J]．水利经济,2020(2):49－55,83.

[411]于欣．辽宁省经济发展的空间关联分析[D]．大连:辽宁师范大学,2012.

[412]余静文,苗艳青．健康人力资本与中国区域经济增长[J]．武汉大学学报(哲学社会科学版),2019(5):161－175.

[413]余泳泽．中国区域创新活动的“协同效应”与“挤占效应”:基于创新价值链视角的研究[J]．中国工业经济,2015(10):37－52.

[414]俞峰,梅冬州,张梦婷．交通基础设施建设、产业结构变化与经济收敛性研究[J]．经济科学,2021(5):52－67.

[415]俞峰,唐宜红,张梦婷．高铁开通对中国城乡收入差距的影响研究[J]．国际商务(对外经济贸易大学学报),2020(4):129－143.

[416]袁丰, 熊雪蕾, 徐紫腾, 等．长江经济带经济韧性空间分异与驱动因素[J]．地理科学进展, 2023(2): 249－259.

[417]袁航,朱承亮．数字基础设施建设加速中国产业结构转型升级了吗:基于“宽带中国”战略的准自然实验[J]．经济问题探索,2022(10):118－133.

[418]袁冬梅,魏后凯,于斌．中国地区经济差距与产业布局的空间关联性:基于Moran指数的解释[J]．中国软科学,2012(12):90－102.

[419]曾贤刚,牛木川．高质量发展条件下中国城市环境效率评价[J]．中国环境科学,2019(6):2667－2677.

[420]曾亿武,孙文策,李丽莉,等．数字鸿沟新坐标:智慧城市建设对城乡收入差距的影响[J]．中国农村观察,2022(3):165－184.

[421]詹新宇,崔培培．中国省际经济增长质量的测度与评价:基于“五大发展理念”的实证分析[J]．财政研究,2016(8):39,40－53.

[422]詹韵秋,王军．人口质量红利:研究述评与未来展望[J]．重庆社会科学,2020(8):21－32.

[423]张般若,李自杰．高铁能促进低碳经济吗:高铁开通对城市碳排放强度的影响及机制研究[J]．华中科技大学学报(社会科学版),2021(1):131－140.

[424]张成,陆旸,郭路,等．环境规制强度和生产技术进步[J]．经济研究,2011(2):113－124.

[425]张萃．外来人力资本、文化多样性与中国城市创新[J]．世界经济,2019(11):172－192.

[426]张海朋,何仁伟,李光勤,等．大都市区城乡融合系统耦合协调度时空演化及其影响因素:以环首都地区为例[J]．经济地理,2020(11):56－67.

[427]张海洋．RD两面性、外资活动与中国工业生产率增长[J]．经济研究,2005(5):107－117.

[428]张红凤,张细松．环境规制理论研究[M]．北京:北京大学出版社,2012.

[429]张鸿武,李涛．长三角和珠三角城市群创新的空间效应及影响因素研究:基于空间面板杜宾模型的比较分析[J]．湖南科技大学学报(社会科学版),2018(4):69－76.

[430]张华,冯烽．绿色高铁:高铁开通能降低雾霾污染吗?[J]．经济学报,2019(3):114－147.

[431]张华,王玲,魏晓平．能源的“波特假说”效应存在吗?[J]．中国人口·资源与环境,2014(11):33－41.

[432]张金月,张永庆．高铁开通对工业绿色全要素生产率的影响:以长江经济带11个省份为例[J]．地域研究与开发,2020,39(4):24－28,47.

[433]张军,李睿,于鸿宝．交通基础设施改善、农业劳动力转移与结构转型[J]．中国农村经济,2021(6):28－43.

[434]张军,吴桂英,张吉鹏．中国省际物质资本存量估算:1952—2000[J]．经济研究,2004(10):35－44.

[435]张俊. 高铁建设与县域经济发展:基于卫星灯光数据的研究[J]. 经济学(季刊),2017,16(4):1533－1562.

[436]张柯贤,黎红梅. 城市群数字经济发展水平的空间差异及收敛分析[J]. 经济地理,2022(9):120－128.

[437]张莉娜,倪志良. 科技人才集聚与区域创新效率:基于空间溢出与门槛效应的实证检验[J]. 软科学,2022(9):45－50.

[438]张梦婷,俞峰,钟昌标,等. 高铁网络、市场准入与企业生产率[J]. 中国工业经济,2018(5):137－156.

[439]张明志,余东华,孙婷. 高铁开通对城市生产体系绿色重构的影响[J]. 中国人口·资源与环境,2019,29(7):41－49.

[440]张天华,陈力,董志强. 高速公路建设、企业演化与区域经济效率[J]. 中国工业经济,2018(1):79－99.

[441]张同斌. 从数量型“人口红利”到质量型“人力资本红利”:兼论中国经济增长的动力转换机制[J]. 经济科学,2016(5):5－17.

[442]张晓雯,眭海霞. 现代农业科技服务体系创新实践与思考:以成都市为例[J]. 农村经济,2015(12):89－93.

[443]张学良. 中国交通基础设施促进了区域经济增长吗:兼论交通基础设施的空间溢出效应[J]. 中国社会科学,2012(3):60－77,206.

[444]张翼飞. 信息基础设施建设与企业转型升级:来自中国上市企业的经验证据[J]. 工业技术经济,2023(1):23－31.

[445]张永林. 互联网、信息元与屏幕化市场:现代网络经济理论模型和应用[J]. 经济研究,2016(9):147－161.

[446]张跃胜,张寅雪,邓帅艳. 异质性环境规制与城市经济韧性:基于全国278个地级市的实证检验[J]. 贵州社会科学,2022(11):135－143.

[447]章立军. 创新环境、创新能力及全要素生产率:基于省际数据的经验证据[J]. 南方经济,2006(11):43－56.

[448]赵康杰,吴亚君. 高铁网络与经济网络演进特征及协同关系研究:以中国省域中心城市为例[J]. 华东经济管理,2020,34(2):77－85.

[449]赵楠. 劳动力流动与产业结构调整的空间效应研究[J]. 统计研

究,2016(2):68－74.

[450]郑英隆．中国农民工弱信息能力初探[J]．经济学家,2005(5):52－59.

[451]钟水映,李魁．人口红利、空间外溢与省域经济增长[J]．管理世界,2010(4):14－23,186－187.

[452]周国富,张春红．区域创新能力与全要素生产率的空间计量研究[J]．华东经济管理,2019(6):61－68.

[453]周慧,孙革,周加来．数字经济能够缩小城乡多维差距吗:资源错配视角[J]．现代财经(天津财经大学学报),2022(1):50－65.

[454]周佳宁,邹伟,秦富仓．等值化理念下中国城乡融合多维审视及影响因素[J]．地理研究,2020,39(8):1836－1851.

[455]周新苗,唐绍祥．自主研发、技术引进与企业绩效:基于平均处理效应估计的微观考察[J]．财贸经济,2011(4):104－110.

[456]周亚虹,朱保华,刘俐含．中国经济收敛速度的估计[J]．经济研究,2009(6):40－51.

[457]周玉龙,杨继东,黄阳华,等．高铁对城市地价的影响及其机制研究:来自微观土地交易的证据[J]．中国工业经济,2018(5):118－136.

[458]朱娟,李永发．非研发创新与地区生产率:基于空间面板计量模型的分析[J]．北京师范大学学报(社会科学版),2019(4):147－160.

[459]朱琳, 董藩．创新要素与经济韧性的空间效应研究[J]．科技进步与对策, 2024(2): 57－67.

[460]朱有为,徐康宁．研发资本累积对生产率增长的影响:对中国高技术产业的检验(1996—2004)[J]．中国软科学,2007(4):57－67.

[461]宗茗．中部省份区域经济增长空间集聚分析[D]．南昌:南昌大学,2010.

[462]邹璇,林岚欣,胡小渝．轨道交通建设对城市创新产出影响的实证分析[J]．经济地理,2020,40(8):76－85.

后　记

全书内容结构由何雄浪、王诗语设计。第 1 章（绪论：高质量发展新篇章——长江经济带高质量发展）、第 14 章（推动长江经济带高质量发展的主要对策措施）、第 15 章（本书的研究结论、研究不足与展望）由何雄浪完成；第 2 章（交通基础设施建设、联动效应与城乡融合发展）、第 3 章（信息基础设施建设、溢出效应与城乡融合发展）、第 12 章（人口数量红利、人口质量红利与城市经济韧性）由何雄浪、王诗语完成；第 4 章（交通基础设施建设、高质量发展与经济收敛）由何雄浪、王梓鉴完成；第 5 章（经济关联、空间溢出与区域经济增长）、第 6 章（产业联动网络、要素配置与区域高质量一体化发展）由何雄浪、叶连广完成；第 7 章（城镇化、经济增长与环境污染）由何雄浪、吴欢完成；第 8 章（环境约束、交通基础设施建设与城市绿色发展）由何雄浪、李俊毅完成；第 9 章（环境规制、技术进步与区域绿色经济发展）由何雄浪、白玉完成；第 10 章（环境规制、创新能力与区域经济韧性）、第 11 章（人口流动、空间溢出与区域创新能力）、第 13 章（创新关联网络、创新能力与地区全要素生产率）由何雄浪、陈贤青完成。最后，全书内容由何雄浪、王诗语修改、校对和定稿。

由于作者能力有限，书中难免存在错误，恳望各位专家、读者批评指正。

何雄浪

2024 年 2 月